中華古籍保護計劃

ZHONG HUA GU JI BAO HU JI HUA CHENG GUO

·成 果·

民國時期文獻
保護計劃

成果

金華市博物館等九家收藏單位
民國時期傳統裝幀書籍普查登記目録

編

浙江省民國時期傳統裝幀書籍普查登記目録・金華

國家圖書館出版社
National Library of China Publishing House

圖書在版編目(CIP)數據

金華市博物館等九家收藏單位民國時期傳統裝幀書籍普查登記目録/《金華市博物館等九家收藏單位民國時期傳統裝幀書籍普查登記目録》編委會編. --北京:國家圖書館出版社,2018.12

(浙江省民國時期傳統裝幀書籍普查登記目録)

ISBN 978-7-5013-6520-3

Ⅰ.①金… Ⅱ.①金… Ⅲ.①圖書目録—金華—民國 Ⅳ.①Z838

中國版本圖書館 CIP 數據核字(2018)第 186967 號

書　　名 金華市博物館等九家收藏單位民國時期傳統裝幀書籍普查登記目録
著　　者 《金華市博物館等九家收藏單位民國時期傳統裝幀書籍普查登記目録》編委會　編
責任編輯 黄　鑫

出　　版 國家圖書館出版社(100034　北京市西城區文津街 7 號)
(原書目文獻出版社　北京圖書館出版社)
發　　行 010-66114536　66126153　66151313　66175620
66121706(傳真)　66126156(門市部)
E-mail nlcpress@ nlc. cn(郵購)
Website www. nlcpress. com→投稿中心
經　　銷 新華書店
印　　裝 河北三河弘翰印務有限公司
版　　次 2018 年 12 月第 1 版　2018 年 12 月第 1 次印刷

開　　本 787×1092(毫米)　1/16
印　　張 28.25
字　　數 580 千字

書　　號 ISBN 978-7-5013-6520-3
定　　價 280.00 圓

《浙江省民國時期傳統裝幀書籍普查登記目録》

指導委員會

主　任： 褚子育

副主任： 葉　菁

委　員（按姓氏筆畫排序）：

呂振興　李儉英　金琴龍　倪　巍　徐兼明

徐　潔　陸深海　陳泉標　陳　浩　孫雍容

張純芳　張愛琴　褚樹青　樓　婷　鍾世杰

應　雄

《浙江省民國時期傳統裝幀書籍普查登記目録》

工作委員會

主　任： 褚樹青

委　員（按姓氏筆畫排序）：

王以儉　毛　旭　占　劍　沈紅梅　季彤曦

胡海榮　莊立臻　徐益波　孫旭霞　孫國茂

劉　偉　應　暉

《浙江省民國時期傳統裝幀書籍普查登記目録》

編纂委員會

主　編： 徐曉軍

副主編： 曹海花　童聖江

統校和編纂工作小組組長： 曹海花（浙江圖書館）

統校和編纂工作小組成員（按姓氏筆畫排序）：

干亦鈴（寧波市圖書館）

吕　芳（浙江圖書館）

沈秋燕（嘉興市圖書館）

秦華英（浙江圖書館）

唐　微（紹興圖書館）

陳瑾淵（温州市圖書館）

《浙江省民國時期傳統裝幀書籍普查登記目録》

序　言

近代中國社會由封建王朝向民主政體蛹變的轉型時期，傳統思維與新思潮强烈衝突，書籍也隨之進入了重大變革時期，以綫裝書爲代表的傳統裝幀書籍日漸式微，傳統裝幀與現代裝幀進入了一個并存期。社會革命的發生并不意味着文化馬上就發生根本性的變化，文化的發展是有連續性的，它不會因朝代的突然更替而發生斷層式的變化。1912年辛亥革命勝利後，中國傳統文化的發展依然繁榮，産生了一大批高質量的傳統裝幀書籍，這部分書籍也是中國傳統文化的重要組成部分。百年來，公共圖書館等公藏單位將這部分書籍跟古籍采取一樣的存放、管理、保護方式。浙江是文化大省，文化底藴深厚，書籍刻印歷史悠久，前賢留下的著述浩如烟海，藏書雅閣及私人藏書爲數衆多，民國期間也刻印了大量典籍，民國時期傳統裝幀書籍在各藏書單位（尤其是基層單位）所藏歷史文獻中占據了相當大的比重。這些文獻形成了浙江文獻典藏的重要特色，是浙江傳統文化的重要組成部分。爲更加全面地掌握全省歷史文獻文化遺産現狀，揭示全省各地區文化脉絡，浙江省自古籍普查伊始就將民國時期傳統裝幀書籍納入古籍普查範圍。

按照《全國古籍普查登記手册》要求，登記每部古籍的基本項目，必登項目有索書號、題名卷數、著者、版本、册數、存（缺）卷數，選登項目有分類、批校題跋、版式、裝幀形式、叢書子目、書影、破損狀况等内容。“秉持浙江精神，幹在實處、走在前列、勇立潮頭”，浙江省的古籍普查工作一直高標準、嚴要求，自始至終堅持全國古籍普查登記平臺（以下簡稱古籍普查平臺）項目全著録，堅持文字信息和書影信息雙著録，登記每部書的索書號、分類、題名卷數、著者、卷數統計、版本、版式、裝幀、裝具、序跋、刻工、批校題跋、鈐印、叢書子目、定級及書影、定損及書影等16大項74小項的信息。普查統計顯示，截至2017年4月30日，全省95家單位共藏有中國傳統裝幀書籍337405部2506633册，其中民國時期傳統裝幀書籍117543部751690册，占全部傳統裝幀書籍的三分之一。

普查登記著録工作結束後，省古籍保護中心組織普查業務骨幹統校、編纂全省的普查登記目録。全省的普查登記目録是將古籍和民國數據分開的，由省古籍保護中心統一規劃，分别出版《浙江省古籍普查登記目録》和《浙江省民國時期傳統裝幀書籍普查登記目録》。古籍數據統校完成後，於2017年3月成立由浙江圖書館、寧波市圖書館、温州市圖書館、嘉興市圖書館、紹興圖書館5家單位的7名普查業務骨幹組成的《浙江省民國時期傳統裝幀書籍普查登記目録》統校和編纂工作小組，開展民國時期傳統裝幀書籍普查數據的統校和登記目録的編纂工作。

民國時期傳統裝幀書籍普查數據統校要求和登記目録編纂工作程序與古籍相同，省古籍保護中心制定的《浙江省古籍普查登記目録編纂工作方案》《浙江省古籍普查數據統校細則》，也適用於指導全省民國時期傳統裝幀書籍普查數據的統校和登記目録的編纂。統校和編纂工作程序如下：導出古籍普查平臺上的數據，切分出民國數據，按照設定的普查編號、索書號、分類、題名卷數、著者、版本、批校題跋、册數、存（缺）卷這幾項登記目録的出版款目對表格進行整理，整理後按照題名進行排列分給各統校員進行統校，統校結束後的數據按行政區域進行彙總，交由分區負責人進行覆核，覆核結束後由省古籍保護中心一一寄給各館進行修改確認，經各館確認後由分區負責人進行最後審定。

全省參與普查的共95家單位，其中94家有民國時期傳統裝幀書籍，進入本登記目録的有93家單位，總數達11萬餘部。根據分區域出版和達到一定條數可以單獨成書的原則，全省的民國時期傳統裝幀書籍普查登記目録大致分爲以下15種：浙江圖書館，浙江省博物館，中國美術學院圖書館等四家收藏單位，杭州圖書館等十一家收藏單位，寧波市天一閣博物館，寧波市圖書館等八家收藏單位，温州市圖書館，瑞安市博物館（玉海樓）等九家收藏單位、湖州市圖書館等七家收藏單位，嘉興市圖書館，嘉善縣圖書館等八家收藏單位，紹興圖書館，紹興市上虞區圖書館等九家收藏單位，金華市博物館等九家收藏單位，衢州市博物館等四家收藏單位、舟山市圖書館等二家收藏單位、麗水市圖書館等八家收藏單位，臨海市圖書館等八家收藏單位。爲保障普查編號的唯一性、終身有效性，各館數據以原普查編號從低到高的順序進行排列。由於浙江省古籍普查範圍包括古籍、民國傳統裝幀書籍、域外漢文古籍，著録時幾種文獻交替進行，而出版時是分開的，加之古籍普查平臺系統出現的跳號情況，所以會出現普查編號不連貫的現象，特此説明。

浙江省古籍普查工作得到了各方的關心和支持。感謝各兄弟省份古籍同行的熱情幫助，感謝李致忠、張志清、吴格、陳先行、陳紅彦、陳荔京、羅琳、王清原、唱春蓮、李德生、石洪運、賈秀麗、范邦瑾等專家學者的悉心指導。

條數多，分布廣，又出於衆手，儘管工作中我們一直争取做到最好，但無論是已經著録的古籍普查平臺數據還是即將付梓的登記目録，都難免存在紕漏，希望業界同仁不吝賜教，俾臻完善。

浙江省古籍保護中心
2018年3月

《浙江省民國時期傳統裝幀書籍普查登記目録》

編纂凡例

一、收録範圍爲浙江省圖書館、博物館等公共收藏機構所藏,産生於 1912 年到 1949 年 9 月,有關傳統學術并以綫裝爲主的具有傳統裝幀形式的漢文書籍。

二、以各收藏機構爲分册依據,篇幅較小者,適當合并出版。

三、一部書籍一條款目,複本亦單獨著録。

四、著録款目包括普查登記編號、索書號、分類、題名卷數、著者、版本、批校題跋、册數、存(缺)卷等。普查登記編號的組成方式是:省級行政區劃代碼—單位代碼—古籍普查登記順序號。

五、以普查登記編號順序排序。

六、編製各館藏目録書名筆畫索引附於書後,以便檢索。

目　録

金華市博物館
民國時期傳統裝幀書籍普查登記目録

浙江省民國時期傳統裝幀書籍普查登記目録·金華

國家圖書館出版社
National Library of China Publishing House

《金華市博物館民國時期傳統裝幀書籍普查登記目録》

編委會

主　任：蔣獻忠

副主任：梁成華　吴志明　徐　衛

編　委：聶新華　盧　萍　謝　鋭　朱佩麗　徐　進

主　編：徐　衛

副主編：徐　進

執行主編：朱　穎

編纂人員（按姓氏筆畫排序）：

付燕翠　吕沅澤　何　巍　李　贇　杜響玲　沈剛健

芮空空　周　凱　祝碧蓮　徐峥晨　許　倩　陳小雪

趙　婧　滕仲元　酈　琰

《金華市博物館民國時期傳統裝幀書籍普查登記目録》

前　言

金華歷史文化底蘊深厚，是一座人文薈萃的國家歷史文化名城，素有“江南小鄒魯”之稱。自古以來，金華人對書就有着一種特殊的情懷，藏家頗多，特别是南宋時期婺刻本的大量刊行，爲我們留下了内容豐富、卷帙浩繁的古籍。作爲金華文明的重要見證，保護利用好這些典籍文獻，對促進八婺文化傳承研究、弘揚民族精神、推動我市文化大發展大繁榮具有十分重要的意義。

根據國務院統一部署和要求，2012 年 10 月，金華市啓動第一次全國可移動文物普查工作，市委市政府領導高度重視，成立了第一次全國可移動文物普查工作領導小組辦公室，制定了《金華市古籍普查專項經費管理辦法》《金華市古籍普查工作辦法》等工作制度，確保普查工作高效有序進行。在浙江省古籍保護中心的指導下，經過近四年的辛勤工作，金華市博物館古籍普查工作於 2016 年 3 月圓滿完成。

此次普查工作的館藏傳統裝幀書籍按經、史、子、集幾大類重新整理編目上架并登記造册，共登記 4034 部 32939 册。其中明代古籍 61 部 622 册、清代古籍 2522 部 20430 册、民國時期傳統裝幀書籍 1451 部 11887 册。

從分類看，收録的民國時期傳統裝幀書籍主要有經部、史部、子部、集部、類叢部和新學類。其中，經部分爲小學類、春秋左傳類、四書類等；史部分爲紀傳類、地理類、金石類、政書類等；子部分爲藝術類、醫家類、儒家類、雜著類等；集部分爲别集類、總集類、詩文評類；類叢部皆爲叢書類，包含彙編之屬、郡邑之屬、自著之屬等；新學類有醫學、雜著、算學等。

民國時期傳統裝幀書籍可分爲影印本、石印本、鉛印本，亦有少部分抄本、稿本。如具有金華本地特色的《雙龍紀勝》，裝幀精美、圖文并茂，代表了民國時期出版物的最高水準；胡宗楙增刻民國版《續金華叢書》，對研究金華地區歷史文化名人的思想活動等有重要的參考價值。

金華市博物館以古籍普查爲契機，對館藏古籍進行了一定程度的保護修復和開發利用，分類挑選出較爲完整的、能够代表地方歷史文化或者具有一定學術價值的古籍進行分批影印出版。隨着數字化博物館的建成，我館將逐步實施古籍數字化，届時讀者可以通過網絡平臺直接查閲館藏古籍，更好地發揮其研究和應用價值。

此次浙江省金華市博物館民國時期傳統裝幀書籍普查登記的編目工作主要由金華

市博物館承擔。值此書出版之際，感謝全體參與普查編目的工作人員。同時，也衷心感謝浙江省古籍保護中心、金華市圖書館的大力支持。

由於時間緊迫、館藏古籍衆多、編目人員水準有限，可能出現紕漏甚至錯誤，請方家予以指正。

金華市博物館

2018年3月

330000－4793－0000015 JH00272、JC00280、JH00274、JH00468、JP00276、JD00281、JF00278、ND00010、JT00053、JF00052、JY00866、JP00297、JL00295、JP00288、JB00277、JY00268、JL00271、JT00262、JB00257、JX00289、JQ00275、JY00293、JY00266、JH00265、JG00267、ZC00012、JY00724 類叢部/叢書類/彙編之屬

四部叢刊三百八種 張元濟等編 民國上海商務印書館影印本 二百三十五冊 存二十六種

330000－4793－0000016 JY00411 集部/戲劇類/總集之屬/雜劇

元曲選一百種一百卷 （明）臧懋循編 **論曲一卷** （元）陶宗儀等撰 **元曲論一卷** 民國七年（1918）上海商務印書館據明博古堂本影印本 十五冊 存三十種

330000－4793－0000023 NM00024 經部/四書類/孟子之屬/傳說

孟子集註七卷 （宋）朱熹撰 民國二十五年（1936）蘇州國文實習館鉛印本 七冊

330000－4793－0000031 NM00002、NZ00015、NZ00014、NL00001、JT00048、JZ00204、JL00191、JL00209、ND00156、ZH00388、SY00725、SY00721、JD00922、JD00933 類叢部/叢書類/彙編之屬

四部備要三百一種 中華書局編 民國二十五年（1936）上海中華書局鉛印本 六十九冊 存十三種

330000－4793－0000034 NL00031 經部/禮記類/傳說之屬

禮記菁華錄八卷 吳曾祺評注 民國十三年（1924）上海商務印書館鉛印本 四冊

330000－4793－0000036 NS00043 經部/詩類/傳說之屬

詩經原始十八卷首二卷 （清）方玉潤撰 民國十三年（1924）上海泰東圖書局石印本 八冊

330000－4793－0000042 NY00040、NJ00049、NM00048、JH00428、JW00443、JM00463、ZM00200、ZT00268、ZH00316、JY00772、JW00773、JG00830、ZX00313、JL00594 類叢部/叢書類/彙編之屬

四部叢刊三百八種 張元濟等編 民國上海商務印書館影印本 六十六冊 存十四種

330000－4793－0000045 NH00028 經部/小學類/文字之屬/字書/訓蒙

繪圖九千字文一卷附漢文和解一卷 陸銘勛繪 邵在南書 周天朋考正并校 民國浙紹奎元堂石印本 一冊

330000－4793－0000047 NX00022 經部/易類/傳說之屬

學易隨筆二卷 黃元炳撰 民國十年（1921）無錫黃氏鉛印本 一冊

330000－4793－0000049 JH00001 集部/別集類/宋別集

黃山谷書牘不分卷 （宋）黃庭堅撰 民國上海商務印書館鉛印本 二冊

330000－4793－0000050 JS00002、JY00034、JY00028、ZQ00148、NF00089、JG00060、JL00055、JH00152、JS00202、JL00206、JW00205、JY00439、JM00273、JL00017、JY00430、ZQ00148、JL00557、JJ00839、JZ00895、JL00897、JX00899、JZ00901、JC00918、JG00942、JT00967、JY00970、JG00972、JH00973、JY00992、SZ01142、JW01374、NC01262、JG01362、NG01580、ZY01918、JZ01688、SY00741 類叢部/叢書類/彙編之屬

四部叢刊三百八種 張元濟等編 民國上海商務印書館影印本 一百七十八冊 存三十五種

330000－4793－0000053 JZ00005 集部/別集類/宋別集

朱淑真斷腸詩集十卷補遺一卷後集七卷詞一卷 （宋）朱淑真撰 （宋）鄭元佐注 民國中華圖書館石印本 二冊

330000－4793－0000057 JM00009 集部/別

集類/清别集
梅村詩集箋注十八卷 (清)吴偉業撰 (清)吴翌鳳箋注 民國中華圖書館石印本 八册

330000－4793－0000058 SZ00004 史部/目録類/專録之屬
中國地方志綜錄不分卷 朱士嘉撰 民國二十四年(1935)上海商務印書館石印本 三册

330000－4793－0000061 JL00018 集部/别集類/清别集
六大家箋註袁文大成六卷 (清)袁枚撰 (清)石蘊玉等箋 周緝熙彙訂增輯 民國碧梧山莊石印本 六册

330000－4793－0000064 JS00006、JS00047 類叢部/叢書類/自著之屬
隨園全集三十八種 (清)袁枚撰 民國七年(1918)上海文明書局石印本 三十一册 存二十二種

330000－4793－0000066 JW00007 集部/總集類/尺牘之屬
分類詳註文學尺牘大全集二十卷 (明)鍾惺輯 (明)馮夢龍訂釋 民國十五年(1926)碧梧山莊鉛印本 十六册

330000－4793－0000067 JZ00004 集部/别集類/元别集
湛然居士文集十四卷 (元)耶律楚材撰 民國影印本 十四册

330000－4793－0000068 JW00015 集部/别集類/明别集
王文成公全書三十八卷 (明)王守仁撰 民國十七年(1928)上海大一統書局石印本 十二册

330000－4793－0000070 JZ00016 集部/别集類/清别集
鄭板橋全集六編 (清)鄭燮撰 民國十五年(1926)上海掃葉山房石印本 四册

330000－4793－0000073 JJ00038 集部/别集類
躅戲齋詩編年集八卷避寇集一卷芳杜詞賸一卷 馬浮撰 **躅戲齋詩前集二卷** 馬浮撰 張立民 楊蔭林輯錄 民國二十九年(1940)、三十六年(1947)刻本 五册 存八卷(編年集一至八)

330000－4793－0000074 JY00037 集部/别集類/清别集
袁簡齋尺牘十卷 (清)袁枚撰 民國鉛印本 四册

330000－4793－0000079 JD00033 集部/别集類/清别集
大雲山房文稿十一卷 (清)惲敬撰 民國影印本 六册

330000－4793－0000081 JO00539 類叢部/叢書類/彙編之屬
四部備要三百一種 中華書局編 民國二十五年(1936)上海中華書局鉛印本 二十册 存一種

330000－4793－0000082 JJ00035 集部/别集類
江山萬里樓詩不分卷 民國趙良玉抄本 三册

330000－4793－0000083 SY00224 史部/編年類/通代之屬
御批歷代通鑑輯覽一百二十卷 (清)傅恒等撰 民國影印本 一册 存六卷(一百一至一百六)

330000－4793－0000085 JT00021 類叢部/叢書類/彙編之屬
四部叢刊三百八種 張元濟等編 民國上海商務印書館影印本 二册 存一種

330000－4793－0000086 JX00042 集部/别集類
嘯月山房文集二卷 黄道傳撰 民國南洋印刷官厂鉛印本 一册

330000－4793－0000090 JH00039 集部/别集類
寒柯堂詩四卷 余紹宋撰 民國鉛印本 一册

330000－4793－0000091　JS00036　集部/别集類/唐五代别集

山曉閣選唐大家柳柳州全集四卷　(唐)柳宗元撰　(清)孫琮評　民國上海廣益書局石印本　四册

330000－4793－0000095　JH00026　集部/别集類/宋别集

黃太史精華録六卷　(宋)黃庭堅撰　(宋)任淵選　民國十九年(1930)上海商務印書館鉛印本　一册

330000－4793－0000096　JJ00025　類叢部/叢書類/彙編之屬

四部叢刊三百八種　張元濟等編　民國上海商務印書館影印本　十六册　存一種

330000－4793－0000097　JJ00023　類叢部/叢書類/彙編之屬

四部叢刊三百八種　張元濟等輯　民國上海商務印書館影印本　十二册　存一種

330000－4793－0000098　JO00031　類叢部/叢書類/彙編之屬

四部叢刊三百八種　張元濟等編　民國上海商務印書館影印本　三十六册　存一種

330000－4793－0000099　NH00055　經部/詩類/三家詩之屬

韓詩外傳十卷　(漢)韓嬰撰　(清)周廷寀校注　**校注拾遺一卷**　(清)周宗杬撰　**補逸一卷**　(清)趙懷玉輯　民國十九年(1930)上海商務印書館鉛印本　三册　存八卷(三至十)

330000－4793－0000100　NZ00052　類叢部/叢書類/彙編之屬

四部備要三百一種　中華書局編　民國二十五年(1936)上海中華書局鉛印本　八册　存一種

330000－4793－0000113　NS00062　類叢部/叢書類/彙編之屬

葩廬叢書□□種　高燮輯　民國高吹萬葩廬鉛印本　二册　存一種

330000－4793－0000115　NS00065　經部/小學類/文字之屬/説文/傳説

説文解字注十五卷附六書音均表五卷　(清)段玉裁撰　**説文部目分韻一卷**　(清)陳煥編　**説文通檢十四卷首一卷末一卷**　(清)黎永椿編　**説文提要一卷**　(清)陳建侯撰　**徐星伯説文段注札記一卷**　(清)徐松撰　(清)劉肇隅編　**龔定菴説文段注札記一卷**　(清)龔自珍撰　(清)劉肇隅編　**桂未谷説文段注鈔一卷補鈔一卷**　(清)桂馥撰　(清)劉肇隅編　民國十四年(1925)上海掃葉山房石印本　十三册

330000－4793－0000125　ND00084　經部/四書類

四書白文　民國商務印書館鉛印本　一册

330000－4793－0000127　NH00085　經部/小學類/文字之屬/字書/字體

漢碑隸體舉要不分卷　(清)蔣和撰　潘浚書　民國七年(1918)上海商務印書館石印本　一册

330000－4793－0000135　NS00086　經部/詩類/傳説之屬

詩經集傳八卷　(宋)朱熹撰　民國八年(1919)上海鴻寶書局石印本　四册

330000－4793－0000136　NS00087　經部/詩類/傳説之屬

詩經集傳八卷　(宋)朱熹撰　民國八年(1919)上海鴻寶書局石印本　三册

330000－4793－0000145　NS00092　經部/小學類/文字之屬/説文

説文通檢十四卷首一卷末一卷　(清)黎永椿編　民國商務印書館據番禺陳氏刻本影印本　二册

330000－4793－0000148　NX00093　經部/小學類/文字之屬/字書/字典

新體説文大字典八卷篆法皕韻歌訣二卷　(清)沙青巖撰　汪仁壽　吳益智　王鼎删編　民國二十年(1931)上海碧梧山莊石印本　十册

330000－4793－0000150　SS00006　史部/金石類/石之屬/文字

石鼓讀七種　(清)吳東發撰　民國十五年(1926)海寧陳乃乾慎初堂據清乾隆刻本影印本　一册

330000－4793－0000159　NG00111　經部/小學類/文字之屬/字書/字體

古篆考正不分卷　(宋)郭忠恕撰　(清)孫星衍書　民國上海碧梧山莊石印本　三册

330000－4793－0000167　JY00050　集部/別集類/清別集

俞曲園尺牘二卷　(清)俞樾撰　民國鉛印本　二册

330000－4793－0000168　JH00056、JZ00123、JW00163、JM00174、JY00164、JH00171、JB00182、JW00160、JW00161、JS00162、JZ00213、JS00371、JG00454、JW00210、JH00243、JX00244、JJ00252、JL00250、JS00231、JH00229、JS00242、JD00253、JZ00404、JT00233、JQ00309、JF00320、JW00321、JB00338、JH00344、JN00325、JC00324、JQ00347、JM00339、JJ00369、JT00358、JC00359、JH00171、JS00322、JW00317、JQ00355、JX00372、JZ00377、JD00374、JL00356、JS00375、JW00362、JY00373、JY00164、JY00382、JQ00393、JY00403、JM00432、JT00426、JX00429、JQ00427、JT00444、JM00442、JX00441、JG00452、JL00451、JT00456、JJ00460、JM00465、JS00462、JH00509、JY00512、JD00523、JW00539、JD00770、JT00771、JW00577、JC00589、SD00098、ZH00181、ZF00184、ZT00188、ZS00190、ZS00221、ZX00263、JL00559、JS00564、JC00565、LC00575、JT00581、JN00605、JL00658、JL00677、JH00681、ZM00303、ZN00361、ZB00369、ZG00400、ZL00405、ZL00397、ZL00414、ZH00421、ZY00427、JL00754、JY00790、JL00791、JD00453、JD00790、JY00790、JW00793、JD00825、JT00827、JX00828、JW00831、JT00848、JG00849、JJ00872、JS00873、JJ00876、JX00882、JW00883、JC00884、JZ00885、JG00886、JZ00887、JY00869、JL00557、JJ00558、JL00892、JH00893、JH00902、JX00904、JN00912、JD00913、JJ00917、JJ00926、JS00915、JY00927、JG00931、ZK00367、JJ00961、JT00964、JY00965、JC00968、JF00971、JJ00979、JJ00981、JJ00982、JF00985、JC00988、JM00996、JY00998、JT00999、ZH00462、ZZ00464、JJ01014、JW01015、SN00823、SC00831、SL00833、SS00877、NS00209、NH00217、SZ00939、JT00012、SJ00960、SS00957、SS01112、JJ01085、JW01086、SW01013、SB01102、SS01106、JJ01100、JZ01102、JW01106、JS01107、SG01161、JS01114、JY01118、JX01119、SS01290、JH01175、JW01237、JX01239、JB01243、ZN01326、ZK00367、ZX01329、JW01262、SQ00364、SH00365、SY00373、NZ01512、JG01432、JH01057、JS01437、JZ01451、JC01456、NZ01592、ZG01647、ZZ01699、ZB01711、SS00486、ZF01799、ZY01801、ZQ01837、JY01505　類叢部/叢書類/彙編之屬

四部叢刊三百八種　張元濟等編　民國上海商務印書館影印本　一千三百四十一册　存一百九十六種

330000－4793－0000169　JS00067　集部/別集類/宋別集

蘇東坡尺牘四卷　(宋)蘇軾撰　民國六年(1917)上海商務印書館鉛印本　四册

330000－4793－0000173　JY00069　集部/別集類/清別集

袁簡齋尺牘十卷　(清)袁枚撰　民國六年(1917)上海商務印書館鉛印本　四册

330000－4793－0000176　JY00072　集部/別集類/清別集

袁忠節公遺札不分卷　(清)袁昶撰　民國三十七年(1948)影印本　一册

330000－4793－0000177　JN00077　集部/別集類

南遊雜詩一卷　江庸撰　民國十六年(1927)影印本　一册

330000－4793－0000180　SY00007　史部/傳記類/日記之屬

越縵堂日記補不分卷(清咸豐四年三月十四日至同治二年三月三十日)　(清)李慈銘撰　民國二十五年(1936)上海商務印書館影印本　十三册

330000－4793－0000181　JZ00066　集部/别集類/清别集

曾文正公尺牘四卷　(清)曾國藩撰　民國六年(1917)上海商務印書館鉛印本　四册

330000－4793－0000185　ZN00001、SZ00955、NS01542　類叢部/叢書類/輯佚之屬

續古逸叢書四十七種　張元濟等編　民國十一年(1922)至一九五七年上海商務印書館影印本　二十册　存二十三種

330000－4793－0000188　JZ00065　集部/别集類/清别集

增註秋水軒尺牘四卷　(清)許思湄撰　(清)婁世瑞註　(清)寄虹軒主人輯　民國埽葉山房石印本　一册

330000－4793－0000190　JC00063、JJ00062、JG00138、JF00201、JY00199、JM00337、SZ00076、ZL00125、ZL00161、ZF00246、ZB00378、JL00781、JT00368、JS00434、JH00959、JC00977、SH00756、JB00655、JS00689、ZW00370、ZZ00381、ZW00383、JM00792、JS00797、JG00796、JD00888、JW00890、JZ00894、JX00925、JG00924、JY01491、ZH00394、ZG00396、JD00966、JT00969、JY00974、JC00977、JC00990、JZ00994、JO01080、SS00879、SN00880、SS00882、SY00903、SZ00944、SS01056、SM01108、JZ01099、ZY00413、ZG00414、JS01117、ZG00414、JZ01121、NS01254、JL01244、ZH01341、ZK01347、ZS01413、ZS01420、ZS01422、ZH01437、ZH01425、JG01304、SZ00314、NL01527、SS00391、JG01448、NX01558、NX01560、NF01565、JX01462、SX00492、ZY01700、JY01485、JL00946、JG01494、SZ00530、ZW01830、SX00598、NP01607、NM00004、NC00079　類叢部/叢書類/彙編之屬

四部備要三百一種　中華書局編　民國二十五年(1936)上海中華書局鉛印本　五百二十九册　存八十種

330000－4793－0000193　JH00064　子部/藝術類/遊藝之屬/聯語

寒柯堂宋詩集聯四卷　余紹宋輯　民國三十一年(1942)鉛印本　一册

330000－4793－0000194　JH00081、ZC00050　類叢部/叢書類/郡邑之屬

括蒼叢書第一集八種　劉燿東編　民國二十七年(1938)鉛印本(滑疑集詩卷二原缺)　六册　存二種

330000－4793－0000196　JN00086　集部/别集類

南遊雜詩一卷　江庸撰　民國影印本　一册

330000－4793－0000199　JX00087　集部/别集類

學制齋駢文二卷　李詳撰　民國四年(1915)江寧蔣國榜鉛印本　二册

330000－4793－0000202　JS00083　集部/别集類/清别集

守愚公詩存十三卷　(清)鄭基智撰　民國十三年(1924)半樓主人刻本　四册

330000－4793－0000203　JD00129　集部/總集類/尺牘之屬

冬暄草堂師友牋存不分卷　陳漢第　陳敬第輯　民國二十六年(1937)上海中華書局影印本　六册

330000－4793－0000208　JD00132　集部/詩文評類/詩評之屬

帶經堂詩話三十卷首一卷　(清)王士禛撰　(清)張宗柟輯　民國上海掃葉山房石印本　十册

330000－4793－0000209　JW00151　集部/詩文評類/文評之屬

文心雕龍十卷　(南朝梁)劉勰撰　(清)黄叔琳注　(清)紀昀評　民國四年(1915)掃葉山房石印本　四册

330000－4793－0000210　JL00127、ZQ01443、ZD01431、ZH01418、ZT01414、ZL01412、ZD01411、ZS01409、ZS01408　類叢部/叢書類/彙編之屬

四部叢刊三百八種　張元濟等編　民國上海商務印書館影印本　三十一册　存九種

330000－4793－0000217　JW00126　集部/别集類

臥雪居詩稿不分卷　趙良玉撰　稿本　二册

330000－4793－0000218　JL00125　集部/别集類

浪浮萍稿一卷　朱希賢撰　民國十四年(1925)趙良玉抄本　一册

330000－4793－0000220　JL00131　集部/别集類/宋别集

陸象山尺牘四卷　(宋)陸九淵撰　(清)李紱點次　民國六年(1917)上海商務印書館鉛印本　四册

330000－4793－0000225　JC00106、JD00482、JC00514　集部/戲劇類/總集之屬/傳奇

暖紅室彙刻傳奇□□種　劉世珩編　民國八年(1919)貴池劉氏暖紅室刻本　五册　存三種

330000－4793－0000232　JH00093　集部/詩文評類/文評之屬

韓柳文研究法不分卷　林紓撰　民國九年(1920)上海商務印書館鉛印本　一册

330000－4793－0000234　JX00117　集部/總集類/選集之屬/通代

新體廣註古文觀止十二卷　(清)吳乘權　(清)吳大職輯　黄築巖　劉再蘇註釋　民國二十年(1931)上海世界書局石印本　六册

330000－4793－0000235　JD00101　集部/别集類

蝶魂詩鈔一卷　趙敵文撰　民國二十年(1931)刻本　一册

330000－4793－0000236　JY00103　集部/别集類/清别集

雲津文鈔不分卷　(清)楊世植撰　民國新昌楊際時等石印本　一册

330000－4793－0000237　JS00104　集部/總集類/氏族之屬

三蘇文集四十四卷　(清)邵希雍輯　民國元年(1912)上海會文學社石印本　七册　存二十八卷(欒城文集一至二十、東坡文集一至八)

330000－4793－0000240　JG00111　集部/曲類/曲韻曲譜曲律之屬

遏雲閣曲譜初集十二卷　(清)王錫純輯　(清)李秀雲拍正　民國上海著易堂書局鉛印本　十二册

330000－4793－0000243　JQ00099　集部/總集類/彙編之屬

歷代詩文評註讀本□□種　王文濡編　民國上海文明書局鉛印本　四册　存一種

330000－4793－0000244　JT00114、JQ00207、JQ00241、ZQ00105、JZ01008　類叢部/叢書類/彙編之屬

求恕齋叢書三十一種　劉承幹編　民國吳興劉氏嘉業堂刻本　一百三十八册　存三十三種

330000－4793－0000247　JL00119　集部/别集類/宋别集

陸渭南書牘一卷　(宋)陸游撰　民國二十四年(1935)上海商務印書館鉛印本　一册

330000－4793－0000248　JX00139　集部/詩文評類/詩評之屬

雪橋詩話十二卷　楊鍾羲撰　民國二年(1913)南林劉氏求恕齋刻本　十二册

330000－4793－0000249　JL00122　集部/别集類/宋别集

陸渭南書牘一卷　(宋)陸游撰　民國三年(1914)上海商務印書館鉛印本　二册

330000－4793－0000253　JJ00140、JJ00128　集部/曲類/曲韻曲譜曲律之屬

集成曲譜金集八卷聲集八卷玉集八卷振集八卷　王季烈　劉富樑輯　民國二十年(1931)上海商務印書館石印本　十六册　存十六卷(玉集一至八、振集一至八)

330000－4793－0000254　JC00096　集部/總集類/課藝之屬

吹萬集不分卷　復性書院選　民國三十年(1941)復性書院鉛印本　一册

330000－4793－0000260　JC00169　集部/別集類/宋別集

參寥詩鈔不分卷　(宋)釋道潛撰　民國上海商務印書館影印本　一册

330000－4793－0000261　JY00156　類叢部/叢書類/彙編之屬

四部叢刊三百八種　張元濟等編　民國上海商務印書館影印本　三册　存一種

330000－4793－0000265　JC00184　集部/總集類/選集之屬/斷代

聖宋九僧詩一卷　(宋)陳起輯　**九僧詩補遺一卷**　(清)毛扆輯　**疇隱廬詩存一卷**　丁福保撰　民國十二年(1923)上海醫學書局鉛印本　一册

330000－4793－0000266　JB00154　類叢部/叢書類/彙編之屬

邵武徐氏叢書二十三種　(清)徐榦編　民國六年(1917)刻本　四册　存一種

330000－4793－0000270　JG00194　集部/總集類/氏族之屬

郭氏弈葉吟一卷　郭寶琮編輯　民國十四年(1925)鉛印本　一册

330000－4793－0000272　NG00121、NL00122、JJ00157　類叢部/叢書類/輯佚之屬

佚存叢書六帙十七種　(日本)林衡編　民國十三年(1924)上海商務印書館據日本寬政至文化刻本影印本　九册　存六種

330000－4793－0000274　JH00178、JQ00177、JQ00180、JZ00179、JQ00170　集部/曲類/散曲之屬

散曲叢刊十五種　任訥輯　民國二十年(1931)上海中華書局鉛印本　十三册　存五種

330000－4793－0000275　JH00167　集部/別集類

寒柯堂避寇詩草三卷　余紹宋撰　民國鉛印本　二册　存二卷(二至三)

330000－4793－0000276　JS00158　集部/總集類/氏族之屬

三蘇全集　(清)弓翊清等編　民國十年(1921)掃葉山房石印本　十册　存五十六卷(欒城集一至二、十至三十,嘉祐集一至二十,東坡集二十五至三十二、三十七至四十一)

330000－4793－0000277　JF00183　集部/別集類/宋別集

范文正公集十二卷補編四卷年譜一卷年譜補遺一卷鄱陽遺事錄一卷義莊規矩一卷遺蹟一卷褒賢集五卷言行拾遺事錄四卷　(宋)范仲淹撰　(明)毛一鷺彙編　民國八年(1919)上海掃葉山房石印本　十二册

330000－4793－0000279　JL00141　集部/詩文評類/詩評之屬

歷代詩話續編二十九種　丁福保訂　民國五年(1916)無錫丁氏鉛印本　十二册　存九種

330000－4793－0000282　JD00175　集部/別集類/清別集

戴東原集十二卷　(清)戴震撰　**戴東原先生年譜一卷戴集札記一卷**　(清)段玉裁編　民國上海涵芬樓影印本　四册

330000－4793－0000293　JL00224　集部/總集類/酬唱之屬

六十初度酬唱集一卷　許祖謙輯　民國二十一年(1932)鉛印本　一册

330000－4793－0000295　JW00223　集部/總

集類/氏族之屬

晚香集五卷 周瑞玉輯 民國十七年(1928)鉛印本 一册

330000－4793－0000296 JJ00226 集部/别集類/清别集

就菊居詩存二卷 (清)程炳藻撰 民國金華大同印務局鉛印本 一册

330000－4793－0000300 JZ00225 史部/傳記類/别傳之屬/事狀

張封翁以柏公榮哀録一卷 張載陽輯 民國十三年(1924)新昌張九如堂鉛印本 一册

330000－4793－0000306 JG00228 集部/别集類

觀堂集林二十卷 王國維撰 民國十年(1921)烏程蔣氏密韻樓鉛印本 四册 存十三卷(四至七、十二至二十)

330000－4793－0000309 JC00220 集部/楚辭類

楚辭集注八卷 (宋)朱熹撰 民國十年(1921)掃葉山房石印本 四册

330000－4793－0000313 JG00188 集部/總集類/選集之屬/通代

古詩源十四卷 (清)沈德潛輯 民國上海商務印書館鉛印本 四册

330000－4793－0000314 JX00203 集部/總集類/郡邑之屬

香山詩略十二卷 (清)黄紹昌 (清)劉熽芬纂輯 民國二十六年(1937)鉛印本 六册

330000－4793－0000316 JL00237 史部/傳記類/别傳之屬

劉本初先生暨德配劉太夫人七秩雙壽壽言録九卷 劉景波輯 民國二十三年(1934)敦物堂鉛印本 一册

330000－4793－0000320 JQ00234 集部/總集類/彙編之屬

歷代詩文評註讀本□□種 王文濡編 民國上海文明書局鉛印本 四册 存一種

330000－4793－0000323 JW00245 集部/總集類/彙編之屬

戊戌六君子遺集九種 張元濟輯 民國六年(1917)上海商務印書館鉛印本 六册

330000－4793－0000324 JP00251 集部/詩文評類/詩評之屬

批本隨園詩話十六卷補遺十卷附録一卷 冒廣生撰 民國十二年(1923)中國圖書公司和記鉛印本 二册

330000－4793－0000326 JQ00247 集部/總集類/彙編之屬

歷代詩文評註讀本□□種 王文濡編 民國上海文明書局鉛印本 三册 存一種

330000－4793－0000327 JS00232 集部/詩文評類/詩評之屬

詩品注三卷 (南朝梁)鍾嶸撰 陳延傑注

詩選一卷 陳延傑選 民國十八年(1929)上海開明書店鉛印本 一册

330000－4793－0000331 JW00261 集部/别集類

五言飛鳥集一卷 (印度)泰戈爾撰 姚華譯 民國二十年(1931)上海中華書局鉛印本 一册

330000－4793－0000341 JF00259 集部/别集類/清别集

泛梗集八卷 (清)吳之章撰 民國二年(1913)曾有瀾鉛印本 一册 存四卷(一至四)

330000－4793－0000349 JZ00296 集部/别集類/宋别集

曾南豐文評注讀本不分卷 (宋)曾鞏撰 王有珩評注 民國上海大東書局石印本 一册

330000－4793－0000350 JW00303 集部/别集類

畏廬續集一卷 林紓撰 民國八年(1919)上海商務印書館鉛印本 一册

330000－4793－0000351 JC00300 集部/别集類/清别集

存悔堂詩草一卷　(清)陳德調撰　民國二十二年(1933)鉛印本　一冊

330000－4793－0000352　JW00301　經部/四書類/總義之屬/專著
我疑錄一卷　(清)陳德調撰　民國二十二年(1933)義烏黃侗鉛印本　一冊

330000－4793－0000354　JF00287　集部/別集類/清別集
房仲詩選二卷　(清)沈心撰　(清)姚鼐選　民國八年(1919)上海西泠印社木活字印本　一冊

330000－4793－0000357　JS00292　集部/別集類
四柳吟一卷百哀詩一卷梁園賸草一卷　樊德光撰　**儷松絕筆一卷**　樊徐壽撰　民國十九年(1930)鉛印本　一冊

330000－4793－0000359　JS00306　集部/別集類
雙照樓詩詞藁三卷　汪兆銘撰　曾仲鳴編　民國三十年(1941)中華日報社鉛印本　一冊

330000－4793－0000363　JS00308　集部/別集類/明別集
商文毅公集六卷　(明)商輅撰　(明)張一魁編　民國八年(1919)武進王家琦木活字印本　二冊

330000－4793－0000366　JF000336　集部/別集類/宋別集
范文正公書牘不分卷　(宋)范仲淹撰　民國三年(1914)上海商務印書館鉛印本　二冊

330000－4793－0000368　JY00335　集部/別集類/明別集
詠懷堂詩集四卷外集二卷丙子詩一卷戊寅詩一卷辛巳詩二卷　(明)阮大鋮撰　民國十七年(1928)國立中央大學國學圖書館鉛印本　四冊

330000－4793－0000369　JB00350　集部/別集類
病起樓詩一卷　諸宗元撰　民國十九年(1930)上海鉛印本　一冊

330000－4793－0000371　JG00376　集部/總集類/選集之屬/通代
古今文綜不分卷　張相輯　民國五年(1916)上海中華書局鉛印本　十八冊

330000－4793－0000374　JW00333　集部/總集類/彙編之屬
戊戌六君子遺集九種　張元濟輯　民國六年(1917)上海商務印書館鉛印本　五冊

330000－4793－0000380　JH00353　集部/別集類
寒柯堂詩四卷　余紹宋撰　民國三十六年(1947)鉛印本　一冊

330000－4793－0000383　JS00348　集部/別集類/宋別集
蘇詩精華一卷　(宋)蘇軾撰　中華書局編　民國四年(1915)上海中華書局鉛印本　一冊

330000－4793－0000384　JL00341　集部/別集類/宋別集
六大名家評點東坡尺牘二卷　(宋)蘇軾撰　民國元年(1912)廣益書局影印本　二冊

330000－4793－0000387　JT00342　集部/總集類/選集之屬/通代
陶詩彙評四卷東坡和陶合箋四卷　(清)溫汝能撰　民國十一年(1922)上海掃葉山房石印本　二冊　存四卷(陶詩彙評一至四)

330000－4793－0000390　JD00366　集部/別集類/唐五代別集
杜詩精華不分卷　中華書局編　民國七年(1918)上海中華書局鉛印本　一冊

330000－4793－0000391　JX00363　類叢部/叢書類/自著之屬
惜抱軒全集七種　(清)姚鼐撰　民國三年(1914)上海會文堂書局石印本　五冊

330000－4793－0000393　JJ00330　集部/別集類
警㨗盦詩集一卷文集一卷　許元穎撰　民國

二十六年(1937)黃巖友成局鉛印本　一册

330000－4793－0000394　JW00329　集部/别集類

畏廬文集一卷　林紓撰　民國十二年(1923)上海商務印書館鉛印本　一册

330000－4793－0000404　ZC00043　子部/宗教類/佛教之屬

初機淨業指南一卷　黃慶瀾撰　民國十一年(1922)中華書局鉛印本　一册

330000－4793－0000406　ZW00021　子部/醫家類/類編之屬

讀有用書樓醫書選刊□□種　民國杭州三三醫社鉛印本　四册　存一種

330000－4793－0000407　ZF00037　子部/雜著類/雜説之屬

放生殺生現報録一卷　(清)江永撰　**江慎齋先生年譜一卷**　(清)汪錦波輯　民國十二年(1923)中華書局鉛印本　一册

330000－4793－0000410　ZT00013　子部/宗教類/道教之屬

太上黃庭經注二卷　(清)石和陽撰　民國七年(1918)掃葉山房石印本　一册

330000－4793－0000411　ZT00056　子部/宗教類/道教之屬/戒律

太上寶筏圖説八卷　(清)黃正元撰　民國七年(1918)上海宏大善書局石印本　八册

330000－4793－0000414　ZL00038　子部/宗教類/佛教之屬/諸宗

龍舒淨土文十一卷附龍舒直音一卷　(宋)王日休撰　**佛説阿彌陀經一卷**　(後秦)釋鳩摩羅什譯　民國十五年(1926)鉛印本　一册

330000－4793－0000416　SL00012　類叢部/叢書類/自著之屬

崇雅堂叢書十四種　楊晨撰　民國二十五年(1936)楊紹翰鉛印本　一册　存一種

330000－4793－0000419　ZF01656、ZY00031、ZF00036　子部/宗教類/佛教之屬

佛學叢書□□種　丁福保輯　民國上海商務印書館鉛印本　三册　存三種

330000－4793－0000420　ZW00054　子部/醫家類/方書之屬/成方藥目

葉種德堂丸散膏丹説明書不分卷　葉鴻年編　民國四年(1915)葉種德堂鉛印本　一册

330000－4793－0000422　JZ00078　集部/小説類/長篇之屬

增像全圖三國演義六十卷首一卷一百二十回　(明)羅貫中撰　(清)毛宗崗評　民國上海鴻文書局石印本　二册　存二卷(十二、三十四)

330000－4793－0000424　ZL00024、ZM00026、ZL00201、ZQ00202、ZC00237、ZC00238、ZS00245、ZD00052、ZM00249、ZJ00250、ZD00390、ZL00051　子部/小説家類

宋人小説二十八種　涵芬樓輯　民國上海商務印書館鉛印本　二十二册　存三十一種

330000－4793－0000425　ZP00010、ZH00324、ZP00420、ZS00323、ZM00398、ZJ01695、ZY01625　子部/叢編

評註諸子菁華録十八種十八卷　張之純編纂　民國上海商務印書館鉛印本　八册　存十三卷(二至三、五至十一、十三至十五、十七)

330000－4793－0000429　ZZ00019、ZJ00302、NX00184、NX01503　類叢部/叢書類/自著之屬

章氏叢書十三種　章炳麟撰　民國六年至八年(1917－1919)浙江圖書館刻本　十四册　存八種

330000－4793－0000434　ZG00061　子部/藝術類/書畫之屬/書法書品

古今尺牘墨蹟大觀不分卷　高野侯輯　民國影印本　十六册

330000－4793－0000436　ZC00023　子部/宗教類/佛教之屬

初機淨業指南一卷　黃慶瀾撰　民國十一年(1922)鉛印本　一册

330000－4793－0000437　ZF00035　子部/宗教類/佛教之屬/經

佛説十往生阿彌陀佛國經一卷　（□□）□□譯　民國揚州藏經院刻本　一册

330000－4793－0000438　ZT00009、ZF00034　子部/宗教類/佛教之屬

佛學淺説□□種　佛學推行社輯　民國十年(1921)中華書局鉛印本　二册　存二種

330000－4793－0000443　JC00378　集部/別集類/唐五代別集

昌黎先生集四十卷外集十卷遺文一卷　（唐）韓愈撰　（唐）李漢編　民國九年(1920)上海涵芬樓鉛印本　十册

330000－4793－0000446　JN00383　集部/總集類/選集之屬/斷代

南宋文範簡編四卷　（清）莊仲方原編　張相選評　姚漢章閲訂　民國七年(1918)中華書局鉛印本　四册

330000－4793－0000450　JQ00380、JQ01583、JQ01689　集部/總集類/選集之屬/通代

全上古三代秦漢三國六朝文七百四十六卷　（清）嚴可均輯　民國十九年(1930)影印本（韻編全文姓氏卷一至五原缺）　十五册　存一百六十九卷(全隋文一至三十二,全三國文一至十二、十五至七十五,全宋文一至六十四)

330000－4793－0000457　JL00395　集部/別集類

梁任公最近文集六卷　梁啓超撰　民國四年(1915)上海晉益書局影印本　八册

330000－4793－0000459　JB00391　集部/別集類

避寇集一卷　馬浮撰　民國二十九年(1940)刻本　一册

330000－4793－0000460　JS00389　類叢部/叢書類/自著之屬

舜水遺書四種附録一卷　（明）朱之瑜撰　民國二年(1913)山陰湯壽潛鉛印本　十二册

330000－4793－0000461　JY00397　集部/總集類/選集之屬/斷代

姚氏清朝文録簡編六卷　（清）姚椿原編　張相　莊啟傳選評　民國七年(1918)上海中華書局鉛印本　六册

330000－4793－0000464　JL00390　集部/總集類/選集之屬

論文名著集略三卷　姚嶽評述　民國北大印刷所鉛印本　一册　缺一卷(一)

330000－4793－0000465　JY00867、ZR00156、SL00805、SJ00469、SS00274　類叢部/叢書類/彙編之屬

四部叢刊三百八種　張元濟等編　民國上海商務印書館影印本　三十五册　存六種

330000－4793－0000469　JX00406　類叢部/叢書類/自著之屬

許文肅公集四種　（清）許景澄撰　民國七年至九年(1918－1920)外交部圖書處鉛印本　五册　存一種

330000－4793－0000474　ZS00069　子部/藝術類/書畫之屬/法帖

御刻三希堂石渠寶笈法帖三十二卷　（清）梁詩正等輯　民國文盛書局影印本　三十四册

330000－4793－0000476　JG000414　集部/總集類/選集之屬/通代

評選古詩源箋註四卷　（清）沈德潛輯　王蒓父箋註　民國十七年(1928)上海崇古書社鉛印本　四册

330000－4793－0000478　JZ000415　集部/總集類/選集之屬/斷代

增註隨園女弟子詩選六卷　（清）席佩蘭等撰　（清）謝璿增註　民國十六年(1927)上海會文堂書局石印本　二册

330000－4793－0000481　JM000418　集部/別集類

妙山集二十卷　陳鍾祺撰　民國二十一年(1932)鉛印本　二册

330000－4793－0000493　ZH00071　子部/藝

術類/書畫之屬/法帖

集魏誌字黃興先生傳略一卷 陳學才編集 民國二十五年(1936)南京正中書局影印本 一册

330000－4793－0000495 JG00435 類叢部/叢書類/自著之屬

諸葛武侯全集五種二十卷 (三國蜀)諸葛亮撰 (清)張澍輯 民國石印本 三册 存二種

330000－4793－0000496 JY00438 集部/別集類/清別集

春在堂尺牘四種 (清)俞樾撰 民國十一年(1922)商務印書館鉛印本 二册 存一種

330000－4793－0000497 JX00440、JS01490、JS00461、ZY00217、JZ00960、SL00929、ST00193、JR00878、ZY00261、ZH00141、JD00881、JT00880、ZC01823、NH00224、NH00222、NE01553、JC00897、ZY01802、JP00874、ST01146、SZ00285、JZ00659、NF01556、NS01555、SB00488、ZY01146、ZK00191、ZX00243、ZY00440 類叢部/叢書類/彙編之屬

四部叢刊續編七十七種 張元濟等編 民國二十三年(1934)上海商務印書館影印本(儀禮疏卷三十二至三十七、周易要義卷三至六、禮記要義卷一至二、麟臺故事卷四至五原缺) 二册 存一種

330000－4793－0000498 JT00446 類叢部/叢書類/自著之屬

譚瀏陽全集六種附續編一卷 (清)譚嗣同撰 民國十四年(1925)上海文明書局鉛印本 六册 存三種

330000－4793－0000501 JQ00449 集部/別集類/宋別集

歐陽文評註讀本二卷 (宋)歐陽修撰 黃興洛評註 民國十四年(1925)上海大東書局石印本 二册

330000－4793－0000502 JF00447 集部/別集類/清別集

樊紹述集二卷 (唐)樊宗師撰 (清)孫之騄輯 民國八年(1919)上海文明書局影印本 一册

330000－4793－0000504 ZH00072 子部/藝術類/遊藝之屬/聯語

寒柯堂宋詩集聯五卷 余紹宋輯 民國三十一年(1942)鉛印本 一册

330000－4793－0000505 JZ00455 集部/別集類/清別集

音注張濂亭文一卷 (清)張裕釗撰 朱寶瑜音注 民國十四年(1925)上海文明書局鉛印本 一册

330000－4793－0000508 JO00469 集部/別集類/宋別集

歐陽文忠公尺牘四卷 (宋)歐陽修撰 (清)彭期編訂 民國五年(1916)上海商務印書館鉛印本 四册

330000－4793－0000509 JY00471 集部/別集類/清別集

袁簡齋尺牘十卷 (清)袁枚撰 民國六年(1917)上海商務印書館鉛印本 四册

330000－4793－0000511 JL00459 集部/別集類/宋別集

呂東萊書牘一卷 (宋)呂祖謙撰 民國二年(1913)上海商務印書館鉛印本 二册

330000－4793－0000513 JZ00472 集部/別集類/清別集

曾文正公尺牘四卷 (清)曾國藩撰 民國三年(1914)商務印書館鉛印本 四册

330000－4793－0000514 JZ00477 集部/總集類/選集之屬/通代

明清八大家文鈔八卷 進步書局編輯所編輯 民國上海文明書局、中華書局石印本 一册 存二卷(張濂亭文鈔、吳摯甫文鈔)

330000－4793－0000517 JY00474 集部/詩文評類/詩評之屬

漁洋詩話二卷 (清)王士禛撰 民國掃葉山房石印本 一册

330000－4793－0000523　JX01129、ZC01562、JL00480、JJ01393、JL00752　類叢部/叢書類/郡邑之屬

續金華叢書六十種　胡宗楙編　民國十三年(1924)永康胡氏夢選樓刻本　十八册　存十二種

330000－4793－0000524　SX00018　史部/傳記類/别傳之屬/事狀

暄初先生[張載陽]六十壽言一卷　樊增祥等撰　**浙江省長張君家傳一卷**　樊增祥撰　**暄廬家訓一卷**　張載陽撰　民國十九年(1930)新昌張九如堂鉛印本　一册

330000－4793－0000526　JH00485　集部/詩文評類/文評之屬

韓文研究法一卷柳文研究法一卷　林紓撰　民國三年(1914)上海商務印書館鉛印本　一册

330000－4793－0000527　JY00481　集部/别集類/清别集

雲津詩鈔二卷文鈔四卷　(清)楊世植撰　民國楊際時等石印本　一册　存二卷(雲津詩鈔上、下)

330000－4793－0000528　JH00484　集部/詩文評類/文評之屬

韓文研究法一卷柳文研究法一卷　林紓撰　民國四年(1915)上海商務印書館鉛印本　一册

330000－4793－0000529　JL00486　集部/總集類/尺牘之屬

歷代名人小簡二卷　吴曾祺輯　民國上海商務印書館鉛印本　二册

330000－4793－0000531　JW00487　集部/詩文評類/文評之屬

文心雕龍十卷　(南朝梁)劉勰撰　(清)黄叔琳注　(清)紀昀評　民國四年(1915)掃葉山房石印本　四册

330000－4793－0000536　JD00492　集部/總集類/選集之屬/通代

陶詩彙評四卷東坡和陶合箋四卷　(清)溫汝能撰　民國十一年(1922)上海掃葉山房石印本　二册　存四卷(東坡和陶合箋一至四)

330000－4793－0000538　JZ00495　集部/詩文評類/詩評之屬

中山後山詩話合刻二卷　(宋)劉攽　(宋)陳師道著　民國上海中華圖書館石印本　一册

330000－4793－0000542　JG00500　集部/總集類/尺牘之屬

古今尺牘大觀中編不分卷　姚漢章　何實睿纂輯　民國三十年(1941)上海中華書局鉛印本　十二册

330000－4793－0000544　JG00499　集部/總集類/尺牘之屬

古今尺牘大觀上編不分卷　姚漢章　張相纂輯　民國上海中華書局鉛印本　十二册

330000－4793－0000546　JS00503　集部/詩文評類/詩評之屬

隨園詩話十六卷補遺十卷　(清)袁枚撰　民國十四年(1925)掃葉山房石印本　五册　缺六卷(補遺五至十)

330000－4793－0000547　JS00505　集部/總集類/選集之屬/斷代

隨園女弟子詩選六卷　(清)袁枚輯　民國九年(1920)上海掃葉山房石印本　一册

330000－4793－0000548　JG00506　集部/總集類/選集之屬/通代

高僧山居詩一卷　懺庵居士編輯　民國二十三年(1934)上海商務印書館鉛印本　一册

330000－4793－0000550　SZ00019　史部/雜史類/斷代之屬

戰國策詳註三十三卷　郭希汾輯註　民國二十五年(1936)上海文明書局鉛印本　六册

330000－4793－0000551　JY00508　集部/總集類/彙編之屬

名家選定詩文讀本□□種　文明書局編　民國二十三年(1934)上海文明書局鉛印本　一册　存一種

330000－4793－0000553　JS00510　集部/詩文評類/詩評之屬

隨園詩話十六卷補遺十卷　(清)袁枚撰　民國石印本　四册

330000－4793－0000557　SZ00020　史部/傳記類/別傳之屬/事狀

張以柏封翁暨德配王太夫人七秩雙慶壽言一卷張封翁以柏公榮哀錄一卷暄初先生六十壽言一卷附家傳一卷家訓一卷　張載陽輯　民國新昌張九如堂鉛印本　三册　存一卷(張以柏封翁暨德配王太夫人七秩雙慶壽言)

330000－4793－0000563　JX00520　集部/總集類/選集之屬/通代

新體廣註古文觀止十二卷　(清)吳乘權　(清)吳大職輯　黃築巖　劉再蘇註釋　民國十三年(1924)上海世界書局石印本　一册

330000－4793－0000565　JS00522　集部/總集類/選集之屬/通代

註釋宋元明詩三百首六卷　(清)朱梓　(清)冷昌言編　民國中華書局鉛印本　一册

330000－4793－0000570　JS00524　集部/詩文評類/詩評之屬

隨園詩話十六卷補遺十卷　(清)袁枚撰　民國石印本　四册

330000－4793－0000574　JX00531　集部/總集類/酬唱之屬

稀齡酬唱集不分卷　朱家駒編　民國十六年(1927)鉛印本　一册

330000－4793－0000580　SM00021、SM00296　史部/地理類/水利之屬

麻溪改壩爲橋始末記四卷首一卷　王念祖纂　民國八年(1919)蕺社鉛印本　二册

330000－4793－0000582　SG00125　史部/雜史類/斷代之屬

三年級國語不分卷　(北周)宇文護等撰　民國鉛印本　一册

330000－4793－0000592　SY00025　史部/地理類/專志之屬/祠墓

岳忠武王初瘞志不分卷　民國二十四年(1935)西湖岳王廟產保管委員會鉛印本　一册

330000－4793－0000595　SW00028　史部/地理類/專志之屬/寺觀

倉帝廟志一卷附臥龍山倉帝廟立石記一卷　(清)劉正誼編　**續倉帝廟志一卷**　陳艮仙　周毅修輯　民國二十五年(1936)鉛印本　一册　存二卷(倉帝廟志、臥龍山倉帝廟立石記)

330000－4793－0000602　ST00038　史部/編年類/通代之屬

資治通鑑二百九十四卷　(宋)司馬光撰　(元)胡三省音注　**通鑑釋文辯誤十二卷**　(元)胡三省撰　民國上海商務印書館鉛印本　二十册　存十二卷(通鑑釋文辯誤一至十二)

330000－4793－0000606　SS00037　新學/政治法律/律例

司法圭臬二卷　民國會文堂石印本　八册

330000－4793－0000614　SL00045　史部/地理類/方志之屬/郡縣志

[萬曆]龍游縣志十卷首一卷　(明)萬廷謙修　(明)曹聞禮　(明)鍾相業纂　民國十二年(1923)余紹宋鉛印本　一册

330000－4793－0000615　SG00047　史部/雜史類/斷代之屬

庚子西狩叢談四卷　吳永口述　劉治襄筆記　民國十七年(1928)北京廣華印刷局鉛印本　一册

330000－4793－0000616　ZX00076　子部/儒家類/儒學之屬/蒙學

新刻續千家詩二卷　(清)梁溪齋學人輯　民國上海春記書莊石印本　一册

330000－4793－0000617　SL00046　史部/地理類/方志之屬/郡縣志

[萬曆]龍游縣志十卷首一卷　(明)萬廷謙修　(明)曹聞禮　(明)鍾相業纂　民國十二年

(1923)余紹宋鉛印本　一冊

330000－4793－0000618　SL00048　史部/地理類/方志之屬/郡縣志

[萬曆]龍游縣志十卷首一卷　(明)萬廷謙修　(明)曹聞禮　(明)鍾相業纂　民國十二年(1923)余紹宋鉛印本　一冊

330000－4793－0000619　ZG00077　集部/總集類/選集之屬/通代

改良鍾伯敬先生訂補千家詩圖注二卷　(明)鍾惺訂補　民國上海簡青齋書局石印本　一冊

330000－4793－0000620　SL00049　史部/地理類/方志之屬/郡縣志

[萬曆]龍游縣志十卷首一卷　(明)萬廷謙修　(明)曹聞禮　(明)鍾相業纂　民國十二年(1923)余紹宋鉛印本　一冊

330000－4793－0000621　SZ00058　史部/政書類/律令之屬

浙江省現行法規彙編不分卷　浙江省政府秘書處編輯　民國二十三年(1934)浙江省政府秘書處鉛印本　六冊

330000－4793－0000634　SF00061　史部/政書類/律令之屬

法理學講義不分卷　馮承鈞編　民國鉛印本　一冊

330000－4793－0000637　SG00064　集部/詩文評類/文法之屬/函牘格式

最新詳解公文程式大全十二卷　世界書局編輯所編輯　民國十六年(1927)上海世界書局石印本　六冊

330000－4793－0000642　SZ00070　新學/政治法律

戰時國際公法不分卷　黃遵三講述　民國石印本　一冊

330000－4793－0000643　SW00071　史部/史評類/史學之屬

文史通義九卷校讎通義四卷　(清)章學誠撰　民國十四年(1925)上海會文堂書局石印本　八冊

330000－4793－0000644　SD00072　史部/政書類

地方自治制度不分卷　張廷健撰　民國石印本　一冊

330000－4793－0000645　SX00073　史部/政書類/律令之屬

刑律分則講義三十六章　張孝移講述　民國鉛印本　一冊

330000－4793－0000646　SL00074　新學/政治法律

羅馬法不分卷　匡一述　民國文華書局石印本　一冊

330000－4793－0000647　SZ00075　史部/政書類/律令之屬/刑制

中華民國新刑律總則講義不分卷　(日本)岡田朝太郎講述　民國文華書局鉛印本　一冊

330000－4793－0000648　SH00077　新學/政治法律

海商法講義不分卷　江元亮講述　民國鉛印本　一冊

330000－4793－0000651　SL00079　史部/目録類/總録之屬/私撰

來薰閣書目不分卷　陳杭編　民國北平琉璃廠來薰閣鉛印本　一冊　存第三期

330000－4793－0000652　SZ00080　史部/雜史類/斷代之屬

戰國策三十三卷　(漢)高誘注　民國二十二年(1933)上海錦章圖書局石印本　一冊　存八卷(一至八)

330000－4793－0000654　SN00105　史部/目録類/總録之屬/官修

内閣大庫書檔舊目補七卷　國立中央研究院歷史語言研究所編　民國二十五年(1936)上海商務印書館鉛印本　一冊

330000－4793－0000662　SJ00089　史部/地理類/方志之屬/郡縣志

[民國]建德縣志十五卷首一卷附教育公產一卷慈善公產一卷 夏曰璈 張良楷修 王韌纂 民國八年(1919)金華集成堂鉛印本 十冊 存十六卷(首、一至十五)

330000－4793－0000666 SJ00095、SJ0352 史部/地理類/方志之屬/郡縣志
[光緒]金華縣誌十六卷首一卷 (清)鄧鍾玉等纂 民國四年(1915)金華益生成記鉛印本 七冊 存八卷(首,四至五、八至十、十二、十六)

330000－4793－0000668 SZ00096 史部/地理類/方志之屬/通志
[民國]浙江新志三卷 姜卿雲編 民國二十五年(1936)杭州正中書局排印本 二冊 存二卷(上中)

330000－4793－0000669 SD00099 史部/政書類/律令之屬
新編評註刀筆菁華四種 平襟亞纂 秋痕樓主評 民國十四年(1925)上海共和書局鉛印本 四冊 存一種

330000－4793－0000675 SB00101 史部/紀傳類/正史之屬
百大家評註史記十卷 (清)朱子蕃輯 民國六年(1917)同文圖書館石印本 十冊

330000－4793－0000676 SL00102 史部/政書類
臨沂縣行政司法報告書不分卷 蔡儒楷撰 民國五年(1916)鉛印本 一冊

330000－4793－0000677 ST00104 史部/地理類/方志之屬/郡縣志
[民國]台州府志一百四十卷首一卷 喻長霖等纂修 章梫繪圖 民國二十五年(1936)上海游民習勤所鉛印本 一冊 存二卷(首、一)

330000－4793－0000680 SJ00108 史部/目録類/總録之屬/地方
金華經籍志二十四卷外編一卷存疑一卷辨誤一卷 胡宗楙纂 民國十四年(1925)永康胡氏夢選樓刻本 八冊

330000－4793－0000681 JG00544 集部/總集類/選集之屬/通代
言文對照古文筆法百篇不分卷 世界書局編輯所編輯 民國十四年(1925)上海世界書局石印本 一冊

330000－4793－0000689 SH00115 史部/地理類/方志之屬/郡縣志
[民國]海寧州志稿四十一卷首一卷末一卷附志餘一卷藝文志補遺一卷 (清)李圭修 (清)許傳霈等纂 劉蔚仁續修 朱錫恩續纂 盧兆周繪圖 民國十一年(1922)鉛印本 四冊 存七卷(十二、十六至十九、三十六至三十七)

330000－4793－0000696 SL00120 史部/地理類/方志之屬/郡縣志
[民國]龍游縣志四十卷首一卷末一卷 余紹宋撰 民國十四年(1925)北京京城印書局鉛印本 十六冊

330000－4793－0000700 SG00126 集部/總集類/選集之屬
國文不分卷 民國抄本 一冊

330000－4793－0000701 SL00135 新學/史志
歷史講義不分卷 (日本)浮田和民 (日本)煙山太郎撰 民國抄本 二冊

330000－4793－0000709 SR00082、SG00137、SC00410、SS00483、SH00487、SH01196、SC00749、JB01113 類叢部/叢書類/彙編之屬
國立北平圖書館善本叢書第一集十二種 謝國楨輯 民國二十六年(1937)上海商務印書館影印本 六十九冊 存十一種

330000－4793－0000712 SM00140 史部/地理類
麻溪改壩爲橋始末記四卷首一卷 王念祖纂 民國八年(1919)蕺社鉛印本 一冊 存二卷(一至二)

330000－4793－0000714 SC00139 史部/編

年類/通代之屬

尺木堂加批綱鑑易知錄二十四卷 （清）吳乘權 （清）吳楚材撰 民國上海普新書局石印本 二十冊 存二十一卷（二至十五、十七至十八、二十至二十四）

330000－4793－0000717 SM00144 史部/雜史類/通代之屬

明清史料丙編不分卷 國立中央研究院歷史語言研究所編 民國二十五年（1936）上海商務印書館鉛印本 十冊

330000－4793－0000720 SS00145 史部/地理類/方志之屬/郡縣志

[民國]壽昌縣志十卷首一卷 陳煥 潘紹儁修 陳舉愷纂 方仰賢繪圖 民國十九年（1930）金華大同印務局鉛印本 八冊

330000－4793－0000721 ST00143 史部/地理類/方志之屬/郡縣志

[民國]湯溪縣志二十卷首一卷 丁燮 薛達修 戴鴻熙纂 民國二十年（1931）金震東石印局鉛印本 十二冊

330000－4793－0000733 JK00545、JZ00600、JJ01105、NL01501 類叢部/叢書類/郡邑之屬

括蒼叢書第一集八種 劉燿東編 民國二十七年（1938）鉛印本（滑疑集詩卷二原缺） 七冊 存五種

330000－4793－0000737 ZH00093 子部/小說家類/雜事之屬

壺天錄三卷 （清）百一居士撰 民國十二年（1923）上海文明書局石印本 二冊

330000－4793－0000738 ZL00097 子部/雜著類/雜說之屬

柳南隨筆六卷 （清）王應奎撰 民國五年（1916）掃葉山房石印本 二冊

330000－4793－0000739 ZJOOO89 子部/儒家類/儒學之屬/性理

近思錄集注十四卷考訂朱子世家一卷 （清）江永撰 **校勘記一卷** （清）王炳撰 民國十八年（1929）上海掃葉山房石印本 四冊

330000－4793－0000740 ZR00094 子部/雜著類/雜纂之屬

日用快覽不分卷 世界書局編 民國上海世界書局石印本 一冊

330000－4793－0000742 ZX00100 子部/藝術類/書畫之屬/法帖

星彔書詞一卷 童式規書 民國上海仿古齋石印本 一冊

330000－4793－0000743 ZF00101 子部/宗教類/佛教之屬

佛學述要一卷 陳勤先撰 民國十年（1921）鉛印本 一冊

330000－4793－0000744 ZF00099 子部/雜著類/雜說之屬

分甘餘話四卷 （清）王士禛撰 民國五年（1916）上海掃葉山房石印本 一冊

330000－4793－0000748 ZF00106 子部/雜著類/雜說之屬

放生殺生現報錄一卷 （清）江永撰 **江慎齋先生年譜一卷** （清）汪錦波輯 民國十二年（1923）中華書局鉛印本 一冊

330000－4793－0000753 ZZ00110、ZT00318、NC01522、ZR01824 類叢部/叢書類/彙編之屬

復性書院叢刊二十七種 馬浮編 民國二十九年至三十七年（1940－1948）復性書院刻本暨鉛印本 七冊 存六種

330000－4793－0000756 ZL00113 子部/儒家類/儒學之屬/禮教/家訓

精本了凡四訓一卷 （明）袁了凡（袁黄）撰 歇浦學人集注 民國十一年（1922）中華書局鉛印本 一冊

330000－4793－0000762 ZJ00120 類叢部/叢書類/彙編之屬

四部叢刊三百八種 張元濟等編 民國上海商務印書館影印本 十六冊 存一種

330000－4793－0000768 ZD00123、ZS00374 子部/叢編

大字精校圈點注釋三十六子全書□□種 (清)孫星衍撰　民國八年(1919)上海掃葉山房石印本　十六冊　存二種

330000－4793－0000774　ZW00124　子部/醫家類/醫案之屬

問齋醫桉五卷　(清)蔣寶素撰　(清)李永福參訂　民國五年(1916)上海石竹山房石印本　六冊

330000－4793－0000777　ZS00128　子部/小說家類/雜事之屬

世說新語六卷　(南朝宋)劉義慶撰　(南朝梁)劉孝標注　民國六年(1917)商務印書館鉛印本　六冊

330000－4793－0000779　ZD00131　類叢部/類書類/專類之屬

段節文料大全八卷　張延華編　民國十年(1921)上海世界書局鉛印本　四冊

330000－4793－0000780　ZB00130　子部/醫家類/本草之屬/本草雜著

本草求真九卷求真主治二卷附脈理求真三卷 (清)黄宫繡纂　民國上海錦章書局石印本　六冊

330000－4793－0000783　ZR00134　類叢部/類書類/專類之屬

日用必備交際大觀十卷　周德芳編　民國二十四年(1935)上海錦章書局石印本　一冊

330000－4793－0000784　ZJ00136　集部/總集類/尺牘之屬

交際大全八章　廣文書局編輯所編　民國十三年(1924)上海世界書局石印本　一冊

330000－4793－0000785　SX00769　史部/地理類/雜志之屬

谿上遺聞集錄十卷别錄二卷　(清)尹元煒輯　民國上海進步書局石印本　一冊　缺六卷(集錄一至六)

330000－4793－0000794　ZZ00144　子部/雜著類/雜纂之屬

中國魂二卷　梁啓超編輯　民國共合會社鉛印本　二冊

330000－4793－0000798　ZG00158　子部/小說家類

古今說海一百三十五種一百四十二卷　(明)陸楫編　民國四年(1915)上海進步書店石印本　十二冊　存一百二十三種

330000－4793－0000801　ZH00153、ZH00157、ZH00172、ZH00197、ZH00274　類叢部/叢書類/彙編之屬

涵芬樓祕笈五十一種　孫毓修等輯　民國五年至十五年(1916－1926)上海商務印書館影印本暨鉛印本　四十冊　存二十八種

330000－4793－0000804　ZZ01783　類叢部/叢書類/彙編之屬

涵芬樓祕笈五十一種　孫毓修等輯　民國五年至十五年(1916－1926)上海商務印書館影印本暨鉛印本　一冊　存一種

330000－4793－0000808　ZJ00164　子部/宗教類/佛教之屬

金剛經疏記科會十卷　(後秦)釋鳩摩羅什譯　(唐)圭峰大師疏　(宋)長水大師記　(明)釋大璸科會　民國十三年(1924)刻本　十冊

330000－4793－0000809　ZL00163　史部/傳記類/總傳之屬/技藝

歷代畫史彙傳七十二卷首一卷附錄二卷 (清)彭蘊璨編　民國石印本　十二冊

330000－4793－0000814　ZQ00167　類叢部/類書類/專類之屬

潛龍讀書表十二卷　陳電飛編　民國十六年(1927)中華書局石印本　四冊

330000－4793－0000817　ZQ00170　類叢部/類書類/專類之屬

潛龍讀書表十二卷　陳電飛編　民國十四年(1925)中華書局石印本　四冊

330000－4793－0000821　ZS00180　子部/小說家類

宋人小說二十八種　涵芬樓輯　民國上海商

務印書館鉛印本　七冊　存五種

330000－4793－0000829　ZA00189　子部/雜著類/雜編之屬
安士全書四種　(清)周夢顔撰　民國十一年(1922)上海佛學推行社鉛印本　四冊

330000－4793－0000832　ZG00192　子部/小説家類
顧氏文房小説四十種五十八卷　(明)顧元慶輯　民國十四年(1925)上海商務印書館據明刻本影印本　五冊　存五種

330000－4793－0000833　ZD00193　子部/雜著類/雜説之屬
東坡筆記二卷　(明)毛鳳苞輯　民國十三年(1924)上海有正書局鉛印本　一冊

330000－4793－0000836　ZG00229　子部/小説家類
古今説部叢書二百七十二種　國學扶輪社輯　民國四年(1915)中國圖書公司和記鉛印本　七冊　存二百十一種

330000－4793－0000838　ZD00203、ZM00275、ZM00276、ZQ00277、ZM00278、ZM00279、ZM00280、ZS00241　子部/小説家類
宋人小説二十八種　涵芬樓輯　民國上海商務印書館鉛印本　十一冊　存九種

330000－4793－0000840　ZC00206、NC00181　類叢部/叢書類/自著之屬
重刊船山遺書六十六種附一種　(清)王夫之撰　民國二十二年(1933)上海太平洋書店鉛印本　四十冊　存三十六種

330000－4793－0000841　ZT00209　子部/宗教類/佛教之屬
大事須知不分卷　孫傳柷纂　民國十一年(1922)桐城張瑞曾刻本　一冊

330000－4793－0000842　ZF00208　子部/宗教類/佛教之屬
佛學叢書□□種　丁福保輯　民國上海醫學書局鉛印本暨影印本　一冊　存一種

330000－4793－0000848　ZY00211　子部/藝術類/篆刻之屬/印譜
守成集印不分卷　民國鈐印本　十三冊

330000－4793－0000849　ZJ00215　類叢部/叢書類/彙編之屬
今獻彙言三十九種　(明)高鳴鳳輯　民國二十六年(1937)上海商務印書館據明刻本影印本　十冊

330000－4793－0000850　ZY00213　新學/議論/通論
閻伯川先生言論輯要不分卷　太原綏靖公署辦公處輯　民國二十六年(1937)鉛印本　十二冊

330000－4793－0000853　ZJ00219　子部/儒家類/儒學之屬/禮教/家訓
精本了凡四訓一卷　(明)袁了凡(袁黄)撰　歇浦學人集注　民國十一年(1922)中華書局鉛印本　一冊

330000－4793－0000855　ZY00218　類叢部/叢書類/彙編之屬
景印元明善本叢書十種　商務印書館編　民國二十六年至二十九年(1937－1940)上海商務印書館影印本　四十冊　存二種

330000－4793－0000858　ZH00224　類叢部/叢書類/彙編之屬
涵芬樓祕笈五十一種　孫毓修等輯　民國五年至十五年(1916－1926)上海商務印書館影印本暨鉛印本　八冊　存七種

330000－4793－0000863　JD00549　集部/小説類/長篇之屬
繪圖東周列國志八卷一百二十回　(明)馮夢龍撰　(清)蔡界評點　民國十五年(1926)上海世界書局石印本　八冊

330000－4793－0000865　ZC00232　子部/雜著類/雜説之屬
慈護編五卷　孫傳柷撰　民國中華書局鉛印本　一冊

330000－4793－0000866　ZZ00235　子部/藝

術類/篆刻之屬/印論

篆刻鍼度八卷 （清）陳克恕撰　民國上海朝記書莊石印本　一冊　存四卷（一至四）

330000－4793－0000869　ZX00239、ZG00349　子部/小說家類

顧氏文房小說四十種五十八卷 （明）顧元慶輯　民國十四年（1925）上海商務印書館據明刻本影印本　三冊　存十一種

330000－4793－0000873　ZS00244　集部/小說類/長篇之屬

上下古今談四卷二十回 吳敬恒撰　民國十六年（1927）上海文明書局鉛印本　四冊

330000－4793－0000876　ZG00247　子部/小說家類/異聞之屬

鬼董狐五卷 民國五年（1916）上海商務印書館鉛印本　一冊

330000－4793－0000879　ZX00251　子部/小說家類/雜事之屬

新刊宣和遺事前集一卷後集一卷 民國三年（1914）掃葉山房石印本　二冊

330000－4793－0000884　ZD00258　子部/醫家類/婦科之屬/產科

達生編一卷 （清）亟齋居士撰　（清）汪家駒增訂　民國十五年（1926）上海宏大善書局石印本　一冊

330000－4793－0000886　ZB00259　類叢部/叢書類/彙編之屬

百陵學山九十八種 （明）王完輯　民國二十七年（1938）上海商務印書館影印本　十四冊

330000－4793－0000888　ZX00255　子部/小說家類/雜事之屬

新刊大宋宣和遺事四卷 民國四年（1915）上海商務印書館鉛印本　四冊

330000－4793－0000892　ZS00267　子部/雜著類/雜說之屬

三餘札記二卷 劉文典撰　民國二十四年（1935）上海商務印書館鉛印本　二冊

330000－4793－0000893　ZS00269　子部/小說家類/雜事之屬

世說新語六卷 （南朝宋）劉義慶撰　（南朝梁）劉孝標注　民國六年（1917）商務印書館鉛印本　六冊

330000－4793－0000896　ZY00271　子部/小說家類

筆記小說大觀二百二十二種 進步書局輯　民國上海進步書局石印本　四冊　存二百十五種

330000－4793－0000905　JL00553　集部/別集類/清別集

兩當軒集二十卷補遺二卷附錄四卷攷異二卷 （清）黃景仁撰　（清）黃志述輯　民國十九年（1930）上海掃葉山房石印本　六冊

330000－4793－0000907　JY00555、JY00654　集部/戲劇類/總集之屬/雜劇

元曲選一百種一百卷 （明）臧懋循編　**論曲一卷** （元）陶宗儀等撰　**元曲論一卷** 民國七年（1918）上海商務印書館據明博古堂本影印本　三十三冊　存九十四種

330000－4793－0000912　JH00561　集部/別集類

蠖齋詩三卷詩話三卷 陳寶煐撰　民國鉛印本　一冊

330000－4793－0000914　JQ00566　集部/別集類

求我山人雜著續集六卷 莊景仲撰　**附錄一卷** 民國二十八年（1939）中國農業書局鉛印本　一冊

330000－4793－0000917　JH00568　集部/別集類

寒柯堂避寇詩草三卷 余紹宋撰　民國三十三年（1944）鉛印本　三冊

330000－4793－0000929　JL00591　集部/別集類/唐五代別集

柳柳州文評註讀本二卷 王楚香評註　民國十四年（1925）大東書局石印本　二冊

330000－4793－0000930　JF00588　集部/別集類

非儒非俠齋詩一卷　顧燮光撰　民國三年(1914)鉛印本　一冊

330000－4793－0000934　JP00597　集部/別集類

培根書屋詩草九卷　孫熙鼎撰　民國十三年(1924)鉛印本　一冊

330000－4793－0000935　JD00596　史部/傳記類/別傳之屬/事狀

[馬夫人程氏]悼亡錄不分卷　馬昭懿撰　民國二十四年(1935)鉛印本　一冊

330000－4793－0000936　JJ00599　史部/地理類/專志之屬/園林

絳守居園池記句讀一卷　(唐)樊宗師撰　(元)趙仁舉定　(清)管庭芬述　民國十一年(1922)紹興樊氏緜絳書屋刻本　一冊

330000－4793－0000941　JW00606　集部/詩文評類/文評之屬

畏廬論文一卷　林紓撰　民國十年(1921)上海商務印書館鉛印本　一冊

330000－4793－0000946　JA00610　集部/別集類

哀如兒錄不分卷　張官倬輯　民國十年(1921)鉛印本　一冊

330000－4793－0000947　JF00611　集部/別集類/清別集

復初齋詩集七十卷　(清)翁方綱撰　民國四年(1915)石印本　十六冊

330000－4793－0000950　JW00615　集部/別集類/明別集

王文成公全書三十八卷　(明)王守仁撰　民國二年(1913)上海中華圖書館影印本　十冊　存三十一卷(一至十一、十六至二十九、三十三至三十八)

330000－4793－0000955　JH00638　集部/詩文評類/詩評之屬

浩然齋雅談三卷　(宋)周密撰　民國廣益書局石印本　二冊

330000－4793－0000958　JZ00642　集部/別集類/宋別集

曾南豐尺牘一卷　(宋)曾鞏撰　民國五年(1916)上海商務印書館鉛印本　一冊

330000－4793－0000965　SS00907、JK01136、SH00802、NM00298、JD01248、JW01290　類叢部/叢書類/彙編之屬

四部叢刊三百八種　張元濟等編　民國上海商務印書館影印本　三十九冊　存六種

330000－4793－0000966　JT00651　集部/總集類/彙編之屬

鐵函心史晞髮集合刊五種　鄭貞文輯　民國三十年(1941)永安風行印刷社鉛印本　一冊

330000－4793－0000969　JC00661　集部/別集類

春生詩草一卷　王聿鑫撰　民國二十四年(1935)杭州鉛印本　一冊

330000－4793－0000977　JC00657　集部/詞類/詞話之屬

詞辨二卷　(清)周濟輯　民國二年(1913)埽葉山房石印本　一冊

330000－4793－0000979　JJ00663　集部/詞類/別集之屬

稼軒詞四卷　(宋)辛棄疾撰　**稼軒詞校勘記一卷**　胡文楷撰　民國二十九年(1940)長沙商務印書館影印本暨鉛印本　三冊

330000－4793－0000985　JQ00675　集部/別集類

清溪集遺詩二卷　唐庭芬撰　民國七年(1918)吉林省第一監獄署石印本　一冊

330000－4793－0000986　JY00674　集部/別集類

一問二答新國民尺牘不分卷　林任撰　民國上海中央書社石印本　一冊

330000－4793－0000988　JZ00678　集部/別集類/清別集

音注梅伯言文一卷　(清)梅伯言撰　王益吾選本　沈伯經音注　民國十二年(1923)上海文明書局石印本　一冊

330000－4793－0000989　JL00679、JL00693　集部/楚辭類

離騷三種　民國二年(1913)上海文瑞樓石印本　三冊

330000－4793－0000990　JX00684　集部/總集類/尺牘之屬

新輯尺牘合璧四卷　(清)許思湄　(清)龔蕚撰　(清)婁世瑞注　(清)寄虹軒主人輯　民國上海文益書局石印本　一冊

330000－4793－0000991　JZ00682　集部/別集類/宋別集

音注王介甫文一卷　(宋)王安石撰　沈伯經音注　民國十二年(1923)上海文明書局石印本　一冊

330000－4793－0000992　JQ00685　集部/別集類

潛廬詩稿一卷　張逸叟撰　民國十二年(1923)張氏木活字印本　一冊

330000－4793－0000993　JB00688　集部/別集類

避寇集一卷　馬浮撰　民國二十九年(1940)刻本　一冊

330000－4793－0000995　JY00648　集部/總集類/彙編之屬

名家選定詩文讀本□□種　文明書局編　民國上海文明書局鉛印本　一冊　存一種

330000－4793－0000997　JG00686　集部/總集類/選集之屬/通代

古詩評註讀本三卷附教授法一卷　王文濡評選　民國上海文明書局鉛印本　二冊

330000－4793－0000998　ZC00298　子部/藝術類/書畫之屬/法帖

褚遂良馮承素書蘭亭序不分卷　(唐)褚遂良　(唐)馮承素書　民國商務印書館影印本　一冊

330000－4793－0000999　JT00690　集部/詩文評類/文法之屬/函牘格式

寫信必讀十卷　(清)唐芸洲撰　民國上海錦章圖書局石印本　一冊

330000－4793－0001000　ZT00299　子部/醫家類/醫經之屬/難經

圖註八十一難經四卷　(戰國)秦越人撰　(明)張世賢註　民國上海廣益書局石印本　一冊

330000－4793－0001004　JW00694　集部/別集類/宋別集

王臨川文評註讀本二卷　(宋)王安石撰　王有珩評註　民國十三年(1924)上海大東書局石印本　二冊

330000－4793－0001010　SJ00162　史部/地理類/方志之屬/郡縣志

光緒金華縣志十六卷首一卷附咸同間金華殉難人姓名錄一卷　(清)鄧鍾玉纂　(清)謝駿德等修　民國四年(1915)鉛印本　十冊

330000－4793－0001014　ZS00308　子部/藝術類/書畫之屬

書林藻鑑十二卷　馬宗霍輯　民國二十五年(1936)上海商務印書館鉛印本　四冊

330000－4793－0001015　JY00116、SZ00794、NC00316、NM01290、NE01307、ZG00311、NC00233、NM00236、NY00238、NC01607、NC00007、JW01245、ZT01587、NM01561、ZL00314、ZL00347、ZH00401、ND00228、NM00248、NS00293、SN00427、SZ00586、JG01644、ZJ00355　類叢部/叢書類/彙編之屬

四部備要三百一種　中華書局編　民國二十五年(1936)上海中華書局鉛印本　一百六十六冊　存二十四種

330000－4793－0001018　ZH00315　子部/宗教類/佛教之屬

回鄉語錄一卷　心菴頭陀撰　民國二十一年(1932)上海明善書局鉛印本　一冊

330000－4793－0001019　ZL00321　子部/道

家類

老子古義三卷漢代老學者考一卷 楊樹達撰 民國十七年(1928)上海中華書局鉛印本 三冊

330000－4793－0001024 ZD00328 子部/墨家類

定本墨子間詁校補二卷 李笠撰 民國十六年(1927)商務印書館鉛印本 二冊

330000－4793－0001028 ZN00332 子部/醫家類/婦科之屬/通論

女科秘訣大全五卷 陳秉鈞輯 民國十七年(1928)廣益書局刻本 二冊 存四卷(二至五)

330000－4793－0001032 ZY00334 子部/宗教類/道教之屬/戒律

文昌帝君陰騭文註證不分卷 (清)潘成雲輯 民國十一年(1922)佛學推行社鉛印本 一冊

330000－4793－0001034 ZC00337 子部/宗教類/道教之屬/雜著

暗室燈二卷 (清)深山居士輯 民國十二年(1923)石印本 一冊

330000－4793－0001037 ZL00342 子部/醫家類/本草之屬/本草藥性

雷公炮製藥性賦解十卷 民國上海商務印書館鉛印本 二冊

330000－4793－0001040 ZR00345 類叢部/類書類/專類之屬

日用酬世大觀□□種 世界書局編輯所編 民國十四年(1925)上海世界書局石印本 一冊 存一種

330000－4793－0001049 SW00163 史部/目録類/總録之屬/氏族

吳興嚴氏藝文志略二卷 嚴庸編 民國八年(1919)鉛印本 一冊

330000－4793－0001050 ZZ00362 子部/道家類

莊子集註三卷 阮毓崧輯 民國十九年(1930)上海中華書局影印本 四冊

330000－4793－0001051 ZN00363 子部/道家類

南華真經解四卷 (清)宣穎撰 民國三年(1914)尚古山房石印本 四冊

330000－4793－0001054 ZY00366 子部/醫家類/兒科之屬

幼科大成六種 民國十五年(1926)上海文成書局石印本 八冊 存五種

330000－4793－0001055 ZS00368 子部/醫家類/醫經之屬/内經

素問靈樞類纂約註三卷 (清)汪昂輯註 民國上海商務印書館鉛印本 三冊

330000－4793－0001060 ZT00373 子部/農家農學類/獸醫之屬

圖像水黃牛經大全二卷 (明)喻仁 (明)喻傑撰 民國四年(1915)滬江海左書局石印本 一冊

330000－4793－0001062 ZC00375 子部/醫家類/醫理之屬/病源病機

重刊巢氏諸病源候總論五十卷 (隋)巢元方等撰 民國七年(1918)上海千頃堂書局石印本 八冊

330000－4793－0001064 ZB00376 子部/醫家類/本草之屬/歷代綜合本草

本草從新十八卷 (清)吳儀洛輯 民國元年(1912)上海鑄記書局石印本 一冊 存三卷(一至三)

330000－4793－0001065 ZC00377 子部/醫家類/方書之屬/單方驗方

重校湯頭歌訣一卷 (清)汪昂編輯 民國三年(1914)上海共和書局石印本 一冊

330000－4793－0001067 ZY00380 子部/醫家類/眼科之屬

銀海精微二卷 (唐)孫思邈原輯 (明)龔雲林編定 民國三年(1914)上海江東書局石印本 一冊

330000－4793－0001074　ZJ00392　子部/醫家類/類編之屬
仲景全書五種　(漢)張機等撰　民國五年(1916)上海千頃堂石印本　一冊　存一種

330000－4793－0001075　ZL00389　子部/宗教類/道教之屬
呂祖警世經不分卷　(唐)呂巖撰　民國十三年(1924)金華金震東石印局石印本　一冊

330000－4793－0001077　ZM00396　子部/墨家類
墨子刊誤二卷　(清)蘇時學撰　**刊誤二卷**　陳柱撰　民國十七年(1928)上海中華書局鉛印本　一冊

330000－4793－0001082　ZS00404　子部/雜著類/雜說之屬
壽世保元一卷　題(元)八十一歲老人撰　民國十二年(1923)蕭山合義和善書局鉛印本　一冊

330000－4793－0001083　ZN00406　子部/道家類
南華真經解四卷　(清)宣穎撰　民國三年(1914)尚古山房石印本　四冊

330000－4793－0001087　ZZ00408　子部/醫家類/方書之屬/單方驗方
增評醫方集解二十三卷　(清)汪昂著輯　(清)費伯雄加評　民國三年(1914)上海共和書局石印本　四冊

330000－4793－0001089　ZX00412　子部/醫家類/喉科口齒之屬
小兒耳鼻咽喉病學一卷　(英國)格思烈撰　譚世鑫編譯　民國二十四年(1935)鉛印本　一冊

330000－4793－0001092　ZZ00415　子部/藝術類/書畫之屬/總論
壯陶閣書畫錄二十二卷附錄一卷　裴景福撰　民國二十六年(1937)上海中華書局鉛印本　十七冊　缺五卷(四至八)

330000－4793－0001094　ZZ00417　類叢部/叢書類/彙編之屬
宗教藝術叢書□□種　民國十六年(1927)交通印刷局影印本　二冊　存二種

330000－4793－0001095　ZS00418　子部/醫家類/類編之屬
世補齋醫書前集六種後集四種　(清)陸懋修撰　民國元年至三年(1912－1914)上海江東書局石印本　五冊　存後集四種

330000－4793－0001097　ZS00422　子部/醫家類/溫病之屬
時病論八卷附論一卷　(清)雷豐撰　民國二十年(1931)上海大東書局鉛印本　四冊

330000－4793－0001098　ZH00423　子部/藝術類/書畫之屬/畫法畫品
畫學心印八卷桐陰論畫初編二卷二編二卷三編二卷畫訣二卷附錄一卷　(清)秦祖永評輯　民國七年(1918)上海掃葉山房石印本　八冊

330000－4793－0001101　ZT00425　子部/儒家類/儒學之屬/性理
泰和宜山會語合刊二卷附錄一卷　馬一浮撰　民國二十九年(1940)四川嘉州留澗齋刻本　一冊

330000－4793－0001111　JC00699　集部/別集類/清別集
春酒堂文集一卷　(清)周容撰　民國五年(1916)國學扶輪社鉛印本　一冊

330000－4793－0001113　SJ00166　史部/傳記類/總傳之屬/郡邑
嘉興人物志不分卷　民國吳興劉氏嘉業堂抄本　一冊

330000－4793－0001114　JC00701　集部/別集類/宋別集
陳龍川書牘不分卷　(宋)陳亮撰　民國三年(1914)上海商務印書館鉛印本　二冊

330000－4793－0001116　SX00167　史部/地理類/山川之屬/山志
西天目祖山志八卷首一卷末一卷補遺一卷

(明)釋廣賓撰　(清)釋際界增訂　民國二十年(1931)上海宏大善書局石印本　一冊　存四卷(一至四)

330000－4793－0001118　JW00702　集部/別集類

吳山草堂詩鈔二卷　王廷揚撰　民國二十九年(1940)油印本　一冊

330000－4793－0001119　SW00169　史部/史評類/詠史之屬

吳越雜事詩一百首一卷　(清)余恩鑅撰　民國十一年(1922)余紹宋鉛印本　一冊

330000－4793－0001120　JL00703　集部/別集類/清別集

綠滿廬文集一卷詩集一卷春宵偶話一卷　(清)陳之翰撰　民國鉛印本　一冊

330000－4793－0001124　JS00704　集部/別集類

實園詩稿一卷　邢淡撰　民國十七年(1928)金華競利印刷所鉛印本　一冊

330000－4793－0001126　JS00705　集部/別集類/明別集

商文毅公集六卷　(明)商輅撰　(明)張一魁編　民國八年(1919)武進王家琦木活字印本　二冊

330000－4793－0001130　ZB00429　子部/宗教類/佛教之屬/諸宗

寶王三昧念佛直指二卷　(明)釋妙葉集　民國十一年(1922)上海涵芬樓影印本　一冊

330000－4793－0001132　JH00709　集部/別集類

寒柯堂避寇詩草三卷　余紹宋撰　民國三十三年(1944)鉛印本　三冊

330000－4793－0001134　JF00711　集部/別集類/明別集

方正學先生遜志齋全集二十四卷首一卷　(明)方孝儒撰　(明)張紹謙纂定　民國二年(1913)上海共和圖書館石印本　十二冊

330000－4793－0001136　JS00712、JS00587　類叢部/叢書類/自著之屬

舜水遺書四種附錄一卷　(明)朱之瑜撰　民國二年(1913)山陰湯壽潛鉛印本　十二冊

330000－4793－0001137　JC00713　集部/別集類/清別集

翠微山房遺詩不分卷　(清)張作枏撰　**淞雲詩草不分卷**　(清)韓昌裔撰　民國十三年(1924)金華郭寶琮古愚廬刻本　一冊

330000－4793－0001139　ZF00430　子部/藝術類/書畫之屬/法帖

福山王文敏公墨蹟手札一卷　(清)王懿榮書　民國上海有正書局石印本　一冊

330000－4793－0001140　JS00714　集部/別集類/清別集

石壇山房全集七種十卷　(清)陳得善撰　民國二十三年(1934)陳慶麒鉛印本　六冊

330000－4793－0001141　JZ00715　集部/別集類/宋別集

趙清獻公集十卷目錄二卷　(宋)趙抃撰　民國八年(1919)刻本　四冊

330000－4793－0001144　SX00713　史部/史評類/考訂之屬

校史隨筆一卷　張元濟撰　民國二十七年(1938)長沙商務印書館鉛印本　二冊

330000－4793－0001148　SL00717　史部/傳記類/總傳之屬/家乘

[浙江金華]臨江尹氏宗譜十二卷　尹鴻璽纂修　民國十五年(1926)木活字印本　十四冊　存七卷(一至五、七至八)

330000－4793－0001149　SJ00718　史部/政書類/邦計之屬/荒政

浙江金華縣壬戌水災徵信錄不分卷　金華縣賑災善後事務所編　民國十二年(1923)影印本　一冊

330000－4793－0001164　SS00728、SS00729、SQ01135、JY01111、SS01209、SZ00766、SY00758、ZJ00748、SS01088、JT01238、

JC01240、JC01241　類叢部/叢書類/彙編之屬
四部備要三百一種　中華書局編　民國二十五年(1936)上海中華書局鉛印本　七十八册　存十三種

330000 - 4793 - 0001173　SH00738　史部/地理類/方志之屬/郡縣志
[光緒]杭州府志一百七十八卷首八卷　(清)陳璚等修　(清)王棻等纂　屈映光續修　陸懋勳續纂　齊耀珊重修　吴廛坻重纂　民國十一年(1922)鉛印本　十册　存二十六卷(二十至二十一、七十六至七十八、九十至九十二、九十五至九十六、一百三至一百十三、一百四十一至一百四十三、一百七十七至一百七十八)

330000 - 4793 - 0001177　SS00472　史部/紀事本末類/斷代之屬
聖武記十四卷　(清)魏源撰　民國上海鴻章書局石印本　六册

330000 - 4793 - 0001178　SZ00743、SZ00965　史部/編年類/通代之屬
資治通鑑二百九十四卷　(宋)司馬光撰　(元)胡三省音注　**通鑑釋文辯誤十二卷**　(元)胡三省撰　民國六年(1917)上海商務印書館鉛印本　四十五册　存二百九卷(一至六十七、八十八至一百三十三、一百三十九至二百四、二百三十至二百五十九)

330000 - 4793 - 0001182　SX00748　新學/政治法律
行政法各論一卷　法政學校撰　民國影印本　一册

330000 - 4793 - 0001183　SM00750　新學/政治法律/律例
民事訴訟法講義不分卷　民國影印本　一册

330000 - 4793 - 0001184　SX00751　新學/政治法律
憲法講義不分卷　林少珀校　民國影印本　一册

330000 - 4793 - 0001185　SM00749　新學/政治法律/律例
民事訴訟法講義不分卷　民國影印本　一册

330000 - 4793 - 0001188　P0004、SL00755　史部/傳記類/總傳之屬/家乘
[浙江金華]臨江尹氏宗譜十二卷　尹鴻璽纂修　民國十五年(1926)敦睦堂木活字印本　十二册　存十一卷(一至五、七至十二)

330000 - 4793 - 0001191　SX00752、SX00757　史部/政書類/律令之屬/刑制
刑事訴訟法不分卷　政法學校編　民國石印本　二册

330000 - 4793 - 0001195　SB00760　史部/目録類/版本之屬/書影
百衲本二十四史預約樣本一卷　上海商務印書館編　民國二十三年(1934)上海商務印書館鉛印本暨影印本　一册

330000 - 4793 - 0001202　ZR02006　子部/儒家類/儒學之屬/禮教/鑑戒
人道大義錄不分卷　夏震武撰　民國鉛印本　一册

330000 - 4793 - 0001208　JX00745　集部/别集類/宋别集
晞髮集六卷　(宋)謝翺撰　民國鉛印本　一册

330000 - 4793 - 0001209　JY00746　集部/别集類/清别集
音注方望溪文一卷　(清)方苞撰　王先謙選　民國上海文明書局鉛印本　一册

330000 - 4793 - 0001210　JT00748　集部/總集類/選集之屬/斷代
唐詩三百首註疏六卷　(清)孫洙編　(清)章燮註　民國二年(1913)上海掃葉山房石印本　一册

330000 - 4793 - 0001211　ZB00432　子部/儒家類/儒學之屬/禮教/鑑戒
八德須知初集八卷　蔡振紳編輯　民國上海明善書局石印本　四册

330000－4793－0001213　ZS00352　類叢部/叢書類/彙編之屬
說郛樣本一卷附預約簡章　商務印書館編　民國十一年(1922)上海商務印書館鉛印本　一冊

330000－4793－0001214　JM00749　集部/別集類/清別集
梅村詩集箋注十八卷　(清)吳偉業撰　(清)吳翌鳳箋注　民國中華圖書館石印本　七冊

330000－4793－0001226　JW00730　集部/別集類
臥雪居雜鈔不分卷　良玉撰　民國抄本　一冊

330000－4793－0001227　JX00737　集部/詩文評類/詩評之屬
俠龕隨筆二卷　陈中嶽撰　民國十五年(1926)鉛印本　一冊

330000－4793－0001233　NS00132、NZ01440　類叢部/叢書類/自著之屬
重刊船山遺書六十六種附一種　(清)王夫之撰　民國二十二年(1933)上海太平洋書店鉛印本　二冊　存二種

330000－4793－0001235　ZQ00433　子部/醫家類/診法之屬/脈經脈訣
奇經八脈攷一卷校正瀕湖脈學一卷　(明)李時珍撰　民國石印本　一冊

330000－4793－0001237　JH00725　集部/別集類
寒柯堂詩四卷　余紹宋撰　民國三十六年(1947)鉛印本　一冊　存一卷(一)

330000－4793－0001238　JX00747　集部/總集類/選集之屬/通代
續古文辭類纂三十四卷　王先謙輯　民國十八年(1929)上海鴻章書局石印本　五冊　存十八卷(七、十三至十九、二十五至三十四)

330000－4793－0001239　ZX00353　子部/儒家類/儒學之屬/蒙學
新幼學句解二卷　陳霽辰編　民國六年(1917)上海中國圖書公司和記鉛印本　二冊

330000－4793－0001240　JT00748/1　集部/總集類/選集之屬/斷代
唐詩三百首註疏六卷　(清)孫洙編　(清)章燮註　民國二年(1913)上海掃葉山房石印本　一冊

330000－4793－0001246　JY00755　集部/別集類/清別集
亦有秋齋詩鈔二卷　(清)鈕福疇撰　民國七年(1918)烏程鈕氏鉛印本　一冊

330000－4793－0001250　JW00756　集部/別集類/明別集
王次回疑雨集註四卷　(明)王彥泓撰　(□)句漏後裔釋　民國十九年(1930)上海文明書局石印本　四冊

330000－4793－0001254　JS00756　集部/總集類/選集之屬/斷代
宋詩鈔補八十六卷　(清)管庭芬　(清)蔣光煦編　民國四年(1915)上海商務印書館鉛印本　五冊　存四十九種

330000－4793－0001260　JX00782　類叢部/叢書類/彙編之屬
袖珍古書讀本三十種　中華書局編　民國十九年(1930)上海中華書局鉛印本　八冊　存一種

330000－4793－0001265　JM00768　集部/總集類/選集之屬/通代
名家輯評新體廣註古文辭類纂十二卷　胡文楷註　民國二十三年(1934)上海掃葉山房石印本　十冊　缺二卷(十一至十二)

330000－4793－0001269　ZB00354　子部/藝術類/書畫之屬/法帖
唐雲麾李府君神道碑一卷　(唐)李邕撰　民國影印本　一冊

330000－4793－0001276　JG00789　新學/學校
國文三年級不分卷　民國石印本　一冊

330000－4793－0001279　JY00784　集部/別集類/漢魏六朝別集

庾子山集十六卷　（北周）庾信撰　（清）倪璠註釋　**庾集總釋一卷庾子山年譜一卷**　（清）倪璠撰　民國十二年（1923）掃葉山房石印本　十二冊

330000－4793－0001281　JJ00788　集部/詞類/別集之屬

稼軒長短句十二卷補遺一卷　（宋）辛棄疾撰　**校記一卷**　林大椿校　民國十八年（1929）上海商務印書館鉛印本　四冊

330000－4793－0001283　NK00131　經部/小學類/文字之屬/字書/字典

康熙字典十二集三十六卷總目一卷檢字一卷辨似一卷等韻一卷補遺一卷備考一卷　（清）張玉書等纂修　民國上海久敬齋石印本　二冊　存十五卷（寅集上中下、卯集上中下、辰集上中下、未集上中下、申集上中下）

330000－4793－0001289　JW00801　集部/別集類/明別集

萬一樓集五十六卷續集六卷外集十卷　（明）駱問禮撰　民國四年（1915）木活字印本　一冊　存十卷（外集一至十）

330000－4793－0001293　JB00809　類叢部/叢書類/彙編之屬

四部叢刊三百八種　張元濟等編　民國上海商務印書館影印本　二冊　存一種

330000－4793－0001296　ZZ00356　類叢部/類書類/通類之屬

增補事類統編九十三卷首一卷　（清）黃葆真輯　民國石印本　四冊　存二十五卷（十四至二十二、五十一至五十八、六十七至七十四）

330000－4793－0001298　JL00810　類叢部/叢書類/彙編之屬

四部叢刊三百八種　張元濟等編　民國八年（1919）上海商務印書館影印本　一冊　存一種

330000－4793－0001300　JB00808　類叢部/叢書類/彙編之屬

四部叢刊三百八種　張元濟等編　民國上海商務印書館影印本　七冊　存一種

330000－4793－0001301　JY00806　集部/別集類/明別集

疑雨集四卷　（明）王彥泓撰　民國上海掃葉山房石印本　二冊

330000－4793－0001304　JH00812　類叢部/叢書類/彙編之屬

四部叢刊三百八種　張元濟等編　民國上海商務印書館影印本　一冊　存一種

330000－4793－0001305　JG00814　集部/別集類/清別集

歸玄恭遺著一卷附詩鈔一卷　（清）歸莊撰　民國二十一年（1932）上海中華書局鉛印本　一冊

330000－4793－0001306　JY00813　集部/別集類/清別集

音註張濂亭文一卷　（清）張裕釗撰　民國上海文明書局鉛印本　一冊

330000－4793－0001308　JZ00811　集部/別集類/宋別集

增廣箋註簡齋詩集三十卷無住詞一卷　（宋）陳與義撰　（宋）胡穉箋註　民國上海涵芬樓影印本　四冊

330000－4793－0001309　JY00816　集部/別集類/清別集

音注吳摯甫文一卷　（清）吳汝綸撰　陳通丞音注　民國十四年（1925）上海文明書局鉛印本　一冊

330000－4793－0001310　JB00819　集部/別集類/清別集

北戌草一卷附龍江紀事一卷　（清）張光藻撰　民國十九年（1930）廣德錢文選鉛印本　一冊

330000－4793－0001311　JZ00817　類叢部/叢書類/彙編之屬

四部叢刊續編七十七種　張元濟等編　民國二十三年(1934)上海商務印書館影印本　一册　存二種

330000－4793－0001312　JM00818　類叢部/叢書類/彙編之屬
四部叢刊三百八種　張元濟等編　民國上海商務印書館影印本　二册　存一種

330000－4793－0001314　JB00820　集部/別集類/清別集
北戍草一卷附龍江紀事一卷　(清)張光藻撰　民國十九年(1930)廣德錢文選鉛印本　一册

330000－4793－0001317　JY00826　集部/總集類/彙編之屬
名家選定音注詩文讀本□□種　上海文明書局編　民國十四年(1925)上海文明書局鉛印本　一册　存一種

330000－4793－0001320　JY00832　集部/曲類/曲評曲話曲目之屬
蟫廬曲談四卷　王季烈撰　民國十七年(1928)上海商務印書館石印本　二册

330000－4793－0001321　JW00823　集部/別集類/宋別集
王介甫尺牘二卷　(宋)王安石撰　民國五年(1916)上海商務印書館鉛印本　二册

330000－4793－0001322　SY00774　史部/地理類/雜志之屬
園林春色不分卷　任桐撰　民國十七年(1928)鉛印本　一册

330000－4793－0001328　JZ00840　集部/別集類/宋別集
張南軒尺牘二卷　(宋)張栻撰　民國六年(1917)鉛印本　二册

330000－4793－0001331　JY00841　集部/別集類/清別集
音注袁子才文二卷　(清)袁枚撰　蔣劍人選本　曹繡君音注　民國十七年(1928)文明書局鉛印本　二册

330000－4793－0001332　JS00852　集部/詩文評類/詩評之屬
隨園詩法叢話八卷　(清)袁枚輯　民國上海碧梧山莊石印本　四册

330000－4793－0001338　JZ00846　集部/詩文評類/文法之屬/函牘格式
註釋女子尺牘二卷　李澹吾編　民國十三年(1924)商務印書館石印本　二册

330000－4793－0001340　ZR02007　新學/理學/理學
哲學叢書□□種　民國上海商務印書館鉛印本　一册　存一種

330000－4793－0001344　JL00853、JS01025、JD01091、SS01133、SZ00340、ZD01563、JX01401、ZZ01568、JD01411、NZ01546、JL01044、JL01399、JB01103、JG01101、JD01152、JS01246、SC00353　類叢部/叢書類/郡邑之屬
續金華叢書六十種　胡宗楙編　民國十三年(1924)永康胡氏夢選樓刻本　三十四册　存十八種

330000－4793－0001347　JL00857　集部/別集類/清別集
綠滿廬文集一卷詩集一卷春宵偶話一卷　(清)陳之翰撰　民國鉛印本　一册

330000－4793－0001353　JZ00861、JS01513　類叢部/叢書類/郡邑之屬
括蒼叢書第一集八種　劉燿東編　民國二十七年(1938)鉛印本(滑疑集詩卷二原缺)　二册　存三種

330000－4793－0001356　JZ00863　集部/別集類/宋別集
朱文公書牘四卷　(宋)朱熹撰　民國八年(1919)上海商務印書館鉛印本　四册

330000－4793－0001360　JZ00864　集部/別集類/清別集
壯悔堂文集十卷遺稿一卷四憶堂詩集六卷遺稿一卷　(清)侯方域撰　(清)賈開宗等評點

民國上海埽葉山房石印本　四冊　缺七卷（四憶堂詩集一至六、遺稿）

330000－4793－0001365　JT00871　類叢部/叢書類/彙編之屬

四部叢刊三百八種　張元濟等編　民國上海商務印書館影印本　一冊　存一種

330000－4793－0001366　JW00875　集部/別集類/宋別集

文信國書牘三卷　（宋）文天祥撰　民國二年（1913）上海商務印書館鉛印本　三冊

330000－4793－0001367　JC00877　集部/別集類/宋別集

陳龍川書牘不分卷　（宋）陳亮撰　民國元年（1912）上海商務印書館鉛印本　二冊

330000－4793－0001368　JS00891　集部/別集類

散原精舍詩二卷續集三卷別集一卷　陳三立撰　民國二十五年（1936）上海商務印書館鉛印本　五冊

330000－4793－0001369　JS00896　集部/別集類/宋別集

蘇東坡尺牘四卷　（宋）蘇軾撰　民國七年（1918）上海商務印書館鉛印本　四冊

330000－4793－0001370　JT00898　集部/別集類/漢魏六朝別集

陶淵明文集十卷　（晉）陶潛撰　民國十四年（1925）海左書局石印本　四冊

330000－4793－0001373　JC00903　集部/別集類/元別集

存復齋文集十卷附錄一卷　（元）朱德潤撰（明）朱夏重編　（明）吳項璁校正　民國二十三年（1934）上海商務印書館涵芬樓影印本　二冊

330000－4793－0001375　JB00906　集部/別集類/漢魏六朝別集

鮑參軍詩注四卷　（南朝宋）鮑照撰　（清）錢振倫注　黃節補注　民國十二年（1923）鉛印本　一冊

330000－4793－0001378　JF00910　集部/別集類

非儒非俠齋文集四卷外集一卷詩集二卷聯語偶存初集一卷　顧燮光撰　**福豔樓遺詩一卷**　陸珊撰　民國二十五年（1936）杭州顧廬石印本　二冊

330000－4793－0001382　JM00920　類叢部/叢書類/自著之屬

曾文正公全集十六種　（清）曾國藩撰　民國十三年（1924）上海中華圖書館鉛印本　一冊　存一種

330000－4793－0001383　JG00923　集部/總集類/選集之屬/通代

古今文綜不分卷　張相輯　民國五年（1916）上海中華書局鉛印本　十冊

330000－4793－0001386　JS00928　集部/別集類

說劍堂詩集三卷詞集一卷　潘飛聲撰　民國二十三年（1934）鉛印本　二冊

330000－4793－0001389　JY00936　集部/別集類/清別集

越縵堂詩續集十卷　（清）李慈銘撰　由雲龍編　民國二十四年（1935）上海商務印書館鉛印本　一冊

330000－4793－0001394　ZG02011　子部/工藝類/觀賞之屬/古玩

骨董十三說一卷　（明）董其昌撰　民國三年（1914）山陰吳隱西泠印社木活字印本　一冊

330000－4793－0001402　NG00137　經部/四書類/大學之屬/傳說

大學述義一卷　陳全三撰　民國二十一年（1932）鉛印本　一冊

330000－4793－0001405　NZ00142　經部/群經總義類

群經統類甲編　民國復性書院刻本　一冊　存一種

330000－4793－0001416　NS00152　經部/小學類/文字之屬/說文/專著

說文解字研究法不分卷 馬敘倫撰 民國十八年(1929)上海商務印書館石印本 一冊

330000－4793－0001417 NJ00148 類叢部/叢書類/自著之屬
師伏堂叢書十五種 (清)皮錫瑞撰 民國十二年(1923)涵芬樓影印本 五冊 存一種

330000－4793－0001419 NJ00151 經部/群經總義類/授受源流之屬
經學歷史一卷 (清)皮錫瑞撰 民國十三年(1924)涵芬樓影印本 一冊

330000－4793－0001445 NS00177 經部/書類/傳說之屬
書集傳六卷 (宋)蔡沈撰 民國商務印書館鉛印本 四冊

330000－4793－0001449 ND00181 經部/群經總義類
群經統類甲編 民國復性書院刻本 一冊 存一種

330000－4793－0001450 NZ00182、NZ00144 經部/小學類/文字之屬/字書/通論
中國文字之原始及其構造二編 蔣善國撰 民國二十四年(1935)上海商務印書館石印本 二冊

330000－4793－0001456 ZC00382 子部/叢編
清代筆記叢刊四十一種 文明書局編 民國上海文明書局石印本 四冊 存一種

330000－4793－0001465 JG00953 集部/總集類/彙編之屬
國文不分卷 蔡元培等撰 民國石印本 一冊

330000－4793－0001466 NL00176 經部/四書類/論語之屬/傳說
論語二卷 民國石印本 一冊 存一卷(二)

330000－4793－0001470 ZL00365 子部/藝術類/書畫之屬
美術叢書二集六十九種 鄧實輯 民國二年至三年(1913－1914)上海神州國光社鉛印本 一冊 存一種

330000－4793－0001471 NS00177/1 經部/四書類
四書三卷 (清)任啟運撰 民國石印本 二冊

330000－4793－0001472 ZG00367 子部/藝術類/書畫之屬
美術叢書初集二集三集四集二百七十九種 鄧實輯 黃賓虹續輯 民國鉛印本 一冊 存一種

330000－4793－0001474 ZS00368/1 新學/醫學
生殖泌尿器病及花柳病簡編不分卷 (美國)戴世璜撰 (清)余冠瀛譯 民國十五年(1926)上海廣學書局鉛印本 一冊

330000－4793－0001476 ZZ00369 子部/藝術類/篆刻之屬/印論
篆刻鍼度八卷 (清)陳克恕撰 民國上海朝記書莊石印本 二冊

330000－4793－0001477 ZY00371 子部/醫家類/綜合之屬/雜著
醫家四要四卷 (清)程曦 (清)江誠 (清)雷大震纂 民國上海千頃堂書局石印本 二冊

330000－4793－0001478 ZS00373 史部/傳記類/總傳之屬/技藝
書林紀事四卷 馬宗霍撰 民國二十四年(1935)上海商務印書館鉛印本 一冊

330000－4793－0001480 ZZ00374 子部/藝術類/篆刻之屬/印論
篆刻入門一卷 孔雲白撰 民國三十六年(1947)上海商務印書館影印本 一冊

330000－4793－0001482 ZX00375 子部/藝術類/書畫之屬
美術叢書二集六十九種 鄧實輯 民國鉛印本 一冊 存一種

330000－4793－0001483　ZZ00379　子部/藝術類/書畫之屬

美術叢書初集二集三集四集二百七十九種　鄧實輯　黄賓虹續輯　民國鉛印本　一冊　存一種

330000－4793－0001484　ZH00376、ZL01894、ZX00062、ZL00350、ZG00353、ZT01604　子部/叢編

清代筆記叢刊四十一種　文明書局編　民國上海文明書局石印本　十六冊　存六種

330000－4793－0001485　ZS00377、ZS01889　子部/藝術類/書畫之屬/書法書品

書法要錄六卷首一卷　余紹宋輯　民國十五年(1926)北京京城印書局鉛印本　二冊

330000－4793－0001486　ZR00380　子部/雜著類/雜考之屬

日知錄集釋三十二卷刊誤二卷續刊誤二卷　(清)黄汝成撰　民國四年(1915)中華圖書館石印本　八冊

330000－4793－0001489　ZS00385　子部/藝術類/書畫之屬

美術叢書初集二集三集四集二百七十九種　鄧實輯　黄賓虹續輯　民國鉛印本　一冊　存一種

330000－4793－0001493　ZS00386　子部/藝術類/書畫之屬

美術叢書二集六十九種　鄧實輯　民國鉛印本　一冊　存一種

330000－4793－0001496　ZD00395　子部/藝術類/書畫之屬

美術叢書初集二集三集四集二百七十九種　鄧實輯　黄賓虹續輯　民國鉛印本　一冊　存二種

330000－4793－0001499　ZQ00393、ZT00434　類叢部/叢書類/彙編之屬

桐城吴先生羣書點勘□□種　(清)吴汝綸撰　民國蓮池書社鉛印本　十冊　存十五種

330000－4793－0001500　ZX00397　子部/藝術類/書畫之屬/畫録

小萬柳堂王惲畫目一卷帆影樓紀事一卷　吴芝瑛編　民國六年(1917)石印本　一冊

330000－4793－0001501　ZT00398　子部/藝術類/書畫之屬

美術叢書二集六十九種　鄧實輯　民國鉛印本　一冊　存一種

330000－4793－0001504　ZD00399　子部/藝術類/書畫之屬/法帖

鄧石如篆書十五種　(清)鄧石如書　民國影印本　六冊

330000－4793－0001505　ZP00341　子部/農家農學類/園藝之屬/總志

佩文齋廣羣芳譜一百卷目錄二卷　(清)汪灝等撰　民國上海錦章圖書局石印本　二十四冊

330000－4793－0001508　ZC00344　類叢部/叢書類/自著之屬

船山遺書六十六種附一種　(清)王夫之撰　民國二十二年(1933)上海太平洋書店鉛印本(永曆實錄卷十六原缺)　二十冊　缺一種(莊子通)

330000－4793－0001510　ZG00346　子部/藝術類/書畫之屬/書法書品

古今尺牘墨蹟大觀不分卷　高野侯輯　民國影印本　十五冊

330000－4793－0001512　ZH00356　子部/雜家類

鶴林玉露十八卷　(宋)羅大經撰　民國十五年(1926)上海商務印書館鉛印本　三冊

330000－4793－0001516　ZZ00347　子部/叢編

子書三十二種　育文書局編　民國四年(1915)育文書局石印本　三十一冊　存二十五種

330000－4793－0001518　ZL00358　子部/宗教類/道教之屬

呂祖全書三十二卷續編一卷　(清)劉體恕彙

輯　民國九年(1920)上海文華山房石印本　四冊

330000－4793－0001524　ZL00362　集部/小說類/長篇之屬
英烈全傳四卷八十回　(明)徐渭撰　民國十四年(1925)上海沈鶴記書局石印本　一冊　存一卷(一)

330000－4793－0001526　ZX00364　經部/三禮總義類/通禮雜禮之屬
學校四禮合纂八卷　(清)謝言子輯　民國重慶明達號鉛印本　六冊

330000－4793－0001527　ZS01532　子部/儒家類/儒學之屬/經濟
說苑二十卷　(漢)劉向撰　民國上海涵芬樓鉛印本　二冊　存十卷(十一至二十)

330000－4793－0001529　ZG00366　子部/儒家類/儒學之屬/俗訓
古今格言四卷　江畬經編纂　民國九年(1920)上海商務印書館鉛印本　四冊

330000－4793－0001531　JZ00369　集部/總集類/尺牘之屬
緇林尺牘一卷　(清)道古輯　民國二十三年(1934)上海商務印書館鉛印本　一冊

330000－4793－0001532　ZC00370　子部/雜著類/雜說之屬
慈護編一卷　孫傳柷撰　民國中華書局鉛印本　一冊

330000－4793－0001533　JS00650　類叢部/叢書類/彙編之屬
影印四庫全書四種　中央圖書館籌備處選　民國二十四年(1935)上海商務印書館據清文淵閣四庫全書本影印本　三冊　存一種

330000－4793－0001535　ZL00372　子部/儒家類/儒學之屬/禮教/家訓
了凡四訓一卷　(明)袁黃撰　民國十二年(1923)補過齋主人鉛印本　一冊

330000－4793－0001536　ZL00373　子部/儒家類/儒學之屬/禮教/家訓
了凡四訓一卷　(明)袁黃撰　民國十二年(1923)補過齋主人鉛印本　一冊

330000－4793－0001537　ZL00374　子部/儒家類/儒學之屬/禮教/家訓
了凡四訓一卷　(明)袁黃撰　民國十二年(1923)補過齋主人鉛印本　一冊

330000－4793－0001538　ZL00375、ZM00381、ZF00401、ZZ01974、ZS00103、ZE01337　類叢部/叢書類/彙編之屬
復性書院叢刊二十七種　馬浮編　民國二十九年至三十七年(1940－1948)復性書院刻本暨鉛印本　五冊　存八種

330000－4793－0001544　ZX00382　子部/術數類/陰陽五行之屬
新鐫曆法便覽象吉備要通書大全二十九卷　(清)魏鑑撰　民國上海錦章書局石印本　十二冊

330000－4793－0001546　ZX00385　子部/藝術類/書畫之屬/法帖
星彔書詞一卷　童式規書　民國二十九年(1940)商務印書館影印本　一冊

330000－4793－0001548　ZS00387　子部/醫家類/類編之屬
藥盦醫學叢書□□種　惲鐵樵撰　民國十七年(1928)上海商務印書館鉛印本　十冊

330000－4793－0001549　ZZ00388　子部/醫家類/綜合之屬/通論
中國歷代醫學史略不分卷　張贊臣編纂　民國二十二年(1933)上海中國醫藥書局鉛印本　一冊

330000－4793－0001551　ZX00386　子部/藝術類/書畫之屬/法帖
星彔書詞一卷　童式規書　民國二十九年(1940)商務印書館影印本　一冊

330000－4793－0001556　JZ00956　集部/小說類/長篇之屬
增像全圖加批西遊記十二卷　(明)吳承恩撰

（清）陳士斌詮解　民國十三年（1924）上海元昌書局石印本　四冊

330000－4793－0001557　ZT00390　子部/宗教類/道教之屬
太上感應篇圖說八卷首一卷　（清）黄正元輯　（清）毛金蘭補　民國十年（1921）同善堂刻本　八冊

330000－4793－0001561　SZ00785　史部/金石類/金之屬/通考
綴遺齋彝器款識攷釋三十卷首一卷　（清）方濬益撰　方燕年補編　民國二十四年（1935）上海商務印書館影印本（卷十五原缺）　十四冊

330000－4793－0001566　SY00786　史部/政書類/軍政之屬
游擊戰術講話不分卷　金華戰時服務團輯　民國二十六年（1937）石印本　一冊

330000－4793－0001570　JW00975　集部/别集類/宋别集
王介甫尺牘二卷　（宋）王安石撰　民國五年（1916）上海商務印書館鉛印本　二冊

330000－4793－0001574　ZX00397/1　子部/儒家類/儒學之屬/經濟
新書十卷　（漢）賈誼撰　民國十年（1921）育文書局石印本　一冊

330000－4793－0001575　JB00984　集部/詞類/詞譜之屬
白香詞譜箋四卷　（清）舒夢蘭輯　（清）謝朝徵箋　民國石印本　二冊　存二卷（三至四）

330000－4793－0001576　SY00789　史部/編年類/通代之屬
袁王綱鑑合編三十九卷首一卷　（明）袁黄輯　（明）王世貞編　**明鑑綱目十六卷**　（清）張廷玉等撰　民國十六年（1927）上海世界書局鉛印本　二十冊　存四十卷（首、一至三十九）

330000－4793－0001579　JC00989　集部/别集類/清别集
春酒堂文集一卷　（清）周容撰　民國鉛印本　一冊

330000－4793－0001583　JS00995　集部/總集類/選集之屬/斷代
註釋唐詩易讀六卷　達文社編　民國中華書局鉛印本　二冊

330000－4793－0001589　JW01004　集部/别集類/明别集
王文成公全書三十八卷外集三十八卷　（明）王守仁撰　民國二年（1913）上海中華圖書館影印本　十八冊　缺十八卷（外集一至十八）

330000－4793－0001596　ZY00402　子部/藝術類/篆刻之屬/印譜
［王傲秋］印譜一卷　民國鈐印本　一冊

330000－4793－0001598　ZZ00404　子部/藝術類/書畫之屬/法帖
趙孟頫書字帖一卷　（元）趙孟頫書　民國十三年（1924）文明書局鉛印本　一冊

330000－4793－0001600　ZH00406　子部/雜著類/雜説之屬
海寧州學記不分卷　徐璿撰　民國五年（1916）石印本　一冊

330000－4793－0001602　ZS00407　子部/醫家類/本草之屬/神農本草經
神農古本草經二卷　劉復民撰　民國三十一年（1942）中國古醫學會鉛印本　一冊

330000－4793－0001608　ZJ00411　子部/雜家類
救世金箴不分卷　（唐）吕巖撰　民國三十四年（1945）鉛印本　一冊

330000－4793－0001617　ZW00419　新學/化學
維他命化學不分卷　王兆澄編　民國南通大學農學院油印本　一冊

330000－4793－0001618　ZM00418　史部/政書類/律令之屬
民國暫行民律草案不分卷　法律館編　民國

法學書局石印本　一冊

330000－4793－0001624　SD00795　史部/目録類/總録之屬/私撰

東海藏書樓書目五卷　徐允中藏並編　民國九年(1920)武林印書館鉛印本　一冊　存二卷(一至二)

330000－4793－0001627　ZG00427　新學/商務

工賈行社分七卷　民國鉛印本　一冊　存一卷(七)

330000－4793－0001628　ZZ00426　子部/藝術類/書畫之屬/法帖

名人真蹟小楷法帖四種　民國二十五年(1936)上海世界書局石印本　一冊　存一種

330000－4793－0001633　ZQ00435　子部/藝術類/書畫之屬/法帖

錢南園書施芳谷壽序一卷　(清)錢灃書　民國二十九年(1940)長沙商務印書館石印本　一冊

330000－4793－0001634　ZB00432/2　子部/醫家類/本草之屬/歷代綜合本草

本草綱目五十二卷圖一卷瀕湖脉學一卷奇經八脉攷一卷脉訣攷證一卷　(明)李時珍撰　**本草萬方鍼線八卷**　(清)蔡烈先輯　**本草綱目拾遺十卷**　(清)趙學敏輯　民國上海鴻寶齋石印本　一冊　存六卷(本草綱目四十七至五十二)

330000－4793－0001636　ZT00436　子部/藝術類/書畫之屬/法帖

唐拓柳書金剛經一卷　(唐)柳公權書　民國石印本　一冊

330000－4793－0001637　SM00797　新學/政治法律

民法不分卷　民國石印本　一冊

330000－4793－0001638　SM00798　新學/政治法律

民法不分卷　民國石印本　一冊

330000－4793－0001639　ZH00437　子部/雜著類/雜說之屬

淮南子六卷　(漢)劉安撰　(漢)高誘注　民國十年(1921)育文書局石印本　一冊

330000－4793－0001640　SM00799、SM00200　新學/政治法律

民法不分卷　民國石印本　二冊

330000－4793－0001641　ZS00438　新學/學校

私塾改良教科全書不分卷　董承志等編　民國上海彪蒙書室石印本　一冊

330000－4793－0001642　ZD00439　類叢部/叢書類/彙編之屬

進德叢書八種　丁福保編　民國上海醫學書局鉛印本　一冊　存一種

330000－4793－0001643　ZZ00442　史部/傳記類/別傳之屬/事狀

張母章太夫人悼詞不分卷　民國抄本　一冊

330000－4793－0001644　ZH00441　集部/別集類/清別集

何子貞金陵雜詠不分卷　(清)何紹基撰　民國石印本　一冊

330000－4793－0001645　ZL00443　子部/藝術類/書畫之屬/法帖

六朝墓誌菁華四集不分卷　上海有正書局輯　民國九年(1920)上海有正書局影印本　一冊　存第四集冊一

330000－4793－0001648　ZS00447　子部/雜著類/雜說之屬

三餘札記四卷　劉文典撰　民國二十四年(1935)、二十八年(1939)上海商務印書館鉛印本　三冊

330000－4793－0001649　SZ00780　史部/政書類/律令之屬/律例

中華法令彙纂一卷　中華法政學社編　民國中華法政學社鉛印本　一冊

330000－4793－0001651　ZH00449　類叢部/

叢書類/彙編之屬
涵芬樓祕笈五十一種　孫毓修等輯　民國五年至十五年(1916－1926)上海商務印書館影印本暨鉛印本　八冊　存四種

330000－4793－0001652　ZY00454　子部/藝術類/篆刻之屬/印譜
[昌葉]印譜不分卷　民國石印本　一冊

330000－4793－0001653　JX01007　集部/小說類/短篇之屬
詳註聊齋志異圖詠十六卷　(清)蒲松齡撰　(清)呂湛恩註　民國石印本　一冊　存二卷(九至十)

330000－4793－0001654　ZD00455　子部/墨家類
定本墨子間詁校補二卷　李笠撰　民國二十五年(1936)商務印書館鉛印本　二冊

330000－4793－0001655　ZZ00456　子部/雜著類/雜纂之屬
諸子文粹六十二卷續編十卷　李寶洤纂　民國上海商務印書館鉛印本　五冊　存十九卷(十至十三、二十二至二十四、四十一至五十二)

330000－4793－0001657　ZL00457　集部/小說類/短篇之屬
聊齋志異新評十六卷　(清)蒲松齡撰　(清)王士禛評　(清)呂湛恩註　(清)但明倫新評　民國商務印書館鉛印本　四冊

330000－4793－0001662　JK01009　集部/小說類/長篇之屬
苦情小說有夫之婦不分卷　生可新撰　民國石印本　一冊

330000－4793－0001667　ZS00471　子部/醫家類/針灸之屬/針法灸法
痧驚合璧四卷　(清)陳汝銈撰　民國石印本　一冊　存一卷(四)

330000－4793－0001674　ZT00476　子部/藝術類/書畫之屬
圖樣不分卷　民國刻本　一冊

330000－4793－0001677　ZH00477　子部/藝術類/書畫之屬/法帖
湖州妙嚴寺記不分卷　(元)牟巘記撰　(元)趙孟頫書并篆　民國影印本　一冊

330000－4793－0001678　JK01012　集部/詞類/詞譜之屬
玫正白香詞譜三卷附錄一卷　陳小蝶編　**增訂晚翠軒詞韻一卷**　陳祖耀校正　民國七年(1918)春草軒鉛印本暨石印本　四冊

330000－4793－0001679　JS01011　集部/別集類/宋別集
司馬溫公書牘不分卷　(宋)司馬光撰　民國二十四年(1935)上海商務印書館鉛印本　二冊

330000－4793－0001680　ZM00478　子部/藝術類/書畫之屬/法帖
米襄陽書帖不分卷　(宋)米芾書　民國影印本　一冊

330000－4793－0001681　JY01013　集部/別集類/唐五代別集
音注李太白詩一卷　(唐)李白撰　(清)沈歸愚選本　姚祝萱音注　民國十二年(1923)上海文明書局石印本　一冊

330000－4793－0001683　JW01017　集部/詩文評類/文評之屬
文心雕龍十卷　(南朝梁)劉勰撰　(清)黃叔琳注　(清)紀昀評　民國四年(1915)掃葉山房石印本　一冊　存三卷(八至十)

330000－4793－0001687　JY01023　集部/曲類
元劇聯套述例一卷　蔡瑩撰　民國二十二年(1933)上海商務印書館鉛印本　一冊

330000－4793－0001688　JS01024　集部/總集類/氏族之屬
誦芬堂課草二卷　錢若洋　錢若錦撰　錢文選輯　民國十八年(1929)鉛印本　一冊

330000－4793－0001690　JC01043　集部/總集類/酬唱之屬

重游泮水唱和集不分卷　毛顯麟等撰　民國十八年(1929)鉛印本　一冊

330000－4793－0001691　JX01028　集部/戲劇類/雜劇之屬

增像第六才子書五卷首一卷　(元)王實甫　(元)關漢卿撰　(清)金人瑞評　民國石印本　一冊

330000－4793－0001694　JC01031　集部/詞類/類編之屬

詞學全書五種　(清)查繼超輯　民國木石居石印本　六冊　缺二卷(填詞圖譜一至二)

330000－4793－0001695　JC01032　集部/別集類/清別集

崇雅堂文稿四卷　楊晨撰　民國四年(1915)黄巖友成書局鉛印本　一冊

330000－4793－0001697　JJ01029　集部/別集類/清別集

就菊居詩存二卷　(清)程炳藻撰　民國十七年(1928)金華大同印務局鉛印本　一冊

330000－4793－0001704　JS01039　集部/總集類/氏族之屬

三蘇全集　(清)弓翊清等編　民國十年(1921)掃葉山房石印本　十冊　存二十四卷(欒城後集一至二十四)

330000－4793－0001705　JZ01040　集部/別集類/宋別集

趙清獻公集十卷目録二卷　(宋)趙抃撰　民國八年(1919)衢縣公祠刻本　四冊

330000－4793－0001706　ZG00398　子部/儒家類/儒學之屬/俗訓

格言合璧不分卷　(清)金纓輯　民國十七年(1928)鉛印本　一冊

330000－4793－0001707　JZ01041　集部/總集類/酬唱之屬

磚玉編一卷附編一卷　趙允近輯並撰　民國十七年(1928)浦陽趙允近木活字印本　二冊

330000－4793－0001724　JH01057、NS00241、SB00958、SG01011、SH01009、JQ01139、SB01125、SZ01128、SW01147、ZX00416、JJ01135、JW01135、ND01266、NH00296、NC01291、JY01172、JG01202、JW01204、JS01272、JH01495　類叢部/叢書類/彙編之屬

四部叢刊三百八種　張元濟等編　民國上海商務印書館影印本　一百十一冊　存二十種

330000－4793－0001726　JJ01058　集部/曲類/曲韻曲譜曲律之屬

集成曲譜金集八卷聲集八卷玉集八卷振集八卷　王季烈　劉富樑輯　民國二十年(1931)上海商務印書館石印本　八冊　存八卷(金集一至八)

330000－4793－0001731　JR01060　集部/曲類

古本戲曲叢刊□□種　本書編委會編　民國影印本　四冊　存一種

330000－4793－0001733　JT01062　類叢部/叢書類/彙編之屬

四部備要三百一種　中華書局編　民國二十五年(1936)上海中華書局鉛印本　四冊　存一種

330000－4793－0001734　JS01063、JS01355　集部/別集類/清別集

守愚公詩存十三卷　(清)鄭基智撰　民國十三年(1924)半樓主人鉛印本　二冊　存二卷(原上吟、陌上吟五)

330000－4793－0001735　JS01064　集部/總集類/選集之屬/通代

宋元明詩評註讀本六卷　王文濡編　汪勁扶　沈鎔註　民國五年(1916)上海文明書局鉛印本　二冊

330000－4793－0001736　JZ01065　集部/曲類

古本戲曲叢刊□□種　本書編委會編　民國影印本　二十冊　存一種

330000－4793－0001737　JW01069　集部/總集類

闻樨別墅鳴秋草二卷 民國抄本 二冊

330000－4793－0001741 JY01067 集部/别集類/清别集
姚惜抱先生文稿一卷 （清）姚鼐撰 民國二十四年（1935）上海商務印書館影印本 一冊

330000－4793－0001761 SJ00816 史部/地理類/方志之屬/郡縣志
江陰近事錄三卷 繆荃孫總纂 民國九年（1920）刻本 二冊

330000－4793－0001769 ST00822 史部/地理類/方志之屬/郡縣志
［民國］湯溪縣志二十卷首一卷 丁燮 薛達修 戴鴻熙纂 民國二十年（1931）金震東石印局鉛印本 十二冊

330000－4793－0001775 SH00826、SH00220、SH00705 史部/地理類/方志之屬/郡縣志
［民國］海寧州志稿四十一卷首一卷末一卷附志餘一卷藝文補遺一卷 （清）李圭修 （清）許傳霈等纂 劉蔚仁續修 朱錫恩續纂 盧兆周繪圖 民國十一年（1922）鉛印本 三十一冊 存四十一卷（首，二至二十一、二十三至四十一，末）

330000－4793－0001777 SX00829 史部/地理類/方志之屬/郡縣志
［民國］續修分水縣志十四卷首一卷 鍾詩傑修 臧承宣纂 王獅測繪 民國三十一年（1942）鉛印本 一冊 存八卷（首、一至七）

330000－4793－0001778 SJ00830 史部/史表類/通代之屬
嘉慶一統志表二十卷 （清）穆彰阿纂修 胡文楷輯 民國二十四年（1935）上海商務印書館影印本 十冊

330000－4793－0001781 ST00835、SG00309 類叢部/叢書類/彙編之屬
四部備要三百一種 中華書局編 民國二十五年（1936）上海中華書局鉛印本 二十六冊 存二種

330000－4793－0001782 SX00499 史部/政書類/律令之屬
行政總論二卷 （清）王達衛筆述 民國石印本 一冊 存一卷（下）

330000－4793－0001785 SH00839、SH00843 史部/地理類/方志之屬/郡縣志
［光緒］杭州府志一百七十八卷首八卷 （清）陳璚等修 （清）王棻等纂 屈映光續修 陸懋勳續纂 齊耀珊重修 吳廛坻重纂 民國十一年（1922）鉛印本 七十三冊 存一百七十五卷（首一至二、五至六，一至十一、十四至九十七、一百至一百二十七、一百三十一至一百七十八）

330000－4793－0001787 SH00840 史部/地理類/方志之屬/郡縣志
［民國］海城縣志八卷 廷瑞修 張輔相等纂 民國十三年（1924）海城大同書局鉛印本 八冊

330000－4793－0001788 SL00841 史部/地理類/方志之屬/郡縣志
［嘉慶］洛陽縣志六十卷 （清）陸繼輅 （清）魏襄纂 民國五年（1916）石印本 八冊 存二十八卷（十六至十八、三十六至六十）

330000－4793－0001789 SL01178 史部/地理類/方志之屬/郡縣志
［嘉慶］洛陽縣志六十卷 （清）陸繼輅 （清）魏襄纂 民國石印本 一冊 存一卷（五十九）

330000－4793－0001800 SL00855 史部/地理類/方志之屬/郡縣志
［民國］龍游縣志四十卷首一卷末一卷 余紹宋撰 民國十四年（1925）京城印書局鉛印本 八冊 存二十五卷（首、一至二十四）

330000－4793－0001808 SL00862 史部/地理類/方志之屬/郡縣志
［民國］龍游縣志四十卷首一卷末一卷 余紹宋撰 民國十四年（1925）京城印書局鉛印本 一冊 存三卷（首、一至二）

330000－4793－0001821　SN00876　史部/地理類/方志之屬

[民國]南昌縣志六十卷首一卷　江召棠修　魏元曠纂　民國八年(1919)刻本　二十六冊

330000－4793－0001843　SZ00904　史部/金石類/金之屬/文字

籀範初編二卷附釋文一卷　秦文錦輯　民國十八年(1929)上海藝苑真賞社影印本　二冊　缺一卷(釋文)

330000－4793－0001853　NJ00200　經部/群經總義類/授受源流之屬

經學歷史一卷　(清)皮錫瑞撰　民國十六年(1927)涵芬樓影印本　一冊

330000－4793－0001858　NS00203　經部/小學類/文字之屬/字書

說文易檢十四卷附識一卷末二卷　(清)史恩綿編　民國上海商務印書館影印本　十冊

330000－4793－0001861　NJ00208　經部/群經總義類

經學通論五卷　(清)皮錫瑞撰　民國十二年(1923)上海商務印書館影印本　五冊

330000－4793－0001862　NC00210　經部/春秋左傳類/傳說之屬

春秋左傳杜注三十卷　(清)姚培謙學　民國中華書局鉛印本　十冊

330000－4793－0001864　NZ00211　經部/春秋左傳類/傳說之屬

春秋左傳五十卷　(晉)杜預　(宋)林堯叟註釋　(唐)陸德明音義　民國商務印書館石印本　六冊

330000－4793－0001868　NH00218　經部/詩類/三家詩之屬

韓詩外傳十卷　(漢)韓嬰撰　(清)周廷寀校注　**校注拾遺一卷**　(清)周宗杬撰　**補逸一卷**　(清)趙懷玉輯　民國六年(1917)上海商務印書館鉛印本　四冊

330000－4793－0001869　NS00216　經部/書類/傳說之屬

書經集傳六卷首一卷末一卷　(宋)蔡沈撰　民國四年(1915)中華書局鉛印本　四冊

330000－4793－0001870　NH00219　經部/詩類/三家詩之屬

韓詩外傳十卷　(漢)韓嬰撰　(清)周廷寀校注　**校注拾遺一卷**　(清)周宗杬撰　**補逸一卷**　(清)趙懷玉輯　民國六年(1917)上海商務印書館鉛印本　四冊

330000－4793－0001873　NS00223　經部/小學類/文字之屬/說文

說文解字十五卷標目一卷　(漢)許慎撰　(宋)徐鉉等校定　民國三年(1914)上海商務印書館影印藤花榭刻本　四冊

330000－4793－0001874　NS00225　經部/小學類/文字之屬/說文

說文句讀三十卷　(清)王筠撰　民國上海涵芬樓據清道光三十年(1850)王筠刻咸豐九年(1859)王彥侗增刻本影印本　十四冊

330000－4793－0001879　NL00231　經部/禮記類/傳說之屬

禮記菁華錄八卷　吳曾祺評注　民國五年(1916)上海商務印書館鉛印本　四冊

330000－4793－0001881　NS00235　類叢部/叢書類/自著之屬

船山遺書六十六種附一種　(清)王夫之撰　民國二十二年(1933)上海太平洋書店鉛印本　一冊　存一種

330000－4793－0001886　NZ00242　經部/易類/傳說之屬

周易講義十卷　碧雲子講述　民國二十四年(1935)金華經訓山房鉛印本　四冊

330000－4793－0001891　NG00246　經部/小學類/文字之屬/字書/古文

新集古文四聲韻五卷附錄一卷　(宋)夏竦撰　民國十四年(1925)上虞羅氏據清乾隆四十四年(1779)汪啟淑刻本影印本　四冊

330000－4793－0001893　NC00251　經部/春秋左傳類/傳說之屬

春秋左傳三十卷附四卷　(清)姚培謙學　民國中華書局鉛印本　一冊　存四卷(春秋名號歸一圖、王朝列國紀年、列國興發說、列國爵姓)

330000－4793－0001903　NM00261　集部/總集類/彙編之屬
國文不分卷　民國抄本　一冊

330000－4793－0001904　SS00914　史部/紀傳類/正史之屬
二十四史附考證　民國上海涵芬樓據武英殿本影印本　九十九冊　存一種

330000－4793－0001906　SS00916　史部/紀傳類/正史之屬
二十四史附考證　民國上海涵芬樓據武英殿本影印本　二十四冊　存一種

330000－4793－0001907　SS00917　史部/紀傳類/正史之屬
四史四百十五卷　劉承幹輯　民國十九年(1930)上海掃葉山房石印本　十七冊

330000－4793－0001910　SW00920　史部/紀傳類/正史之屬
二十四史附考證　民國上海涵芬樓據清乾隆武英殿刻本影印本　十冊　存一種

330000－4793－0001914　SN00927　史部/紀傳類/正史之屬
二十四史附考證　民國上海涵芬樓據清乾隆武英殿刻本影印本　二十冊　存一種

330000－4793－0001916　P0006　史部/傳記類/總傳之屬/家乘
[浙江金華]臨江尹氏宗譜十二卷　尹鴻璽纂修　民國十五年(1926)木活字印本　十四冊　存六卷(三、七至八、十至十二)

330000－4793－0001917　P0007、P0008　史部/傳記類/總傳之屬/家乘
[浙江金華]臨江尹氏宗譜十二卷　尹鴻璽纂修　民國十五年(1926)木活字印本　十四冊　存九卷(一至四、七至十、十二)

330000－4793－0001922　ST00932　史部/地理類/遊記之屬/紀勝
天目山遊記一卷詩一卷　錢文選撰　民國二十三年(1934)鉛印本　一冊

330000－4793－0001924　SH00934　新學/地學/地理學
瀚海盆地不分卷　葉良輔編述　民國三十二年(1943)國立浙江大學史地教育研究室石印本　一冊

330000－4793－0001926　ST00937　史部/地理類/遊記之屬/紀勝
天目山游記一卷詩一卷附和詩一卷金華北山游記一卷　錢文選撰　民國二十四年(1935)浙江正楷印書局鉛印本　一冊

330000－4793－0001939　SQ00951、SQ01202、SQ00860　史部/傳記類/總傳之屬/斷代
清史列傳八十卷　中華書局編　民國十七年(1928)上海中華書局鉛印本　八十冊

330000－4793－0001945　SJ00961　史部/紀傳類/正史之屬
二十四史附考證　民國上海涵芬樓據清乾隆武英殿刻本影印本　三十冊　存一種

330000－4793－0001946　SQ00959　史部/紀傳類/正史之屬
二十四史附考證　民國上海涵芬樓據清乾隆武英殿刻本影印本　三十二冊　存一種

330000－4793－0001947　SJ00962　史部/紀傳類/正史之屬
二十四史附考證　民國上海涵芬樓據清乾隆武英殿刻本影印本　二十三冊　存一種

330000－4793－0001948　SC00963　史部/紀傳類/正史之屬
二十四史附考證　民國上海涵芬樓據清乾隆武英殿刻本影印本　六冊　存一種

330000－4793－0001952　SQ00968　史部/紀傳類/正史之屬
前漢書一百卷　(漢)班固撰　(唐)顏師古注　民國十五年(1926)上海掃葉山房石印本

十五册　存七十七卷(一至十四、十七至十八、二十一至二十七、四十六至九十九)

330000－4793－0001953　JT01084　集部/戲劇類/雜劇之屬
桃谿雪二卷二十齣　(清)黄燮清撰　(清)李光溥評文　民國十二年(1923)永康五彩石印局石印本　一册

330000－4793－0001954　SH00969　史部/紀傳類/正史之屬
後漢書一百二十卷　(南朝宋)范曄撰　(唐)李賢注　民國上海掃葉山房石印本　十五册　存七十二卷(七至十六、三十三至五十二、五十八至六十一、六十八至七十一、八十二至九十五、一百一至一百二十)

330000－4793－0001969　SS00983　史部/史抄類
史記菁華錄六卷　(清)姚祖恩輯評　民國上海商務印書館鉛印本　三册

330000－4793－0001971　SY00985　史部/地理類/方志之屬/郡縣志
[嘉慶]義烏縣志二十二卷首一卷　(清)諸自穀修　(清)程瑜　(清)李錫齡纂　(清)毛光焞繪圖　民國十八年(1929)灌聽圖書館石印本　十二册

330000－4793－0001972　SY00987　史部/雜史類/斷代之屬
義烏兵事紀略一卷附錄鄉先生詩詞一卷詩餘一卷　黄侗輯　民國二十一年(1932)石古山房鉛印本　一册

330000－4793－0001976　SS00991　史部/史抄類
史記菁華錄六卷　(清)姚祖恩輯評　民國上海商務印書館鉛印本　三册

330000－4793－0001985　SW01000　史部/政書類/通制之屬
王安石政略六卷首一卷附錄四卷　河南省政府王安石政略研究會編　民國二十五年(1936)鉛印本　一册　存四卷(首、一至三)

330000－4793－0001989　SW01004　子部/儒家類/儒學之屬
修養集□□種　民國北平中華平民教育促進總會鉛印本　一册　存二種

330000－4793－0001994　SJ01010　史部/傳記類/總傳之屬/通代
校正尚友錄統編二十四卷　(清)錢湖釣徒編　(清)張元聲輯　民國七年(1918)上海國學圖書局石印本　十一册　存二十二卷(一至二十二)

330000－4793－0002004　SB01020、SH00787、ZW01349　史部/紀傳類/正史之屬
百衲本二十四史　張元濟輯　民國二十二年(1933)上海商務印書館鉛印影印本　十五册　存三種

330000－4793－0002015　SL01030　史部/地理類/方志之屬/郡縣志
[民國]麗水縣志十四卷　李鍾嶽　李郁芬修　孫壽芝纂　民國十五年(1926)麗水啓明印刷所鉛印本　九册　存十三卷(一至十三)

330000－4793－0002017　SL01032　史部/地理類/方志之屬/郡縣志
[民國]龍游縣志四十卷首一卷末一卷　余紹宋撰　民國十四年(1925)京城印書局鉛印本　十一册　存三十卷(首、一至二十九)

330000－4793－0002021　SW01035　史部/傳記類/日記之屬
翁文恭公日記不分卷(清咸豐八年至光緒三十年)　(清)翁同龢撰　民國十四年(1925)上海商務印書館影印本　一册　存壬午

330000－4793－0002032　SQ01048　史部/金石類/郡邑之屬/雜著
曲阜碑碣考四卷　孔祥霖輯　民國四年(1915)上海廣智書局鉛印本　一册

330000－4793－0002038　SM01055　史部/政書類
明宫史八卷　(明)劉若愚編述　民國四年(1915)國學扶輪社鉛印本　二册

330000－4793－0002039　SJ01057　新學/商務/商學
經濟原論不分卷　袁家普撰　民國文華書局石印本　一冊

330000－4793－0002041　SM01059　史部/傳記類/總傳之屬/技藝
墨林今話十八卷　（清）蔣寶齡撰　**續編一卷**　（清）蔣茝生撰　民國十二年（1923）上海中華書局鉛印本　六冊

330000－4793－0002043　SH01061　史部/傳記類/總傳之屬/儒林
漢學師承記八卷經師經義目錄一卷宋學淵源記二卷附記一卷　（清）江藩纂　民國上海文瑞樓鉛印本　四冊

330000－4793－0002074　NY00280　經部/小學類/文字之屬
研究拼形簡字母之一得不分卷　錢勉醒撰　民國二十年（1931）文字修正社鉛印本　一冊

330000－4793－0002077　NF00282　經部/小學類/訓詁之屬/方言
方言十三卷　（漢）揚雄撰　（晉）郭璞解　民國上海掃葉山房石印本　一冊

330000－4793－0002080　ZW00401　子部/藝術類/書畫之屬/法帖
吳清卿書說文解字建首一卷　（清）吳大澂書　民國二十二年（1933）上海商務印書館石印本　一冊

330000－4793－0002081　ZW00402　子部/藝術類/書畫之屬/法帖
吳清卿書說文解字建首一卷　（清）吳大澂書　民國十五年（1926）上海商務印書館石印本　一冊

330000－4793－0002084　NS00286　經部/四書類/總義之屬/傳說
四書集註十九卷　（宋）朱熹撰　民國二十七年（1938）上海商務印書館鉛印本　六冊

330000－4793－0002093　SM01081、SM01083、SM00791　類叢部/叢書類/彙編之屬
四部叢刊三百八種　張元濟等編　民國二十五年（1936）上海商務印書館影印本　七十九冊　存一種

330000－4793－0002100　SM01090、SN01244、SL00745、SC00747、SJ01245、SQ00253、SS00540、SB00919　史部/紀傳類/正史之屬
二十四史附考證　民國五年（1916）上海涵芬樓據清乾隆武英殿本影印本　一百八十五冊　存九種

330000－4793－0002101　SS01088　類叢部/叢書類/彙編之屬
四部備要三百一種　中華書局編　民國二十五年（1936）上海中華書局鉛印本　十六冊　存一種

330000－4793－0002108　ST01097　史部/編年類/通代之屬
通鑑釋文辯誤十二卷　（元）胡三省撰　民國商務印書館鉛印本　二冊

330000－4793－0002117　SM01104　史部/編年類/通代之屬
尺木堂明鑑易知録十五卷　（清）周之炯　（清）吳乘權　（清）周之燦輯　民國十四年（1925）上海錦章書局朱國標石印本　四冊

330000－4793－0002122　SS01118　史部/紀傳類/正史之屬
史記探源八卷　崔適撰　民國十三年（1924）國立北京大學出版部鉛印本　二冊

330000－4793－0002124　ZW00403　子部/醫家類/溫病之屬
溫病條辨六卷首一卷　（清）吳瑭撰　民國六年（1917）上海鍊石書局石印本　一冊　存一卷（一）

330000－4793－0002137　NM00298　經部/四書類/孟子之屬/傳說
孟子集註七卷　（宋）朱熹撰　民國商務印書館鉛印本　三冊

330000－4793－0002140　NS00300　經部/小學類/文字之屬/說文/傳說

說文解字注十五卷附六書音均表五卷 （清）段玉裁撰 **說文部目分韻一卷** （清）陳煥編 **說文通檢十四卷首一卷末一卷** （清）黎永椿編 **說文解字注匡謬八卷** （清）徐承慶撰 民國十五年（1926）上海掃葉山房石印本 八册

330000－4793－0002158 NC00317 經部/小學類/文字之屬/字書/字典

辭源十二卷 陸爾奎等編 民國十六年（1927）商務印書館影印本 十二册

330000－4793－0002160 NS00320 經部/小學類/文字之屬/說文/專著

說文古籀補十四卷補遺一卷附錄一卷 （清）吳大澂撰 民國十二年（1923）蘇州振新書社影印本 四册

330000－4793－0002161 NG00322 經部/小學類/文字之屬/字書/古文

古籀拾遺三卷附宋政和禮器文字攷一卷 （清）孫詒讓撰 民國七年（1918）上海掃葉山房石印本 四册

330000－4793－0002165 NX00324 經部/四書類/孟子之屬/正文

下孟不分卷 （清）顏茂猷校 民國鉛印本 一册

330000－4793－0002167 SZ01129 史部/地理類/專志之屬/祠墓

昭利廟誌六卷 （明）杜翔鳳輯 民國十六年（1927）木活字印本 一册

330000－4793－0002177 NK00330 經部/小學類/文字之屬/字書/字典

康熙字典十二集三十六卷總目一卷檢字一卷辨似一卷等韻一卷補遺一卷備考一卷 （清）張玉書等纂修 民國中華書局據清光緒上海同文書局石印本影印本 六册

330000－4793－0002180 NZ00335、NZ00340 經部/易類/傳說之屬

周易講義十卷 碧雲子講述 民國二十四年（1935）金華經訓山房鉛印本 四册

330000－4793－0002182 NX00336 經部/小學類/文字之屬/字書/字典

康熙字典十二集三十六卷總目一卷檢字一卷辨似一卷等韻一卷補遺一卷備考一卷 （清）張玉書等纂修 民國二年（1913）上海錦章書局石印本 六册

330000－4793－0002184 NZ00338 類叢部/叢書類/彙編之屬

四庫全書珍本初集二百三十種 中央圖書館籌備處輯 民國二十三年至二十四年（1934－1935）上海商務印書館據文淵閣本影印本 六册 存十種

330000－4793－0002186 NE00343 經部/小學類/訓詁之屬/爾雅

爾雅三卷 （晉）郭璞注 （唐）陸德明音義 民國十一年（1922）上海掃葉山房石印本 三册

330000－4793－0002187 NK00341 經部/小學類/文字之屬/字書/字典

康熙字典十二集三十六卷總目一卷檢字一卷辨似一卷等韻一卷補遺一卷備考一卷 （清）張玉書等纂修 民國六年（1917）上海廣益書局石印本 六册

330000－4793－0002188 NZ00342 經部/小學類/文字之屬/字書/通論

字義類例不分卷 陳獨秀撰 民國十四年（1925）上海亞東圖書館石印本 一册

330000－4793－0002190 NZ00345 經部/小學類/文字之屬/字書/字典

康熙字典十二集三十六卷總目一卷檢字一卷辨似一卷等韻一卷補遺一卷備考一卷 （清）張玉書等纂修 民國四年（1915）錦章圖書局石印本 二册 存十二卷（子集上中下、丑集上中下、巳集上中下、午集上中下）

330000－4793－0002197 JS01097 子部/雜著類/雜說之屬

少室山房筆叢四十八卷 （明）胡應麟撰 民國十二年（1923）上海掃葉山房石印本 二册 存二十六卷（一至二十六）

330000－4793－0002198　SZ01134　史部/地理類/專志之屬/祠墓

昭利廟誌六卷　(明)杜翔鳳輯　民國十六年(1927)木活字印本　一册

330000－4793－0002199　ZH00405　子部/藝術類/書畫之屬/畫譜

蘭蕙竹石不分卷園蔬瓜果不分卷花鳥草蟲不分卷　黄俊繪　民國四年(1915)石印本　一册

330000－4793－0002202　JJ01098　集部/別集類

堇廬詩稿一卷　陳煥撰　民國二十年(1931)鉛印本　一册

330000－4793－0002207　SH01141　史部/目録類/書志之屬/題跋

黄顧遺書六種十六卷　王大隆輯　民國二十二年至二十九年(1933－1940)秀水王氏學禮齋刻本　六册　存四種

330000－4793－0002211　SM01144　史部/雜史類/斷代之屬

明季稗史續編六種六卷　上海商務印書館編譯所編　民國商務印書館鉛印本　三册

330000－4793－0002214　SH01151　史部/目録類/書志之屬/題跋

黄顧遺書六種十六卷　王大隆輯　民國二十二年至二十九年(1933－1940)秀水王氏學禮齋刻本　六册

330000－4793－0002222　SX01159　史部/史評類/考訂之屬

校史隨筆一卷　張元濟撰　民國二十七年(1938)長沙商務印書館鉛印本　一册

330000－4793－0002223　SZ01160　史部/目録類/版本之屬/通論

中國版本略説一卷　中國科學社編　民國二十年(1931)中國科學社鉛印本　一册

330000－4793－0002227　SZ01164　史部/雜史類/斷代之屬

戰國策補註三十三卷　吴曾祺撰　民國九年(1920)商務印書館鉛印本　四册

330000－4793－0002230　SZ01162、SZ01163　史部/編年類/通代之屬

資治通鑑二百九十四卷　(宋)司馬光撰　(元)胡三省音注　**通鑑釋文辯誤十二卷**　(元)胡三省撰　民國商務印書館鉛印本　三册　存十五卷(六十八至七十二、二百四十至二百四十四、二百五至二百九)

330000－4793－0002242　SY01175　史部/地理類/專志之屬/祠墓

岳忠武王初瘞志不分卷　民國二十四年(1935)西湖岳王廟產保管委員會鉛印本　一册

330000－4793－0002247　SL01182　史部/地理類/遊記之屬/紀勝

廬山新導游不分卷　朱偰撰　民國二十四年(1935)廬山管理局鉛印本　一册

330000－4793－0002254　SJ01189　史部/地理類/方志之屬/郡縣志

[民國]興平縣志八卷　王廷珪修　張元際　徐懷璋　馮光裕纂　民國二十一年(1932)刻本　一册　存一卷(金石)

330000－4793－0002264　SM01198　史部/目録類/版本之屬/書影

明代版本圖録初編十二卷　潘承弼　顧廷龍纂　民國三十年(1941)開明書店影印本暨鉛印本　四册

330000－4793－0002266　SM01199　新學/政治法律/律例

民事訴訟律解義不分卷刑事訴訟律解義不分卷　胡祥翰撰　民國元年(1912)上海群學社影印本　一册

330000－4793－0002267　SX01201　史部/政書類/律令之屬/律例

新刑律箋釋一卷　斯文編　民國十三年(1924)影印本　一册

330000－4793－0002273　SJ01207　史部/政書類/律令之屬/判牘

樊山判牘四卷　樊增祥撰　民國石印本　四冊

330000－4793－0002279　ST01215　史部/金石類/石之屬
唐小本釋氏碑二十種　鐵琴銅劍樓輯　民國二十六年(1937)上海商務印書館影印本　四冊

330000－4793－0002281　SM01216　史部/金石類/石之屬
夢碧簃石言六卷　顧燮光撰　民國十四年(1925)上海科學儀器館鉛印本　三冊

330000－4793－0002282　SL01218　史部/地理類/方志之屬/郡縣志
[民國]龍游縣志四十卷首一卷末一卷　余紹宋撰　民國十四年(1925)京城印書局鉛印本　十六冊　存三十八卷(一至二十八、三十一至四十)

330000－4793－0002289　SN01226　史部/地理類/方志之屬/郡縣志
南昌民國初元紀事十四卷　周德華編　民國九年(1920)學宮木活字印本　六冊

330000－4793－0002293　ZK00409　子部/儒家類/儒家之屬
孔氏家語十卷　(三國魏)王肅注　民國六年(1917)上海會文堂書局石印本　一冊

330000－4793－0002294　ZW00411　子部/儒家類/儒學之屬/性理
王陽明先生傳習錄集評四卷　(清)孫奇逢等參評　(清)陶潯霍　梁啓超續評　孫鏘輯校　**王陽明先生年譜一卷**　孫鏘輯　民國四年(1915)上海新學會社鉛印本　二冊

330000－4793－0002295　ZZ00410　子部/兵家類/兵法之屬
趙註孫子五卷　(明)趙本學解引類　民國益新書局石印本　四冊

330000－4793－0002298　ZH00418、ZS00424、ZG01424、ZY01687　子部/叢編
評註諸子菁華錄十八種　張之純編纂　民國上海商務印書館鉛印本　五冊　存四卷(一、十一、十三、十八)

330000－4793－0002299　ZS00419　子部/儒家類/儒學之屬/經濟
說苑二十卷　(漢)劉向撰　民國上海涵芬樓鉛印本　四冊

330000－4793－0002300　ZS00420　子部/叢編
評注諸子精華錄十八卷　張之純編纂　民國九年(1920)上海商務印書館鉛印本　一冊　存一卷(十二)

330000－4793－0002303　SS01229　史部/傳記類/總傳之屬/郡邑
於越有明一代三不朽圖贊一卷　(明)張岱撰　民國七年(1918)紹興印刷局鉛印本　一冊

330000－4793－0002306　ZX00425、ZX00433　子部/儒家類/儒學之屬/性理
畜德錄二十卷　(清)席啟圖輯　民國上海掃葉山房石印本　六冊

330000－4793－0002313　ZB00432/1、ZB00102　子部/儒家類/儒學之屬/禮教/鑑戒
八德須知初集八卷二集八卷三集八卷四集八卷　蔡振紳編輯　民國二十四年(1935)上海明善書局石印本　八冊　存十六卷(初集一至八、二集一至八)

330000－4793－0002315　ZS00426　子部/兵家類/兵法之屬
素書一卷　(漢)黄石公撰　民國二十五年(1936)上海明善書局影印本　一冊

330000－4793－0002330　ZG00448　子部/法家類
管子二十四卷　(唐)房玄齡注　民國鉛印本　二冊

330000－4793－0002331　ZZ00453　子部/儒家類/儒家之屬
曾子家語六卷　(清)曾國荃輯　民國碧梧山莊影印本　一冊

330000－4793－0002335　ZZ00452　子部/儒家類/儒學之屬/禮教/家訓

治家格言繹義一卷　(清)戴翊清撰　民國十二年(1923)揚州懷少義塾刻本　一冊

330000－4793－0002342　ZX00460　子部/儒家類/儒家之屬

荀子集解二十卷首一卷　(唐)楊倞注　王先謙集解　民國上海商務印書館據清光緒十七年(1891)長沙王氏刻本影印本　六冊

330000－4793－0002344　JS01180　集部/總集類/選集之屬/通代

宋元明詩評註讀本六卷　王文濡編　汪勁扶　沈鎔註　民國十八年(1929)上海文明書局鉛印本　二冊

330000－4793－0002346　NW00351　經部/小學類/音韻之屬

文字學音篇五章　錢玄同撰　民國十三年(1924)北京大學出版部鉛印本　一冊

330000－4793－0002351　ZZ00463　子部/術數類/相宅相墓之屬

葬經內篇一卷黃帝宅經二卷　(晉)郭璞撰　民國元年(1912)鄂官書處刻本　一冊

330000－4793－0002352　SJ01235　子部/小說家類

古今說部叢書二百七十二種　國學扶輪社輯　民國四年(1915)中國圖書公司和記鉛印本　四十八冊　存二百二十七種

330000－4793－0002358　JC01132　類叢部/叢書類/彙編之屬

四部叢刊三百八種　張元濟等編　民國八年(1919)上海商務印書館影印本　十二冊　存一種

330000－4793－0002362　JL00126　集部/詩文評類/詩評之屬

歷代詩話續編二十九種　丁福保訂　民國五年(1916)無錫丁氏鉛印本　六冊　存一種

330000－4793－0002364　SZ00583　史部/編年類/通代之屬

資治通鑑二百九十四卷　(宋)司馬光撰　(元)胡三省音注　**通鑑釋文辯誤十二卷**　(元)胡三省撰　民國六年(1917)上海商務印書館鉛印本　十二冊　存六十七卷(一至十、十六至四十二、二百至二百二十九)

330000－4793－0002366　JX00947　類叢部/叢書類/彙編之屬

四部叢刊三百八種　張元濟等編　民國上海商務印書館影印本　一冊

330000－4793－0002367　JK01136　類叢部/叢書類/彙編之屬

四部叢刊三百八種　張元濟等編　民國上海商務印書館影印本　四冊　存一種

330000－4793－0002368　JJ01137　集部/總集類/選集之屬/斷代

近代詩鈔不分卷　陳衍輯　民國十二年(1923)上海商務印書館鉛印本　十二冊

330000－4793－0002381　SL00746　史部/紀傳類/正史之屬

二十四史附考證　民國五年(1916)上海涵芬樓據清乾隆武英殿本影印本　八冊　存一種

330000－4793－0002388　SC00746　史部/政書類/邦交之屬

籌辦夷務始末道光朝八十卷　(清)文慶等撰　**籌辦夷務始末咸豐朝八十卷**　(清)賈楨等撰　**籌辦夷務始末同治朝一百卷**　(清)寶鋆等撰　民國十八年至十九年(1929－1930)故宮博物院影印本　九十冊

330000－4793－0002394　SJ00747　史部/傳記類/總傳之屬/家乘

家族紀念錄不分卷　張伯楨撰　民國刻本　一冊

330000－4793－0002403　SJ01245、SE00747、SJ01243　史部/紀傳類/正史之屬

二十四史附考證　民國五年(1916)上海涵芬樓據清乾隆武英殿本影印本　四十一冊　存一種

330000－4793－0002404　SN01244　史部/紀

傳類/正史之屬

二十四史附考證　民國上海涵芬樓據清乾隆武英殿刻本影印本　八冊　存一種

330000－4793－0002406　SL00745　史部/紀傳類/正史之屬

二十四史附考證　民國上海涵芬樓石印本　八冊　存一種

330000－4793－0002407　SH00747　史部/地理類/方志之屬/通志

[民國]河南通志八十卷　(清)孫灝等纂修　民國三年(1914)河南教育司影印本　四十冊

330000－4793－0002416　JG00747　集部/總集類/選集之屬/通代

古今文綜不分卷　張相輯　民國上海中華書局鉛印本　十冊

330000－4793－0002433　JH01147　集部/別集類

横海樓詩集甲稿一卷　陳蔚撰　民國十四年(1925)鉛印本　一冊

330000－4793－0002436　ZS00749　子部/術數類/相宅相墓之屬

沈氏玄空學六卷　(清)沈紹勳撰　江志伊編　王則先補編　民國二十二年(1933)鉛印本　六冊

330000－4793－0002437　ZH00750　子部/儒家類/儒學之屬/禮教/家訓

太师惠國公遺訓不分卷　(宋)何逵撰　民國二十三年(1934)影印本　一冊

330000－4793－0002438　SQ00754　史部/傳記類/總傳之屬/家乘

錢氏家乘不分卷　錢文選編纂　民國十四年(1925)鉛印本　一冊

330000－4793－0002446　ZG01957　類叢部/叢書類/自著之屬

章氏叢書十三種　章炳麟撰　民國六年至八年(1917－1919)浙江圖書館刻本　二冊　存一種

330000－4793－0002448　SQ00763　類叢部/叢書類/自著之屬

海寧王靜安先生遺書四十三種　王國維撰　民國二十九年(1940)商務印書館長沙石印本　三冊　存一種

330000－4793－0002455　SS00769　史部/目録類/書志之屬/提要

四部備要書目提要四卷　中華書局編　民國二十五年(1936)上海中華書局鉛印本　四冊

330000－4793－0002457　SX00772　史部/地理類/雜志之屬

西域四種　(清)徐松　(清)李光廷撰　民國上海鴻文書局石印本　四冊　存三種

330000－4793－0002461　SS00777　類叢部/叢書類/彙編之屬

四部叢刊三百八種　張元濟等編　民國上海商務印書館影印本　十二冊　存一種

330000－4793－0002464　SH00780　史部/地理類/方志之屬/郡縣志

[光緒]杭州府志一百七十八卷首八卷　(清)陳璚等修　(清)王棻等纂　屈映光續修　陸懋勳續纂　齊耀珊重修　吳慶坻重纂　**[光緒]杭州府志校勘記一卷**　民國十一年至十五年(1922－1926)鉛印本　八十二冊

330000－4793－0002468　SG00783　史部/地理類/方志之屬/郡縣志

光緒金華縣志十六卷首一卷附咸同間金華殉難人姓名錄一卷　(清)鄧鍾玉纂　(清)謝駿德等修　民國四年(1915)鉛印本　十冊

330000－4793－0002480　SJ00793　史部/目録類/總録之屬/地方

金華經籍志二十四卷外編一卷存疑一卷辨誤一卷　胡宗楙纂　民國十四年(1925)永康胡氏夢選樓刻本　八冊

330000－4793－0002485　SC00797　史部/編年類/通代之屬

尺木堂明鑑易知錄十五卷　(清)吳乘權　(清)周之炯　(清)周之燦輯　民國十一年

(1922)上海錦章書局石印本　四冊

330000－4793－0002501　NZ01250　經部/春秋左傳類/傳說之屬
春秋左傳句解六卷　(清)韓菼重訂　民國三年(1914)上海商務印書館鉛印本　六冊

330000－4793－0002504　NS01251　經部/小學類/文字之屬/說文
說文解字十五卷標目一卷　(漢)許慎撰　(宋)徐鉉等校定　民國上海商務印書館據藤花榭刻本影印本　四冊

330000－4793－0002507　NS01256　經部/四書類/總義之屬/傳說
新訂四書補註備旨十卷　(明)鄧林撰　(清)鄧煜編　(清)杜定基增訂　民國九年(1920)上海鴻寶書局石印本　一冊　缺一卷(論語四)

330000－4793－0002508　NL01255　經部/四書類/論語之屬/正文
論語白文十卷　民國商務印書館鉛印本　二冊

330000－4793－0002509　NC01257　經部/春秋總義類/文字音義之屬
春秋小學八卷　(清)莊有可撰　民國二十四年(1935)上海商務印書館影印本　四冊

330000－4793－0002511　NL01259　經部/四書類/論語之屬/傳說
論語二卷　(清)顏茂猷校正　民國鉛印本　二冊

330000－4793－0002523　NJ01272　史部/金石類/金之屬
積古齋鐘鼎器款識十卷　(清)阮元撰　民國十三年(1924)上海掃葉山房石印本　五冊

330000－4793－0002531　NW01283　子部/藝術類/書畫之屬/法帖
吳大澂篆文論語不分卷　(清)吳大澂書　民國三年(1914)蘇州振新書社影印本　四冊

330000－4793－0002532　NS01284　經部/四書類/總義之屬/傳說
四書合講十九卷　(宋)朱熹集註　民國上海著易堂書局石印本　六冊

330000－4793－0002551　NZ01303　經部/小學類/文字之屬/字書/字體
篆文大觀六卷首一卷　(南唐)徐鉉書　民國上海求古齋石印本　六冊

330000－4793－0002552　NB01304　子部/藝術類/書畫之屬/書法書品
標準草書第六次修正本不分卷　于右任撰　民國三十七年(1948)中華書店影印本　一冊

330000－4793－0002554　JX01153　集部/詩文評類/文法之屬/函牘格式
新撰詳註分類尺牘大全不分卷　袁韜壺編　民國十年(1921)上海會文堂新記圖書局石印本　七冊

330000－4793－0002558　NZ01311　史部/金石類/金之屬/文字
籀範初編釋文不分卷　秦文錦輯　民國十八年(1929)上海藝苑真賞社影印本　一冊

330000－4793－0002559　NZ01312　子部/藝術類/書畫之屬/法帖
篆文孝經一卷　(清)吳大澂書　民國八年(1919)蘇州振新書社影印本　一冊

330000－4793－0002567　JQ01155　集部/總集類/選集之屬/通代
歷代詩文評註讀本□□種　王文濡編　民國上海文明書局鉛印本　三冊　存一種

330000－4793－0002568　JW01156　集部/總集類/選集之屬/通代
文選六十卷　(南朝梁)蕭統輯　(唐)李善注　**文選考異十卷**　(清)胡克家撰　民國上海錦章圖書局石印本　十六冊

330000－4793－0002575　JX01163　集部/總集類/選集之屬/通代
新古文辭類纂六十卷首一卷　蔣瑞藻纂集　民國二十五年(1936)上海中華書局石印本　二十四冊

330000－4793－0002576　JT01164　集部/詞類/别集之屬

天籟軒詞譜五卷詞韻一卷　葉申薌輯　民國三年(1914)掃葉山房石印本　六册

330000－4793－0002577　JZ01165　類叢部/叢書類/彙編之屬

自青榭叢書□□種　卓定謀輯　民國鉛印本　一册　存一種

330000－4793－0002579　JM01168　集部/總集類/尺牘之屬

名賢手札八卷　(清)郭慶藩輯　民國六年(1917)上海掃葉山房石印本　四册

330000－4793－0002583　JY01171　集部/别集類/清别集

音註惲子居文一卷　(清)惲敬撰　王先謙選　王楚香音註　民國十四年(1925)上海文明書局鉛印本　一册

330000－4793－0002586　JL01174、JL01609　集部/曲類/曲韻曲譜曲律之屬

六也曲譜□□種　(清)殷溎深原本　(清)張芬校錄　民國十一年(1922)上海朝記書莊石印本　二十四册　存五十八種

330000－4793－0002587　JJ01176　集部/詞類/總集之屬

絕妙好詞箋七卷　(宋)周密輯　(清)查為仁　(清)厲鶚箋　**續鈔二卷**　(清)余集輯　(清)徐楙補錄　民國上海掃葉山房石印本　四册

330000－4793－0002588　JN01177　集部/總集類/彙編之屬

歷代詩文評註讀本□□種　王文濡編　民國上海文明書局鉛印本　二册　存一種

330000－4793－0002589　JH01178　集部/總集類/彙編之屬

侯魏汪三家文合鈔四卷　進步書局編輯所編　民國十三年(1924)上海進步書局石印本　四册

330000－4793－0002591　JX01182　集部/總集類/選集之屬/通代

詳註六朝文絜八卷　吴承烜註釋　民國六年(1917)上海國華書局鉛印本　四册

330000－4793－0002595　JQ01186　集部/總集類/選集之屬/通代

歷代詩文評註讀本□□種　王文濡編　民國上海文明書局鉛印本　三册　存一種

330000－4793－0002599　JP01190　集部/總集類/選集之屬/通代

評校音註續古文辭類纂三十四卷　王先謙輯　王文濡校註　民國十三年(1924)上海中華書局鉛印本　十五册　存三十二卷(一至九、十二至三十四)

330000－4793－0002604　JZ01193　子部/雜著類/雜纂之屬

左孟莊騷精華錄二卷　林紓評註　民國五年(1916)上海商務印書館鉛印本　二册

330000－4793－0002606　JG01195　集部/總集類/選集之屬/通代

古文洪範不分卷　民國夢選樓石印本　二册

330000－4793－0002613　JC01202　集部/總集類/選集之屬/斷代

常珍延慶集四卷首一卷　王煦編　民國二十三年(1934)上海印務局影印本　一册

330000－4793－0002621　JH01215　集部/總集類/郡邑之屬

滬瀆同聲集不分卷　郁葆青輯　陳詩選　民國二十二年(1933)鉛印本　一册

330000－4793－0002622　JX01214　類叢部/叢書類/彙編之屬

求恕齋叢書三十一種　劉承幹編　民國吳興劉氏嘉業堂刻本　一册　存一種

330000－4793－0002623　ZB01294　子部/術數類/占卜之屬

卜筮正宗十四卷　(清)王維德撰　民國上海鍊石齋書局石印本　一册　存三卷(一至三)

330000－4793－0002627　ZX01295　子部/術

數類/雜術之屬
新刻萬法歸宗五卷　(唐)李淳風撰　(唐)袁天罡補　民國上海錦章圖書局石印本　三冊

330000－4793－0002631　JY01219　集部/總集類/酬唱之屬
鴉峯驪唱偶存一卷　許之龍編　民國十三年(1924)石印本　一冊

330000－4793－0002635　SN00150、SN00753　子部/小説家類
筆記小説大觀二百二十二種　進步書局輯　民國上海進步書局石印本　二冊　存一種

330000－4793－0002636　NW01321　經部/小學類/文字之屬/字書/通論
文字學二卷　徐道政編　民國六年(1917)武林印書館石印本　一冊

330000－4793－0002654　JW01227　集部/別集類
畏廬三集一卷　林紓撰　民國十三年(1924)上海商務印書館鉛印本　一冊

330000－4793－0002655　ZQ01301　史部/傳記類/總傳之屬/斷代
清代名人軼事十六卷　葛虛存撰　民國八年(1919)上海會文堂書局石印本　六冊

330000－4793－0002657　JY01228　集部/別集類/清別集
姚姬傳尺牘八卷　(清)姚鼐撰　民國鉛印本　一冊

330000－4793－0002661　JY01230　子部/宗教類/佛教之屬/諸宗
印光法師文鈔四卷附録一卷　釋聖量撰　民國十七年(1928)中華書局鉛印本　四冊

330000－4793－0002662　SZ00157　史部/地理類/方志之屬/通志
續修浙江通志採訪稿一卷　浙江通志局輯　民國五年(1916)鉛印本　一冊

330000－4793－0002670　JC01235　集部/別集類/漢魏六朝別集
曹子建詩注二卷　(三國魏)曹植撰　黄節集注　民國十九年(1930)上海商務印書館鉛印本　一冊

330000－4793－0002675　JY01236　集部/詞類/詞話之屬
樂府指迷箋釋一卷附録一卷　(宋)沈義父撰　蔡嵩雲箋釋　民國三十七年(1948)上海中華書局鉛印本　一冊

330000－4793－0002676　JS01242　集部/別集類/清別集
四憶堂詩集六卷遺稿一卷　(清)侯方域撰　(清)賈開宗等選註　民國十二年(1923)上海掃葉山房石印本　二冊

330000－4793－0002677　ZJ01309　子部/醫家類/醫理之屬/綜合
校正醫學心悟四卷　(清)程國彭撰　民國上海進步書局石印本　一冊

330000－4793－0002678　ZJ01310　子部/藝術類/書畫之屬/畫譜
芥子園畫傳初集六卷二集九卷三集六卷　(清)王槩　(清)王蓍　(清)王臬輯　民國上海章福記書局石印本　二冊　存十卷(初集一至二、二集五至六、三集一至六)

330000－4793－0002681　ZB01312　子部/醫家類/本草之屬/歷代綜合本草
本草綱目五十二卷圖三卷奇經八脈攷一卷　(明)李時珍撰　**本草萬方鍼線八卷藥品總目一卷**　(清)蔡烈先撰　**本草綱目拾遺十卷首一卷**　(清)趙學敏撰　民國十八年(1929)上海商務印書館石印本　二十冊

330000－4793－0002682　ZM01314　子部/醫家類/兒科之屬/痘疹
痲科至寶沈氏痲科合編不分卷　民國石印本　一冊

330000－4793－0002683　ZS01315　子部/醫家類/類編之屬
世補齋醫書前集六種後集四種　(清)陸懋修撰　民國元年至三年(1912－1914)上海江東

書局石印本　六冊　存二種

330000－4793－0002685　JJ01246　史部/地理類/水利之屬

建築金華雙溪口堤工徵信錄一卷　金華縣義帳協會編　民國十九年(1930)石印本　一冊

330000－4793－0002692　SC00161　史部/金石類/石之屬/文字

魏故懷令李君墓誌銘一卷　民國七年(1918)上海商務印書館影印本　一冊

330000－4793－0002694　ZD01317　史部/金石類/璽印之屬/目録

雕蟲小技不分卷　民國鈐印本　一冊

330000－4793－0002699　ZL01321　子部/藝術類/書畫之屬/畫譜

六法大觀不分卷　(明)汪謙繪　民國影印本　一冊

330000－4793－0002706　ZJ01323　子部/宗教類/佛教之屬

金剛般若波羅蜜經一卷　(唐)釋玄奘譯　民國石印本　一冊

330000－4793－0002707　ST00163　史部/雜史類/斷代之屬

唐語林八卷附校勘記一卷　(宋)王讜撰　民國九年(1920)上海商務印書館鉛印本　四冊

330000－4793－0002711　ZT01328　子部/小說家類/雜事之屬

譚史志奇八卷　(清)姚彦臣撰　民國三年(1914)埽葉山房石印本　二冊　存六卷(一至六)

330000－4793－0002712　ZD01330　子部/墨家類

定本墨子閒詁校補二卷附編一卷　李笠撰　民國二十五年(1936)上海商務印書館鉛印本　二冊

330000－4793－0002714　JL01254　集部/別集類/宋別集

陸象山尺牘四卷　(宋)陸九淵撰　(清)李紱點次　民國六年(1917)上海商務印書館鉛印本　一冊　存一卷(三)

330000－4793－0002715　JZ01255　集部/別集類/清別集

曾文正公家書十卷家訓二卷　(清)曾國藩撰　**曾文正公大事記三卷榮哀錄一卷**　(清)王定安編　民國四年(1915)上海鑄記書局石印本　五冊

330000－4793－0002717　SH00165　史部/政書類/邦交之屬

和會條約譯詮一卷　董鴻禕撰　民國鉛印本　一冊

330000－4793－0002719　ZZ01339　子部/醫家類/綜合之屬/通論

證治輯要二卷　姚濟蒼輯　民國二十五年(1936)鉛印本　一冊

330000－4793－0002724　ZJ01336　子部/宗教類/佛教之屬

戒殺放生文一卷　(明)釋袾宏撰　民國八年(1919)石印本　一冊

330000－4793－0002727　JW01260　集部/別集類

畏廬續集一卷　林紓撰　民國二十三年(1934)上海商務印書館鉛印本　一冊

330000－4793－0002728　JW01259　集部/別集類

畏廬文集一卷　林紓撰　民國十四年(1925)上海商務印書館鉛印本　一冊

330000－4793－0002730　SZ00166　史部/地理類/方志之屬/通志

[民國]浙江新志三卷　姜卿雲編　民國二十五年(1936)杭州正中書局鉛印本　一冊　存一卷(一)

330000－4793－0002731　JQ01261　集部/總集類/課藝之屬

全國中學國文成績學生新文庫乙編二十卷　世界書局編輯所編　民國十四年(1925)上海世界書局石印本　五冊　存十八卷(三至二

十)

330000－4793－0002735　SM00167　史部/編年類/通代之屬

袁王綱鑑合編三十九卷首一卷　(明)袁黃輯　(明)王世貞編　**明鑑綱目十六卷**　(清)張廷玉撰　民國十六年(1927)世界書局影印本　八冊　存十六卷(明鑑綱目一至十六)

330000－4793－0002738　SS00168　史部/金石類/錢幣之屬/圖像

四幣範齋泉錄三卷　民國影印本　三冊

330000－4793－0002740　JJ01264　子部/藝術類/書畫之屬/畫譜

芥子園畫傳五集五卷　黃克明撰　民國五年(1916)上海江東書局石印本　二冊　存二卷(四至五)

330000－4793－0002741　JS01267　集部/總集類/氏族之屬

三蘇文評註讀本四卷　沈石民撰　民國九年(1920)上海大東書局影印本　三冊

330000－4793－0002742　ZZ01346　子部/農家農學類/農藝之屬/土壤耕作

造林學通論八章　金華農校編輯　民國油印本　一冊

330000－4793－0002746　ZD01352　子部/道家類

新註道德經白話解說二卷　江希張註　民國上海明善書局石印本　一冊

330000－4793－0002747　SX00169　新學/政治法律

行政法講義一卷　鍾賡言撰　民國鉛印本　一冊

330000－4793－0002749　ZL01353　集部/小說類/短篇之屬

聊齋志異新評十六卷　(清)蒲松齡撰　(清)王士禛評　(清)呂湛恩注　(清)但明倫新評　民國二十年(1931)上海商務印書館鉛印本　七冊　存十四卷(三至十六)

330000－4793－0002751　JX01270　集部/詩文評類/詩評之屬

學詩初步三卷　張廷華　吳玉編　民國上海文明書局鉛印本　一冊

330000－4793－0002752　JW01273　集部/別集類

畏廬續集一卷　林紓撰　民國十二年(1923)上海商務印書館鉛印本　一冊

330000－4793－0002753　JX01271　集部/詞類/別集之屬

小山詞一卷　(宋)晏幾道撰　**小山詞校記一卷**　林大椿撰　民國二十四年(1935)上海商務印書館鉛印本　一冊

330000－4793－0002754　JG01274　集部/總集類/選集之屬/通代

古文觀止十二卷　(清)吳乘權　(清)吳大職輯　民國上海商務印書館鉛印本　六冊

330000－4793－0002758　JQ01276　集部/總集類/選集之屬/斷代

全唐詩鈔四卷　(清)沈裳錦選　民國十六年(1927)上海萃英書局石印本　四冊

330000－4793－0002763　NR01637　類叢部/叢書類/彙編之屬

復性書院叢刊二十七種　馬浮編　民國二十九年至三十七年(1940－1948)復性書院刻本暨鉛印本　二冊　存二種

330000－4793－0002764　ZX01355　子部/藝術類/書畫之屬/法帖

星彔書詞一卷　童式規書　民國九年(1920)上海商務印書館影印本　一冊

330000－4793－0002765　ZH01357　子部/小說家類

宋人小說二十八種　涵芬樓編　民國八年至九年(1919－1920)上海商務印書館鉛印本　一冊　存一種

330000－4793－0002767　ZD01356　子部/雜著類/雜說之屬

東原錄一卷　(宋)龔鼎臣撰　民國九年

(1920)上海商務印書館鉛印本　一冊

330000－4793－0002768　ZS01358　子部/小說家類
宋人小說二十八種　涵芬樓編　民國上海商務印書館鉛印本　一冊　存一種

330000－4793－0002770　ZZ01359　子部/雜著類/雜說之屬
麈史三卷　(宋)王得臣　(宋)鳳檯子等撰　民國八年(1919)刻本　一冊

330000－4793－0002774　JW01283　集部/別集類
畏廬詩存二卷　林紓撰　民國十五年(1926)上海商務印書館鉛印本　一冊

330000－4793－0002776　ZJ01360　子部/藝術類/書畫之屬/法帖
九成宮集字範本一卷　商務印書館編輯　民國三十七年(1948)商務印書館影印本　一冊

330000－4793－0002777　ZJ01361　子部/藝術類/書畫之屬/法帖
九成宮集字範本一卷　商務印書館編輯　民國三十七年(1948)商務印書館影印本　一冊

330000－4793－0002778　ZJ01362　子部/藝術類/書畫之屬/法帖
九成宮集字範本一卷　商務印書館編輯　民國三十七年(1948)商務印書館影印本　一冊

330000－4793－0002779　ZJ01363　子部/藝術類/書畫之屬/法帖
九成宮集字範本一卷　商務印書館編輯　民國三十七年(1948)商務印書館影印本　一冊

330000－4793－0002782　ZX01364　子部/藝術類/書畫之屬/法帖
玄秘塔集字範本一卷　商務印書館編輯　民國三十六年(1947)商務印書館影印本　一冊

330000－4793－0002784　SG00179　史部/目録類/版本之屬/書影
故宮善本書影初編一卷　故宮博物院圖書館編　民國十八年(1929)故宮博物院圖書館影印本　一冊

330000－4793－0002785　ZX01365　子部/藝術類/書畫之屬/法帖
玄秘塔集字範本一卷　商務印書館編輯　民國三十六年(1947)商務印書館影印本　一冊

330000－4793－0002786　JG01284　集部/總集類/選集之屬/通代
古文觀止十二卷　(清)吳乘權　(清)吳大職輯　民國十八年(1929)上海錦章圖書局石印本　六冊

330000－4793－0002787　ZX01366　子部/藝術類/書畫之屬/法帖
玄秘塔集字範本一卷　商務印書館編輯　民國三十六年(1947)商務印書館影印本　一冊

330000－4793－0002788　ZX01367　子部/藝術類/書畫之屬/法帖
玄秘塔集字範本一卷　商務印書館編輯　民國三十六年(1947)商務印書館影印本　一冊

330000－4793－0002789　ZX01368　子部/藝術類/書畫之屬/法帖
玄秘塔集字範本一卷　商務印書館編輯　民國三十六年(1947)商務印書館影印本　一冊

330000－4793－0002791　JS01285　集部/曲類/散曲之屬
霜厓曲錄二卷　吳梅譔　盧前編　民國二十三年(1934)上海商務印書館鉛印本　一冊

330000－4793－0002792　SG00181　史部/地理類/方志之屬/郡縣志
[光緒]金華縣志十六卷　(清)鄧鍾玉等纂　民國抄本　一冊　存二卷(十二、十六)

330000－4793－0002794　ZG01369　子部/藝術類/書畫之屬/畫譜
顧若波山水冊不分卷　顧若波繪　民國十八年(1929)天繪閣影印本　一冊

330000－4793－0002795　ZJ01371　子部/藝術類/書畫之屬/畫譜
芥子園畫譜八集四卷　月波輯　民國十五年

(1926)上海大德書局石印本　三册　存三卷(一至三)

330000－4793－0002802　ZZ01376　子部/藝術類/書畫之屬/法帖

趙松雪洛神賦不分卷　(元)趙孟頫書　民國二十九年(1940)上海大東書局影印本　一册

330000－4793－0002804　ZY01377　子部/藝術類/書畫之屬/法帖

顏真卿大麻姑仙壇記不分卷　(唐)顏真卿書　民國三十年(1941)上海大東書局影印本　一册

330000－4793－0002806　ZY01381　子部/藝術類/書畫之屬/法帖

顏書元君碑不分卷　(唐)顏真卿書　民國二十八年(1939)商務印書館影印本　一册

330000－4793－0002807　ZS01379　子部/雜著類/雜編之屬

少年雜誌不分卷　民國商務印書館鉛印本　一册

330000－4793－0002808　ZS01382、ZS01534　新學/格致總

實驗物理學稿不分卷　稿本　二册

330000－4793－0002809　SZ00186　史部/傳記類/總傳之屬

浙江第九中學校同學録一卷　民國二年(1913)石印本　一册

330000－4793－0002811　JZ01289　子部/雜著類/雜纂之屬

智絃一卷情晵一卷學誸一卷　民國鉛印本　一册

330000－4793－0002813　SG00185、SG00197、SG00203　史部/地理類/方志之屬/郡縣志

光緒金華縣志十六卷首一卷　(清)鄧鍾玉纂　(清)謝駿德等修　民國鉛印本　四册　存九卷(四至八、十二至十五)

330000－4793－0002814　SZ00186/1　史部/政書類/公牘檔册之屬

[張錦明]帳本一卷　稿本　一册

330000－4793－0002816　JZ01291　集部/小説類/長篇之屬

增評加註全圖紅樓夢十五卷首一卷一百二十回　(清)曹霑　(清)高鶚撰　(清)王希廉　(清)張新之　(清)姚燮評　民國十七年(1928)上海同文書局石印本　七册

330000－4793－0002817　ZS01385　類叢部/叢書類/彙編之屬

四部叢刊三百八種　張元濟等編　民國上海商務印書館影印本　四册　存一種

330000－4793－0002818　ZY01384　子部/醫家類/方書之屬/歷代方書

医方論四卷　(清)費伯雄撰　(清)費應蘭編　民國六年(1917)上海萃英書局刻本　一册

330000－4793－0002819　ZY01386　子部/醫家類/綜合之屬/通論

醫醇賸義四卷醫方論四卷　(清)費伯雄撰　民國六年(1917)上海萃英書局石印本　一册　存四卷(醫醇賸義一至四)

330000－4793－0002820　ZM01387　子部/術數類/命書相書之屬

秘本子平真詮四卷　(清)沈燡燔撰　民國十二年(1923)上海會文堂石印本　四册

330000－4793－0002821　ZC01389　子部/醫家類/方書之屬/單方驗方

串雅内編四卷外編四卷　(清)趙學敏纂　(清)吳庚生補註　民國十五年(1926)上海廣益書局鉛印本　三册

330000－4793－0002825　ZX01392　類叢部/叢書類/彙編之屬

四部叢刊三百八種　張元濟等編　民國上海商務印書館影印本　六册　存一種

330000－4793－0002827　ZG01395　子部/儒家類/儒學之屬/俗訓

古今格言四卷　江畬經編纂　民國上海商務印書館鉛印本　四册

330000－4793－0002831　ZG01396　類叢部/叢書類/彙編之屬

四部叢刊三百八種　張元濟等編　民國上海商務印書館影印本　四冊　存一種

330000－4793－0002832　ZZ01398　類叢部/叢書類/彙編之屬

四部備要三百一種　中華書局編　民國二十五年(1936)上海中華書局鉛印本　一冊　存一種

330000－4793－0002833　ZF01399　類叢部/叢書類/自著之屬

分類廣註曾文正公五種八卷　(清)曾國藩撰　民國上海世界書局石印本　一冊　存一卷(家訓)

330000－4793－0002836　ZG01403　子部/醫家類/方書之屬/成方藥目

廣東保合和藥目一卷　保合和主人編　民國鉛印本　一冊

330000－4793－0002837　SX00188　史部/政書類/律令之屬

新刻法家蕭曹兩造雪案鳴冤律四卷　(□)管見子註釋　民國四年(1915)石印本　一冊

330000－4793－0002844　SG00189　史部/政書類/公牘檔冊之屬

各省區將軍巡按使都統護軍使鎮守使等籲請早日登極電奏一卷　朱家寶等撰　民國鉛印本　二冊

330000－4793－0002848　ZF01419　子部/醫家類/眼科之屬

傅氏眼科審視瑤函六卷首一卷　(明)傅仁宇纂輯　(明)林長生校補　(清)傅維藩編集　民國石印本　六冊

330000－4793－0002849　ZY01416　子部/醫家類/類編之屬

觧溪醫述十五種　(清)陸晉笙編　民國十一年(1922)紹興醫藥學報社影印本　一冊　存一種

330000－4793－0002850　ZQ01421　子部/儒家類/儒學之屬/禮教

青年修養錄十八編　趙鉦鐸編纂　民國十七年(1928)上海商務印書館鉛印本　四冊

330000－4793－0002851　ZH01423　子部/儒家類/儒學之屬/性理

胡子衡齊八卷　(明)胡直撰　民國上海古書流通處影印本　三冊

330000－4793－0002853　ZN01429　子部/醫家類/醫案之屬

南雅堂醫案八卷　(清)陳念祖撰　民國九年(1920)上海羣學社石印本　八冊

330000－4793－0002854　ZX01428　子部/儒家類/儒學之屬/蒙學

新幼學句解二卷　陳霽辰編　民國六年(1917)上海中國圖書公司和記鉛印本　二冊

330000－4793－0002855　ZP01426　子部/兵家類/兵法之屬

評註七子兵略七卷　(清)陳玖撰　(清)陳廷傑　(清)陳廷傅訂正　(清)仲忠　(清)嚴廷諫校　民國六年(1917)鴻文齋石印本　四冊

330000－4793－0002857　ZJ01434　子部/醫家類/針灸之屬/經絡腧穴

經脈圖考四卷　(清)陳惠疇撰　民國十七年(1928)上海民和書局影印本　四冊

330000－4793－0002858　ZY01433　子部/術數類/相宅相墓之屬

嚴陵張九儀地理穿山透地真傳一卷　(清)張鳳藻撰　民國四年(1915)上海江東書局石印本　一冊

330000－4793－0002859　ZF01435　集部/詩文評類/文法之屬/公文程式

分類詳解民國現行公文程式大全十卷附大總統頒布公文程式一卷　上海廣益書局編輯　民國十一年(1922)上海廣益書局石印本　六冊

330000－4793－0002862　ZB01439　子部/醫家類/方書之屬/成方藥目

北平永安堂参茸膠醴丸散膏丹一卷 北平永安堂編 民國鉛印本 一冊

330000－4793－0002863 ZZ01436 子部/術數類/命書相書之屬
新鎸希夷陳先生紫微斗數全書四卷 （清）潘希尹補輯 民國上海錦章圖書局石印本 一冊 存二卷（一至二）

330000－4793－0002864 ZM01438 子部/術數類/命書相書之屬
命理窮通寶鑑攔江綱二卷首一卷附增補月談賦一卷 （清）余春臺編 民國石印本 一冊

330000－4793－0002866 ZM01445 子部/醫家類/外科之屬
祕本瘍科選粹八卷 （明）陳文治撰 （清）徐大椿批點 民國上海文瑞樓石印本 八冊

330000－4793－0002867 SL00191 子部/儒家類/儒學之屬/經濟
歷代尊孔記一卷孔教外論一卷 程淯輯 民國二十三年（1934）上海中國道德會鉛印本 一冊

330000－4793－0002870 ZQ01447 子部/術數類/陰陽五行之屬
欽定協紀辨方書三十六卷 （清）允祿 （清）張照等纂修 民國石印本 八冊 存三十二卷（一至三十二）

330000－4793－0002872 ZF01449 子部/宗教類/佛教之屬
佛典汎論不分卷 呂澂撰 民國十四年（1925）商務印書館鉛印本 一冊

330000－4793－0002875 ST00196 史部/地理類/方志之屬/郡縣志
［民國］湯溪縣志二十卷首一卷 丁燮 薛達修 戴鴻熙纂 民國二十年（1931）金震東石印局鉛印本 一冊 存一卷（十）

330000－4793－0002884 SG01454 史部/傳記類/總傳之屬/家乘
［浙江金華］郭觀敬堂唐簿一卷 端寳瑛校 民國三十七年（1948）木活字印本 一冊

330000－4793－0002885 ZL01456 子部/雜著類/雜說之屬
老學庵筆記十卷 （宋）陸游撰 民國八年（1919）上海商務印書館鉛印本 二冊

330000－4793－0002890 ZL01458 子部/醫家類/醫話醫論之屬
陸氏論醫集四卷 陸彭年撰 沈本琰編纂 民國二十二年（1933）上海陸淵雷醫室鉛印本 四冊

330000－4793－0002892 ZH01458 子部/藝術類/書畫之屬/法帖
集魏誌字黃興先生傳略一卷 陳學才編集 民國二十五年（1936）南京正中書局影印本 一冊

330000－4793－0002894 JY01300 集部/別集類/清別集
袁簡齋尺牘十卷 （清）袁枚撰 民國二十四年（1935）上海商務印書館鉛印本 一冊

330000－4793－0002896 JT01303 集部/戲劇類/傳奇之屬
桃花扇二卷四十齣 （清）孔尚任撰 民國六年（1917）上海掃葉山房石印本 一冊

330000－4793－0002897 JW01305 集部/詩文評類/文評之屬
文心雕龍十卷 （南朝梁）劉勰撰 （清）黃叔琳注 （清）紀昀評 民國四年（1915）掃葉山房石印本 二冊 存四卷（一至四）

330000－4793－0002898 JG01306 集部/總集類/選集之屬/通代
古唐詩合解十二卷古詩四卷 （清）王堯衢注 （清）李模 （清）李桓校 民國二年（1913）上海錦章圖書局石印本 八冊

330000－4793－0002899 ZC01459 子部/藝術類/遊藝之屬/聯語
楹聯叢話十二卷續話四卷巧對錄二卷 （清）梁章鉅輯 民國石印本 五冊 存十四卷（五至十二、續話一至四、巧對錄一至二）

330000－4793－0002901 JY01307 集部/詞

類/别集之屬

越縵堂詞錄二卷　(清)李慈銘撰　由雲龍校訂　民國二十四年(1935)上海商務印書館鉛印本　一册

330000－4793－0002903　ZS01461　子部/醫家類/傷寒金匱之屬/傷寒論

傷寒懸解十四卷首一卷　(清)黄元御撰　民國上海圖書集成印書局鉛印本　二册　存十一卷(首、一至十)

330000－4793－0002906　ZL01462　子部/藝術類/書畫之屬/法帖

劉石菴墨蹟一卷　(清)劉墉書　民國十一年(1922)上海商務印書館石印本　一册

330000－4793－0002911　ZQ01895　史部/目録類/總録之屬/官修

欽定四庫全書簡明目錄二十卷　(清)紀昀等撰　**四庫未收書目提要五卷**　(清)阮元撰　民國八年(1919)上海掃葉山房石印本　八册

330000－4793－0002914　SY00209　史部/雜史類/斷代之屬

義烏兵事紀略一卷附錄鄉先生詩詞一卷詩餘一卷　黄侗輯　民國二十一年(1932)石古山房鉛印本　一册

330000－4793－0002918　SG00210、SG00229、SG00069　史部/地理類/方志之屬/郡縣志

光緒金華縣志十六卷首一卷附咸同間金華殉難人姓名錄一卷　(清)鄧鍾玉纂　(清)謝駿德等修　民國四年(1915)鉛印本　六册　存十卷(一至二、三至七、十、十四至十五)

330000－4793－0002926　ZC01465　子部/藝術類/書畫之屬/法帖

褚遂良聖教序不分卷　(唐)褚遂良書　民國二十四年(1935)上海大東書局石印本　一册

330000－4793－0002928　ZJ01466　子部/藝術類/書畫之屬/畫譜

芥子園畫譜六集不分卷　汪琨輯　民國十一年(1922)上海江東書局石印本　一册

330000－4793－0002929　P0083　史部/傳記類/總傳之屬/家乘

[浙江蘭谿]靈湖郭氏十三修宗譜二十二卷　郭光卿等纂修　民國三十七年(1948)繁祉堂木活字印本　七册　存七卷(孝集、友集、任集、文集、忠集、信集、媚集)

330000－4793－0002930　SL00213　史部/傳記類/總傳之屬/家乘

[浙江蘭溪]樊氏宗譜□□卷　民國十一年(1922)木活字印本　一册　缺一卷(一)

330000－4793－0002931　ZH01468　子部/藝術類/書畫之屬/畫譜

書旗畫集一卷　張書旗繪　民國影印本　張書旗題簽並記　一册

330000－4793－0002940　JM01317　集部/别集類

夢選樓文鈔二卷詩鈔二卷　胡宗楙撰　民國二十五年(1936)永康胡氏津門刻本　二册

330000－4793－0002944　JS01321　集部/别集類/清别集

守愚公詩存十三卷　(清)鄭基智撰　民國十三年(1924)半樓主人鉛印本　四册

330000－4793－0002945　ZY01474　子部/醫家類/外科之屬/通論

瘍醫大全四十卷　(清)顧世澄輯　民國上海錦章圖書局石印本　十六册

330000－4793－0002947　JA01323　集部/總集類/選集之屬/通代

安越堂古文觀止十二卷　(清)吴乘權　(清)吴大職編　民國十二年(1923)紹興四有書局鉛印本　一册　存二卷(七至八)

330000－4793－0002948　NF01455　經部/春秋左傳類/傳說之屬

分段加評註釋東萊博議四卷　(宋)呂祖謙撰　(清)劉鍾英輯註　許慕義加評　民國十三年(1924)上海廣益書局石印本　四册

330000－4793－0002956　JS01325　集部/别集類/清别集

淞雲詩草一卷　(清)韓昌裔撰　(清)馮思學

编　民國抄本　一册

330000－4793－0002957　ZB01481　子部/醫家類/本草之屬/本草藥性

本草正義三卷　張壽頤稿　民國蘭谿公立中醫學校油印本　二册　存二卷(一至二)

330000－4793－0002959　JW013276　類叢部/叢書類/彙編之屬

茗香館叢鈔□□種　李正墀輯　民國鉛印本暨石印本　一册　存一種

330000－4793－0002966　ZX01483　新學/農政/畜牧

畜牧學各論不分卷　李志義撰　民國省立金華农校油印本　一册

330000－4793－0002967　ZR01487　子部/儒家類/儒學之屬/性理

儒林典要五卷　民國二十九年(1940)復性書院刻本　一册　存四卷(太极圖說解、箋通書述解上下、西銘述解)

330000－4793－0002970　SD00222　史部/地理類/方志之屬/郡縣志

[民國]東莞縣志一百二卷首一卷　陳伯陶等纂修　民國十六年(1927)鉛印本　四册　存二十五卷(六至三十)

330000－4793－0002971　JC01332　集部/别集類/清别集

菜香書屋詩草不分卷　(清)陸以耕撰　民國上海商務印書館鉛印本　一册

330000－4793－0002972　ZX01491、ZX01549　子部/儒家類/儒家之屬

荀子二十卷　(唐)楊倞注　**荀子校勘補遺一卷**　(清)谢墉撰　民國十年(1921)育文書局石印本　二册　存十二卷(首,一至六、十七至二十,校勘補遺)

330000－4793－0002975　NK01461　經部/小學類/文字之屬/字書/字典

康熙字典十二集三十六卷總目一卷檢字一卷辨似一卷等韻一卷補遺一卷備考一卷　(清)張玉書等纂修　民國上海章福記石印本　五册　缺五卷(酉集上中下、補遺、備考)

330000－4793－0002976　JG01334　子部/小說家類

古今說部叢書二百七十二種　國學扶輪社輯　民國四年(1915)中國圖書公司和記鉛印本　二册　存二種

330000－4793－0002977　ZW00232　子部/叢編

清代筆記叢刊四十一種　文明書局編　民國上海文明書局石印本　一册　存一種

330000－4793－0002978　ZX01494　子部/藝術類/書畫之屬/法帖

星象書詞一卷　童式規書　民國二十四年(1935)影印本　一册

330000－4793－0002979　SG00225、SG00234、SG00208　新學/學校

四年級國語不分卷　民國油印本　三册

330000－4793－0002980　JZ01335　集部/小說類/長篇之屬

繡像全圖封神演義八卷一百回　(明)許仲琳撰　民國上海錦章圖書局石印本　一册　存一卷(一)

330000－4793－0002981　SX00226　史部/傳記類/總傳之屬/儒林

學統五十六卷　(清)熊賜履撰　民國十二年(1923)靈峰精舍鉛印本　一册　存三卷(一至三)

330000－4793－0002982　ZB01495　子部/叢編

百子全書　(清)崇文書局編　民國上海掃葉山房石印本　一册　存一種

330000－4793－0002994　ZG01501　子部/藝術類/書畫之屬/法帖

高書小楷一卷　高雲塍書　民國三十年(1941)中華書局石印本　一册

330000－4793－0002995　JZ01339　集部/别集類/清别集

左宗棠家書不分卷　(清)左宗棠撰　民國二十二年(1933)新文化書社鉛印本　一册

330000－4793－0002998　SZ01502　子部/術數類/相宅相墓之屬
命書手抄本不分卷　民國抄本　一册

330000－4793－0003000　ZJ01505、ZJ01965　子部/藝術類/書畫之屬/畫譜
芥子園畫傳初集六卷二集九卷三集六卷　(清)王槩　(清)王蓍　(清)王臬輯　民國上海千頃堂書局石印本　二册　存四卷(初集一至四)

330000－4793－0003003　ZX01506　子部/藝術類/書畫之屬/法帖
小楷心經十四種一卷　民國二十四年(1935)上海商務印書館影印本　一册

330000－4793－0003004　JW01342　集部/詩文評類/文評之屬
文學研究法四卷　姚永樸撰　民國上海商務印書館鉛印本　三册　存三卷(一至二、四)

330000－4793－0003005　ZY01507　子部/醫家類/綜合之屬/通論
惲鐵樵演講錄一卷　惲鐵樵撰　章巨膺編校　民國二十四年(1935)上海鐵樵醫藥事務所鉛印本　一册

330000－4793－0003010　JD01345　集部/別集類/元別集
東維子文集三十卷附錄一卷　(元)楊維楨撰　民國上海涵芬樓影印本　一册　存六卷(六至十一)

330000－4793－0003012　ZT01499　子部/藝術類/書畫之屬/畫譜
童之風人物仕女畫譜不分卷　童之風繪　民國十四年(1925)上海圖書館影印本　二册

330000－4793－0003014　JZ01346　集部/總集類/選集之屬/斷代
增註唐詩三百首四卷　(清)孫洙編　錢黎民補註　民國上海鑄記書局石印本　一册

330000－4793－0003024　SL00237　史部/地理類/方志之屬/郡縣志
[康熙]龍游縣誌十卷　(清)盧燦修　(清)余恂纂　民國石印本　一册　存四卷(五至八)

330000－4793－0003036　SQ00243　史部/傳記類/總傳之屬/家乘
[浙江錢塘]錢塘沈氏家乘十卷　(清)沈紹勳輯　沈祖緜增輯　民國八年(1919)錢塘沈祖緜鉛印本　一册　存二卷(三至四)

330000－4793－0003037　ZJ01516、ZJ00406　子部/藝術類/書畫之屬/畫譜
芥子園畫傳初集六卷二集九卷三集六卷　(清)王槩　(清)王蓍　(清)王臬輯　民國元年(1912)五音書局石印本　二册　存五卷(初集一至二,三集一至二、六)

330000－4793－0003039　JZ01359　集部/總集類/酬唱之屬
磚玉編一卷附編一卷　趙允近輯並撰　民國十七年(1928)浦陽趙允近木活字印本　一册　存一卷(附編)

330000－4793－0003044　ZG01522　子部/縱横家類
鬼谷子一卷　題(戰國)王詡撰　**尉繚子二卷**　題(戰國)魏繚撰　民國十年(1921)育文書局石印本　一册

330000－4793－0003046　ZZ01520　子部/道家類
莊子十卷　(晉)郭象注　(唐)陸德明音義　民國十年(1921)育文書局石印本　一册　存六卷(一至六)

330000－4793－0003054　JK01365　集部/別集類
康有為文集八卷　康有為撰　民國四年(1915)上海群學社石印本　八册

330000－4793－0003058　ZL01525　子部/藝術類/書畫之屬/法帖
梁任公臨王聖教序枯樹賦不分卷　梁啓超書

民國五年(1916)上海商務書館石印本 一冊

330000－4793－0003059 JY01366 集部/詩文評類/詩評之屬

越縵堂詩話三卷 (清)李慈銘撰 蔣瑞藻編 民國十五年(1926)上海商務印書館鉛印本 一冊

330000－4793－0003065 JY01369 集部/別集類/清別集

音注吳梅村詩二卷 (清)吳偉業撰 蔣劍人選 張梓良音注 民國十六年(1927)上海文明書局鉛印本 一冊

330000－4793－0003068 JY01371 集部/別集類

漪香山館二集不分卷 吳曾祺撰 民國二十五年(1936)上海商務印書館鉛印本 一冊

330000－4793－0003069 ZY01529 子部/農家農學類/畜牧之屬

養猪學不分卷 民國油印本 一冊

330000－4793－0003070 NM01477 類叢部/叢書類/彙編之屬

四部備要三百一種 中華書局編 民國二十五年(1936)上海中華書局鉛印本 一冊 存一種

330000－4793－0003071 JH01372 集部/曲類/彈詞之屬

繡像繪圖天雨花二十卷六十回 (清)陶貞懷撰 民國石印本 一冊 存一卷(二)

330000－4793－0003073 ZD01533 子部/醫家類/兒科之屬/通論

鼎鍥幼幼集成六卷 (清)陳復正輯 民國六年(1917)上海錦章圖書局影印本 一冊

330000－4793－0003077 ZX01537 子部/工藝類/日用器物之屬/錦繡

繡圖文樣不分卷 民國石印本 一冊

330000－4793－0003078 JX01377 集部/別集類

新美人百詠二卷 趙廷玉撰 民國十年(1921)上海掃葉山房石印本 二冊

330000－4793－0003082 SZ00257 史部/政書類/律令之屬/律例

中華法令彙纂一卷 中華法政學社編 民國中華法政學社石印本 一冊

330000－4793－0003084 ZJ01540 子部/醫家類/婦科之屬/通論

濟陰綱目十四卷 (明)武之望 (明)金德生撰 (清)汪淇箋釋 民國石印本 一冊 存六卷(五至十)

330000－4793－0003088 ZG01555 子部/農家農學類

國文不分卷 民國石印本 一冊

330000－4793－0003089 ZW01542 子部/醫家類/溫病之屬

溫病條辨六卷首一卷 (清)吳瑭撰 民國六年(1917)上海鍊石書局石印本 三冊 存三卷(二至四)

330000－4793－0003091 ZS01546 子部/術數類/相宅相墓之屬

相墓手抄本不分卷 民國抄本 一冊

330000－4793－0003094 ZM01545 新學/數學/形學

宓氏幾何學習題詳證二卷 汪愿輯 民國杭州府學堂抄本 一冊 存一卷(二)

330000－4793－0003095 JG01381 新學/學校

國文二年級不分卷 汪緝文撰 民國石印本 一冊

330000－4793－0003096 SX00261 史部/政書類/律令之屬

新編中華六法全書六卷 中國法政學社編 民國四年(1915)中華法政學社鉛印本 二冊

330000－4793－0003098 ZB01548 子部/醫家類/兒科之屬/通論

保赤全編三種三卷 (清)莊一夔等撰 民國

十八年(1929)上海宏大善書局石印本　一冊

330000－4793－0003103　JH01383　集部/曲類/曲選之屬

繪圖綴白裘十二集四十八卷　(清)玩花主人輯　(清)錢德蒼增輯　民國上海周月記機器印書處影印本　一冊　存四卷(四集一至四)

330000－4793－0003104　JM01384　集部/總集類/選集之屬

模範文講義不分卷　姚嶽撰　民國北平大學農學院鉛印本　一冊

330000－4793－0003107　SX00269　史部/雜史類/外紀之屬

西史一卷　汪緝文撰　民國石印本　一冊

330000－4793－0003108　ZD01549　子部/醫家類/兒科之屬/通論

鼎鍥幼幼集成六卷　(清)陳復正輯　民國六年(1917)上海錦章圖書局影印本　一冊

330000－4793－0003110　SZ00271　史部/雜史類

中西農政異同攷四卷　民國石印本　二冊　存二卷(二、四)

330000－4793－0003113　ZD00272　子部/藝術類/篆刻之屬/印譜

雕刻第一集不分卷　民國二十三年(1934)鈐印本　一冊

330000－4793－0003115　SM00270　史部/傳記類/總傳之屬/技藝

名醫籍貫著述考不分卷　張山雷撰　民國抄本　一冊

330000－4793－0003117　ZM01556　子部/藝術類/書畫之屬/法帖

明拓衡方碑不分卷　民國二十四年(1935)上海中華書局影印本　一冊

330000－4793－0003120　SC00275　史部/編年類/通代之屬

尺木堂綱鑑易知錄九十二卷明鑑易知錄十五卷　(清)吳乘權　(清)周之炯　(清)周之燦輯　民國上海九州書局鉛印本　一冊　存六卷(六十七至七十二)

330000－4793－0003134　SS00292、SJ00294、SX00545、SM00301、SH00455、SS00541、SS00468、SW00472、SN00570　類叢部/叢書類/彙編之屬

四部叢刊三百八種　張元濟等編　民國上海商務印書館影印本　二百五十一冊　存九種

330000－4793－0003137　SL00299　史部/地理類/方志之屬/郡縣志

[民國]龍游縣志四十卷首一卷末一卷　余紹宋撰　民國十四年(1925)鉛印本　十六冊

330000－4793－0003140　SS00323　史部/紀傳類/正史之屬

史記紀年考三卷　劉坦撰　民國二十六年(1937)上海商務印書館石印本　一冊

330000－4793－0003154　SX00311　類叢部/叢書類/彙編之屬

國立北平圖書館善本叢書第一集十二種　謝國楨輯　民國影印本　一冊　存一種

330000－4793－0003157　ST00310　史部/雜史類/斷代之屬

痛史二十一種附九種　樂天居士輯　民國六年(1917)上海商務印書館鉛印本　三十一冊　存十六種

330000－4793－0003158　SZ00319　史部/雜史類/斷代之屬

戰國策補註三十三卷　吳曾祺撰　民國二十二年(1933)上海商務印書館鉛印本　四冊

330000－4793－0003161　SG00321　史部/雜史類/斷代之屬

國語詳注二十一卷　沈鎔輯注　民國十二年(1923)上海文明書局、中華書局鉛印本　四冊

330000－4793－0003162　SD00322　史部/政書類/律令之屬

刀筆精華不分卷　平襟亞編　秋痕樓主評　民國十九年(1930)上海東亞書局石印本

四冊

330000－4793－0003165　SM00328　史部/雜史類/通代之屬
明清史料乙編不分卷　國立中央研究院歷史語言研究所編　民國二十五年(1936)上海商務印書館鉛印本　十冊

330000－4793－0003167　JJ01391　集部/別集類/清別集
就菊居詩存二卷　(清)程炳藻撰　民國金華大同印務局鉛印本　一冊

330000－4793－0003169　ZF01558　子部/醫家類/醫話醫論之屬
鮓溪醫論選中編六卷　陸平一選　民國十一年(1922)石印本　六冊

330000－4793－0003173　JG01389　集部/總集類/氏族之屬
郭氏弈葉吟一卷　郭寶琮編輯　民國十四年(1925)鉛印本　一冊

330000－4793－0003174　SG00338　史部/雜史類/斷代之屬
庚子西狩叢談五卷附年譜一卷　吴永口述　劉治襄筆記　民國三十二年(1943)苕溪漁隱鉛印本　一冊

330000－4793－0003182　NZ01486　經部/易類/傳說之屬
周易講義十卷　碧雲子撰　民國二十四年(1935)金華經訓山房鉛印本　四冊

330000－4793－0003189　ZL01397　類叢部/叢書類/家集之屬
鄭義門叢書□□種　民國鉛印本　六冊　存一種

330000－4793－0003190　JX01398　集部/別集類/清別集
徐烈婦詩鈔二卷　(清)吳宗愛撰　(清)俞樾　(清)王崇炳編集　**同心梔子圖續編一卷**　(清)應瑩撰　**吳絳雪年譜一卷**　(清)俞樾撰　民國石印本　一冊

330000－4793－0003192　JL01400　類叢部/叢書類/家集之屬
鄭義門叢書□□種　民國鉛印本　六冊　存一種

330000－4793－0003197　SD00350　史部/地理類/方志之屬/郡縣志
道光金華縣志十二卷首一卷　(清)黃金聲修　(清)李林松纂　民國四年(1915)金華益生成號鉛印本　六冊　存九卷(四至十二)

330000－4793－0003199　SJ00351　史部/地理類/方志之屬/郡縣志
光緒金華縣誌十六卷首一卷　(清)鄧鍾玉纂　(清)謝駿德等修　民國四年(1915)金華益生成記鉛印本　九冊　存十五卷(首,一至十三、十六)

330000－4793－0003203　SD00354　史部/地理類/方志之屬/郡縣志
道光金華縣志十二卷首一卷　(清)黃金聲修　(清)李林松纂　民國四年(1915)金華益生成號鉛印本　八冊

330000－4793－0003207　SX00356　史部/地理類/方志之屬/通志
續修浙江通志採訪稿一卷　浙江通志局輯　民國五年(1916)鉛印本　一冊

330000－4793－0003212　SD00363　史部/地理類/方志之屬/郡縣志
[民國]東陽縣志二十七卷首一卷　(清)党金衡修　(清)王恩注纂　民國三年(1914)東陽商務石印公司石印本　十冊

330000－4793－0003220　NW01493　經部/小學類/文字之屬/字書/通論
文字學形義篇不分卷　朱宗萊撰　民國十四年(1925)北京大學出版部鉛印本　一冊

330000－4793－0003228　JZ01414　集部/別集類/清別集
左文襄公家書二卷　(清)左宗棠撰　民國上海聚珍倣宋印書局鉛印本　二冊

330000－4793－0003230　SZ00377　史部/政

書類/律令之屬

中國法制史不分卷 郁嶷編述 民國鉛印本 一册

330000-4793-0003233 SW00375 類叢部/叢書類/郡邑之屬

吳興叢書六十六種 劉承幹編 民國吳興劉氏嘉業堂刻本 四册 存一種

330000-4793-0003234 JQ01415 集部/小說類/長篇之屬

增補齊省堂全圖儒林外史六卷六十回 (清)吳敬梓撰 民國十一年(1922)上海二思堂石印本 六册

330000-4793-0003237 JD01416 集部/總集類/選集之屬/斷代

當代駢文類纂續編二卷 包延煇編 民國九年(1920)上海國華書局鉛印本 五册

330000-4793-0003239 ZC01582 子部/雜著類/雜說之屬

菜根譚二卷 (明)洪應明撰 民國十四年(1925)蘭谿泰和裕鉛印本 一册

330000-4793-0003240 SL00379 史部/目録類/總録之屬/私撰

郘亭知見傳本書目十六卷 (清)莫友芝撰 民國七年(1918)上海掃葉山房石印本 六册

330000-4793-0003247 NK01510 經部/小學類/文字之屬/字書/字典

康熙字典十二集三十六卷總目一卷檢字一卷辨似一卷等韻一卷備考一卷補遺一卷 (清)張玉書等纂修 民國上海商務印書館石印本 六册

330000-4793-0003254 NZ01517 經部/春秋左傳類/傳說之屬

左傳菁華錄二十四卷 吳曾祺評注 民國十四年(1925)商務印書館鉛印本 六册

330000-4793-0003257 NZ01520 經部/春秋左傳類/傳說之屬

春秋左傳句解六卷 (清)韓菼重訂 民國三年(1914)上海商務印書館鉛印本 六册

330000-4793-0003258 NZ01519、JL01507、NS00160 類叢部/叢書類/彙編之屬

四庫全書珍本初集二百三十種 中央圖書館籌備處輯 民國二十三年至二十四年(1934-1935)上海商務印書館據文淵閣本影印本 三十四册 存四種

330000-4793-0003264 NL01526 經部/禮記類/傳說之屬

禮記集說四十九卷 (清)莊有可撰 民國二十四年(1935)上海商務印書館影印本 八册

330000-4793-0003268 NZ01532 類叢部/叢書類/彙編之屬

四庫全書珍本初集二百三十種 中央圖書館籌備處輯 民國二十三年至二十四年(1934-1935)上海商務印書館據文淵閣本影印本 四册 存一種

330000-4793-0003280 SG00385 史部/編年類/通代之屬

綱鑑易知錄九十二卷明鑑易知錄十五卷 (清)吳乘權 (清)周之炯 (清)周之燦輯 民國五年(1916)上海商務印書館鉛印本 十六册

330000-4793-0003281 SH00386、SZ00387、SB00493、SS00380 史部/紀傳類/正史之屬

二十四史附考證 民國上海涵芬樓據清乾隆武英殿本影印本 四十二册 存四種

330000-4793-0003283 SZ00383、SZ00388、SZ00389、SW00407、JL01460、NM01590、NJ01633、ZY01707、JZ01480、JH01520、JH01530、SQ00568、JT01662、JG01587、ZL01913、NC01606、JL01659、ZK01407、ZF00123、JY00855、JM00870 類叢部/叢書類/彙編之屬

四部叢刊三百八種 張元濟等編 民國上海商務印書館影印本 二百三十册 存二十一種

330000-4793-0003295 SL00402 史部/地理類/方志之屬/郡縣志

[民國]龍游縣志四十卷首一卷末一卷 余紹

宋撰　民國十四年(1925)北京京城印書局鉛印本　十六冊

330000－4793－0003296　SN00409、SD00484、NE01571、ZH02019、JB01571、ZZ01740、JC01479、ZY01797、SD00866、SJ00398　類叢部/叢書類/彙編之屬

四部叢刊續編七十七種　張元濟等編　民國二十三年(1934)上海商務印書館影印本(儀禮疏卷三十二至三十七、周易要義卷三至六、禮記要義卷一至二、麟臺故事卷四至五原缺)　二百三十二冊　存十種

330000－4793－0003303　ZG01585　史部/傳記類/總傳之屬/技藝

國朝畫識十七卷　(清)馮金伯纂輯　民國三十年(1941)上海中華書局鉛印本　四冊

330000－4793－0003307　SG00416　史部/雜史類/斷代之屬

國語韋解補正二十一卷　吳曾祺撰　朱元善校訂　民國六年(1917)上海商務印書館鉛印本　四冊

330000－4793－0003309　SL00418　史部/地理類/方志之屬/郡縣志

[民國]龍游縣志四十卷首一卷末一卷　余紹宋撰　民國十四年(1925)北京京城印書局鉛印本　十六冊

330000－4793－0003311　SD00417　史部/政書類/律令之屬

續編評註刀筆菁華四種　襟霞閣主纂　秋痕樓主評　民國十二年(1923)上海共和書局鉛印本　三冊　存三種

330000－4793－0003317　SY00424　史部/目録類/總録之屬/私撰

蟫隱廬舊本書目第十八期一卷　蟫隱廬書莊編　民國石印本　一冊

330000－4793－0003320　SJ00425　史部/地理類

[民國]吉州全志八卷　(清)吳葵之纂修　民國大國民印刷廠鉛印本　四冊

330000－4793－0003325　SZ00426　新學/政治法律/律例

民律債權編一卷　張瑾雯講訴　民國文華書局鉛印本　一冊

330000－4793－0003328　SM00432　新學/政治法律/律例

民律物權編一卷　張瑾雯講訴　民國文華書局鉛印本　一冊

330000－4793－0003334　JS01422　集部/別集類/清別集

隨園文集二卷　(清)袁枚撰　民國三年(1914)上海古今圖書局石印本　一冊　存一卷(上)

330000－4793－0003335　JT01425　集部/戲劇類/傳奇之屬

桃花扇二卷四十齣　(清)孔尚任撰　民國十年(1921)上海掃葉山房石印本　四冊

330000－4793－0003336　JH01424　集部/別集類/宋別集

胡澹庵尺牘二卷　(宋)胡銓撰　民國七年(1918)商務印書館鉛印本　二冊

330000－4793－0003339　JB01426　集部/詞類/詞譜之屬

白香詞譜一卷晚翠軒詞韻一卷　(清)錢遵王撰　民國二年(1913)鴻雪軒石印本　二冊

330000－4793－0003340　JS01429　集部/戲劇類/總集之屬/傳奇

十二家評點李笠翁十種曲　(清)李漁編　民國七年(1918)上海朝記書莊石印本　十冊

330000－4793－0003341　JC01431　集部/別集類/清別集

粲花館詩鈔一卷　(清)樓杏春撰　民國二十二年(1933)黃侗鉛印本　一冊

330000－4793－0003342　JC01430　集部/詞類/別集之屬

粲花館詞鈔一卷　(清)樓杏春撰　民國二十二年(1933)黃侗鉛印本　一冊

330000－4793－0003345　JW01427　集部/別集類

卧雪居遺稿一卷　稿本　一册

330000－4793－0003349　JH01435　集部/詞類/詞話之屬

蕙風詞話五卷詞二卷　況周頤撰　民國十三年至十五年(1924－1926)武進趙氏刻惜陰堂叢書本　三册　存一種

330000－4793－0003350　ZF01588、ZK01614、ZF01929、JS00162　類叢部/叢書類/彙編之屬

四部叢刊三百八種　張元濟等編　民國上海商務印書館影印本　五十二册　存三種

330000－4793－0003352　ZZ01590　子部/藝術類/書畫之屬/畫譜

醉叟畫譜八卷　(清)醉叟繪　民國大德書局石印本　二册　存二卷(五、八)

330000－4793－0003354　SP00442、SP00556　史部/地理類/方志之屬/郡縣志

[光緒]浦江縣志十五卷首一卷附咸同殉難錄二卷　(清)善廣修　(清)張景青纂　黄志璠增補　民國五年(1916)金華益生成記鉛印本　十五册　缺一卷(五)

330000－4793－0003355　JH01436　集部/總集類/酬唱之屬

鴻雪唱和集不分卷　徐步丹撰　民國十二年(1923)影印本　一册

330000－4793－0003356　SH00443　類叢部/叢書類/彙編之屬

四部備要三百一種　中華書局編　民國二十五年(1936)上海中華書局鉛印本　十五册　存一種

330000－4793－0003358　JM01438　集部/總集類/尺牘之屬

眉公才子尺牘四卷　(明)陳繼儒輯　(清)沈錫侯增訂　**聖嘆才子尺牘四卷**　(清)金人瑞鑒定　(清)金雍撰　民國七年(1918)上海碧梧山莊石印本　四册

330000－4793－0003359　SJ00444　史部/傳記類/總傳之屬/忠孝

金華縣義祀祠譜錄十二卷　民國十年(1921)石印本　一册　存六卷(七至十二)

330000－4793－0003362　SL00447、SJ00448、JW01442、NN01545、ZR01737、JB01555、JJ01561、JL01572、NG01580、SJ00451　類叢部/叢書類/郡邑之屬

續金華叢書六十種　胡宗楙編　民國十三年(1924)永康胡氏夢選樓刻本　二十一册　存十三種

330000－4793－0003367　NZ01544、ZE01870　類叢部/叢書類/彙編之屬

復性書院叢刊二十七種　馬浮編　民國二十九年至三十七年(1940－1948)復性書院刻本暨鉛印本　四册　存四種

330000－4793－0003368　ST00449　史部/地理類/方志之屬/郡縣志

[民國]湯溪縣志二十卷首一卷　丁燮　薛達修　戴鴻熙纂　民國二十年(1931)金震東石印局鉛印本　十二册

330000－4793－0003370　JF01417　類叢部/叢書類/彙編之屬

四部叢刊三百八種　張元濟等編　民國上海商務印書館影印本　八册　存一種

330000－4793－0003371　JJ01444　類叢部/叢書類/彙編之屬

適園叢書七十四種　張鈞衡編　民國二年至六年(1913－1917)烏程張氏刻本(唐大詔令集卷十四至二十四、八十七至九十八原缺)　四册　存一種

330000－4793－0003377　SJ00450　史部/政書類/公牘檔冊之屬

金華越郡公所徵言錄一卷　陳衡士撰　民國十九年(1930)金華大同印務局鉛印本　一册

330000－4793－0003378　JY01447　集部/總集類/題詠之屬

月泉吟社一卷　吴渭輯　民國二十四年(1935)浦江新新印刷所石印本　一册

330000－4793－0003380　NX01638　經部/詩類/傳說之屬

新註詩經白話解八卷　洪子良編纂　民國十七年(1928)上海中原書局石印本　四冊

330000－4793－0003382　ZZ01601　子部/道家類

莊子集解八卷　王先謙撰　民國十四年(1925)上海掃葉山房石印本　四冊

330000－4793－0003391　SF00452　新學/政治法律/制度

法治講義三編　黄人望編　民國抄本　一冊

330000－4793－0003393　ZS01607　子部/雜著類/雜說之屬

詩解一卷　民國抄本　一冊

330000－4793－0003394　JQ01454　集部/總集類/選集之屬/通代

全上古三代秦漢三國六朝文七百四十一卷　(清)嚴可均校輯　民國十九年(1930)據清光緒二十年(1894)黄岡王氏刻本影印本　五冊　存六十卷(全後魏文一至六十)

330000－4793－0003396　SS00454、SZ00485、ZM01617、ZG01702、ZD01718、SN00551、JW01541、ZL01729、ZX01978　類叢部/叢書類/彙編之屬

四部備要三百一種　中華書局編　民國二十五年(1936)上海中華書局鉛印本(經義考卷二百八十六、二百九十九至三百,東塾讀書記十三至十四、十七至二十、二十二至二十五原缺)　二十八冊　存九種

330000－4793－0003397　ZG01605　子部/儒家類/儒學之屬/俗訓

古今格言四卷　江畬經編纂　民國上海商務印書館鉛印本　一冊

330000－4793－0003398　JJ01457　集部/總集類/選集之屬/通代

經史百家簡編二卷　(清)曾國藩纂　民國上海商務印書館鉛印本　二冊

330000－4793－0003400　NL01557　類叢部/叢書類/彙編之屬

復性書院叢刊二十七種　馬浮編　民國二十九年至三十七年(1940－1948)復性書院刻本暨鉛印本　三冊　存一種

330000－4793－0003407　NZ01566　類叢部/叢書類/彙編之屬

復性書院叢刊二十七種　馬浮編　民國二十九年至三十七年(1940－1948)刻本暨鉛印本　一冊　存二種

330000－4793－0003410　SN00460　史部/地理類/山川之屬/山志

南田山志十四卷首一卷　劉燿東撰　民國二十四年(1935)啓後亭鉛印本　二冊　存七卷(一至五、十一至十二)

330000－4793－0003411　NJ01563　類叢部/叢書類/彙編之屬

國立中央研究院歷史語言研究所單刊□□種　國立中央研究院歷史語言研究所編　民國上海商務印書館鉛印本暨影印本　一冊　存一種

330000－4793－0003413　NJ01568　類叢部/叢書類/彙編之屬

守山閣叢書一百十二種　(清)錢熙祚輯　民國十二年(1923)鉛印本　二冊　存一種

330000－4793－0003416　ZD01609　子部/墨家類

墨子閒詁十五卷目錄一卷附錄一卷後語二卷　(清)孫詒讓撰　民國上海商務印書館影印本　八冊

330000－4793－0003427　SX00467　集部/詩文評類/文法之屬/公文程式

分類詳解民國現行公文程式大全十卷附大總統頒布公文程式一卷　上海廣益書局編　民國七年(1918)上海廣益書局石印本　六冊

330000－4793－0003434　SG00473　史部/地理類/輿圖之屬/郡縣

[光緒]浦江縣志稿十五卷首一卷　(清)善廣修　(清)張景青等纂　民國五年(1916)金華益生成記鉛印本　十六冊

330000－4793－0003436　ZH01610　史部/金石類/石之屬/文字
漢碑大觀八集　(清)錢泳書　民國上海碧梧山莊影印本　八册

330000－4793－0003439　SL00476　史部/地理類/方志之屬/郡縣志
[嘉慶]洛陽縣志六十卷　(清)陸繼輅　(清)魏襄纂　民國五年(1916)石印本　八册　存三十五卷(一至三十五)

330000－4793－0003444　SX00482　史部/地理類/方志之屬/郡縣志
[民國]續纂山陽縣志十六卷　邱沅　王元章續纂　民國十年(1921)刻本　四册

330000－4793－0003445　SZ00480　史部/地理類/方志之屬/通志
[雍正]勅修浙江通志二百八十卷首三卷　(清)嵇曾筠等修　民國二十三年(1934)商務印書館影印本　一册　存六十六卷(首一至三、一至六十三)

330000－4793－0003446　SF00483　史部/政書類/律令之屬/判牘
樊山判牘四卷　樊增祥撰　民國法政講習所石印本　四册

330000－4793－0003447　ZQ01611　集部/總集類/課藝之屬
齊宣王不分卷　民國抄本　一册

330000－4793－0003454　NZ01584　經部/小學類/音韻之屬/韻書
中華新韻一卷　教育部國語推行委員會編　民國三十年(1941)鉛印本　一册

330000－4793－0003457　NL01585　子部/儒家類/儒學之屬/蒙學
龍文鞭影四卷　(明)蕭良有撰　(明)楊臣諍增訂　(清)李恩綬校補　**二集二卷**　(清)李暉吉　(清)徐瓚輯　民國七年(1918)上海鑄記書局石印本　四册　缺二卷(二集一至二)

330000－4793－0003458　ZQ01612　子部/儒家類/儒學之屬/禮教
青年修養錄十八編　趙鉦鐸編纂　民國十七年(1928)上海商務印書館鉛印本　四册

330000－4793－0003459　SF00486　史部/政書類/律令之屬/判牘
樊山判牘續編四卷　樊增祥撰　民國大同書局石印本　四册

330000－4793－0003460　NL01640　經部/禮記類/傳說之屬
禮記集說十卷　(元)陳澔撰　民國中華書局鉛印本　六册

330000－4793－0003468　ZY01615　子部/醫家類/兒科之屬
幼科三種六卷　民國上海鍊石齋書局石印本　三册

330000－4793－0003471　ZT01616　子部/醫家類/類編之屬
退思廬醫書四種合刻　嚴鴻志撰　民國十年(1921)寧波汲綆書莊石印本　八册

330000－4793－0003476　ZK01621　子部/儒家類/儒學之屬/蒙學
課子隨筆六卷　(清)張師載輯　**續編一卷**　(清)徐桐撰　民國上海文瑞樓石印本　四册

330000－4793－0003482　ZC01628　子部/藝術類/遊藝之屬/棋弈
殘局類選二卷　(清)錢長澤選　民國上海文瑞樓石印本　二册

330000－4793－0003485　ZP01622　子部/雜家類
新式標點評註論衡三十卷　(漢)王充撰　民國十六年(1927)上海掃葉山房石印本　八册

330000－4793－0003487　ZT01633　子部/醫家類/方書之屬/歷代方書
唐王燾先生外臺祕要方四十卷　(唐)王燾撰　民國四年(1915)上海鴻寶齋書局石印本　十二册

330000－4793－0003489　ZZ01631　子部/醫家類/婦科之屬

子嗣篇婦科輯要合編不分卷　姚濟蒼撰　民國二十年(1931)北京天華館石印本　一冊

330000－4793－0003490　ZE01635　子部/醫家類/兒科之屬/通論

兒科輯要四卷婦女回生丹一卷經驗良方一卷　姚濟蒼編　鍾明理述　民國十八年(1929)北京天華館鉛印本　一冊

330000－4793－0003494　ZY01642　子部/醫家類/醫案之屬

葉氏醫案存真三卷附馬氏醫案并坿祁案王案一卷　(清)葉桂撰　(清)葉萬青輯　民國四年(1915)上海千頃堂石印本　二冊

330000－4793－0003498　ZT01641　史部/政書類/邦計之屬/地政

土地政策四卷　向乃祺撰　民國鉛印本　一冊

330000－4793－0003499　ZS01646　子部/醫家類/傷寒金匱之屬/傷寒論

傷寒論十卷　(漢)張仲景撰　(晉)王叔和輯　民國十二年(1923)惲鐵樵據明萬曆趙開美刻本影印本　五冊　存八卷(三至十)

330000－4793－0003500　ZS01648　子部/藝術類/書畫之屬/題跋

蘇黃題跋八卷　(宋)蘇軾　(宋)黃庭堅撰　民國上海朝記書莊石印本　八冊

330000－4793－0003501　ZZ01649　子部/醫家類/兒科之屬/痘疹

治瘄全書二卷　董西園撰　民國十九年(1930)鉛印本　一冊

330000－4793－0003503　ZY01643　子部/醫家類/綜合之屬/通論

御纂醫宗金鑑九十卷首一卷　(清)吴謙等撰　民國八年(1919)上海鴻寶齋書局石印本　二十冊

330000－4793－0003506　ZJ01657　集部/總集類/尺牘之屬

交際大全八章　廣文書局編輯所編　民國十二年(1923)上海世界書局石印本　一冊

330000－4793－0003507　ZR01651　子部/醫家類/類編之屬

儒門事親十五卷　(金)張子和撰　民國上海千頃堂書局石印本　六冊

330000－4793－0003513　ZZ01660　子部/藝術類/篆刻之屬/印論

篆刻鍼度八卷　(清)陳克恕撰　民國上海朝記書莊石印本　二冊

330000－4793－0003518　ZG01664　類叢部/叢書類/彙編之屬

四部叢刊三百八種　張元濟等編　民國上海商務印書館影印本　十二冊　存一種

330000－4793－0003522　ZH01668　子部/藝術類/書畫之屬/書法書品

漢碑範八卷　張祖翼選臨　民國二十年(1931)文明書局石印本　二冊

330000－4793－0003523　ZX01666　子部/醫家類/兒科之屬

小兒科不分卷　民國抄本　一冊

330000－4793－0003526　ZG01665　子部/藝術類/書畫之屬

國畫源流不分卷　上海美術專門學校編　民國抄本　一冊

330000－4793－0003527　ZM01674　子部/藝術類/書畫之屬/法帖

名人真蹟小楷法帖四種　民國二十四年(1935)上海世界書局石印本　一冊　存一種

330000－4793－0003528　ZL01686　子部/醫家類/醫話醫論之屬

冷廬醫話五卷　(清)陸以湉撰　民國五年(1916)千頃堂書局石印本　二冊

330000－4793－0003530　ZY01673　子部/藝術類/書畫之屬/法帖

顔魯公雙鶴銘一卷　(唐)顔真卿書　民國上海育古山房石印本　一冊

330000－4793－0003531　ZQ01676　子部/醫家類/醫經之屬/内經

羣經見智録三卷 惲鋉樵撰 **古醫經論一卷** 韋格六撰 民國十一年(1922)武進惲氏鉛印本 二册

330000－4793－0003534 ZQ01684 子部/藝術類/遊藝之屬/棋弈

趣園圍碁入門碎譜四卷首一卷末一卷 (清)蔡丕撰 蔡振紳録繪 民國二十六年(1937)上海明善書局石印本 四册

330000－4793－0003536 ZL01680 子部/雜著類/雜説之屬

論衡三十卷 (漢)王充撰 民國上海掃葉山房石印本 六册

330000－4793－0003538 SG00498 史部/史評類/史論之屬

國史概論四卷 葛陛綸輯 民國上海會文堂書局石印本 一册 存一卷(二下)

330000－4793－0003539 ZO01681 子部/藝術類/書畫之屬/法帖

歐陽漸書文天祥正氣歌一卷 歐陽漸書 民國二十六年(1937)上海中華書局影印本 一册

330000－4793－0003540 ZL01678 史部/傳記類/總傳之屬/技藝

歷代畫史彙傳七十二卷首一卷附録二卷 (清)彭藴璨編 民國三年(1914)上海漢粹社石印本 十二册

330000－4793－0003541 ZF01688 子部/宗教類/佛教之屬/經

佛説無量壽經二卷 (三國魏)釋康僧鎧譯 民國十四年(1925)杭州佛學會石印本 二册

330000－4793－0003544 ZG01683、ZQ01297 類叢部/類書類/通類之屬

欽定古今圖書集成一萬卷目録四十卷 (清)蔣廷錫 (清)陳夢雷等輯 **古今圖書集成考證二十四卷** 民國二十三年(1934)中華書局影印本 五百五十五册 存六千八百九十六卷(目録一至四十,乾象典一至一百、歲功典一至一百十六、曆法典一至一百四十、庶徵典一至一百八十八、坤輿典一至一百四十、職方典一至一千五百四十四、山川典一至三百二十、邊裔典一至一百四十、皇極典一至三百、宫闈典一至一百四十、官常典一至八百、家範典一至一百十六、交誼典一至一百二十、氏族典一至六百四十、人事典一至一百十二、閨媛典一至三百七十六、藝術典一至八百二十四、神異典一至三百二十、文學典一至二百六十、字學典一至一百六十)

330000－4793－0003546 ZD01693 子部/醫家類/兒科之屬/通論

鼎鍥幼幼集成六卷 (清)陳復正輯 民國六年(1917)上海錦章圖書局影印本 三册

330000－4793－0003548 ZD01697 子部/術數類/相宅相墓之屬

地理學新義二卷附録一卷 俞仁宇編輯 民國二十四年(1935)餘姚普文明書局鉛印本 一册

330000－4793－0003549 ZL01701 子部/雜著類/雜説之屬

老學庵筆記十卷 (宋)陸游撰 民國九年(1920)上海商務印書館鉛印本 二册

330000－4793－0003551 ZJ01698 子部/雜著類/雜説之屬

脚氣集一卷 (宋)車若水撰 民國八年(1919)上海商務印書館鉛印本 一册

330000－4793－0003553 ZS01703 子部/醫家類/醫話醫論之屬

素軒醫語一卷 邵餐芝撰 民國二十四年(1935)蘭溪協記書莊鉛印本 一册

330000－4793－0003558 ZZ01712 類叢部/叢書類/彙編之屬

景印元明善本叢書十種 商務印書館編 民國二十六年至二十九年(1937－1940)上海商務印書館影印本 十二册 存一種

330000－4793－0003560 ZT01715 子部/藝術類/遊藝之屬/棋弈

聽秋軒弈譜不分卷 (清)劉子迎輯 民國元

年(1912)上海文瑞樓石印本　一册

330000－4793－0003562　ZS01716　子部/儒家類/儒學之屬/蒙學
三字經註解備要一卷　(宋)王應麟撰　(清)賀思興註　民國十七年(1928)上海昌文書局石印本　一册

330000－4793－0003568　ZL01720、ZS00169、ZS00160　子部/小說家類
宋人小說二十八種　涵芬樓編　民國上海商務印書館鉛印本　八册　存四種

330000－4793－0003569　NC01604　子部/藝術類/書畫之屬/法帖
草字彙十二卷附補　(清)石梁集　民國元年(1912)上海同文書局石印本　一册　存二卷(子、丑)

330000－4793－0003573　ZE01774　子部/叢編
二十二子　(清)浙江書局編　民國十年(1921)育文書局石印本　七册　存五種

330000－4793－0003576　ZN01730　子部/醫家類/醫經之屬/内經
内經知要二卷　(清)李中梓輯注　(清)薛雪補注　民國上海商務印書館鉛印本　二册

330000－4793－0003577　ZB01728　子部/藝術類/書畫之屬/畫譜
百尺樓藝畫八卷　汪鏶繪　民國十一年(1922)上海朝記書莊石印本　八册

330000－4793－0003586　ZC01738　子部/醫家類/方書之屬/單方驗方
重訂驗方新編十八卷　(清)鮑相璈等輯　民國三年(1914)章福記書局石印本　六册

330000－4793－0003588　JH01475　集部/别集類
寒柯堂詩四卷　余紹宋撰　民國三十五年(1946)浙江文化印刷公司鉛印本　一册

330000－4793－0003590　ZT01742　子部/醫家類/醫話醫論之屬
藤氏醫談二卷　(日本)近藤明隆昌撰　民國上海中醫書局據日本享和三年(1803)浪華積玉圃、文金堂刻本影印本　二册

330000－4793－0003592　ZJ01743　集部/總集類/尺牘之屬
交際大全八章　廣文書局編輯所編　民國上海廣文書局石印本　一册

330000－4793－0003600　ZS01748　子部/小說家類
宋人小說二十八種　涵芬樓編　民國八年至九年(1919－1920)上海商務印書館鉛印本　二册　存一種

330000－4793－0003601　ZB01749　子部/醫家類/本草之屬/歷代綜合本草
本草分經不分卷　(清)姚瀾編輯　民國十四年(1925)鉛印本　一册

330000－4793－0003603　ZC01751　子部/醫家類/婦科之屬/產科
產科心法二卷附福幼編　(清)汪喆纂　民國六年(1917)石印本　一册

330000－4793－0003608　ZF01758　子部/宗教類/佛教之屬
佛學叢書□□種　丁福保輯　民國上海醫學書局鉛印本暨影印本　十四册　存二種

330000－4793－0003613　SS00463　史部/地理類/雜志之屬
施州考古錄二卷　鄭永禧撰　民國七年(1918)鉛印本　一册

330000－4793－0003614　SN00459　類叢部/叢書類/彙編之屬
四部叢刊續編七十七種　張元濟等編　民國二十三年(1934)上海商務印書館影印本(儀禮疏卷三十二至三十七、周易要義卷三至六、禮記要義卷一至二、麟臺故事卷四至五原缺)　四册　存一種

330000－4793－0003615　SL00461　類叢部/叢書類/彙編之屬
啓後亭叢刊□□種　民國南田山啓後亭鉛印

本　一冊　存一種

330000－4793－0003624　SJ00470　史部/載記類

近世世界商工業史十卷　（日本）桐生政次撰　民國鉛印本　一冊

330000－4793－0003627　SZ00476　史部/政書類

中國法制史講義二編　駱繼漢　周祺撰　民國文化書局石印本　一冊

330000－4793－0003631　SS00480　類叢部/叢書類/自著之屬

崇雅堂叢書十四種　楊晨撰　民國二十五年(1936)黃巖楊紹翰鉛印本　四冊　存一種

330000－4793－0003632　JM01478　集部/別集類/清別集

名山藏副本初集二卷贈言集一卷　（清）齊周華撰　民國九年(1920)杭州武林印書館鉛印本　二冊

330000－4793－0003633　SJ00467　史部/地理類/水利之屬

建築金華雙溪口堤工徵信錄一卷　金華縣義帳協會編　民國十九年(1930)石印本　一冊

330000－4793－0003634　JH01484　集部/別集類/宋別集

黃太史精華録六卷　（宋）黃庭堅撰　（宋）任淵選　民國二十四年(1935)上海商務印書館鉛印本　一冊

330000－4793－0003635　SS00482　史部/史抄類

史記菁華錄六卷　（清）姚祖恩輯評　民國上海商務印書館鉛印本　三冊

330000－4793－0003637　SX00563　史部/金石類/金之屬/文字

歷代鐘鼎彝器欵識二十卷　（宋）薛尚功撰　民國十四年(1925)石印本　五冊

330000－4793－0003640　JB01481　集部/詞類/詞譜之屬

白香詞譜箋四卷　（清）舒夢蘭輯　（清）謝朝徵箋　民國六年(1917)上海掃葉山房石印本　四冊

330000－4793－0003641　JB01482　集部/詞類/詞譜之屬

白香詞譜箋四卷　（清）舒夢蘭輯　（清）謝朝徵箋　**附學宋齋詞韻一卷**　民國八年(1919)上海文明書局石印本　四冊

330000－4793－0003644　ZC01764　子部/叢編

清代筆記叢刊四十一種　文明書局編　民國上海文明書局石印本　三冊　存一種

330000－4793－0003645　ZZ01762　集部/小說類/長篇之屬

增評加註全圖紅樓夢十五卷首一卷一百二十回　（清）曹霑　（清）高鶚撰　（清）王希廉　（清）張新之　（清）姚燮評　民國十一年(1922)上海同文書局石印本　八冊　存八卷(首、一至七)

330000－4793－0003647　JG01486　集部/總集類/尺牘之屬

古今尺牘大觀下編不分卷　鍾毓龍　朱用賓纂輯　民國二十九年(1940)上海中華書局鉛印本　十六冊

330000－4793－0003650　SX00490　史部/目録類/總録之屬/彙刻

學海類編目錄一卷　商務印書館編　民國商務印書館鉛印本　一冊

330000－4793－0003651　ZG01765　子部/雜著類/雜說之屬

歸田瑣記八卷　（清）梁章鉅撰　民國上海文明書局石印本　二冊

330000－4793－0003653　ZD01766　子部/雜著類/雜考之屬

讀書小記二卷讀書續記五卷　馬敘倫撰　民國二十年(1931)上海商務印書館鉛印本　二冊　存五卷(一至五)

330000－4793－0003655　NL01606　經部/禮

記類/正文之屬

禮記不分卷　民國商務印書館鉛印本　一冊

330000－4793－0003659　JG01488、ND01523　子部/叢編

子書三十二種　育文書局編　民國育文書局石印本　三冊　存二種

330000－4793－0003661　ZZ01767　類叢部/類書類/通類之屬

增補萬寶全書二十卷新增繪圖萬寶全書續編六卷　民國上海啟新書局石印本　六冊　存二十卷(一至二十)

330000－4793－0003662　SD00495　史部/金石類/錢幣之屬/圖像

重訂五版大正古錢價格圖鑑一卷　(日本)古泉學道人編　民國八年(1919)石印本　一冊

330000－4793－0003663　SO00496　史部/政書類/邦計之屬

魏頌唐偶存稿三卷　魏頌唐撰　民國十六年(1927)鉛印本　一冊

330000－4793－0003665　SS00559、SS00525　史部/地理類/方志之屬/通志

[民國]續修陝西通志稿二百二十四卷首一卷附勘誤表不分卷　楊虎城　邵力子修　宋伯魯　吳廷錫纂　民國二十三年(1934)鉛印本　二十冊　存三十九卷(金石志一至三十、補遺一至二、藝文志一至七)

330000－4793－0003669　ZB01768　子部/雜著類

譯中法新彙報一卷　民國抄本　一冊

330000－4793－0003670　SF00498　史部/金石類/金之屬/圖像

簠齋藏鏡二卷　(清)陳介祺藏　民國十四年(1925)蟫隱廬影印本　二冊

330000－4793－0003672　ZB01770　子部/術數類/占卜之屬

卜筮正宗十四卷　(清)王維德撰　民國石印本　三冊　存十一卷(四至十四)

330000－4793－0003679　NH01612　類叢部/叢書類/彙編之屬

仰視千七百二十九鶴齋叢書四集三十一種　(清)趙之謙編　民國十八年(1929)紹興墨潤堂書苑據清光緒六年(1880)會稽趙氏刻本影印本　一冊　存一種

330000－4793－0003681　SF00501　史部/金石類/金之屬/圖像

簠齋吉金錄不分卷　(清)陳介祺藏　鄧實輯　民國七年(1918)鄧實風雨樓影印本　四冊

330000－4793－0003682　ZX01777　子部/藝術類/書畫之屬/總論

續書畫譜十六卷續書畫譜六卷　民國九年(1920)上海同文圖書館石印本　八冊

330000－4793－0003683　NS01503　經部/小學類/文字之屬/說文/傳說

說文解字三十二卷　(清)段玉裁注　民國九年(1920)上海掃葉山房石印本　十二冊

330000－4793－0003687　SW00502　史部/金石類/石之屬/文字

魏石門銘不分卷　(北魏)王遠書　民國十二年(1923)上海藝苑真賞社影印本　一冊

330000－4793－0003688　SZ00503　史部/編年類/通代之屬

竹書紀年統箋十二卷　(南朝梁)沈約附注　(清)徐文靖統箋　**竹書紀年前編一卷雜述一卷**　(清)徐文靖補箋　民國十年(1921)育文書局石印本　一冊

330000－4793－0003690　NZ01504　經部/小學類/文字之屬/字書/通論

中國文字之原始及其構造二編　蔣善國撰　民國二十四年(1935)上海商務印書館石印本　二冊

330000－4793－0003694　JD01504　集部/別集類/清別集

道古堂文集四十六卷詩集二十六卷　(清)杭世駿撰　民國上海掃葉山房石印本　十二冊

330000－4793－0003695　NS01618　經部/小

學類/文字之屬/説文/專著

説文古籀三補十四卷坿録一卷 強運開輯 民國二十四年(1935)上海商務印書館石印本 二册

330000－4793－0003696 ZQ01778 子部/藝術類/書畫之屬/畫録

清朝書畫録四卷 竇鎮輯 民國九年(1920)上海進化書局石印本 四册

330000－4793－0003699 NH01505 經部/小學類/文字之屬/字書/字體

漢隸字源五卷碑目一卷附字一卷 (宋)婁機撰 民國上海文瑞樓據惡進齋本影印本 六册

330000－4793－0003700 ZW01779 子部/藝術類/書畫之屬/畫譜

吴友如真蹟畫集六集 (清)吴友如繪 上海頤廬編 民國十九年(1930)上海大東書局影印本 一册

330000－4793－0003702 JZ01506 集部/別集類/明別集

祝枝山全集五卷 (明)祝允明撰 民國六年(1917)上海朝記書莊石印本 四册

330000－4793－0003703 JO01508 集部/別集類/清別集

甌北詩鈔二十卷 (清)趙翼撰 民國十年(1921)掃葉山房石印本 七册 缺二卷(絕句一至二)

330000－4793－0003706 SG00561 史部/地理類/方志之屬/郡縣志

[民國]桂平縣志五十九卷 黄佔梅等修 程大璋等纂 民國九年(1920)粵東編譯公司鉛印本 十二册

330000－4793－0003707 JT01509 類叢部/叢書類/郡邑之屬

括蒼叢書第一集八種 劉燿東編 民國二十七年(1938)鉛印本(滑疑集詩卷二原缺) 二册 存一種

330000－4793－0003709 SG00513 史部/傳記類/總傳之屬/技藝

國朝書識十七卷 (清)馮金伯纂輯 民國三十年(1941)上海中華書局鉛印本 四册

330000－4793－0003715 ZM01820 子部/藝術類/書畫之屬

美術叢書初集二集三集二百三十種 鄧實輯 民國十七年(1928)上海神州國光社鉛印本 一册 存一種

330000－4793－0003717 SZ00518 史部/地理類/遊記之屬/紀行

金華洞天行紀一卷 (宋)方鳳撰 (明)張燧輯 **金華游錄注一卷** (清)徐沁撰 **金華洞人物古蹟記一卷** (宋)謝翱撰 民國二十三年(1934)金華何炳松鉛印本 一册

330000－4793－0003718 SM00519、NG01533 類叢部/叢書類/彙編之屬

六經堪叢書十三種 羅振玉編 民國東方學會鉛印本 二十册 存一種

330000－4793－0003722 SX00522 史部/金石類/錢幣之屬/圖像

新莽貨布範不分卷 (清)劉喜海輯 民國十八年(1929)上海神州國光社影印本 一册

330000－4793－0003723 JL01511 集部/別集類/清別集

留餘齋詩集四卷 (清)王鏡瀾撰 民國二十三年(1934)鉛印本 一册

330000－4793－0003724 ZF01781 子部/藝術類/篆刻之屬/印譜

伏廬藏印十二卷 陳漢第藏並輯 民國十四年(1925)上海商務印書館影印本 六册

330000－4793－0003726 ZD01785 子部/藝術類/篆刻之屬/印譜

丁黄印存合册不分卷 (清)丁敬 (清)黄易篆 民國有正書局鈐拓本 三册

330000－4793－0003728 JM01512 集部/別集類/清別集

名山藏副本初集二卷贈言集一卷 (清)齊周華撰 民國九年(1920)杭州武林印書館鉛印

本　二冊

330000－4793－0003729　SC00524　史部/編年類/通代之屬

尺木堂綱鑑易知錄九十二卷明鑑易知錄十五卷　(清)吳乘權　(清)周之炯　(清)周之燦輯　民國八年(1919)上海錦章書局石印本　二十冊　存九十二卷(一至九十二)

330000－4793－0003730　ZH01784　子部/藝術類/書畫之屬/總論

胡氏書畫考三種八卷　(清)胡敬輯　民國十三年(1924)上海中國書畫保存會據清嘉慶胡氏刻本影印本　六冊　存六卷(西清劄記一至二、四,南熏殿圖像攷二,國朝院畫錄一至二)

330000－4793－0003732　SZ00526　史部/編年類/通代之屬

資治通鑑二百九十四卷　(宋)司馬光撰　(元)胡三省音注　**通鑑釋文辯誤十二卷**　(元)胡三省撰　民國上海商務印書館鉛印本　五冊　存二十五卷(二百七十至二百九十四)

330000－4793－0003735　ZZ01786　子部/藝術類/篆刻之屬/印論

治印雜説不分卷　王世纂　民國六年(1917)鉛印本　一冊

330000－4793－0003737　ZG01787　子部/藝術類/篆刻之屬/印譜

谷園印譜四卷　(清)胡介祉藏　(清)許容篆　民國上海掃葉山房影印本　四冊

330000－4793－0003739　NH01508　經部/群經總義類/石經之屬

漢熹平石經殘字二卷集錄一卷補遺一卷　羅振玉輯　民國石印本　四冊

330000－4793－0003740　NG01509　經部/小學類/文字之屬/字書/古文

古籀蒙求一卷　朱大可纂　朱其石書　民國二十四年(1935)石印本　一冊

330000－4793－0003741　SL00529　史部/地理類/方志之屬/郡縣志

[民國]龍游縣志四十卷首一卷末一卷　余紹宋撰　民國十四年(1925)北京京城印書局鉛印本　十五冊　缺二卷(三至四)

330000－4793－0003742　ST00531　類叢部/叢書類/彙編之屬

嘉業堂叢書五十七種　劉承幹輯　民國吳興劉氏嘉業堂刻本　八冊　存一種

330000－4793－0003743　ZH01789　史部/金石類/璽印之屬/文字

選集漢印分韻二卷　(清)袁日省輯　(清)謝雲生臨摹　**續集漢印分韻二卷**　(清)謝景卿輯並臨摹　民國十三年(1924)上海掃葉山房影印本　四冊

330000－4793－0003744　SX00536　新學/報章

新民藂報不分卷　梁啓超撰　民國石印本　四冊

330000－4793－0003745　ZR01793　子部/藝術類/篆刻之屬/印譜

如水閣印譜不分卷　(清)李正輝撰　民國十四年(1925)掃葉山房石印本　一冊

330000－4793－0003746　JH01516、NL01524　類叢部/叢書類/郡邑之屬

括蒼叢書第一集八種　劉燿東編　民國二十七年(1938)鉛印本(滑疑集詩卷二原缺)　八冊　存二種

330000－4793－0003748　SJ00565　史部/叢編

荊駝逸史五十八種附一種　(清)陳湖逸士輯　(清)藝柿山人刪補　民國上海錦章圖書局石印本　十六冊　存五十種

330000－4793－0003752　ZQ01790　子部/藝術類/篆刻之屬/印譜

琴石山房印譜不分卷　湯壽銘輯　民國十三年(1924)會文堂書局鈐印本　六冊

330000－4793－0003753　SX00533　史部/地理類/方志之屬/郡縣志

[民國]宣平縣志十四卷首一卷末一卷 何横 張高修 鄒家箴等纂 民國二十三年(1934)鉛印本 七冊 存十二卷(二、五至十四,末)

330000-4793-0003756 JW01519 子部/小說家類
小說叢書□□種 民國十五年(1926)上海掃葉山房石印本 七冊 存一種

330000-4793-0003758 SZ00534 史部/金石類/總志之屬
鄭冢古器圖考十二卷 關葆謙著兼繪圖 鄧甫田書 關敏恂繪圖 民國二十九年(1940)中華書局影印本 四冊

330000-4793-0003762 SZ00564 史部/政書類/邦計之屬/錢幣
制錢通考三卷 (清)唐與崑輯 民國鉛印本 一冊

330000-4793-0003764 JX01518 集部/別集類/清別集
新羅山人集五卷 (清)華嵒撰 民國古今圖書館石印本 四冊

330000-4793-0003766 SX00538 史部/金石類/錢幣之屬
古泉叢書十五種 丁福保撰 民國上海醫學書局石印本 一冊 存一種

330000-4793-0003768 ZZ01795 子部/藝術類/書畫之屬/總論
中國繪畫史四章 潘天壽撰 民國油印本 一冊

330000-4793-0003769 ZZ01796 史部/傳記類/總傳之屬/技藝
歷代畫史彙傳七十二卷首一卷附錄二卷 (清)彭蘊璨編 民國八年(1919)上海錦章圖書局石印本 十二冊

330000-4793-0003771 ST00539 史部/金石類/玉之屬/圖像
陶齋古玉圖一卷 (清)端方藏 王大隆輯 民國二十五年(1936)上海來青閣影印本 二冊

330000-4793-0003773 JG01522 集部/總集類/選集之屬/通代
古文觀止十二卷 (清)吳乘權 (清)吳大職輯 民國上海商務印書館鉛印本 六冊

330000-4793-0003777 SZ00582 史部/編年類/通代之屬
資治通鑑二百九十四卷 (宋)司馬光撰 (元)胡三省音注 **通鑑釋文辯誤十二卷** (元)胡三省撰 民國上海商務印書館鉛印本 六冊 存三十一卷(一百三十四至一百六十四)

330000-4793-0003780 SW00543 史部/雜史類/斷代之屬
武昌開國實錄二卷 胡祖舜撰 民國三十七年(1948)鉛印本 一冊 存一卷(上)

330000-4793-0003783 ZH01799 子部/醫家類/醫經之屬/内經
黃帝内經素問合纂十卷靈樞經合纂九卷補遺一卷 (明)馬蒔 (清)張志聰注 民國十五年(1926)上海錦章圖書局石印本 九冊 存十卷(一至十)

330000-4793-0003784 ST00544 史部/雜史類/斷代之屬
國語二十一卷 (三國吳)韋昭解 **校刊明道本韋氏解國語札記一卷** (清)黃丕烈撰 民國十九年(1930)上海掃葉山房石印本 六冊

330000-4793-0003789 ZL01800 子部/醫家類/醫經之屬/内經
靈樞經合纂十卷 (清)張志聰 (清)馬蒔註 民國十五年(1926)上海錦章圖書局石印本 九冊

330000-4793-0003795 JH01528 類叢部/叢書類/彙編之屬
四部叢刊三百八種 張元濟等編 民國上海商務印書館影印本 十四冊 存二種

330000-4793-0003797 NM01519 經部/四書類/孟子之屬/傳說

孟子文法讀本七卷　高步瀛集解　吳闓生評點　民國十四年(1925)北京直隸書局、北京佩文齋鉛印本　二冊　存三卷(一至三)

330000－4793－0003798　NX01520　經部/小學類

小學金石論叢五卷補遺一卷　楊樹達撰　民國二十六年(1937)上海商務印書館鉛印本　二冊

330000－4793－0003799　JQ01532　集部/小說類/長篇之屬

琴樓夢小說一卷　樊增祥撰　民國三年(1914)大共和日報石印本　一冊

330000－4793－0003809　ZM01805、ZM00352　子部/儒家類/儒學之屬/經濟

民國經世文編不分卷　經世文社編譯部編輯　民國三年(1914)上海經世文社石印本　四十冊

330000－4793－0003810　ZT01806　類叢部/叢書類/彙編之屬

復性書院叢刊二十七種　馬浮編　民國二十九年至三十七年(1940－1948)復性書院刻本暨鉛印本　一冊　存一種

330000－4793－0003815　ZH01810　子部/小說家類/諧謔之屬

繪圖諧鐸十二卷　(清)沈起鳳撰　民國二年(1913)石印本　一冊

330000－4793－0003816　ZZ01809　子部/藝術類/書畫之屬/總論

壯陶閣書畫錄二十二卷附錄一卷　裴景福撰　民國二十六年(1937)上海中華書局鉛印本　二十二冊

330000－4793－0003817　JQ01536　集部/總集類/選集之屬/斷代

清代閨秀詩鈔八卷　紅梅閣主人輯　清暉樓主人續輯　民國十一年(1922)上海中華新教育社石印本　三冊　缺二卷(一至二)

330000－4793－0003821　NZ01527　經部/小學類/文字之屬/字書/古文

鐘鼎字源五卷附錄一卷　(清)汪立名撰　民國十四年(1925)上海掃葉山房石印本　三冊

330000－4793－0003822　ZS01811　子部/藝術類/書畫之屬/畫法畫品

山水入門十章　胡錫銓撰　民國二十九年(1940)上海商務印書館石印本　一冊

330000－4793－0003826　NL01530　經部/小學類/文字之屬/字書/字體

隸辨八卷　(清)顧藹吉撰　民國十二年(1923)掃葉山房石印本　八冊

330000－4793－0003829　JL01538　類叢部/叢書類/自著之屬

六如居士全集四種　(明)唐寅撰　民國上海國學昌明社石印本　六冊

330000－4793－0003835　NZ01531　類叢部/叢書類

東南大學叢書□□種　東南大學編　民國十九年(1930)商務印書館影印本　一冊　存一種

330000－4793－0003836　ZH01813　子部/藝術類/書畫之屬/畫法畫品

畫法要錄十七卷首一卷　余紹宋撰　民國二十年(1931)上海中華書局鉛印本　四冊

330000－4793－0003838　SJ00555　史部/金石類/金之屬/文字

積古齋鐘鼎彝器款識十卷　(清)阮元撰　民國上海中華圖書館影印本　六冊

330000－4793－0003841　ST00554　史部/雜史類

太平天國史料第一集　程演生輯　民國十五年(1926)北京大學出版部影印本暨鉛印本　三冊

330000－4793－0003842　SN00553　史部/雜史類/斷代之屬

南疆逸史十卷紀略四卷　(清)溫睿臨撰　南疆逸史跋一卷　(清)楊鳳苞撰　民國四年(1915)上海國光書局鉛印本　六冊

330000－4793－0003845　ZZ01818　子部/藝術類/書畫之屬/總論
中國文人畫之研究不分卷　（日本）大邨西崖述　陳衡恪譯　民國十二年(1923)中華書局鉛印本　一册

330000－4793－0003848　ZC01816　子部/藝術類/書畫之屬/法帖
褚遂良聖教序不分卷　（唐）褚遂良書　民國二十四年(1935)上海大東書局石印本　一册

330000－4793－0003851　ZG01817　子部/工藝類/日用器物之屬/陶瓷
古月軒瓷考一卷　楊獻谷撰　民國二十二年(1933)北平雅韻齋鉛印本　一册

330000－4793－0003853　NZ01535　經部/小學類/文字之屬/字書/通論
字義類例不分卷　陳獨秀撰　民國十四年(1925)上海亞東圖書館石印本　一册

330000－4793－0003857　JA01543　集部/小說類/短篇之屬
哀情小說情天決死者一卷　（清）邵逸軒　（清）楊士猷畫　民國石印本　一册

330000－4793－0003859　ZG01826　子部/儒家類/儒學之屬/俗訓
古今格言四卷　江畬經編纂　民國九年(1920)上海商務印書館鉛印本　四册

330000－4793－0003862　NJ01539、NX01494　經部/小學類
小學金石論叢五卷補遺一卷　楊樹達撰　民國二十六年(1937)上海商務印書館鉛印本　二册

330000－4793－0003863　ZZ01829　子部/農家農學類/鳥獸蟲之屬
作物虫害學不分卷　王鴻亨編　民國油印本　二册

330000－4793－0003875　NJ01541、NZ00153　經部/四書類/孟子之屬/傳說
增補蘇批孟子二卷　（宋）蘇洵撰　（清）趙大浣增補　**孟子年譜一卷**　民國五年(1916)上海同文書局石印本　二册

330000－4793－0003881　ZZ01836　子部/藝術類/書畫之屬/法帖
篆文四書四種七卷　民國五年(1916)上海古今圖書局影印本　六册

330000－4793－0003908　JT01554、NX01593、SJ00786　類叢部/叢書類/彙編之屬
四部叢刊三百八種　張元濟等編　民國上海商務印書館影印本　二十二册　存三種

330000－4793－0003909　NZ01544　經部/易類/傳說之屬
周易講義十卷　碧雲子講述　民國二十四年(1935)金華經訓山房鉛印本　四册

330000－4793－0003913　NZ01545　經部/易類/傳說之屬
周易講義十卷　碧雲子講述　民國二十四年(1935)金華經訓山房鉛印本　四册

330000－4793－0003916　SP00588　史部/地理類/方志之屬/郡縣志
[光緒]浦江縣志十五卷首一卷附咸同殉難錄二卷　（清）善廣修　（清）張景青纂　黃志璠增補　民國五年(1916)金華益生成記鉛印本　十六册

330000－4793－0003918　JW01557　集部/別集類
吴山草堂詩鈔二卷　王廷揚撰　民國二十九年(1940)油印本　一册

330000－4793－0003925　JL01558　集部/總集類/郡邑之屬
鹿山吟社第三集一卷　商寶慈編　民國二十年(1931)鉛印本　一册

330000－4793－0003927　SY00591　史部/地理類/方志之屬/郡縣志
[嘉慶]義烏縣志二十二卷首一卷　（清）諸自穀修　（清）程瑜　（清）李錫齡纂　（清）毛光焞繪圖　民國十八年(1929)灌聽圖書館石印本　八册　存十五卷(一至三、八至十三、十五至十六、十九至二十二)

330000－4793－0003929　ST00592　史部/地理類/方志之屬/郡縣志
[民國]湯溪縣志二十卷首一卷　丁燮　薛達修　戴鴻熙纂　民國二十年(1931)金震東石印局鉛印本　十二冊

330000－4793－0003932　SZ00593　史部/紀傳類
尊聖錄□□卷　何德潤輯　民國石印本　三冊　存八卷(十三至二十)

330000－4793－0003941　JZ01563　集部/詞類/詞譜之屬
自怡軒間錄一卷　民國三年(1914)抄本　一冊

330000－4793－0003944　ST00594、ST00361　史部/地理類/方志之屬/郡縣志
[民國]湯溪縣志二十卷首一卷　丁燮　薛達修　戴鴻熙纂　民國二十年(1931)金震東石印局石印本　十二冊

330000－4793－0003945　SD00599　史部/傳記類/別傳之屬
丁亥元旦自述不分卷　民國手抄本　一冊

330000－4793－0003948　SX00597　史部/雜史類/外紀之屬
西洋歷史教科書不分卷　黄人望編　稿本　一冊

330000－4793－0003951　SZ00600　史部/史評類/史論之屬
中國史講義不分卷　黄人望編　民國抄本　一冊

330000－4793－0003956　SZ00601　史部/政書類/公牘檔冊之屬
重脩忠義祠募捐小啟一卷　民國石印本　一冊

330000－4793－0003961　ZJ01857　新學/商務/商學
經濟學不分卷　民國抄本　一冊

330000－4793－0003962　SM00626　史部/政書類/律令之屬
民國暫行民律草案不分卷　法律館編　民國法學書局石印本　八冊

330000－4793－0003965　SF00604　史部/傳記類/總傳之屬/家乘
[浙江蘭溪]樊氏宗譜□□卷　民國影印本　一冊　存一卷(樊氏先世源流)

330000－4793－0003966　SC00629　史部/目録類/總録之屬/彙刻
叢書書目彙編不分卷補遺一卷　沈乾一編纂　民國十八年(1929)上海醫學書局鉛印本　四冊

330000－4793－0003972　SL00633、SL00369　史部/地理類/方志之屬/郡縣志
[民國]龍游縣志四十卷首一卷末一卷　余紹宋撰　民國十四年(1925)京城印書局鉛印本　十六冊

330000－4793－0003973　SZ00634、SD00641、JB01612、SZ00681、JX01614、JJ00758、NC01566　類叢部/叢書類/彙編之屬
四部備要三百一種　中華書局編　民國二十五年(1936)上海中華書局鉛印本　三十五冊　存八種

330000－4793－0003977　SN00637　集部/總集類/郡邑之屬
南昌邑乘文徵二十四卷　魏元曠輯　民國八年(1919)學宮刻本　十二冊

330000－4793－0003983　SJ00645　類叢部/叢書類/彙編之屬
國立中央研究院歷史語言研究所專刊□□種　國立中央研究院歷史語言研究所輯　民國鉛印本、石印本暨刻本　二冊　存一種

330000－4793－0003985　SZ00648　新學/商務/商學
債權各論不分卷　林鍾蕃撰　民國文華書局石印本　一冊

330000－4793－0003986　SS00646　類叢部/叢書類/自著之屬

崇雅堂叢書十四種　楊晨撰　民國二十五年(1936)黃巖楊紹翰鉛印本　四冊　存一種

330000－4793－0003989　SY00647　史部/地理類/方志之屬/郡縣志

[民國]江陰縣續志二十八卷附江陰近事錄三卷　陳思修　繆荃孫纂　民國十年(1921)刻本　十冊　存二十八卷(一至二十八)

330000－4793－0003996　SC00659　類叢部/叢書類/彙編之屬

嘉業堂叢書五十七種　劉承幹輯　民國吳興劉氏嘉業堂刻本　五冊　存一種

330000－4793－0003997　JT01565　集部/總集類/選集之屬/斷代

太平天國文鈔一卷詩鈔一卷聯語鈔一卷附錄三卷補遺二卷　羅邕　沈祖基輯　民國二十四年(1935)上海商務印書館鉛印本　二冊

330000－4793－0004004　JL01567　集部/總集類/選集之屬/通代

歷代女子詩集八卷　(明)趙世杰選輯　民國十七年(1928)上海掃葉山房石印本　三冊

330000－4793－0004005　ZG01857　子部/藝術類/篆刻之屬/印譜

谷園印譜四卷　(清)胡介祉藏　(清)許容篆　民國上海掃葉山房影印本　二冊　存二卷(二至三)

330000－4793－0004006　NZ01564　經部/小學類/文字之屬/字書/通論

中國文字之原始及其構造二編　蔣善國撰　民國十九年(1930)上海商務印書館石印本　二冊

330000－4793－0004007　JM01569　集部/別集類

夢選樓文鈔二卷詩鈔二卷　胡宗楙撰　民國二十五年(1936)永康胡氏津門刻本　二冊

330000－4793－0004009　JT01568　集部/總集類/選集之屬/斷代

太平天國文鈔一卷詩鈔一卷聯語鈔一卷附錄三卷補遺二卷　羅邕　沈祖基輯　民國二十三年(1934)上海商務印書館鉛印本　二冊

330000－4793－0004010　SJ00663　史部/金石類/總志之屬/目録

金石書錄目十卷附方志中金石志目一卷金石叢書目一卷　容媛輯　民國十九年(1930)北平國立中央研究院歷史語言研究所鉛印本　一冊

330000－4793－0004011　ST00664　史部/雜史類/斷代之屬

太平天國起義記一卷　(清)洪仁玕撰　(瑞典)韓山文撰　簡又文譯　民國二十四年(1935)燕京大京圖書館鉛印本　一冊

330000－4793－0004012　SY00665　史部/金石類/甲骨之屬

殷虛書契前編集釋八卷　葉玉森撰　民國二十三年(1934)上海督印葉洪漁先生遺著同人會影印本　八冊

330000－4793－0004015　JY01570　集部/總集類/尺牘之屬

影印名人手札真蹟大全十二種　劉再蘇搜集　民國十四年(1925)上海世界書局影印本　六冊

330000－4793－0004019　JM01577　集部/小說類/長篇之屬

民族小說繡像洪秀全演義四集八卷五十四回　(清)黃世仲撰　民國石印本　八冊

330000－4793－0004020　JN01575、ZL01939、JZ01664、ZG01925、ZD01920、JW01645、JL01649、JD01655　類叢部/叢書類/郡邑之屬

續金華叢書六十種　胡宗楙編　民國十三年(1924)永康胡氏夢選樓刻本　十二冊　存十種

330000－4793－0004022　ZT01862　子部/藝術類/書畫之屬/畫法畫品

桐陰論畫二卷首一卷附錄一卷畫訣一卷續桐陰論畫一卷二編二卷三編二卷　(清)秦祖永撰　民國十四年(1925)上海掃葉山房石印本　三冊

330000－4793－0004023　P0010　史部/傳記類/總傳之屬/家乘

[浙江金華]臨江尹氏宗譜十二卷　尹鴻璽纂修　民國十五年(1926)木活字印本　一冊　存一卷(一)

330000－4793－0004027　ZG01865　子部/藝術類/書畫之屬/畫譜

古佛畫譜二卷　黄語皋繪　民國十八年(1929)上海中華書局石印本　二冊

330000－4793－0004033　P0038　史部/傳記類/總傳之屬/家乘

[浙江金華]三瑞堂何氏宗譜七卷　民國十九年(1930)木活字印本　一冊　存一卷(四)

330000－4793－0004034　P0013　史部/傳記類/總傳之屬/家乘

[浙江金華]金華九龍諸葛氏宗譜□□卷　諸葛霖重修　民國三十一年(1942)木活字印本　四冊　存四卷(一至四)

330000－4793－0004036　P0012、P0029　史部/傳記類/總傳之屬/家乘

[浙江武義]八素茇道項氏宗譜七卷　徐國坤等纂修　民國三十七年(1948)木活字印本　八冊

330000－4793－0004041　P0019、P0049　史部/傳記類/總傳之屬/家乘

[浙江金華]華峯施氏宗譜二十卷　施世濤纂修　民國二十五年(1936)木活字印本　五冊　存五卷(八、十、十二、十四至十五)

330000－4793－0004043　P0018　史部/傳記類/總傳之屬/家乘

[金華義烏]雲溪張氏孝思堂宗譜□□卷　民國二十四年(1935)木活字印本　一冊　存一卷(十三)

330000－4793－0004044　P0015　史部/傳記類

[浙江金華]龍山李氏宗譜十卷　李孝根等纂修　民國十七年(1928)木活字印本　八冊　存八卷(一、四至十)

330000－4793－0004045　P0022　史部/傳記類/總傳之屬/家乘

[浙江金華]金華虹路陳氏宗譜三卷　民國二十年(1931)木活字印本　一冊　存一卷(一)

330000－4793－0004046　P0021　史部/傳記類/總傳之屬/家乘

[浙江金華]金華協和曹氏宗譜八卷首一卷世系圖十卷行第二十五卷　曹景駛等纂修　民國十五年(1926)木活字印本　十七冊　存十三卷(一至六、八至十、十三至十五、十七)

330000－4793－0004047　P0024　史部/傳記類/總傳之屬/家乘

[浙江金華]金華汪店汪氏宗譜四卷　(清)汪漢傑纂修　民國十三年(1924)木活字印本　七冊　存三卷(一、三至四)

330000－4793－0004048　P0025　史部/傳記類/總傳之屬/家乘

[浙江金華]永清徐氏宗譜□□卷　民國十一年(1922)木活字印本　八冊　存八卷(四至十一)

330000－4793－0004050　P0026　史部/傳記類/總傳之屬/家乘

[浙江義烏]梘疇楊氏宗譜□□卷　楊福餘纂修　民國三十四年(1945)木活字印本　十三冊　存十一卷(一至二、四至五上、六上、七至八上、九上下、十至十二)

330000－4793－0004053　P0028、P0041　史部/傳記類/總傳之屬/家乘

[浙江金華]雙溪李氏宗譜十二卷　民國二十八年(1939)木活字印本　十一冊

330000－4793－0004054　P0030　史部/傳記類/總傳之屬/家乘

[浙江武義]安定胡氏宗譜三卷　何元順纂修　民國三十七年(1948)木活字印本　二冊

330000－4793－0004057　P0032　史部/傳記類/總傳之屬/家乘

[浙江金華]仙源申氏宗譜二十六卷行傳十四卷　申紹周纂修　民國十七年(1928)木活字

印本　一册　存一卷(二十六)

330000－4793－0004087　P0045　史部/傳記類/總傳之屬/家乘

[浙江金華]金華北溪陳氏宗譜□□卷　民國三十七年(1948)時思堂木活字印本　十九册　存七卷(三、七至九、十一至十二、十四)

330000－4793－0004089　P0043　史部/傳記類/總傳之屬/家乘

[浙江金華]天泉高氏宗譜六卷　高邦俊纂修　民國二十四年(1935)木活字印本　八册

330000－4793－0004090　P0048　史部/傳記類/總傳之屬/家乘

[浙江金華]九龍諸葛氏宗譜四卷　民國十一年(1922)木活字印本　三册　存三卷(二至四)

330000－4793－0004103　P0057　史部/傳記類/總傳之屬/家乘

[浙江金華]金華東池黃氏宗譜□□卷　民國十二年(1923)木活字印本　十二册　存九卷(二上、三下、四上下、五下、六下、八下、九上、十上下、十一上下)

330000－4793－0004104　P0061　史部/傳記類/總傳之屬/家乘

[浙江金華]泮塘周氏宗譜□□卷　民國三十四年(1945)木活字印本　一册　存一卷(二)

330000－4793－0004105　P0059　史部/傳記類/總傳之屬/家乘

[浙江義烏]項氏宗譜二卷　馮聘三纂修　民國九年(1920)木活字印本　二册

330000－4793－0004108　P0058　史部/傳記類/總傳之屬/家乘

[浙江金華]金華陳塢陳氏宗譜□□卷　民國二十八年(1939)重修木活字印本　一册　存一卷(三)

330000－4793－0004112　P0054　史部/傳記類/總傳之屬/家乘

[浙江金華]金華上目宋氏宗譜□□卷　民國木活字印本　八册　存七卷(一至七)

330000－4793－0004113　P0063　史部/傳記類/總傳之屬/家乘

[浙江金華]薌溪曹氏宗譜四卷　曹廷晃修　曹文彪纂　民國元年(1912)木活字印本　四册

330000－4793－0004117　P0067　史部/傳記類/總傳之屬/家乘

[浙江金華]金華蓮池張氏宗譜□□卷　(清)張景城纂修　民國三十二年(1943)木活字印本　一册　存一卷(五)

330000－4793－0004118　P0069　史部/傳記類/總傳之屬/家乘

[浙江義烏]雅匯陳氏宗譜□□卷　民國八年(1919)木活字印本　二册　存三卷(五至六、十二)

330000－4793－0004119　P0070　史部/傳記類/總傳之屬/家乘

[浙江金華]華峯施氏宗譜二十卷　施世濤纂修　民國二十五年(1936)木活字印本　十册　存十卷(一、三、五、十二至十五、十七至十九)

330000－4793－0004120　P0071　史部/傳記類/總傳之屬/家乘

[浙江金華]蓮塘張氏枝譜提綱□□卷　(清)張畲纂修　民國十五年(1926)永思堂木活字印本　五册　存四卷(二至四、六)

330000－4793－0004121　P0072　史部/傳記類/總傳之屬/家乘

[浙江金華]文安錢氏宗譜三卷　(清)錢元觀等纂修　錢思嶽續纂　民國三十五年(1946)木活字印本　二册

330000－4793－0004122　P0073　史部/傳記類/總傳之屬/家乘

[浙江金華]郭觀敬堂唐簿一卷　端寶瑛校　民國三十七年(1948)木活字印本　一册

330000－4793－0004124　P0076　史部/傳記類/總傳之屬/家乘

[浙江金華]清江范氏宗譜□□卷　民國二十

一年(1932)木活字印本　一册　存一卷(末)

330000－4793－0004125　P0078　史部/傳記類/總傳之屬/家乘

[浙江金華]北溪陳氏宗譜□□卷　民國三十七年(1948)時思堂木活字印本　八册　存五卷(七至八、十二、十四、十七)

330000－4793－0004126　P0074　史部/傳記類/總傳之屬/家乘

[浙江金華]郭觀敬堂唐簿一卷　端寶瑛校　民國三十七年(1948)木活字印本　一册

330000－4793－0004127　P0077　史部/傳記類/總傳之屬/家乘

[浙江金華]金華午塘邢氏宗譜十二卷　(□)邢振昱纂修　民國二十三年(1934)木活字印本　二十册

330000－4793－0004135　JZ01597　集部/别集類/宋别集

朱文公書牘四卷　(宋)朱熹撰　民國八年(1919)上海商務印書館鉛印本　一册　存一卷(一)

330000－4793－0004136　SX00677　史部/金石類/金之屬/圖像

雪堂所藏古器物圖一卷　羅振玉藏並編　民國十二年(1923)影印本　一册

330000－4793－0004137　SZ00678　史部/雜史類/斷代之屬

戰國策詳註三十三卷　郭希汾輯註　民國二十五年(1936)上海文明書局鉛印本　六册

330000－4793－0004142　JT01580　集部/别集類/清别集

亭林詩集五卷文集六卷餘集一卷　(清)顧炎武撰　民國十二年(1923)上海掃葉山房石印本　四册

330000－4793－0004148　P0080　史部/傳記類/總傳之屬/家乘

[浙江蘭谿]靈湖郭氏十三修宗譜二十二卷　郭光卿等纂修　民國三十七年(1948)繁祉堂木活字印本　二十二册

330000－4793－0004149　JW01584　集部/總集類/彙編之屬

戊戌六君子遺集九種　張元濟輯　民國六年(1917)上海商務印書館鉛印本　六册

330000－4793－0004151　ZJ01868　子部/藝術類/書畫之屬/畫譜

影印足本芥子園畫譜初集四卷二集四卷三集四卷　(清)王槩　(清)王蓍　(清)王臬輯　民國影印本　三册　存三卷(初集一至三)

330000－4793－0004152　JX01585　類叢部/叢書類/自著之屬

尤西堂全集二十六種　(清)尤侗撰　民國石印本　四册　存五種

330000－4793－0004157　JW01591　集部/詩文評類/文評之屬

畏廬論文一卷　林紓撰　民國二十三年(1934)上海商務印書館鉛印本　一册

330000－4793－0004158　JT01592　集部/總集類/尺牘之屬

唐宋十大家尺牘十四卷　文明書局輯　民國上海文明書局石印本　一册　存一種

330000－4793－0004161　JX01595　集部/詩文評類/文法之屬/函牘格式

新撰普通尺牘二卷詳解一卷　商務印書館編譯所編纂　民國八年(1919)上海商務印書館鉛印本　三册

330000－4793－0004166　JY01601　集部/别集類/明别集

詠懷堂詩集四卷外集二卷丙子詩一卷戊寅詩一卷辛巳詩二卷　(明)阮大鋮撰　民國十七年(1928)國立中央大學國學圖書館鉛印本　一册　存二卷(丙子詩、戊寅詩)

330000－4793－0004167　SD00680　子部/術數類/相宅相墓之屬

地理學新義二卷附錄一卷　俞仁宇編輯　民國二十四年(1935)餘姚普文明書局鉛印本　一册

330000－4793－0004169　ZC01875　集部/詩

文評類/文法之屬

常識文範四卷 梁啓超撰 民國五年(1916)上海中華書局鉛印本 四冊

330000－4793－0004172 ZS01874 子部/叢編

大字精校圈點注釋三十六子全書□□種 (清)孫星衍撰 民國上海掃葉山房石印本 四十四冊 存三十八種

330000－4793－0004173 JZ01607 集部/戲劇類/雜劇之屬

增批繪像第六才子書八卷 (元)王實甫 (元)關漢卿撰 (清)金人瑞評 **六才子西廂文一卷** 民國十三年(1924)上海啓新書局石印本 四冊

330000－4793－0004179 JT01611 集部/總集類/選集之屬/斷代

註釋唐詩三百首六卷 (清)蘅塘退士(孫洙)編 民國三年(1914)上海商務印書館鉛印本 二冊

330000－4793－0004180 ZZ01877 子部/雜著類/雜纂之屬

左孟莊騷精華錄二卷 林紓評註 民國三年(1914)上海商務印書館鉛印本 二冊

330000－4793－0004181 JZ01613 集部/詞類/别集之屬

珠玉詞一卷補遺一卷 (宋)晏殊撰 林大椿編 **珠玉詞校記一卷** 林大椿撰 民國二十四年(1935)上海商務印書館鉛印本 一冊

330000－4793－0004184 SZ00634、SD00641、NC01566、SZ00681、JB01612、JX01614、JL01617、NJ01577、JW01633、NG01584、SX00722、NJ01616 類叢部/叢書類/彙編之屬

四部備要三百一種 中華書局編 民國二十五年(1936)上海中華書局鉛印本 五十八冊 存十種

330000－4793－0004189 ZT01881 子部/雜著類/雜說之屬

退菴隨筆二十二卷退菴自訂年譜一卷 (清)梁章鉅撰 民國上海文瑞樓石印本 八冊

330000－4793－0004191 JZ01616 集部/小說類/長篇之屬

增像全圖加批西遊記八卷一百回 (明)吳承恩撰 (清)陳士斌詮解 民國八年(1919)上海共和書局石印本 一冊 存四卷(一至四)

330000－4793－0004193 JS01621 集部/别集類/宋别集

蘇東坡詩集注三十二卷 (宋)蘇軾撰 (宋)呂祖謙編 (宋)王十朋集注 **東坡先生年譜一卷** (宋)王宗稷編 **失編一卷** (清)王從延補注 民國四年(1915)上海掃葉山房石印本 八冊 存十三卷(三至十三、年譜、失編)

330000－4793－0004198 JH01622 子部/儒家類/儒學之屬/經濟

皇朝經世文新編二十一卷 (清)麥仲華輯 民國石印本 二十冊

330000－4793－0004199 SC00686、JW00911、SN00731 類叢部/叢書類/彙編之屬

四部叢刊三百八種 張元濟等編 民國上海商務印書館影印本 三十三冊 存三種

330000－4793－0004200 ZB01883 子部/醫家類/本草之屬/歷代綜合本草

本草綱目五十二卷圖三卷奇經八脈考一卷 (明)李時珍撰 **本草萬方鍼線八卷藥品總目一卷** (清)蔡烈先輯 **本草綱目拾遺十卷** (清)趙學敏輯 民國十二年(1923)上海商務印書館石印本 十九冊 缺一卷(本草綱目一)

330000－4793－0004206 NG01576 經部/小學類/音韻之屬/韻書

廣韻五卷 (宋)陳彭年等修 **宋本廣韻校札一卷** (清)黎庶昌撰 民國上海涵芬樓影印本 五冊

330000－4793－0004207 ZL01884 子部/醫家類/綜合之屬/雜著

蘭臺軌範八卷　(清)徐大椿撰　民國鉛印本　四册

330000－4793－0004209　ZX01887、ZZ01970、ZH00086　類叢部/叢書類/彙編之屬

國立中央研究院歷史語言研究所單刊□□種　國立中央研究院歷史語言研究所編　民國上海商務印書館鉛印本暨影印本　八册　存三種

330000－4793－0004212　JX01626　集部/詩文評類/詩評之屬

學詩初步三卷　張廷華　吳玉編　民國四年(1915)上海文明書局鉛印本　一册

330000－4793－0004213　ZY01885　子部/儒家類/儒學之屬/蒙學

新增繪圖幼學故事瓊林四卷首一卷　(清)程登吉撰　(清)鄒聖脈增補　民國上海昌文書局石印本　一册

330000－4793－0004214　JS01628　集部/總集類/選集之屬/通代

十八家詩鈔二十八卷首一卷　(清)曾國藩輯　民國九年(1920)上海商務印書館鉛印本　十五册　存二十七卷(一至十九、二十一至二十八)

330000－4793－0004215　JB01627　集部/別集類/清別集

柏梘山房文集十六卷續集一卷駢體文二卷詩集十卷續集二卷　(清)梅曾亮撰　民國六年(1917)中國圖書公司石印本　一册　存五卷(柏梘山房詩集八至十、詩續集一至二)

330000－4793－0004219　SX00691　史部/金石類/金之屬/通考

宣鑪彙釋十二卷　邵鋭撰　民國十七年(1928)菰香館鉛印本　二册

330000－4793－0004220　ZJ01888　子部/醫家類/類編之屬

上海國醫學院醫學叢書□□種　民國上海國醫學院鉛印本　八册　存一種

330000－4793－0004221　JY01631　集部/詞類/總集之屬

御選歷代詩餘一百二十卷　(清)聖祖玄燁定　(清)沈辰垣等輯　民國上海蟫隱廬影印本　二十四册

330000－4793－0004223　SD00693　史部/史評類/史論之屬

讀通鑑論十六卷宋論十五卷　(清)王夫之撰　民國上海商務印書館鉛印本　八册　存二十八卷(一至十一、十五至十六,宋論一至十五)

330000－4793－0004229　JG01634　集部/別集類/清別集

歸玄恭遺著一卷附詩鈔一卷　(清)歸莊撰　民國二十一年(1932)上海中華書局鉛印本　一册

330000－4793－0004233　NJ01582　經部/小學類/音韻之屬

姚刻三韻三種　(清)姚覲元輯　民國二十三年(1934)石印本　九册　存一種

330000－4793－0004237　JM01635　集部/總集類/選集之屬/通代

明清六才子文六卷　進步書局編輯所編輯　民國五年(1916)上海文明書局石印本　一册

330000－4793－0004238　JP01635　集部/總集類/題詠之屬

蒲塘十景詩一卷　王廷揚輯　民國十四年(1925)鉛印本　一册

330000－4793－0004240　JO01636　集部/詞類/別集之屬

歐陽文忠公近體樂府三卷　(宋)歐陽修撰　**歐陽文忠近體樂府校記一卷**　林大椿撰　民國二十二年(1933)上海商務印書館鉛印本　一册

330000－4793－0004242　NX01586　經部/孝經類/傳說之屬

孝經一卷弟子職一卷　(清)任兆麟集註　民國上海商務印書館鉛印本　一册

330000－4793－0004245　JP01636　集部/曲類/曲韻曲譜曲律之屬

琵琶記曲譜四卷　(清)殷溎深撰　民國十年(1921)上海朝記書莊石印本　八冊

330000－4793－0004247　NX01587　經部/孝經類/傳說之屬

孝經一卷弟子職一卷　(清)任兆麟集註　民國上海商務印書館鉛印本　一冊

330000－4793－0004248　NL01591　經部/小學類/文字之屬/字書/通論

六書解例不分卷　馬敘倫撰　民國二十年(1931)上海商務印書館石印本　一冊

330000－4793－0004250　JJ01638　集部/總集類/酬唱之屬

江上題襟集一卷　嚴廷楨輯　民國八年(1919)石印本　一冊

330000－4793－0004251　JP01639　集部/總集類/選集之屬/通代

評註昭明文選十五卷首一卷葉星衛附註一卷　(清)于光華輯　民國十年(1921)上海掃葉山房石印本　十六冊

330000－4793－0004253　JG01642　集部/總集類/選集之屬/通代

古文筆法二十卷　(清)李扶九輯　民國三年(1914)上海鴻寶齋書局石印本　四冊

330000－4793－0004259　JS01646　集部/總集類/氏族之屬

三蘇文評註讀本四卷　沈石民撰　民國十五年(1926)上海大東書局影印本　三冊

330000－4793－0004268　ZJ01896、ZB01876　子部/小說家類

筆記小說大觀二百二十二種　進步書局輯　民國上海進步書局石印本　三冊　存二種

330000－4793－0004277　JT01652　集部/別集類/清別集

鐵船詩鈔二十一卷樂府四卷附試律四卷　(清)方元鵾撰　民國抄本　一冊

330000－4793－0004280　ZJ01901　子部/宗教類/佛教之屬

金剛般若波羅蜜經講義五卷首一卷附校勘記一卷　江妙煦撰　民國三十三年(1944)普慧大藏經刊行會鉛印本　三冊

330000－4793－0004285　SJ00707　史部/金石類/金之屬/文字

積古齋鐘鼎彝器款識十卷　(清)阮元撰　民國上海中華圖書館影印本　六冊

330000－4793－0004288　SZ00710　史部/編年類/通代之屬

增評加批歷史綱鑑補三十九卷首一卷　(明)王世貞　(明)袁黃纂　**資治明紀綱目二十卷資治明紀綱目三編一卷**　(清)張廷玉等撰　民國八年(1919)上海錦章圖書局石印本　十八冊

330000－4793－0004289　ZY01904　子部/醫家類/方書之屬/成方藥目

葉種德堂丸散膏丹全錄一卷　葉鴻年編　民國三年(1914)葉種德堂鉛印本　一冊

330000－4793－0004294　SP00711　史部/金石類

山陰吴氏遯盦金石叢書(遯盦金石叢書)十五種　吴隱輯　民國山陰吴氏西泠印社刻本　九冊　存一種

330000－4793－0004297　ZQ01909　子部/儒家類/儒學之屬/禮教

青年修養錄十八編　趙鉦鐸編纂　民國八年(1919)上海商務印書館鉛印本　四冊

330000－4793－0004298　JW01660　集部/總集類/選集之屬/通代

文選六十卷　(南朝梁)蕭統輯　(唐)李善注　**文選考異十卷**　(清)胡克家撰　民國上海著易堂石印本　十六冊

330000－4793－0004303　ZG01914　子部/儒家類/儒學之屬/俗訓

古今格言四卷　江畬經編纂　民國二十四年(1935)上海商務印書館鉛印本　四冊

330000－4793－0004308　NZ01611　經部/小學類/音韻之屬/韻書

增廣詩韻全璧五卷　（清）湯祥瑟輯　華鋁重編　**初學檢韻袖珍一卷**　（清）錢大昕鑒定（清）姚文登輯　民國九年（1920）上海章福記書局石印本　六册

330000－4793－0004309　ZB01915　子部/醫家類/本草之屬/神農本草經

本草崇原集解三卷本草經讀附錄集說一卷（清）張志聰註釋　（清）仲學輅集解　民國十六年（1927）上海錦文堂石印本　三册

330000－4793－0004310　ZY01916　子部/醫家類/綜合之屬/通論

醫宗說約六卷　（清）蔣示吉撰　民國四年（1915）上海萃英書局石印本　一册

330000－4793－0004315　ZS01921　子部/藝術類/書畫之屬/法帖

宋拓顔平原東方畫贊不分卷　（唐）顔真卿書　民國上海有正書局影印本　二册

330000－4793－0004317　ZT01922、ZJ01940　子部/藝術類/書畫之屬/法帖

歷代碑帖大觀五十種　高野侯輯　民國上海中華書局影印本　十五册　存十六種

330000－4793－0004318　NY01614、SY00756　類叢部/叢書類/彙編之屬

影印四庫全書四種　中央圖書館籌備處選　民國二十四年（1935）上海商務印書館據清文淵閣四庫全書本影印本　二十一册　存二種

330000－4793－0004320　ZS01924　子部/醫家類/類編之屬

上海國醫學院醫學叢書□□種　民國上海國醫學院鉛印本　八册　存一種

330000－4793－0004328　ZX01931　子部/藝術類/書畫之屬/法帖

星彔書詞一卷　童式規書　民國石印本　一册

330000－4793－0004331　ZG01932　子部/藝術類/書畫之屬/法帖

高書小楷一卷　高雲塍書　民國三十年（1941）中華書局石印本　一册

330000－4793－0004332　ZJ01934　子部/藝術類/書畫之屬/書法書品

九成宮集字範本一卷　商務印書館編輯　民國三十七年（1948）商務印書館影印本　一册

330000－4793－0004334　ZS01936　子部/藝術類/書畫之屬/法帖

宋拓柳公權玄秘塔不分卷　（唐）裴休撰（唐）柳公權書　民國上海有正書局石印本　一册

330000－4793－0004335　SM00725　史部/地理類/方志之屬/郡縣志

[嘉靖]沔陽州志十八卷　（明）童承敘纂修　民國十五年（1926）刻朱印本　二册

330000－4793－0004338　P00085　史部/傳記類/總傳之屬/家乘

[浙江蕭山]蕭山來氏家譜六十卷　來傑纂修　民國十一年（1922）會宗堂木活字印本　五十九册　存五十九卷（一至五十九）

330000－4793－0004339　ZF01937　史部/政書類/律令之屬

法學通論一卷　程宗伊撰　民國抄本　一册

330000－4793－0004340　JS01668　集部/別集類/宋別集

司馬溫公書牘不分卷　（宋）司馬光撰　民國二十四年（1935）上海商務印書館鉛印本　一册

330000－4793－0004341　ZB01938　子部/醫家類/本草之屬/本草藥性

增補本草備要八卷　（清）汪昂著輯　民國上海錦章圖書局石印本　四册

330000－4793－0004343　JW01672　集部/詞類/別集之屬

吳梅村詞一卷　（清）吳偉業撰　民國五年（1916）上海掃葉山房石印本　一册

330000－4793－0004344　JH01671　集部/曲類/曲選之屬

繪圖精選崑曲大全四集五十卷　怡庵主人（張芬）編輯　民國十四年（1925）上海世界書

局石印本　二十四册

330000－4793－0004345　JG01673　集部/總集類/選集之屬/通代

古文觀止十二卷　(清)吳乘權　(清)吳大職輯　民國上海商務印書館鉛印本　五册　存十卷(三至十二)

330000－4793－0004350　JC01674　集部/詩文評類/詩評之屬

滄浪詩話註五卷　(宋)嚴羽撰　(清)胡鑑註　民國六年(1917)上海朝記書莊石印本　一册

330000－4793－0004352　JC01676　集部/總集類/郡邑之屬

赤城韻事二卷　許欽明編　民國六年(1917)油印本　一册

330000－4793－0004353　JC01677　集部/詩文評類/文法之屬

初學駢體文範四卷　賀群上編　民國十九年(1930)上海廣益書局鉛印本　四册

330000－4793－0004354　JY01678、ZX00143、JW00398、NF00143、NS00220、SZ00357　類叢部/叢書類/彙編之屬

四部叢刊三百八種　張元濟等編　民國上海商務印書館影印本　二十六册　存七種

330000－4793－0004358　JQ01681　集部/總集類/選集之屬/通代

圈點詳註十八家詩鈔二十八卷　(清)曾國藩撰　陳存悔等註　民國十三年(1924)上海崇新書局鉛印本　十六册

330000－4793－0004363　NX01623　經部/小學類/文字之屬/字書/字典

新字典十二卷拾遺一卷檢字一卷附録一卷勘誤一卷補編一卷　陸爾奎等編纂　民國上海商務印書館鉛印本　一册　存三卷(四至六)

330000－4793－0004366　ZZ01945、JZ01299　子部/雜著類/雜纂之屬

諸子文粹六十二卷續編十卷　李寶淦纂　民國上海商務印書館鉛印本　四册　存十七卷(十至十七、二十五至二十八、三十六至四十)

330000－4793－0004368　JG01685、JT01718　集部/曲類

古本戲曲叢刊□□種　本書編委會編　民國影印本　七十册　存五種

330000－4793－0004369　SG00730　新學/化學/化學

河南省立第十一中學工藝化學不分卷　河南省立第十一中學編　民國石印本　一册

330000－4793－0004370　JC01439　集部/總集類/選集/斷代

長春集不分卷　吕志超編　民國二十四年(1935)上海明善書局石印本　一册

330000－4793－0004371　SC00731　史部/雜史類

川鄂大事綱目不分卷　李葭榮撰　民國元年(1912)上海天鐸報影印本　一册

330000－4793－0004378　NC00347　類叢部/叢書類/彙編之屬

四庫全書珍本初集二百三十種　中央圖書館籌備處輯　民國二十三年至二十四年(1934－1935)上海商務印書館據文淵閣本影印本　五册　存一種

330000－4793－0004381　ZG01952　子部/醫家類/綜合之屬/通論

古吴童氏重校醫宗必讀十卷　(明)李中梓撰　民國上海大中國印書館石印本　一册

330000－4793－0004382　ZY01953　子部/醫家類/綜合之屬/通論

醫學心悟六卷　(清)程國彭撰　民國上海鑄記書局石印本　一册

330000－4793－0004384　ZS01955　子部/雜著類/雜説之屬

三餘札記二卷　劉文典撰　民國二十四年(1935)上海商務印書館鉛印本　二册

330000－4793－0004385　ZW01956　子部/醫家類/醫案之屬

吴鞠通先生方案四卷　(清)吳瑭撰　民國十四年(1925)冬上海校經山房石印本　二冊

330000－4793－0004386　ZL01958　子部/叢編

二十二子　中華書局輯　民國中華書局石印本　一冊　存一種

330000－4793－0004389　NC01627　經部/春秋左傳類/傳說之屬

春秋左傳五十卷　(晉)杜預　(宋)林堯叟註釋　(唐)陸德明音義　民國上海商務印書館鉛印本　十二冊

330000－4793－0004390　ZX01961　子部/儒家類/儒學之屬/蒙學

新增繪圖幼學故事瓊林四卷首一卷　(清)程登吉撰　(清)鄒聖脈增補　民國上海錦章書局石印本　一冊

330000－4793－0004391　ZW01962　子部/藝術類/書畫之屬/法帖

翁松禪墨蹟十集　(清)翁同龢書　民國二十二年(1933)上海商務印書館影印本　五冊存五集(六至十)

330000－4793－0004393　ZL01964　子部/儒家類/儒學之屬/禮教/家訓

了凡四訓一卷　(明)袁黃撰　民國十二年(1923)補過齋主人鉛印本　一冊

330000－4793－0004397　JZ001690　集部/小說類/長篇之屬

增像全圖三國演義六十卷首一卷一百二十回　(明)羅貫中撰　(清)毛宗崗評　民國二十年(1931)上海中原書局石印本　十冊　存四十九卷(一至四、十一至二十、二十六至六十)

330000－4793－0004398　ZF01972　子部/醫家類/眼科之屬

傅氏眼科審視瑤函六卷首一卷　(明)傅仁宇纂輯　(明)林長生校補　(清)傅維藩編集　民國杭省衢樽局石印本　二冊　存五卷(首、一至四)

330000－4793－0004400　ZL01973　子部/道家類

老子道德經二卷　(三國魏)王弼注　**音義一卷**　(唐)陸德明撰　民國六年(1917)上海會文堂書局石印本　一冊

330000－4793－0004405　SG00734　史部/編年類/通代之屬

綱鑑易知錄九十二卷明鑑易知錄十五卷　(清)吳乘權　(清)周之炯　(清)周之燦輯　民國五年(1916)上海商務印書館鉛印本　十三冊　存八十五卷(一至七十、七十八至九十二)

330000－4793－0004407　JG01694　集部/總集類/選集之屬/通代

古今文綜不分卷　張相輯　民國上海中華書局鉛印本　十冊

330000－4793－0004413　SJ00736　史部/金石類/甲骨之屬/文字

甲骨學文字編十四卷附錄二卷補遺一卷　朱芳圃編　民國二十二年(1933)上海商務印書館石印本　二冊

330000－4793－0004415　JZ01697　集部/小說類/長篇之屬

增像全圖東周列國志二十七卷首一卷一百八回　(明)馮夢龍撰　(清)蔡奡評點　民國五年(1916)上海廣益書局石印本　一冊　存三卷(十五至十七)

330000－4793－0004419　SS00737　史部/地理類/方志之屬/郡縣志

[民國]紹興地志述略不分卷　尹幼蓮纂　民國二十年(1931)鉛印本　一冊

330000－4793－0004421　SG00738　史部/金石類/玉之屬/通考

古玉圖考不分卷　(清)吳大澂撰　民國上海同文書局石印本　二冊

330000－4793－0004425　ZG01983　子部/藝術類/書畫之屬/畫譜

古佛畫譜二卷　黃語皋繪　民國十八年(1929)上海中華書局石印本　二冊

330000－4793－0004428　SM00740、SG00276　史部/編年類/通代之屬
綱鑑易知錄九十二卷明鑑易知錄十五卷　（清）吳乘權　（清）周之炯　（清）周之燦輯　民國五年（1916）上海商務印書館鉛印本　三冊　存二十二卷（綱鑑七十八至八十四、明鑑一至十五）

330000－4793－0004429　ZS01985　子部/醫家類/類編之屬
古醫湯液叢書□□種　劉復撰　民國三十一年（1942）中國中醫學會鉛印本　一冊　存一種

330000－4793－0004433　JP01703、JP01620　集部/總集類/選集之屬/通代
評註昭明文選十五卷首一卷葉星衛附註一卷　（清）于光華輯　民國十年（1921）上海掃葉山房石印本　十冊　存十卷（五至九、十一至十五）

330000－4793－0004434　ZB01986　子部/儒家類/儒學之屬/禮教/鑑戒
八德須知初集八卷二集八卷三集八卷四集八卷　蔡振紳編輯　民國上海明善書局石印本　四冊　存八卷（二集一至八）

330000－4793－0004436　JT01705、JT01623　集部/總集類/選集之屬/斷代
唐詩評註讀本六卷　王文濡評選　汪處廬金熙註釋　民國七年（1918）上海文明書局鉛印本　二冊

330000－4793－0004441　ZS01987　新學/醫學/外科
手術學不分卷　民國油印本　一冊

330000－4793－0004442　JY01708　集部/曲類/曲韻曲譜曲律之屬
元詞斠律四卷　王玉章纂輯　民國二十五年（1936）上海商務印書館鉛印本　三冊

330000－4793－0004444　SS00745　史部/史抄類
史記菁華錄六卷　（清）姚祖恩輯評　民國三年（1914）上海錦章圖書局石印本　一冊

330000－4793－0004446　ZY01988　子部/宗教類/道教之屬/道藏
道藏續編第一集二十三種　（清）閔一得編　民國上海醫學書局鉛印本　一冊　存一種

330000－4793－0004447　JC01710　集部/詞類/別集之屬
晁氏琴趣外篇六卷補遺一卷　（宋）晁補之撰　**晁氏琴趣外篇校記一卷**　林大椿撰　民國十九年（1930）上海商務印書館鉛印本　一冊

330000－4793－0004453　ZL01990　子部/藝術類/書畫之屬/法帖
林文忠公寫經小楷不分卷　（清）林則徐書　民國二十二年（1933）上海商務印書館影印本　一冊

330000－4793－0004456　ZM01991　子部/叢編
二十二子　（清）浙江書局編　民國九年（1920）上海埽葉山房石印本　四冊　存一種

330000－4793－0004457　JJ01714　集部/詞類/別集之屬
稼軒詞四卷　（宋）辛棄疾撰　**稼軒詞校勘記一卷**　胡文楷撰　民國二十九年（1940）長沙商務印書館影印本暨鉛印本　一冊　存二卷（一至二）

330000－4793－0004459　JG01715　集部/別集類/清別集
歸玄恭遺著一卷附詩鈔一卷　（清）歸莊撰　民國十二年（1923）上海中華書局鉛印本　一冊

330000－4793－0004462　NS01634　經部/小學類/音韻之屬/韻書
詩韻集成五卷　（清）余照輯　民國上海鴻章書局石印本　四冊

330000－4793－0004466　ZZ01996　子部/道家類
莊子雪三卷　（清）陸樹芝輯註　民國四年（1915）上海千頃堂石印本　六冊

330000－4793－0004469　JS01720　類叢部/叢書類/自著之屬

舜水遺書四種附錄一卷　（明）朱之瑜撰　民國二年（1913）山陰湯壽潛鉛印本　十二册

330000－4793－0004473　SQ00751　史部/紀傳類/正史之屬

二十四史附考證　民國上海涵芬樓據清乾隆武英殿刻本影印本　十五册　存一種

330000－4793－0004474　SS00749　史部/地理類/遊記之屬/紀勝

雙龍紀勝四卷首一卷　黄維時編　民國二十二年（1933）金華金震東鉛印本　二册

330000－4793－0004475　SZ00750　新學/政治法律/律例

增訂三十六種中華六法全書　法政學社撰　民國元年（1912）法政學社鉛印本　二十四册　存九種

330000－4793－0004481　ZM01998　類叢部/叢書類/輯佚之屬

續古逸叢書四十七種　張元濟等編　民國十一年（1922）至一九五七年上海商務印書館影印本　二册　存一種

330000－4793－0004490　ZF02003　子部/宗教類/佛教之屬

佛學叢書□□種　丁福保輯　民國上海醫學書局鉛印本暨影印本　一册　存一種

蘭溪市博物館民國時期傳統裝幀書籍普查登記目錄

浙江省民國時期傳統裝幀書籍普查登記目錄 · 金華

國家圖書館出版社
National Library of China Publishing House

《蘭溪市博物館民國時期傳統裝幀書籍普查登記目録》

編委會

《蘭溪市博物館民國時期傳統裝幀書籍普查登記目録》

前　言

蘭溪歷史悠久，據已發掘的文物和遺迹表明，早在7000多年前，就有人類在這片土地上繁衍生息。蘭溪唐咸亨五年（674）建縣，距今有1300餘年。蘭溪是錢塘江上游的重要商埠，自古有"三江之匯""六水之腰""七省通衢"之稱，其優越的地理位置爲蘭溪的經濟、文化交流帶來了繁榮。蘭溪也是一座歷史文化名城，其人文荟萃，僅以科舉論，"科第蟬聯，勳名爛於朝野者指不勝屈"，登進士榜人數字於金華府前列。而文化的繁榮，又使得蘭溪習儒成風、書院興盛，藏書大家代不乏人：宋有金履祥仁山書院；明尤爲盛，章懋藏書於楓山書室，鄭瓘儲書於北園，又有陸瑞家的萬書樓、胡應麟的二酉山房、徐介壽的百城樓并稱三大藏書樓；清有葉自合；近代以來，又有劉焜的東園等。蘭溪民間藏書之興，蔚爲大觀。然而晚清以來，國家屢受外侮；民國經年，戰火連天；中華人民共和國成立之後，又遭受了"破四舊"運動的浩劫，使得蘭溪的藏書散佚損毀，其所殘存，不知幾何。目前蘭溪傳統文獻藏量最大的單位是蘭溪市博物館，其所藏傳統文獻，是由原縣文化館於1987年移交而來，主要來源爲捐贈與徵集。

蘭溪市博物館1987年底被批准單獨建制，隸屬市文化局。2011年3月，在蘭陰山麓，著名芥子園旁新建館舍，并正式對外開放，館舍集地方傳統文化元素和徽派建築特徵於一體，與芥子園風格協調的現代仿古建築，面積約5000平方米。目前擁有館藏文物5431件（套），已鑒定的珍貴文物219件。蘭溪市博物館是浙江省公安廳、浙江省文物局審定的省二級風險文博單位。其中古籍書畫專用庫房100餘平方米。館内收藏1912年以前古籍680餘部9000餘册，以影印本、鉛印本居多，兩者約占館藏古籍總數的半數以上；其次是石印本，約2800册；刻本2700餘册；活字本470册左右。

2013年10月，蘭溪市博物館根據浙江省文化廳《關於開展全省古籍普查項目申報的通知》（浙文社〔2011〕77號）、《浙江省古籍普查項目管理辦法》（浙古保〔2012〕1號）的文件精神，在市普查領導小組的領導下，正式開展第一次全國古籍普查的相應工作，截至2016年12月，古籍普查的主體工作結束。此次核校出版的數據爲其中民國時期傳統裝幀書籍部分，計577種，9159册。其中以叢書部居多，有6300餘册；其次爲史部1100餘册；新學類僅存1部2册。

作爲第一批“浙江省古籍重點保護單位”，蘭溪市博物館的古籍普查工作，工作量較爲繁重，又因基礎工作不完善、時間緊迫、專業人才缺乏，此次登記出版的目録中難免存在疏漏與謬誤，敬祈方家批評指正，以幫助我們不斷提升和完善工作。

蘭溪市博物館

2018 年 6 月

330000－4788－0000001　普00001　類叢部/叢書類/彙編之屬
四部叢刊三編七十一種　張元濟等編　民國二十四年至二十五年(1935－1936)上海商務印書館影印本(長興集卷一至十二、三十一、三十三至四十一原缺)　八册　存一種

330000－4788－0000002　普00002　集部/詞類/詞話之屬
詞話叢鈔十種　況周頤輯　王文濡增補　民國十年(1921)上海大東書局石印本　一册　存三種

330000－4788－0000008　普00008、普00009、普00019　類叢部/叢書類/彙編之屬
四部叢刊三百八種　張元濟等編　民國上海商務印書館影印本　十七册　存三種

330000－4788－0000009　普00010、普00058、普00059　類叢部/叢書類/彙編之屬
適園叢書七十四種　張鈞衡編　民國二年至六年(1913－1917)烏程張氏刻本(唐大詔令集卷十四至二十四、八十七至九十八原缺)　七册　存三種

330000－4788－0000010　普00011　集部/別集類/清別集
板橋全集七卷　(清)鄭燮撰　民國二十四年(1935)大衆書局影印本　四册

330000－4788－0000020　普00023－普00057　類叢部/叢書類/彙編之屬
四部叢刊三編七十一種　張元濟等編　民國二十四年至二十五年(1935－1936)上海商務印書館影印本(長興集卷一至十二、三十一、三十三至四十一原缺)　二百七十七册　存三十五種

330000－4788－0000028　普00060　集部/別集類/清別集
四憶堂詩集六卷遺稿一卷　(清)侯方域撰　(清)賈開宗等選註　民國十二年(1923)上海掃葉山房石印本　一册

330000－4788－0000038　普00086、普00087、普00088、普00089、普00090　類叢部/叢書類/彙編之屬
四部備要三百一種　中華書局編　民國二十五年(1936)上海中華書局鉛印本　一百九十二册　存五種

330000－4788－0000039　普00091、普00092　類叢部/叢書類/彙編之屬
四部備要三百一種　中華書局編　民國二十五年(1936)上海中華書局鉛印本(經義考卷二百八十六、二百九十九至三百,東塾讀書記十三至十四、十七至二十、二十二至二十五原缺)　九十九册　存二種

330000－4788－0000040　普00093、普00094、普00095、普00096　類叢部/叢書類/彙編之屬
四部備要三百一種　中華書局編　民國二十五年(1936)上海中華書局鉛印本　十八册　存四種

330000－4788－0000041　普00073、普00077　史部/紀傳類/正史之屬
百衲本二十四史　張元濟輯　民國上海商務印書館影印本　七十三册　存二種

330000－4788－0000042　普00138　類叢部/叢書類/彙編之屬
四部叢刊三百八種　張元濟等編　民國上海商務印書館影印本　三十册　存一種

330000－4788－0000043　普00097　類叢部/叢書類/自著之屬
船山遺書六十六種附一種　(清)王夫之撰　民國二十二年(1933)上海太平洋書店鉛印本(永曆實錄卷十六原缺)　八十册

330000－4788－0000045　普00098　類叢部/叢書類/自著之屬
船山遺書六十六種附一種　(清)王夫之撰　民國二十二年(1933)上海太平洋書店鉛印本　三十七册　存四十五種

330000－4788－0000046　普00099　史部/史評類/史論之屬

評選船山史論二卷　林紓撰　民國六年(1917)上海商務印書館鉛印本　一册　存一卷(二)

330000－4788－0000047　普 00078、普 00079、普 00074　史部/紀傳類/正史之屬

百衲本二十四史　張元濟輯　民國上海商務印書館影印本　五十一册　存三種

330000－4788－0000049　普 00101－普 00120、普 00151－普 00160　類叢部/叢書類/彙編之屬

四部叢刊三百八種　張元濟等編　民國上海商務印書館影印本　一百四十九册　存三十種

330000－4788－0000050　普 00080　史部/紀傳類/正史之屬

史記一百三十卷　(漢)司馬遷撰　(南朝宋)裴駰集解　(唐)司馬貞索隱　(唐)張守節正義　民國十一年(1922)上海掃葉山房、中華圖書館仿清殿本影印本　二十四册

330000－4788－0000055　普 00123　類叢部/叢書類/彙編之屬

四部叢刊三百八種　張元濟等編　民國十八年(1929)上海商務印書館影印本　二册　存一種

330000－4788－0000056　普 00161、普 00162　類叢部/叢書類/彙編之屬

四部叢刊三百八種　張元濟等編　民國上海商務印書館影印本　四十五册　存二種

330000－4788－0000057　普 00134、普 00488　類叢部/叢書類/彙編之屬

四部叢刊續編七十七種　張元濟等編　民國二十三年(1934)上海商務印書館影印本(儀禮疏卷三十二至三十七、周易要義卷三至六、禮記要義卷一至二、麟臺故事卷四至五原缺)　十册　存二種

330000－4788－0000058　普 00124　史部/傳記類/總傳之屬/技藝

歷代畫史彙傳二十四卷首一卷附録一卷　(清)彭蘊璨編　民國十三年(1924)上海掃葉山房石印本　十二册

330000－4788－0000059　普 00082　集部/别集類

湘綺樓文集八卷　王闓運撰　民國三年(1914)上海廣益書局鉛印本　四册

330000－4788－0000060　普 00135、普 00136、普 0137、普 00139　類叢部/叢書類/彙編之屬

四部叢刊三百八種　張元濟等編　民國上海商務印書館影印本　五十册　存四種

330000－4788－0000062　普 00163　集部/别集類/清别集

青芝山館全集　(清)樂鈞撰　民國二十七年(1938)木活字印本　樂學賡題記　八册

330000－4788－0000063　普 00164　子部/雜著類/雜考之屬

日知録集釋三十二卷栞誤二卷續栞誤二卷　(清)黄汝成撰　民國元年(1912)鄂官書處刻本　俞悟生題記　十一册　存二十三卷(一至七、十七至三十二)

330000－4788－0000064　普 00142　類叢部/叢書類/彙編之屬

四部叢刊三編七十一種　張元濟等編　民國二十四年至二十五年(1935－1936)上海商務印書館影印本(長興集卷一至十二、三十一、三十三至四十一原缺)　四十四册　存一種

330000－4788－0000066　普 00165－普 00216、普 00319、普 00320　類叢部/叢書類/彙編之屬

四部叢刊續編七十七種　張元濟等編　民國二十三年(1934)上海商務印書館影印本(儀禮疏卷三十二至三十七、周易要義卷三至六、禮記要義卷一至二、麟臺故事卷四至五原缺)　趙健題簽　一百九十九册　存五十四種

330000－4788－0000067　普 00127　史部/編年類/斷代之屬

藻思堂清鑑易知録前編四卷二思堂清鑑易知録正編二十八卷　許國英編輯　**十朝大事表**

一卷國際交涉重要事實摘錄一卷　民國十二年(1923)上海大成書局鉛印本　六冊　缺十九卷(正編一至十六、二十至二十二)

330000－4788－0000068　普00140　類叢部/叢書類/彙編之屬
四部叢刊三百八種　張元濟等編　民國上海商務印書館影印本　三十二冊　存一種

330000－4788－0000069　普00141　史部/紀傳類/正史之屬
百衲本二十四史　張元濟輯　民國上海商務印書館影印本　三十六冊　存一種

330000－4788－0000070　普00128　子部/雜著類/雜説之屬
容齋隨筆十六卷續筆十六卷三筆十六卷四筆十六卷五筆十卷首一卷　(宋)洪邁撰　民國二年(1913)上海掃葉山房石印本　十冊

330000－4788－0000071　普00143　史部/紀傳類/正史之屬
百衲本二十四史　張元濟輯　民國上海商務印書館影印本　二十冊　存一種

330000－4788－0000072　普00129　經部/春秋左傳類/傳説之屬
言文對照左傳句解六卷　廣益書局編輯部編譯　民國上海廣益書局石印本　三冊　存三卷(一、三至四)

330000－4788－0000073　普00130　史部/傳記類/總傳之屬/斷代
清史列傳八十卷　中華書局編　民國十七年(1928)上海中華書局鉛印本　二十四冊　存二十四卷(一、四至七、十一至十四、十七至十九、二十二、二十五至二十六、二十九、三十三、三十五至三十八、四十、四十二、六十六)

330000－4788－0000074　普00144　類叢部/叢書類/彙編之屬
四部叢刊續編七十七種　張元濟等編　民國二十三年(1934)上海商務印書館影印本(儀禮疏卷三十二至三十七、周易要義卷三至六、禮記要義卷一至二、麟臺故事卷四至五原缺)　四冊　存一種

330000－4788－0000075　普00145、普00147、普00148、普00149　史部/紀傳類/正史之屬
百衲本二十四史　張元濟輯　民國上海商務印書館影印本　七十六冊　存四種

330000－4788－0000078　普00221　集部/別集類/宋別集
陳龍川書牘一卷　(宋)陳亮撰　民國元年(1912)上海商務印書館鉛印本　二冊

330000－4788－0000079　普00150、普00251、普00266　史部/紀傳類/正史之屬
百衲本二十四史　張元濟輯　民國上海商務印書館影印本　一百十冊　存三種

330000－4788－0000080　普00301－普00318　類叢部/叢書類/彙編之屬
四部叢刊三百八種　張元濟等編　民國十八年(1929)上海商務印書館影印本　六十五冊　存十八種

330000－4788－0000090　普00255、普00256、普00257、普00258、普00259、普00260、普00261、普00262、普00263、普00264　類叢部/叢書類/彙編之屬
四部叢刊三百八種　張元濟等編　民國上海商務印書館影印本　七十二冊　存十種

330000－4788－0000091　普00321－普00340　類叢部/叢書類/彙編之屬
四部叢刊三百八種　張元濟等編　民國十八年(1929)上海商務印書館影印本　一百七十五冊　存二十種

330000－4788－0000092　普00223　集部/別集類/明別集
王文成公全書三十八卷　(明)王守仁撰　民國二年(1913)上海中華圖書館影印本　十二冊

330000－4788－0000094　普00265　史部/紀傳類/正史之屬
百衲本二十四史　張元濟輯　民國上海商務

印書館影印本　四十六冊　存一種

330000－4788－0000095　普00267、普00268、普00269、普00270、普00271、普00272、普00273、普00274、普00275、普00276、普00277－普00280　類叢部/叢書類/彙編之屬
四部叢刊三百八種　張元濟等編　民國十八年(1929)上海商務印書館影印本　一百二十五冊　存十四種

330000－4788－0000096　普00341　集部/詩文評類/詩評之屬
帶經堂詩話三十卷首一卷　(清)王士禛撰　(清)張宗柟輯　民國上海埽葉山房石印本　十冊

330000－4788－0000097　普00342　集部/詩文評類/詩評之屬
帶經堂詩話三十卷首一卷　(清)王士禛撰　(清)張宗柟輯　民國上海埽葉山房石印本　六冊　存二十卷(三至十、十四至十六、二十二至三十)

330000－4788－0000098　普00343　集部/詩文評類/詩評之屬
歷代詩話二十七種五十七卷考索一卷　(清)何文煥輯　民國上海石印本　六冊　存十四卷(全唐詩話一至六、後山詩話、臨漢隱居詩話、竹坡詩話、紫微詩話、彥周詩話、石林詩話一至三)

330000－4788－0000099　普00281 普00282 普00283 普00284 普00285 普00286 普00287 普00288 普00289 普00290 普00291 普00292 普00293 普00294 普00295　類叢部/叢書類/彙編之屬
四部叢刊三百八種　張元濟等編　民國上海商務印書館影印本　二百二十七冊　存十五種

330000－4788－0000100　普00344　集部/詩文評類/詩評之屬
歷代詩話續編二十九種　丁福保訂　民國五年(1916)無錫丁氏鉛印本　六冊　存七種

330000－4788－0000101　普00224　經部/春秋左傳類/傳說之屬
春秋左傳句解六卷　(清)韓菼重訂　民國三年(1914)上海商務印書館鉛印本　三冊　存三卷(三至四、六)

330000－4788－0000102　普00345　史部/紀傳類/正史之屬
史記論文不分卷　(清)吳見思評點　民國上海中華書局鉛印本　八冊

330000－4788－0000103　普00346－普00375　類叢部/叢書類/彙編之屬
四部叢刊三百八種　張元濟等編　民國上海商務印書館影印本　一百三十二冊　存三十種

330000－4788－0000104　普00225　史部/編年類/斷代之屬
清史綱要十四卷　吳曾祺等編　民國上海商務印書館鉛印本　一冊　存三卷(十至十二)

330000－4788－0000105　普00226　集部/別集類/明別集
王文成公全書三十八卷　(明)王守仁撰　民國二年(1913)上海中華圖書館影印本　五冊　存十六卷(二十至三十、三十四至三十八)

330000－4788－0000107　普00228　集部/別集類/明別集
王文成公全書三十八卷　(明)王守仁撰　民國二年(1913)上海中華圖書館影印本　六冊　存十八卷(一、四至十八、三十七至三十八)

330000－4788－0000108　普00229　集部/詩文評類/類編之屬
清詩話四十三種　丁福保訂　民國五年(1916)上海文明書局鉛印本　五冊　存十種

330000－4788－0000109　普00296－00300、普00401－00425　類叢部/叢書類/彙編之屬
四部叢刊三百八種　張元濟等編　民國上海商務印書館影印本　一百五十九冊　存二十九種

330000－4788－0000110　普00376　子部/藝

術類/書畫之屬/法帖

歷代碑帖大觀五十種 高野侯輯 民國上海中華書局影印本 四十八册 存四十九種

330000－4788－0000111 普00377 子部/藝術類/書畫之屬/法帖

明拓張猛龍碑不分卷 民國二十五年(1936)上海中華書局影印本 一册

330000－4788－0000115 普00381 集部/總集類/課藝之屬

評注論說軌範二集三卷 林任編纂 民國七年(1918)上海商務印書館鉛印本 三册

330000－4788－0000117 普00231 子部/雜著類/雜纂之屬

諸子文粹六十二卷續編十卷 李寶洤纂 民國六年(1917)上海商務印書館鉛印本 二十册

330000－4788－0000118 普00382 子部/道家類

莊子集釋十卷 (清)郭慶藩輯 民國上海埽葉山房石印本 趙健題記 七册 缺三卷(五至七)

330000－4788－0000120 普00501－普00545 類叢部/叢書類/彙編之屬

四部叢刊三百八種 張元濟等編 民國上海商務印書館影印本 一百二十六册 存四十五種

330000－4788－0000126 普00239、普00240、普00241、普00242、普00243、普00244、普00245、普00246 類叢部/叢書類/彙編之屬

四部叢刊三百八種 張元濟等編 民國上海商務印書館影印本 六十三册 存八種

330000－4788－0000127 普00383 史部/紀傳類/正史之屬

百衲本二十四史 張元濟輯 民國上海商務印書館影印本 二十二册 存一種

330000－4788－0000128 普00384、普00385、普00386、普00387、普00388 類叢部/叢書類/彙編之屬

四部叢刊三編七十一種 張元濟等編 民國二十四年至二十五年(1935－1936)上海商務印書館影印本(長興集卷一至十二、三十一、三十三至四十一原缺) 六册 存一種

330000－4788－0000131 普00248 經部/易類/易占之屬

易隱八卷首一卷 (清)曹九錫輯 (明)曹璿演 民國十六年(1927)上海鴻寶齋書局石印本 四册

330000－4788－0000135 普00392 子部/雜著類/雜考之屬

古書疑義舉例叢刊四種 鼎文書社輯 民國十三年(1924)長沙鼎文書社刻本 三册

330000－4788－0000136 普00701、普00702、普00703、普00704、普00705 類叢部/叢書類/彙編之屬

四部叢刊續編七十七種 張元濟等編 民國二十三年(1934)上海商務印書館影印本(儀禮疏卷三十二至三十七、周易要義卷三至六、禮記要義卷一至二、麟臺故事卷四至五原缺) 二十二册 存五種

330000－4788－0000137 普00393 子部/儒家類/儒學之屬/性理

王陽明先生傳習錄集評四卷 (清)孫奇逢等參評 (清)陶潯霍 梁啓超續評 孫鏘輯校 民國三年(1914)上海新學會社鉛印本 二册

330000－4788－0000138 普00394 集部/別集類/宋別集

六一居士文集五卷外集錄二卷 (宋)歐陽修撰 民國二年(1913)上海會文堂書局石印本 六册

330000－4788－0000139 普00395 集部/楚辭類

楚辭章句十七卷 (漢)王逸撰 (宋)洪興祖補注 民國八年(1919)上海文瑞樓石印本 四册

330000－4788－0000141　普00397　集部/總集類/選集之屬/斷代

新體評註唐詩三百首六卷　（清）孫洙原編　張萼蓀評註　民國十二年（1923）上海大東書局石印本　二册

330000－4788－0000142　普00427－普00456　類叢部/叢書類/彙編之屬

四部叢刊三百八種　張元濟等編　民國上海商務印書館影印本　七十一册　存三十種

330000－4788－0000143　普00398　類叢部/類書類/通類之屬

增補事類統編九十三卷首一卷　（清）黄葆真增輯　民國十年（1921）上海錦章圖書局石印本　六册　存五十二卷（首，一至十七、三十五至四十二、五十一至五十八、六十七至七十五、八十五至九十三）

330000－4788－0000144　普00706、普00707、普00708、普00709、普00710、普00711、普00712、普00713、普00714、普00715　類叢部/叢書類/彙編之屬

四部叢刊三百八種　張元濟等編　民國上海商務印書館影印本　九十一册　存十種

330000－4788－0000145　普00716、普00717、普00718、普00719、普00720、普00721、普00722　類叢部/叢書類/彙編之屬

四部叢刊三百八種　張元濟等編　民國上海商務印書館影印本　六十册　存七種

330000－4788－0000146　普00546－普00562　類叢部/叢書類/彙編之屬

四部叢刊三百八種　張元濟等編　民國上海商務印書館影印本　一百五册　存十七種

330000－4788－0000148　普00426、普00471　類叢部/叢書類/彙編之屬

四部叢刊三編七十一種　張元濟等編　民國二十四年至二十五年（1935－1936）上海商務印書館影印本（長興集卷一至十二、三十一、三十三至四十一原缺）　九册　存二種

330000－4788－0000149　普00724、普00725、普00726、普00727、普00728、普00729、普00730、普00731　類叢部/叢書類/彙編之屬

四部叢刊三編七十一種　張元濟等編　民國二十四年至二十五年（1935－1936）上海商務印書館影印本（長興集卷一至十二、三十一、三十三至四十一原缺）　十九册　存八種

330000－4788－0000150　普00399　經部/四書類/總義之屬/傳説

四書纂疏二十六卷札記一卷　（宋）趙順孫撰　民國十四年（1925）聖風書苑據清康熙通志堂經解本影印本　八册

330000－4788－0000152　普00732　集部/别集類/宋别集

黄太史精華録六卷　（宋）黄庭堅撰　（宋）任淵選　民國二十四年（1935）上海商務印書館鉛印本　一册

330000－4788－0000154　普00457－00487　類叢部/叢書類/彙編之屬

四部叢刊三百八種　張元濟等編　民國上海商務印書館影印本　七十九册　存三十種

330000－4788－0000155　普00563　史部/雜史類/斷代之屬

國語二十一卷　（三國吴）韋昭解　**校刊明道本韋氏解國語札記一卷**　（清）黄丕烈撰　**國語明道本考異四卷**　（清）汪遠孫撰　民國元年（1912）湖北崇文書局刻本　五册

330000－4788－0000156　普00564　史部/雜史類/斷代之屬

國語二十一卷　（三國吴）韋昭解　**校刊明道本韋氏解國語札記一卷**　（清）黄丕烈撰　**國語明道本考異四卷**　（清）汪遠孫撰　民國元年（1912）湖北崇文書局刻本　四册　缺四卷（考異一至四）

330000－4788－0000160　普00734、普00735、普00736、普00737、普00738、普00739、普00740、普00741、普00742、普00743、普00744、普00745　類叢部/叢書類/彙編之屬

四部叢刊三百八種　張元濟等編　民國上海

商務印書館影印本　三十七册　存十二種

330000－4788－0000171　普00573　子部/醫家類/醫經之屬/難經

難經彙注箋正三卷首一卷　張壽頤撰　民國十二年(1923)蘭谿中醫專門學校石印本　三册

330000－4788－0000172　普00750、普00751、普00752、普00753、普00754、普00755、普00756、普00757、普00758、普00759、普00760　類叢部/叢書類/彙編之屬

四部叢刊三百八種　張元濟等編　民國上海商務印書館影印本　七十八册　存十一種

330000－4788－0000173　普00489、普00490、普00491、普00492、普00493、普00494、普00495、普00496、普00497、普00498　類叢部/叢書類/彙編之屬

四部叢刊三百八種　張元濟等編　民國上海商務印書館影印本　三十册　存十種

330000－4788－0000178　普00499、普00500、普00901、普00902、普00903 普00904、普00905、普00906、普00907、普00908　類叢部/叢書類/彙編之屬

四部叢刊三百八種　張元濟等編　民國上海商務印書館影印本　六十六册　存十種

330000－4788－0000179　普00762　集部/別集類/唐五代別集

白香山詩長慶集二十卷後集十七卷別集一卷補遺二卷　(唐)白居易撰　(清)汪立名編訂　民國四年(1915)上海會文堂書局石印本　陳震題簽　十二册

330000－4788－0000180　普00909、普00910、普00911、普00912、普00913、普00914、普00915、普00916、普00917、普00918　類叢部/叢書類/彙編之屬

四部叢刊三百八種　張元濟等編　民國八年(1919)上海商務印書館影印本　八十四册　存十種

330000－4788－0000181　普00763　類叢部/叢書類/彙編之屬

四部備要三百一種　中華書局編　民國二十五年(1936)上海中華書局鉛印本　四册　存一種

330000－4788－0000182　普00764、普00765、普00766、普00767、普00768、普00769、普00770、普00771、普00772、普00773、普00774、普00775、普00776　類叢部/叢書類/彙編之屬

四部叢刊三百八種　張元濟等編　民國上海商務印書館影印本　九十册　存十三種

330000－4788－0000185　普0919、普00920、普00921、普00922、普00923　類叢部/叢書類/彙編之屬

四部叢刊三百八種　張元濟等編　民國十八年(1929)上海商務印書館影印本　四十四册　存五種

330000－4788－0000186　普00579、普00580、普00581、普00582、普00583、普00584、普00585、普00586、普00587、普00588、普00589、普00590、普00591　類叢部/叢書類/彙編之屬

四部叢刊三百八種　張元濟等編　民國上海商務印書館影印本　三十一册　存十三種

330000－4788－0000187　普00924、普00925、普00926、普00927、普00928、普00929、普00930、00931　類叢部/叢書類/彙編之屬

四部叢刊三編七十一種　張元濟等編　民國二十四年至二十五年(1935－1936)上海商務印書館影印本(長興集卷一至十二、三十一、三十三至四十一原缺)　四十三册　存八種

330000－4788－0000188　普00777　集部/別集類/宋別集

王臨川全集二十四卷　(宋)王安石撰　民國七年(1918)上海掃葉山房石印本　三册　存四卷(一至二、二十三至二十四)

330000－4788－0000192　普00593　子部/雜著類/雜說之屬

淮南鴻烈集解二十一卷　(漢)劉安撰　(漢)

高誘注　劉文典集解　**淮南天文訓補注一卷**　（清）錢塘撰　民國二十二年（1933）上海商務印書館鉛印本　六册

330000－4788－0000196　普00782　集部/別集類/清別集
校訂定盦全集十卷　（清）龔自珍撰　**定盦年譜藁本一卷**　（清）黄守恒撰　民國上海掃葉山房石印本　三册　存八卷（二至九）

330000－4788－0000197　普00783　集部/別集類/唐五代別集
李太白文集三十六卷　（唐）李白撰　（清）王琦輯注　民國三年（1914）掃葉山房石印本　二册　存三卷（三至五）

330000－4788－0000198　普00595　類叢部/叢書類/彙編之屬
國立雲南大學文法學院叢書　姜亮夫編　民國國立雲南大學文法學院叢書處石印本　姜亮夫題記　一册　存一種

330000－4788－0000199　普00784、普00785　類叢部/叢書類/彙編之屬
四部叢刊續編七十七種　張元濟等編　民國二十三年（1934）上海商務印書館影印本（儀禮疏卷三十二至三十七、周易要義卷三至六、禮記要義卷一至二、麟臺故事卷四至五原缺）　九册　存二種

330000－4788－0000202　普00598　集部/別集類/清別集
六大家箋註袁文大成六卷　（清）袁枚撰　（清）石藴玉等箋　周緝熙彙訂增輯　民國十一年（1922）上海碧梧山莊石印本　鄭霞仙題記　六册

330000－4788－0000203　普00786、普00787　類叢部/叢書類/彙編之屬
四部叢刊三編七十一種　張元濟等編　民國二十四年至二十五年（1935－1936）上海商務印書館影印本（長興集卷一至十二、三十一、三十三至四十一原缺）　四册　存二種

330000－4788－0000204　普00599　類叢部/叢書類/彙編之屬
四部備要三百一種　中華書局編　民國二十五年（1936）上海中華書局鉛印本　六册　存一種

330000－4788－0000206　普00601　集部/總集類/選集之屬/斷代
國朝二十四家文鈔二十四卷　（清）徐斐然輯評　民國十二年（1923）上海掃葉山房石印本　八册

330000－4788－0000207　普00932、普00933、普00934、普00935、普00936、普00937、普00938、普00939、普00940、普00941　類叢部/叢書類/彙編之屬
四部叢刊三百八種　張元濟等編　民國上海商務印書館影印本　二十七册　存十種

330000－4788－0000208　普00788　子部/小説家類/異聞之屬
閱微草堂筆記二十四卷　（清）紀昀撰　民國上海中華圖書館石印本　六册

330000－4788－0000210　普00603　集部/總集類/選集之屬/通代
評選四六法海八卷　（清）蔣士銓評選　民國上海文瑞樓石印本　八册

330000－4788－0000211　普00789　集部/詞類/別集之屬
東坡樂府箋三卷　（宋）蘇軾撰　朱祖謀編年圈點　龍沐勛校箋　民國二十五年（1936）上海商務印書館鉛印本　二册

330000－4788－0000213　普00605　集部/總集類/選集之屬/斷代
唐詩鼓吹評註十卷　（清）錢謙益　（清）何焯評註　民國八年（1919）上海文明書局石印本　二册

330000－4788－0000215　普00606　集部/總集類/選集之屬/通代
詳註分類咏物詩選八卷　（清）俞琰輯　（清）易開繙　（清）孫洊鳴註　民國十年（1921）上海進化書局石印本　八册

330000－4788－0000216　普00607　子部/儒家類/儒家之屬
孔氏家語十卷　（三國魏）王肅注　民國上海同文書局石印本　五冊

330000－4788－0000217　普00608　集部/別集類/清別集
註釋小倉山房文集三十五卷　（清）袁枚著　（清）雷瑨註釋　民國十三年（1924）上海掃葉山房石印本　十二冊

330000－4788－0000220　普00610　集部/楚辭類
評點王注楚辭十七卷　（清）俞樾輯評　民國六年（1917）上海中華圖書舘石印本　五冊

330000－4788－0000221　普00942、普00943、普00944、普00945、普00946、普00947、普00948、普00949、普00950　類叢部/叢書類/彙編之屬
四部叢刊三百八種　張元濟等編　民國上海商務印書館影印本　一百十一冊　存九種

330000－4788－0000222　普00611　集部/楚辭類
評點王注楚辭十七卷　（清）俞樾輯評　民國六年（1917）上海中華圖書舘石印本　五冊

330000－4788－0000223　普00951、普00952　史部/紀傳類/正史之屬
百衲本二十四史　張元濟輯　民國上海商務印書館影印本　二十四冊　存二種

330000－4788－0000224　普00792　類叢部/叢書類/彙編之屬
四部備要三百一種　中華書局編　民國二十五年（1936）上海中華書局鉛印本　三冊　存一種

330000－4788－0000225　普00612　集部/總集類/選集之屬/通代
陶詩彙評四卷東坡和陶合箋四卷　（清）溫汝能撰　民國八年（1919）上海掃葉山房石印本　四冊

330000－4788－0000226　普00613　集部/別集類
湘綺樓詩集十四卷　王闓運撰　民國上海廣益書局鉛印本　四冊

330000－4788－0000227　普00614　集部/總集類/氏族之屬
三蘇文集四十四卷　（清）邵希雍輯　民國元年（1912）上海會文堂石印本　七冊　缺八卷（嘉祐集九至十六）

330000－4788－0000228　普00793、普00794、普00795、普00796、普00797、普00798、普00799、普00800、普00801、普00802、普00803、普00804、普00805－00807　類叢部/叢書類/彙編之屬
四部叢刊三百八種　張元濟等編　民國上海商務印書館影印本　四十三冊　存十五種

330000－4788－0000229　普00615　集部/總集類/氏族之屬
三蘇文集四十四卷　（清）邵希雍輯　民國元年（1912）上海會文堂石印本　七冊　缺七卷（欒城文集一至七）

330000－4788－0000230　普00616　集部/總集類/氏族之屬
三蘇文集四十四卷　（清）邵希雍輯　民國元年（1912）上海會文學社石印本　一冊　存七卷（欒城文集一至七）

330000－4788－0000231　普00617　經部/小學類/文字之屬/說文
說文通檢十四卷首一卷末一卷　（清）黎永椿編　民國六年（1917）上海掃葉山房石印本　一冊

330000－4788－0000232　普00618　集部/別集類/唐五代別集
李長吉集四卷外卷一卷　（唐）李賀撰　（清）黃淳耀評　（清）黎簡批點　民國六年（1917）上海會文堂書局石印本　二冊

330000－4788－0000233　普00619　類叢部/叢書類/自著之屬
梨洲遺著彙刊（梨洲遺箸彙刊）二十七種續補

三種　(清)黄宗羲撰　薛鳳昌編次　民國八年(1919)上海掃葉山房鉛印本(南雷文定三集卷三原缺)　十一册　存二十種續補三種

330000－4788－0000234　普 00808、普 00832　史部/紀傳類/正史之屬
百衲本二十四史　張元濟輯　民國上海商務印書館影印本　三十四册　存二種

330000－4788－0000235　普 00620　集部/總集類/選集之屬/通代
言文對照古文觀止十二卷　(清)吳乘權　(清)吳大職輯　廣益書局編譯　民國十九年(1930)上海廣益書局石印本　十二册

330000－4788－0000236　普 00621　集部/總集類/選集之屬/通代
古文觀止十二卷　(清)吳乘權　(清)吳大職輯　民國十九年(1930)上海商務印書館鉛印本　三册　存六卷(一至二、七至八、十一至十二)

330000－4788－0000243　普 00809、普 00810、普 00811、普 00812、普 00813、普 00814、普 00815、普 00816　類叢部/叢書類/彙編之屬
四部叢刊三百八種　張元濟等編　民國上海商務印書館影印本　七十三册　存八種

330000－4788－0000246　普 00817　類叢部/叢書類/家集之屬
諸暨馮氏叢刻五種四十四卷　馮振音編　民國六年(1917)鉛印本　一册　存二種

330000－4788－0000249　普 00953、普 00954、普 00955、普 00956、普 00957、普 00958、普 00959、普 00960、普 00961、普 00962　類叢部/叢書類/彙編之屬
四部叢刊三百八種　張元濟等編　民國上海商務印書館影印本　二十三册　存十種

330000－4788－0000251　普 00818　集部/總集類/選集之屬/通代
古詩源十四卷　(清)沈德潛輯　民國上海商務印書館鉛印本　四册

330000－4788－0000252　普 00631　子部/叢編
百子全書　(清)崇文書局編　民國十年(1921)上海掃葉山房石印本　七十八册　存九十七種

330000－4788－0000254　普 00820、普 00821、普 00822、普 00823、普 00824、普 00825、普 00826、普 00827、普 00828、普 00829、普 00830、普 00831　類叢部/叢書類/彙編之屬
四部叢刊三百八種　張元濟等編　民國上海商務印書館影印本　一百十三册　存十二種

330000－4788－0000257　普 00963　史部/紀傳類/正史之屬
百衲本二十四史　張元濟輯　民國二十四年(1935)上海商務印書館景印本　十六册　存一種

330000－4788－0000260　普 00641　集部/別集類/清別集
笠翁一家言全集十六卷　(清)李漁撰　民國上海會文堂書局石印本　七册　缺六卷(三至六、八、十)

330000－4788－0000262　普 00642　集部/別集類/清別集
笠翁一家言全集十六卷　(清)李漁撰　民國上海會文堂書局石印本　八册　缺四卷(一至二、五至六)

330000－4788－0000263　普 00964、普 00965、普 00966　類叢部/叢書類/彙編之屬
四部叢刊續編七十七種　張元濟等編　民國二十三年(1934)上海商務印書館影印本(儀禮疏卷三十二至三十七、周易要義卷三至六、禮記要義卷一至二、麟臺故事卷四至五原缺)　六册　存三種

330000－4788－0000264　普 00643　集部/別集類/清別集
笠翁一家言全集十六卷　(清)李漁撰　民國上海會文堂書局石印本　三册　存三卷(六至八)

330000－4788－0000265　普 00644　史部/雜

史類/斷代之屬

戰國策詳註三十三卷 郭希汾輯註 民國十九年(1930)上海文明書局鉛印本 六册

330000－4788－0000267 普00967、普00968 類叢部/叢書類/彙編之屬

四部叢刊三編七十一種 張元濟等編 民國二十四年至二十五年(1935－1936)上海商務印書館影印本(長興集卷一至十二、三十一、三十三至四十一原缺) 五册 存二種

330000－4788－0000268 普00969、普00970、普00971、普00972、普00973 類叢部/叢書類/彙編之屬

四部叢刊三百八種 張元濟等編 民國上海商務印書館影印本 三十二册 存五種

330000－4788－0000270 普00975、普00976、普00977、普00978、普00979、類叢部/叢書類/彙編之屬

四部叢刊三百八種 張元濟等編 民國上海商務印書館影印本 三十三册 存五種

330000－4788－0000272 普00647 子部/藝術類/篆刻之屬/印譜

吴倉石印譜不分卷 吴昌碩篆 民國有正書局鈐拓本 四册

330000－4788－0000274 普00835、普00836 類叢部/叢書類/彙編之屬

四部叢刊三編七十一種 張元濟等編 民國二十四年至二十五年(1935－1936)上海商務印書館影印本(長興集卷一至十二、三十一、三十三至四十一原缺) 五册 存二種

330000－4788－0000277 普00837、普00838、普00839、普00840、普00841、普00842、普00843、普00844、普00845、普00846 類叢部/叢書類/彙編之屬

四部叢刊三百八種 張元濟等編 民國上海商務印書館影印本 一百二十一册 存十種

330000－4788－0000278 普00650 集部/别集類/唐五代别集

昌黎先生集四十卷外集十卷遺文一卷 (唐)韓愈撰 **朱子校昌黎先生集傳一卷** (宋)朱熹撰 民國九年(1920)上海涵芬樓鉛印本 十册

330000－4788－0000279 普00974 類叢部/叢書類/彙編之屬

四部叢刊三百八種 張元濟等編 民國上海商務印書館影印本 五册 存一種

330000－4788－0000281 普00652 經部/春秋左傳類/傳説之屬

東萊博議四卷 (宋)吕祖謙撰 **增補虚字註釋一卷** (清)馮泰松點定 民國七年(1918)文星堂刻本 一册

330000－4788－0000282 普00653 集部/詩文評類/詩評之屬

詩品注三卷 (南朝梁)鍾嶸撰 陳延傑注 **詩選一卷** 陳延傑選 民國十六年(1927)上海開明書店鉛印本 一册

330000－4788－0000283 普00654 史部/雜史類/斷代之屬

戰國策詳註三十三卷 郭希汾輯註 民國上海文明書局鉛印本 二册 存十一卷(十三至十八、二十四至二十八)

330000－4788－0000284 普00980、普00981、普00982、普00983、普00984 類叢部/叢書類/彙編之屬

四部叢刊三百八種 張元濟等編 民國上海商務印書館影印本 二十八册 存五種

330000－4788－0000285 普00655 史部/雜史類/斷代之屬

戰國策補註三十三卷 吴曾祺撰 民國上海商務印書館鉛印本 三册 存二十五卷(一至二十五)

330000－4788－0000286 普00656 史部/雜史類/斷代之屬

戰國策補註三十三卷 吴曾祺撰 民國上海商務印書館鉛印本 三册 存二十五卷(一至二十五)

330000－4788－0000287 普00847 經部/詩

類/傳說之屬

詩經原始十八卷首二卷　（清）方玉潤撰　民國十三年（1924）上海泰東圖書局石印本　一冊　存二卷（首一至二）

330000－4788－0000289　普00985、普00986、普00987、普00988、普00989　類叢部/叢書類/彙編之屬

四部叢刊三百八種　張元濟等編　民國上海商務印書館影印本　六十二冊　存五種

330000－4788－0000292　普00658　類叢部/類書類/專類之屬

佩文韻府一百六卷索隱一卷　（清）張玉書等輯　**韻府拾遺一百六卷**　（清）汪灝等輯　民國上海掃葉山房石印本　一百冊

330000－4788－0000293　普00849　集部/曲類/曲選之屬

元曲別裁集二卷　盧前編　民國十七年（1928）上海開明書店鉛印本　一冊

330000－4788－0000297　普00990、普00991、普00992、普00993、普00994　類叢部/叢書類/彙編之屬

四部叢刊三百八種　張元濟等編　民國上海商務印書館影印本　二十冊　存五種

330000－4788－0000299　普00852　集部/總集類/彙編之屬

唐四名家集　（明）毛晉輯　民國十五年（1926）上海涵芬樓據明海虞毛氏汲古閣刻本影印本　四冊

330000－4788－0000303　普00995、普00996　史部/紀傳類/正史之屬

百衲本二十四史　張元濟輯　民國上海商務印書館景印本　三十九冊　存二種

330000－4788－0000307　普00997、普00998、普00999、普01000、普01001　類叢部/叢書類/彙編之屬

四部叢刊三百八種　張元濟等編　民國上海商務印書館影印本　二十五冊　存五種

330000－4788－0000312　普00857　類叢部/類書類/通類之屬

子史精華一百六十卷　（清）吳士玉　（清）吳襄等輯　民國十一年（1922）上海錦章圖書局石印本　十六冊

330000－4788－0000314　普01002、普01003、普01004、普01005、普01006　類叢部/叢書類/彙編之屬

四部叢刊三百八種　張元濟等編　民國上海商務印書館影印本　十一冊　存五種

330000－4788－0000315　普00666　子部/雜著類/雜考之屬

評點百二十子二十六卷補遺十三卷　（明）歸有光輯　（明）文震孟參訂　民國石印本　十二冊　存十二卷（八、十一、十四、二十一至二十二，補遺三至四、六至八、十一、十三）

330000－4788－0000316　普00667　子部/儒家類/儒學之屬/禮教/鑑戒

八德須知二集八卷附誌一卷　蔡振紳編輯　民國二十年（1931）上海明善書局石印本　四冊

330000－4788－0000317　普00858、普普00859、普00860、普00861、普00862　類叢部/叢書類/彙編之屬

四部叢刊三百八種　張元濟等編　民國上海商務印書館影印本　二十七冊　存五種

330000－4788－0000318　普00668　經部/四書類/總義之屬/傳說

銅版四書集註　（宋）朱熹集註　民國上海錦章圖書局石印本　六冊

330000－4788－0000319　普00669　子部/藝術類/書畫之屬/畫譜

王小梅百美畫譜二卷　（清）王素繪　民國十五年（1926）上海世界書局石印本　二冊

330000－4788－0000320　普01007、普01008、普01009、普01010、普01011　類叢部/叢書類/彙編之屬

四部叢刊三百八種　張元濟等編　民國上海商務印書館影印本　四十九冊　存五種

330000－4788－0000322　普00670　集部/詩文評類/詩評之屬

隨園詩話十六卷補遺十卷　(清)袁枚撰　民國上海掃葉山房石印本　三冊　缺十二卷(一至四、九至十六)

330000－4788－0000327　普00671、普00672　類叢部/叢書類/自著之屬

隨園全集三十八種　(清)袁枚撰　民國七年(1918)上海文明書局石印本　三冊　存二種

330000－4788－0000329　普00673　集部/詩文評類/詩評之屬

隨園詩話十六卷補遺十卷　(清)袁枚撰　民國三年(1914)上海章福記書局石印本　一冊　缺四卷(補遺七至十)

330000－4788－0000330　普00674　集部/別集類/清別集

隨園文集二卷　(清)袁枚撰　民國十年(1921)進智圖書館石印本　一冊　存一卷(上)

330000－4788－0000331　普01012、普01013、普01014、普01015　類叢部/叢書類/彙編之屬

四部叢刊三百八種　張元濟等編　民國上海商務印書館影印本　九冊　存四種

330000－4788－0000333　普01017、普01018、普01019、普01020、普01382　類叢部/叢書類/彙編之屬

四部叢刊三百八種　張元濟等編　民國上海商務印書館影印本　十六冊　存五種

330000－4788－0000334　普00675　類叢部/叢書類/自著之屬

隨園全集三十九種　(清)袁枚撰　民國十九年(1930)國學書局鉛印本　一冊　存一種

330000－4788－0000336　普00865、普00866　史部/紀傳類/正史之屬

百衲本二十四史　張元濟輯　民國上海商務印書館影印本　一百五十二冊　存二種

330000－4788－0000337　普00676　集部/別集類/清別集

音註小倉山房尺牘八卷　(清)袁枚撰　(清)胡光斗箋釋　民國九年(1920)上海掃葉山房石印本　四冊

330000－4788－0000339　普00677　集部/總集類/尺牘之屬

商業進步尺牘六卷首一卷　孫寄滄編　民國上海文益書局石印本　六冊

330000－4788－0000340　普01021、普01022、普01023、普01024、普01025　類叢部/叢書類/彙編之屬

四部叢刊三百八種　張元濟等編　民國上海商務印書館影印本　五冊　存五種

330000－4788－0000342　普00867　子部/儒家類/儒家之屬

荀子集解二十卷首一卷　(唐)楊倞注　王先謙集解　民國上海商務印書館影印本　六冊

330000－4788－0000343　普00868　類叢部/叢書類/彙編之屬

四部備要三百一種　中華書局編　民國二十五年(1936)上海中華書局鉛印本　六冊　存一種

330000－4788－0000344　普00679　類叢部/叢書類/自著之屬

章氏叢書初集十一種　章炳麟撰　民國上海右文社鉛印本　二十四冊

330000－4788－0000345　普01026、普01027、普01028、普01029、普01030　類叢部/叢書類/彙編之屬

四部叢刊三百八種　張元濟等編　民國上海商務印書館影印本　十五冊　存五種

330000－4788－0000348　普00872　經部/群經總義類

經學通論五卷　(清)皮錫瑞撰　民國十二年(1923)上海商務印書館影印本　五冊

330000－4788－0000352　普00871　史部/紀傳類/正史之屬

百衲本二十四史　張元濟輯　民國上海商務印書館影印本　二十冊　存一種

330000－4788－0000354　普 01036、普 01037、普 01038、普 01039、普 01040　類叢部/叢書類/彙編之屬

四部叢刊三百八種　張元濟等編　民國上海商務印書館影印本　六十四册　存五種

330000－4788－0000356　普 01031、普 01032、普 01033、普 01034、普 01035　類叢部/叢書類/彙編之屬

四部叢刊三百八種　張元濟等編　民國上海商務印書館影印本　四十九册　存五種

330000－4788－0000361　普 00693　史部/地理類/方志之屬/郡縣志

［民國］壽昌縣志十卷首一卷　陳煥　潘紹雋修　陳舉愷纂　方仰賢繪圖　民國十九年(1930)金華大同印務局鉛印本　六册　缺一卷(十)

330000－4788－0000362　普 01041、普 01042、普 01043、普 01044、普 01045　類叢部/叢書類/彙編之屬

四部叢刊三百八種　張元濟等編　民國上海商務印書館影印本　十八册　存五種

330000－4788－0000364　普 01046、普 01047、普 01048、普 01049、普 01050　類叢部/叢書類/彙編之屬

四部叢刊三百八種　張元濟等編　民國上海商務印書館影印本　十五册　存五種

330000－4788－0000366　普 00873　子部/雜著類/雜纂之屬

越縵堂詹詹録二卷　(清)李慈銘撰　李文糺輯　民國二十二年(1933)李文糺鉛印本　二册

330000－4788－0000367　普 01051、普 01052、普 01053、普 01054、普 01055　類叢部/叢書類/彙編之屬

四部叢刊三百八種　張元濟等編　民國上海商務印書館影印本　八册　存五種

330000－4788－0000368　普 00874　史部/紀傳類/正史之屬

百衲本二十四史　張元濟輯　民國上海商務印書館影印本　五十四册　存一種

330000－4788－0000373　普 01101　類叢部/叢書類/自著之屬

諸葛武侯全集五種二十卷　(三國蜀)諸葛亮撰　(清)張澍輯　民國七年(1918)江左書林石印本　七册　存四種

330000－4788－0000374　普 01056、普 01057、普 01058、普 01059、普 01060　類叢部/叢書類/彙編之屬

四部叢刊三百八種　張元濟等編　民國上海商務印書館影印本　三十六册　存五種

330000－4788－0000375　普 01102　集部/總集類/選集之屬/斷代

當代百家酬世文庫二十六卷　劉再蘇編輯　民國二十一年(1932)上海世界書局石印本　十六册

330000－4788－0000376　普 01103　子部/術數類/占卜之屬

大六壬大全十三卷　(清)郭御青撰　民國五年(1916)上海廣益書局石印本　六册　存十二卷(一至十二)

330000－4788－0000378　普 01061、普 01062、普 01063、普 01064、普 01065　類叢部/叢書類/彙編之屬

四部叢刊三百八種　張元濟等編　民國上海商務印書館影印本　十七册　存五種

330000－4788－0000379　普 01104、普 01105　類叢部/叢書類/彙編之屬

四部叢刊三百八種　張元濟等編　民國上海商務印書館影印本　三册　存二種

330000－4788－0000380　普 01106　經部/群經總義類/授受源流之屬

經學歷史一卷　(清)皮錫瑞撰　民國十二年(1923)上海商務印書館影印本　一册

330000－4788－0000381　普 01107　集部/詩文評類/詩評之屬

越縵堂詩話三卷　(清)李慈銘撰　蔣瑞藻編

民國十四年(1925)上海商務印書館鉛印本 二册

330000－4788－0000382 普01108 經部/小學類/文字之屬/字書/古文
說文古籀疏證六卷原目一卷 (清)莊述祖撰 民國影印本 五册 缺一卷(原目)

330000－4788－0000383 普01109 子部/儒家類/儒學之屬/俗訓
格言合璧不分卷 (清)金纓輯 民國八年(1919)上海宏大善書局石印本 一册

330000－4788－0000384 普00876、普00877、普00878、普00879、普00880、普00881、普00882、普00883、普00884、普00885、普00886、普00887、普00888－00890 類叢部/叢書類/彙編之屬
四部叢刊三百八種 張元濟等編 民國上海商務印書館影印本 三十二册 存十五種

330000－4788－0000386 普01066、普01067、普01068、普01387 類叢部/叢書類/彙編之屬
四部叢刊三百八種 張元濟等編 民國上海商務印書館影印本 十八册 存四種

330000－4788－0000387 普01069 類叢部/叢書類/彙編之屬
四部叢刊三百八種 張元濟等編 民國上海商務印書館影印本 一册 存一種

330000－4788－0000388 普01070、普01071、普01073 類叢部/叢書類/彙編之屬
四部叢刊續編七十七種 張元濟等編 民國二十三年(1934)上海商務印書館影印本 六册 存三種

330000－4788－0000389 普00891 類叢部/叢書類/彙編之屬
四部叢刊三編七十一種 張元濟等編 民國二十四年至二十五年(1935－1936)上海商務印書館影印本(長興集卷一至十二、三十一、三十三至四十一原缺) 四十八册 存一種

330000－4788－0000390 普01074、普01076、普01077、普01078、普01414 類叢部/叢書類/彙編之屬
四部叢刊三百八種 張元濟等編 民國上海商務印書館影印本 二十三册 存六種

330000－4788－0000391 普01073 類叢部/叢書類/彙編之屬
四部叢刊三編七十一種 張元濟等編 民國二十四年至二十五年(1935－1936)上海商務印書館影印本 七册 存一種

330000－4788－0000392 普00892 集部/別集類/唐五代別集
玉谿生詩詳註六卷首一卷 (唐)李商隱撰 (清)馮浩註 民國四年(1915)中華圖書館石印本 八册

330000－4788－0000394 普01112 類叢部/叢書類/彙編之屬
四部叢刊續編七十七種 張元濟等編 民國二十三年(1934)上海商務印書館影印本(儀禮疏卷三十二至三十七、周易要義卷三至六、禮記要義卷一至二、麟臺故事卷四至五原缺) 一百九十七册 存一種

330000－4788－0000395 普01113 史部/地理類/方志之屬/郡縣志
[民國]龍游縣志四十卷首一卷末一卷 余紹宋撰 民國十四年(1925)北京京城印書局鉛印本 十六册

330000－4788－0000396 普00894、普00895、普00896 史部/紀傳類/正史之屬
百衲本二十四史 張元濟等編 民國上海商務印書館影印本 七十二册 存三種

330000－4788－0000397 普01079、普01080、普01081、普01082、普01083、普01084 類叢部/叢書類/彙編之屬
四部叢刊三百八種 張元濟等編 民國上海商務印書館影印本 七十三册 存六種

330000－4788－0000400 普01085、普01086、普01087、普01088、普01089、普01090、普01091、 類叢部/叢書類/彙編之屬
四部叢刊三百八種 張元濟等編 民國上海海

商務印書館影印本　二百二十四册　存七種

330000－4788－0000403　普 01092、普 01093、普 01094、普 01095、普 01096、普 01097、普 01098、普 01099　類叢部/叢書類/彙編之屬

四部叢刊三百八種　張元濟等編　民國上海商務印書館影印本　四十七册　存八種

330000－4788－0000408　普 00900　子部/雜著類/雜考之屬

日知錄集釋三十二卷之餘四卷栞誤二卷續栞誤二卷　（清）黄汝成撰　民國十七年（1928）上海掃葉山房石印本　十五册　缺二卷（日知錄之餘三至四）

330000－4788－0000412　普 01100、普 01301、普 01302、普 01303、普 01304、普 01305、類叢部/叢書類/彙編之屬

四部叢刊三百八種　張元濟等編　民國上海商務印書館影印本　二十九册　存六種

330000－4788－0000416　普 01306、普 01307、普 01308、普 01309、普 01310　類叢部/叢書類/彙編之屬

四部叢刊三百八種　張元濟等編　民國上海商務印書館影印本　三十八册　存五種

330000－4788－0000419　普 01128　集部/總集類/選集之屬/通代

古文析義初編六卷二編八卷　（清）林雲銘評註　民國元年（1912）石印本　九册　缺一卷（初編六）

330000－4788－0000421　普 01311、普 01312、普 01313、普 01314、普 01315、普 01316、普 01317　子部/小説家類

筆記小説大觀二百二十二種　進步書局輯　民國上海進步書局石印本　十五册　存七種

330000－4788－0000424　普 01131　集部/别集類/清别集

綠滿廬文集一卷詩集一卷春宵偶話一卷　（清）陳之翰撰　民國鉛印本　一册

330000－4788－0000428　普 01133　類叢部/叢書類/自著之屬

崇雅堂叢書十四種　楊晨撰　民國二十五年（1936）黄巖楊紹翰鉛印本　一册　存二種

330000－4788－0000430　普 01134　集部/小説類/長篇之屬

第一才子書三十四卷一百二十回首一卷　（明）羅貫中撰　（清）毛宗崗　（清）金人瑞評　民國三年（1914）上海中華書局鉛印本　十五册　缺二卷（三十一至三十二）

330000－4788－0000433　普 01137　集部/總集類/選集之屬/通代

古文析義初編六卷二編八卷　（清）林雲銘評註　民國十二年（1923）上海萃英書局石印本　十四册

330000－4788－0000434　普 01138　集部/小説類/短篇之屬

詳註聊齋志異圖詠十六卷　（清）蒲松齡撰　（清）吕湛恩註　民國上海錦章圖書局石印本　七册　存七卷（一至五、七至八）

330000－4788－0000435　普 01139　集部/小説類/長篇之屬

繡像神州光復志演義十五卷一百二十回　王雪菴編　民國九年（1920）上海民強書局石印本　十五册　缺一卷（十三）

330000－4788－0000436　普 01140　集部/小説類/短篇之屬

詳註聊齋志異圖詠十六卷　（清）蒲松齡撰　（清）吕湛恩註　民國石印本　十册　存十三卷（三至六、八至十六）

330000－4788－0000438　普 01142　子部/道家類

列子八卷　（晉）張湛注　（唐）殷敬順釋文　民國二年（1913）上海掃葉山房石印本　二册

330000－4788－0000443　普 01144　子部/雜著類/雜纂之屬

兩般秋雨盦隨筆八卷　（清）梁紹壬撰　民國上海掃葉山房石印本　三册　存六卷（三至八）

330000－4788－0000444　普 01145　集部/别

集類/宋別集
宋王忠文公文集五十卷目錄一卷 (宋)王十朋撰 **梅溪王忠文公年譜一卷** (清)徐炯文編 民國上海埽葉山房石印本 六冊 缺二十二卷(一至六、二十至二十九、四十至四十五)

330000－4788－0000445 普01146 集部/別集類/唐五代別集
五百家註音辯韓昌黎先生全集四十卷 (唐)韓愈撰 (宋)魏仲舉輯註 民國上海文瑞樓石印本 八冊 存二十五卷(一至十、十五至十九、二十三至三十二)

330000－4788－0000446 普01319、普01320、普01321、普01322、普01323、普01324、普01325、普01326 集部/總集類/彙編之屬
當代八家文鈔 胡君復編 民國十五年(1926)上海商務印書館鉛印本 十九冊

330000－4788－0000448 普01330 類叢部/叢書類/彙編之屬
漢魏叢書三十八種 (明)程榮輯 民國十四年(1925)上海商務印書館據明萬曆程氏刻本影印本 二十八冊 存二十九種

330000－4788－0000451 普01328 集部/總集類/選集之屬/斷代
王荊公唐百家詩選二十卷 (宋)王安石輯 民國上海涵芬樓鉛印本 三冊

330000－4788－0000453 普01210 普01211 普01212 普01213 普01214 普01215 普01216 普01217 普01218 普01219 普01220 普01221 普01222 普01223 普01224 類叢部/叢書類/彙編之屬
四部叢刊三百八種 張元濟等編 民國上海商務印書館影印本 一百二十二冊 存十五種

330000－4788－0000463 普01228 史部/傳記類/日記之屬
越縵堂日記補不分卷(清咸豐四年三月十四日至同治二年三月三十日) (清)李慈銘撰 民國二十五年(1936)上海商務印書館影印本 九冊

330000－4788－0000467 普01230 類叢部/叢書類/彙編之屬
四部備要三百一種 中華書局編 民國二十五年(1936)上海中華書局鉛印本 十一冊 存一種

330000－4788－0000468 普01336 類叢部/叢書類/彙編之屬
四部備要三百一種 中華書局編 民國二十五年(1936)上海中華書局鉛印本 七冊 存一種

330000－4788－0000469 普01337 類叢部/叢書類/彙編之屬
四部叢刊續編七十七種 張元濟等編 民國二十三年(1934)上海商務印書館影印本(儀禮疏卷三十二至三十七、周易要義卷三至六、禮記要義卷一至二、麟臺故事卷四至五原缺) 二十冊 存一種

330000－4788－0000471 普01338 經部/春秋左傳類/傳說之屬
曲江書屋新訂批註左傳快讀十八卷首一卷 (清)李紹崧輯 民國四年(1915)上海錦章圖書局石印本 十一冊 缺一卷(十六)

330000－4788－0000477 普01341 類叢部/叢書類/彙編之屬
說庫一百七十種 王文濡編 民國四年(1915)上海文明書局石印本(浮生六記卷五、六原缺) 三十二冊 存一百二種

330000－4788－0000496 普01166 史部/地理類/方志之屬/郡縣志
光緒金華縣志十六卷首一卷 (清)鄧鍾玉纂 (清)謝駿德等修 民國二十三年(1934)金震東石印局鉛印本 八冊

330000－4788－0000498 普01167 史部/編年類/通代之屬
增評加批歷史綱鑑補三十九卷首一卷 (明)王世貞 (明)袁黃纂 **資治明紀綱目二十卷** **資治明紀綱目三編一卷** (清)張廷玉等撰

民國上海文瑞樓石印本　二十三册　缺二卷（綱鑑補十八至十九）

330000－4788－0000502　普01169　集部/總集類/選集之屬/通代

評註昭明文選十五卷首一卷葉星衛附註一卷　（清）于光華輯　民國上海掃葉山房石印本　十六册

330000－4788－0000503　普01170　集部/小説類/短篇之屬

詳註聊齋志異圖詠十六卷　（清）蒲松齡撰　（清）吕湛恩註　民國十八年（1929）上海共和書局石印本　步雲題記　八册

330000－4788－0000505　普01171　集部/詞類/詞譜之屬

攷正白香詞譜三卷附録一卷　陳小蝶編　**增訂晚翠軒詞韻一卷**　陳祖耀校正　民國七年（1918）春草軒鉛印本暨石印本　四册

330000－4788－0000506　普01172　集部/詞類/詞譜之屬

攷正白香詞譜三卷附録一卷　陳小蝶編　**增訂晚翠軒詞韻一卷**　陳祖耀校正　民國七年（1918）春草軒鉛印本暨石印本　四册

330000－4788－0000509　普01173　集部/戲劇類/雜劇之屬

增批繪像第六才子書八卷　（元）王實甫（元）關漢卿撰　（清）金人瑞評　**六才子西廂文一卷唐六如先生文韻一卷**　（明）祝允明評定　（明）念庵居士輯　民國十八年（1929）上海中原書局石印本　一册

330000－4788－0000510　普01174　集部/總集類/尺牘之屬

古今尺牘大觀中編不分卷　姚漢章　何實睿纂輯　民國十二年（1923）上海中華書局鉛印本　十二册

330000－4788－0000519　普01365　經部/小學類/文字之屬/字書/字典

增篆字典十二集三十六卷檢字一卷等韻一卷補遺一卷備考一卷　（清）張玉書　（清）凌紹雯等纂修　民國六年（1917）上海鴻寶齋書局石印本　六册

330000－4788－0000526　普01368　子部/儒家類/儒學之屬/禮教/鑑戒

八德須知二集八卷　蔡振紳編輯　民國二十年（1931）上海宏大善書局石印本　四册

330000－4788－0000527　普01242　類叢部/叢書類/彙編之屬

四部叢刊三百八種　張元濟等編　民國上海商務印書館影印本　三十二册　存一種

330000－4788－0000528　普01183　集部/戲劇類/傳奇之屬

崑曲粹存初集不分卷　崑山國學保存會輯　民國十八年（1929）上海校經山房成記書局石印本　六册

330000－4788－0000529　普01184　子部/雜著類/雜説之屬

論衡三十卷　（漢）王充撰　民國上海掃葉山房石印本　六册

330000－4788－0000530　普01185　子部/儒家類/儒學之屬/性理

儒門語要六卷　（清）倪元坦撰　民國十三年（1924）上海大通書局石印本　三册

330000－4788－0000531　普01369　子部/宗教類/道教之屬

玉定金科例誅輯要十卷首一卷末一卷特宥輯要十卷首一卷末一卷例賞輯要十卷首一卷末一卷　南天都劫司　桂宫武昌侯輯　民國上海明善書局鉛印本　十四册

330000－4788－0000532　普01186　史部/金石類/金之屬/文字

積古齋鐘鼎彝器款識十卷　（清）阮元撰　民國十六年（1927）上海大一統書局影印本　六册

330000－4788－0000533　普01370　子部/宗教類/道教之屬

玉定金科例誅輯要十卷首一卷末一卷特宥輯要十卷首一卷末一卷例賞輯要十卷首一卷末

一卷　南天都劫司　桂宫武昌侯輯　民國上海明善書局鉛印本　十二册　缺六卷（科例誅輯要一至二、四，例賞輯要三至五）

330000－4788－0000534　普01373　集部/詞類/類編之屬

彊村叢書一百七十八種　朱祖謀輯並撰校記　民國六年（1917）歸安朱氏刻十一年（1922）校補印本　四十册　存一百七十七種

330000－4788－0000535　普01187　集部/總集類/彙編之屬

侯魏汪三家文合鈔四卷　進步書局編輯所編　民國四年（1915）上海文明書局石印本　四册

330000－4788－0000538　普01188　子部/術數類/陰陽五行之屬

奇門遁甲秘笈大全三十卷諸葛武侯行兵遁甲金函玉鏡六卷　（明）劉基校訂　民國上海大成書局石印本　四册

330000－4788－0000539　普01189　經部/詩類/傳說之屬

詩經白話註解八卷　民國七年（1918）上海江東茂記書局石印本　四册

330000－4788－0000540　普01190　子部/道家類

南華真經解四卷　（清）宣穎撰　民國上海會文堂書局石印本　四册

330000－4788－0000543　普01191　集部/詞類/總集之屬

絕妙好詞箋七卷　（宋）周密輯　（清）查為仁（清）厲鶚箋　**續鈔二卷**　（清）余集輯（清）徐楙補錄　民國上海掃葉山房石印本　三册　缺二卷（三至四）

330000－4788－0000544　普01192　集部/總集類/選集之屬/通代

經史百家簡編二卷　（清）曾國藩纂　民國二年（1913）上海商務印書館鉛印本　潘臣瀞題款　一册

330000－4788－0000545　普01193　經部/小學類/訓詁之屬/字詁

字說一卷　（清）吳大澂撰　民國十二年（1923）蘇州振新書社影印本　一册

330000－4788－0000553　普01199　集部/總集類/尺牘之屬

新編分類尺牘大全十四卷　文明書局編輯　民國十一年（1922）上海文明書局石印本　六册

330000－4788－0000556　普01200　子部/小說家類/瑣語之屬

岐海瑣譚集十六卷　（明）姜準輯　民國二十五年（1936）浙江省永嘉區徵輯鄉先哲遺著委員會鉛印本　四册

330000－4788－0000558　普01601　經部/詩類/傳說之屬

詩經集傳八卷　（宋）朱熹撰　民國十八年（1929）上海商務印書館鉛印本　三册　存七卷（一至四、六至八）

330000－4788－0000559　普01601　經部/書類/傳說之屬

書集傳六卷　（宋）蔡沈撰　民國商務印書館鉛印本　二册　存二卷（三至四）

330000－4788－0000560　普01601　經部/易類/傳說之屬

周易本義四卷筮儀一卷卦歌一卷　（宋）朱熹撰　民國十八年（1929）商務印書館鉛印本　二册

330000－4788－0000561　普01601　經部/孝經類/傳說之屬

孝經一卷弟子職一卷　（清）任兆麟集註　民國十八年（1929）上海商務印書館鉛印本　一册

330000－4788－0000562　普01376　子部/宗教類/道教之屬/雜著

玉準輪科輯要二十七卷　民國二十一年（1932）上海明善書局鉛印本　九册　存十九卷（二至三、六至十八、二十二、二十四、二十六至二十七）

330000－4788－0000563　普01377　子部/宗教類/道教之屬/雜著

玉準輪科輯要二十七卷　民國二十一年(1932)上海明善書局鉛印本　八册　存十四卷(四至十三、十九至二十一、二十五)

330000－4788－0000566　普01602　史部/雜史類/斷代之屬

太平天國叢書第一集　蕭一山輯　民國二十五年(1936)國立編譯館影印本　十册

330000－4788－0000569　普01603　史部/地理類/方志之屬/郡縣志

光緒浦江縣志十五卷首一卷附咸同殉難錄二卷　(清)善廣修　(清)張景青等纂　民國五年(1916)鉛印本　十六册

330000－4788－0000574　普01379　經部/小學類/文字之屬/字書/字典

康熙字典十二集三十六卷總目一卷檢字一卷辨似一卷等韻一卷備考一卷補遺一卷　(清)張玉書等纂修　民國十五年(1926)上海錦章圖書局石印本　六册

330000－4788－0000576　普01381　類叢部/叢書類/郡邑之屬

續金華叢書六十種　胡宗楙編　民國十三年(1924)永康胡氏夢選廔刻本　七册　存一種

330000－4788－0000579　普01608　史部/金石類/金之屬/文字

積古齋鐘鼎彝器款識十卷　(清)阮元撰　民國十三年(1924)上海掃葉山房石印本　四册　缺二卷(五至六)

330000－4788－0000580　普01609　史部/金石類/金之屬/文字

積古齋鐘鼎彝器款識十卷　(清)阮元撰　民國上海中華圖書館影印本　六册

330000－4788－0000581　普01610　集部/總集類/選集之屬/通代

陶詩彙評四卷東坡和陶合箋四卷　(清)溫汝能撰　民國四年(1915)上海掃葉山房石印本　四册

330000－4788－0000582　普01611　集部/別集類

陶菴詩稿不分卷續刊不分卷　陶菴主人撰　民國十四年(1925)、十六年(1927)鉛印本　二册

330000－4788－0000584　普01261　經部/小學類/文字之屬/字書/字典

辭源十二卷檢字一卷附錄五卷　陸爾奎等編　民國十六年(1927)上海商務印書館鉛印本　十二册

330000－4788－0000585　普01612　子部/醫家類/醫話醫論之屬

醫門法律六卷尚論篇四卷首一卷後篇四卷寓意草一卷　(清)喻昌撰　**局方發揮一卷**　(元)朱震亨撰　民國上海進步書局石印本　一册　缺六卷(一至六)

330000－4788－0000586　普01613　子部/醫家類/兒科之屬/通論

新纂兒科診斷學八卷　何廉臣撰述　民國十九年(1930)上海大東書局鉛印本　二册

330000－4788－0000589　普01616　集部/詞類/詞譜之屬

攷正白香詞譜三卷附錄一卷　陳小蝶編　**增訂晚翠軒詞韻一卷**　陳祖耀校正　民國七年(1918)春草軒鉛印本暨石印本　一册　存三卷(一至三)

330000－4788－0000591　普01617　子部/雜著類/雜說之屬

少室山房筆叢四十八卷　(明)胡應麟撰　民國十二年(1923)上海掃葉山房石印本　八册

330000－4788－0000595　普01618　子部/術數類/陰陽五行之屬

欽定協紀辨方書三十六卷　(清)允祿　(清)張照等纂修　民國十七年(1928)上海錦章圖書局石印本　五册　存十九卷(一至十九)

330000－4788－0000596　普01619　經部/小學類/文字之屬/字書/字典

康熙字典十二集三十六卷總目一卷檢字一卷

辨似一卷等韻一卷備考一卷補遺一卷 (清)張玉書等纂修 民國十年(1921)鴻寶齋書局石印本 六册

330000－4788－0000597 普01384 史部/史抄類

二十四史輯要六十四卷附二十四史總目一卷二十四史四庫提要一卷 趙華基編 民國中華書局鉛印本 九册 存十八卷(輯要四十至五十七)

330000－4788－0000598 普01266 子部/醫家類/類編之屬

徐靈胎先生醫書十六種 (清)徐大椿撰 民國十一年(1922)上海錦文堂書局石印本 十六册

330000－4788－0000602 普01267、普01268、普01269、普01270、普01271、普01272－01285 史部/紀傳類/正史之屬

二十四史附考證 民國上海第一圖書局鉛印本 二百九十九册 存十九種

330000－4788－0000606 普01623 集部/詩文評類/文法之屬/函牘格式

士商實用最新公牘全書六卷 廣文書局編輯所編 民國十二年(1923)上海世界書局石印本 一册

330000－4788－0000607 普01626 子部/醫家類/本草之屬/本草藥性

珍珠囊指掌補遺藥性賦四卷 (金)李杲編輯 (清)王子接重訂 **雷公炮製藥性解六卷** (明)李中梓編輯 (清)王子接重訂 民國共和書局石印本 一册

330000－4788－0000608 普01624 子部/醫家類/方書之屬/單方驗方

洪氏集驗方五卷 (宋)洪遵輯 民國上海進業書局據清嘉慶二十四年(1819)黄氏士禮居刻本影印本 一册

330000－4788－0000610 普01628 子部/醫家類/溫病之屬

重訂廣溫熱論二卷 (清)戴天章撰 (清)陸懋修刪定 何炳元重訂 民國三年(1914)宣化坊何氏醫家鉛印本 五册

330000－4788－0000611 普01286 經部/易類/傳說之屬

周易講義十卷 碧雲子講述 民國二十四年(1935)金華經訓山房鉛印本 四册

330000－4788－0000615 普01630 集部/小說類/長篇之屬

繪圖三國志演義八卷一百四十八回 (明)羅貫中撰 民國十五年(1926)上海世界書局石印本 八册

330000－4788－0000617 普01389 子部/醫家類/類編之屬

潛齋醫學叢書十四種 曹炳章編 民國七年(1918)集古閣石印本 十六册

330000－4788－0000619 普01388 子部/醫家類/本草之屬/歷代綜合本草

本草綱目五十二卷圖三卷瀕湖脉學一卷奇經八脉攷一卷脉訣攷證一卷 (明)李時珍撰 **本草萬方鍼線八卷** (清)蔡烈先輯 **本草綱目拾遺十卷** (清)趙學敏輯 民國二年(1913)上海商務印書館石印本 十八册 缺四卷(本草綱目一、圖一至三)

330000－4788－0000620 普01633、普01634 類叢部/叢書類/彙編之屬

四部備要三百一種 中華書局編 民國二十五年(1936)上海中華書局鉛印本 二十八册 存二種

330000－4788－0000621 普01635 集部/詩文評類/詩評之屬

歷代詩話二十七種五十七卷考索一卷 (清)何文煥輯 民國石印本 十六册

330000－4788－0000623 普01289 子部/法家類

管子學不分卷 (清)張佩綸撰 民國十七年(1928)張志潛據稿本影印本 八册

330000－4788－0000624 普01636 集部/總集類/選集之屬/通代

評校音注古文辭類纂七十四卷　(清)姚鼐輯　王文濡校注　民國十五年(1926)上海文明書局鉛印本　十六册

330000－4788－0000627　普01638　集部/小說類/長篇之屬

石頭記八卷八十回　(清)曹霑撰　民國上海有正書局石印本　二十册

330000－4788－0000629　普01639　類叢部/叢書類/自著之屬

惜抱軒全集七種　(清)姚鼐撰　民國三年(1914)上海會文堂書局石印本　八册

330000－4788－0000632　普01641　集部/別集類/清別集

香屑集十八卷首一卷末一卷　(清)黄之雋撰　(清)陳邦直注　民國二年(1913)上海掃葉山房石印本　四册

330000－4788－0000633　普01642　集部/總集類/選集之屬/通代

歷代詩文評註讀本□□種　王文濡編　民國上海文明書局鉛印本　四册　存一種

330000－4788－0000634　普01293　類叢部/叢書類/彙編之屬

四部備要三百一種　中華書局編　民國二十五年(1936)上海中華書局鉛印本　二十册　存一種

330000－4788－0000635　普01643　子部/道家類

莊子集釋十卷　(清)郭慶藩輯　民國上海掃葉山房石印本　十册

330000－4788－0000636　普01644　子部/叢編

六子全書　(明)顧春輯　民國三年(1914)右文社據明嘉靖十二年(1533)吳郡顧氏世德堂刻本影印本　六册　存一種

330000－4788－0000637　普01645　經部/春秋左傳類/傳說之屬

左傳菁華錄二十四卷　吳曾祺評注　民國十八年(1929)商務印書館鉛印本　六册

330000－4788－0000638　普01646　集部/別集類/明別集

王次回疑雨集註四卷　(明)王彦泓撰　(□)句漏後裔釋　民國九年(1920)上海文明書局石印本　四册

330000－4788－0000639　普01400、普01401、普01402、普01403　子部/醫家類/類編之屬

仲景全書五種　(漢)張機等撰　民國五年(1916)上海千頃堂石印本　八册　存四種

330000－4788－0000641　普01294　類叢部/叢書類/彙編之屬

四部叢刊三百八種　張元濟等編　民國上海商務印書館影印本　三册　存一種

330000－4788－0000642　普01296　子部/醫家類/類編之屬

中西醫學叢書　顧鳴盛編　民國上海大東書局石印本　二册　存一種

330000－4788－0000650　普01406　史部/編年類/通代之屬

資治通鑑二百九十四卷　(宋)司馬光撰　(元)胡三省音注　民國中華書局鉛印本　十六册　存四十七卷(三至五、九十九至一百四、一百十七至一百十九、一百七十四至一百八十二、二百二十二至二百三十七、二百四十四至二百四十六、二百五十三至二百五十五、二百八十至二百八十三)

330000－4788－0000652　普01652　史部/目錄類/通論之屬/義例

校讎新義十卷　杜定友撰　民國十九年(1930)上海中華書局鉛印本　二册

330000－4788－0000653　普01653　集部/別集類/清別集

人境廬詩草箋注十一卷補遺一卷　(清)黄遵憲撰　錢萼孫箋注　**嘉應黄先生墓誌銘一卷**　梁啓超撰　**黄公度先生年譜一卷**　錢萼孫撰　**詩話二卷**　錢萼孫輯　民國二十五年(1936)上海商務印書館鉛印本　三册

330000－4788－0000655　普 01654　子部/宗教類/道教之屬
太上感應篇圖説八卷首一卷　（清）黄正元輯　（清）毛金蘭補　民國十年（1921）同善堂刻本　四册　存五卷（首、一至四）

330000－4788－0000656　普 01405　集部/楚辭類
楚辭十七卷　（漢）劉向集　（漢）王逸章句　（宋）洪興祖補注　民國上海涵芬樓影印本　三册　存七卷（一至七）

330000－4788－0000657　普 01655　史部/地理類/方志之屬/郡縣志
［民國］鄞縣通志六志五十一編附圖一函　張傳保　汪煥章修　陳訓正　馬瀛纂　民國二十二年（1933）至一九五一年寧波鄞縣通志館鉛印本　六册　存八編（輿地志庚、癸、子至巳）

330000－4788－0000658　普 01407　史部/紀傳類/正史之屬
二十四史附考證　民國上海第一圖書局鉛印本　四十册　存一種

330000－4788－0000659　普 01656　經部/小學類/音韻之屬/韻書
佩文詩韻釋要五卷　（清）周兆基輯　民國二十四年（1935）上海商務印書館影印本　一册

330000－4788－0000661　普 01408　史部/紀傳類/正史之屬
史記一百三十卷　（漢）司馬遷撰　（南朝宋）裴駰集解　（唐）司馬貞索隱　（唐）張守節正義　民國上海第一書局據清武英殿刻二十一史本影印本　十六册

330000－4788－0000663　普 01658　類叢部/叢書類/郡邑之屬
續金華叢書六十種　胡宗楙編　民國十三年（1924）永康胡氏夢選樓刻本　六十九册　存三十六種

330000－4788－0000669　普 01412　子部/醫家類/綜合之屬/通論
增訂醫宗金鑑九十卷首一卷　（清）吳謙等撰　民國上海廣益書局石印本　十册　存四十五卷（首、内科一至四十四）

330000－4788－0000672　普 01504　經部/小學類/文字之屬/字書/字典
康熙字典十二集三十六卷總目一卷檢字一卷辨似一卷等韻一卷備考一卷補遺一卷　（清）張玉書等纂修　民國上海商務印書館石印本　五册　缺五卷（亥集上中下、備考、補遺）

330000－4788－0000674　普 01660　子部/藝術類/書畫之屬/畫譜
吳友如畫寶十三集　（清）吳友如繪　民國上海璧園會社石印本　十一册　缺三集（二、五、十三）

330000－4788－0000679　普 01508　類叢部/類書類/通類之屬
國民寶庫二十四卷　中華書局編　民國中華書局鉛印本　一册　存二卷（六至七）

330000－4788－0000682　普 01415、普 01416、普 01417、普 01418、普 01419、普 01420、普 01421、普 01422　子部/醫家類/類編之屬
徐靈胎先生醫書十三種　（清）徐大椿撰　民國上海錦文堂書局石印本　十三册　存八種

330000－4788－0000689　普 01514　集部/總集類/選集之屬/斷代
晚唐詩選八卷　王文濡編輯　民國十年（1921）中華書局鉛印本　一册　存三卷（六至八）

330000－4788－0000690　普 01664　子部/藝術類/書畫之屬/書法書品
行書備要一卷　童式規書　民國抄本　童□生觀款　一册

330000－4788－0000691　普 01423　集部/總集類/選集之屬/通代
評校音注古文辭類纂七十四卷　（清）姚鼐輯　王文濡校注　民國十三年（1924）上海文明書局鉛印本　六册　存二十九卷（四至八、十四至二十二、三十八至五十二）

330000－4788－0000695　普01666　史部/編年類/通代之屬

尺木堂綱鑑易知錄二十一卷明鑑易知錄三卷　(清)吴乘權　(清)周之炯　(清)周之燦輯　民國上海普新書局石印本　二十二册　缺二卷(鋼鑑易知錄一至二)

330000－4788－0000715　普01681　子部/雜家類

公孫龍子懸解六卷事輯一卷敘錄一卷後錄一卷　王琯撰　民國十七年(1928)上海中華書局鉛印本　二册

330000－4788－0000716　普01682　集部/詞類

詞話彙刊六種附一種　嵇錦楓輯　民國十六年(1927)蘇州中報館鉛印本　二册　存一種

330000－4788－0000720　普01517　史部/編年類/通代之屬

資治通鑑二百九十四卷目錄三十卷　(宋)司馬光撰　(元)胡三省音注　**續資治通鑑二百二十卷**　(清)畢沅編集　民國十五年(1926)上海大中書局石印本　四册　存三十卷(目錄一至三十)

330000－4788－0000721　普01685　經部/春秋左傳類/傳說之屬

春秋左傳五十卷附綱目一卷提要一卷　(晉)杜預　(宋)林堯叟註釋　(唐)陸德明音義

春秋列國圖說一卷　(宋)蘇軾撰　民國上海商務印書館石印本　十一册　缺四卷(二十五至二十八)

330000－4788－0000724　普01520　子部/醫家類/針灸之屬/通論

針灸大成十二卷　(明)楊繼洲撰　民國上海簡青齋石印本　一册　存五卷(一至五)

330000－4788－0000725　普01519　子部/醫家類/針灸之屬/通論

針灸大成十二卷　(明)楊繼洲撰　民國上海共和書局石印本　六册

330000－4788－0000737　普01521　子部/醫家類/針灸之屬/通論

新編鍼灸大成十二卷　(明)楊濟時撰　民國上海春明書店石印本　一册　存二卷(六至七)

330000－4788－0000739　普01698　集部/詞類/别集之屬

納蘭詞五卷補遺一卷　(清)納蘭性德撰　民國四年(1915)上海有正書局石印本　一册

330000－4788－0000742　普01523　經部/春秋左傳類/傳說之屬

春秋左傳五十卷　(晉)杜預　(宋)林堯叟註釋　(唐)陸德明音義　民國鉛印本　五册　存二十一卷(九至二十一、二十六至二十九、三十四至三十七)

330000－4788－0000746　普01803　史部/編年類/通代之屬

資治通鑑二百九十四卷　(宋)司馬光撰　(元)胡三省音注　民國十五年(1926)上海大中書局石印本　四十三册　缺六卷(二百五十二至二百五十七)

330000－4788－0000750　普01522　子部/法家類

管子二十四卷　(唐)房玄齡注　民國二年(1913)育文書局石印本　二册

330000－4788－0000754　普01532　子部/宗教類/道教之屬

九陽關註解一卷　(□)中和先生撰　(□)紫陽真人鑒　(□)飛龍先生註解　民國同道益善書局石印本　一册

330000－4788－0000756　普01806　類叢部/叢書類/彙編之屬

四部備要三百一種　中華書局編　民國二十五年(1936)上海中華書局鉛印本　八册　存一種

330000－4788－0000757　普01807　史部/傳記類/總傳之屬/家乘

[浙江蘭谿]南陽滕氏宗譜四卷首一卷　滕森清纂修　民國二十七年(1938)蘭谿滕氏五聚

堂木活字印本　五册

330000－4788－0000759　普01809　史部/傳記類/總傳之屬/家乘
[浙江蘭谿]東魯唐氏族譜二十卷首一卷　唐益三等纂修　民國五年(1916)世德堂木活字印本　二十一册

330000－4788－0000760　普01810　史部/傳記類/總傳之屬/家乘
[浙江蘭谿]東魯唐氏族譜三泉副卷不分卷　唐益三等纂修　民國五年(1916)世德堂木活字印本　四册

330000－4788－0000761　普01811　史部/傳記類/總傳之屬/家乘
[浙江蘭谿]東魯唐氏角分賓峰堂草譜一卷　唐芳士等纂修　民國五年(1916)至一九五一年賓峰堂木活字印本暨抄本　一册

330000－4788－0000762　普01812　史部/傳記類/總傳之屬/家乘
[浙江蘭谿]河南方氏宗譜六卷　(清)方大用　(清)方士升等纂修　方滿發　方盛林等續修　民國十一年(1922)木活字印本　六册

330000－4788－0000763　普01813　史部/傳記類/總傳之屬/家乘
[浙江蘭谿]章氏宗譜八卷　章印育　章甘棠等纂修　民國二十六年(1937)木活字印本　三册　存三卷(一、三、五)

330000－4788－0000764　普01814　史部/傳記類/總傳之屬/家乘
[浙江蘭谿]章氏宗譜八卷　章印育　章甘棠等纂修　民國二十六年(1937)木活字印本　七册　存七卷(二至八)

330000－4788－0000765　普01815　史部/傳記類/總傳之屬/家乘
[浙江蘭谿]渡瀆章氏宗譜十八卷首二卷　章紹金修　章寶元等纂　民國十九年(1930)蘭谿章氏睦親堂木活字印本　二册　存二卷(四、十二)

330000－4788－0000766　普01816　史部/傳記類/總傳之屬/家乘
[浙江蘭谿]西山王氏宗譜三卷　王性富等纂修　民國三十三年(1944)三槐堂木活字印本　四册

330000－4788－0000767　普01817　史部/傳記類/總傳之屬/家乘
[浙江蘭谿]西山王氏宗譜三卷　王性富等纂修　民國三十三年(1944)三槐堂木活字印本　四册

330000－4788－0000768　普01818　史部/傳記類/總傳之屬/家乘
[浙江蘭谿]西山王氏宗譜三卷　王性富等纂修　民國三十三年(1944)三槐堂木活字印本　四册

330000－4788－0000769　普01819　史部/傳記類/總傳之屬/家乘
[浙江蘭谿]西山王氏宗譜三卷　王性富等纂修　民國三十三年(1944)三槐堂木活字印本　四册

330000－4788－0000770　普01820　史部/傳記類/總傳之屬/家乘
[浙江蘭谿]西山王氏宗譜三卷　王性富等纂修　民國三十三年(1944)三槐堂木活字印本　一册　存一卷(一)

330000－4788－0000771　普01821　史部/傳記類/總傳之屬/家乘
[浙江蘭谿]西山王氏宗譜三卷　王性富等纂修　民國三十三年(1944)三槐堂木活字印本　一册

330000－4788－0000773　普01823　史部/傳記類/總傳之屬/家乘
[浙江蘭谿]太原王氏宗譜四卷　王忠銘纂修　民國三十年(1941)下新廳木活字印本　四册

330000－4788－0000776　普01824　史部/傳記類/總傳之屬/家乘
[浙江蘭谿]太原王氏宗譜四卷　王忠銘纂修　民國三十年(1941)下新廳木活字印本

四冊

330000－4788－0000777　普01825　史部/傳記類/總傳之屬/家乘

[浙江蘭谿]太原王氏宗譜四卷　王忠銘纂修　民國三十年(1941)下新廳木活字印本　四冊

330000－4788－0000780　普01827　史部/傳記類/總傳之屬/家乘

[浙江蘭谿]西山王氏宗譜三卷　王性中輯　民國十七年(1928)三槐堂木活字印本　一冊　存一卷(一)

330000－4788－0000781　普01828　史部/傳記類/總傳之屬/家乘

[浙江蘭谿]西山王氏宗譜三卷　王性中輯　民國十七年(1928)三槐堂木活字印本　一冊

330000－4788－0000782　普01829　史部/傳記類/總傳之屬/家乘

[浙江蘭谿]西山王氏宗譜□□卷　王□□輯　民國三槐堂木活字印本　一冊　存二卷(二至三)

330000－4788－0000784　普01831　史部/傳記類/總傳之屬/家乘

[浙江蘭谿]郡馬遺芳姚氏宗譜六卷　姚晉昇等纂修　民國十七年(1928)木活字印本　六冊

330000－4788－0000785　普01832　史部/傳記類/總傳之屬/家乘

[浙江蘭谿]郡馬遺芳姚氏宗譜六卷　姚晉昇等纂修　民國十七年(1928)木活字印本　一冊　存一卷(五)

330000－4788－0000786　普01833　史部/傳記類/總傳之屬/家乘

[浙江蘭谿]郡馬遺芳姚氏宗譜六卷　姚晉昇等纂修　民國十七年(1928)木活字印本　三冊　存三卷(一至二、四)

330000－4788－0000787　普01834　史部/傳記類/總傳之屬/家乘

[浙江蘭谿]郡馬遺芳姚氏宗譜六卷　姚晉昇等纂修　民國十七年(1928)木活字印本　四冊　存四卷(一、三至四、六)

330000－4788－0000788　普01835　史部/傳記類/總傳之屬/家乘

[浙江蘭谿]郡馬遺芳姚氏宗譜六卷　姚晉昇等纂修　民國十七年(1928)木活字印本　三冊　存三卷(三至四、六)

330000－4788－0000789　普01836　史部/傳記類/總傳之屬/家乘

[浙江蘭谿]郡馬遺芳姚氏宗譜六卷　姚晉昇等纂修　民國十七年(1928)木活字印本　二冊　存二卷(一、六)

330000－4788－0000790　普01837　史部/傳記類/總傳之屬/家乘

[浙江蘭谿]郡馬遺芳姚氏宗譜六卷　姚晉昇等纂修　民國十七年(1928)木活字印本　二冊　存二卷(二、五)

330000－4788－0000791　普01838　史部/傳記類/總傳之屬/家乘

[浙江蘭谿]郡馬遺芳姚氏宗譜六卷　姚晉昇等纂修　民國十七年(1928)木活字印本　三冊　存三卷(二、四至五)

330000－4788－0000792　普01839　史部/傳記類/總傳之屬/家乘

[浙江蘭谿]郡馬遺芳姚氏宗譜六卷　姚晉昇等纂修　民國十七年(1928)木活字印本　二冊　存二卷(四至五)

330000－4788－0000793　普01840　史部/傳記類/總傳之屬/家乘

[浙江蘭谿]郡馬遺芳姚氏宗譜六卷　姚晉昇等纂修　民國十七年(1928)木活字印本　一冊　存一卷(三)

330000－4788－0000794　普01431　史部/政書類/通制之屬

通志二百卷　(宋)鄭樵撰　民國鉛印本　八冊　存五十六卷(八至二十二、六十四至八十三、九十九至一百十九)

330000－4788－0000805　普01432　經部/小

學類/文字之屬/字書/字典

鐘鼎字源五卷附錄一卷　(清)汪立名撰　民國四年(1915)掃葉山房石印本　三冊

330000－4788－0000806　普01847　史部/傳記類/總傳之屬/家乘

[浙江蘭谿]博陵邵氏宗譜四卷　邵祥林等纂修　民國二十七年(1938)木活字印本　三冊　缺一卷(四)

330000－4788－0000807　普01848　史部/傳記類/總傳之屬/家乘

[浙江蘭谿]博陵邵氏宗譜四卷　邵祥林等纂修　民國二十七年(1938)木活字印本　三冊　缺一卷(一)

330000－4788－0000808　普01849　史部/傳記類/總傳之屬/家乘

[浙江蘭谿]桂林方氏宗譜二卷　方東壽等纂修　民國二十八年(1939)敦睦堂木活字印本　二冊

330000－4788－0000821　普01857　史部/傳記類/總傳之屬/家乘

[浙江]高演任氏宗譜□□卷　民國十九年(1930)木活字印本　三冊　存二卷(三、六)

330000－4788－0000824　普01435　集部/別集類/清別集

石壇山房全集七種十卷　(清)陳得善撰　民國二十三年(1934)陳慶麒鉛印本　三冊　缺三卷(文集二至三、詩集二)

330000－4788－0000828　普01858　史部/傳記類/總傳之屬/家乘

[浙江蘭谿]雁門童氏宗譜世系十八卷行第二十七卷首七卷　童子來等纂修　民國五年(1916)童氏三松堂木活字印本　二十冊　存十八卷(首一、四至六,世系一至二、四至五、七、九至十六、十八)

330000－4788－0000830　普01859　史部/傳記類/總傳之屬/家乘

[浙江蘭谿]雁門童氏宗譜世系十八卷行第二十七卷首七卷　童子來等纂修　民國五年(1916)童氏三松堂木活字印本　二十四冊　存二十四卷(行第一至十、十二至二十一、二十三至二十五、二十七)

330000－4788－0000831　普01860　史部/傳記類/總傳之屬/家乘

[浙江蘭谿]雁門童氏宗譜世系十八卷行第二十七卷首七卷　童子來等纂修　民國五年(1916)童氏三松堂木活字印本　十三冊　存十三卷(行第十五至二十七)

330000－4788－0000835　普01861　史部/傳記類/總傳之屬/家乘

[浙江蘭谿]中山郎氏宗譜九卷　郎鳳桂等纂修　民國三十七年(1948)郎氏敦倫堂木活字印本　一冊　存一卷(一)

330000－4788－0000837　普01862　史部/傳記類/總傳之屬/家乘

[浙江蘭谿]中山郎氏宗譜九卷　郎鳳桂等纂修　民國三十七年(1948)郎氏敦倫堂木活字印本　二冊　存二卷(八至九)

330000－4788－0000844　普01868　史部/傳記類/總傳之屬/家乘

[浙江蘭谿]勘頭歐陽氏宗譜世系一卷　歐陽永壽等纂修　民國三十六年(1947)油印本　一冊

330000－4788－0000845　普01869　史部/傳記類/總傳之屬/家乘

[浙江蘭谿]勘頭歐陽氏宗譜世系一卷　歐陽永壽等纂修　民國三十六年(1947)油印本　一冊

330000－4788－0000846　普01870　史部/傳記類/總傳之屬/家乘

[浙江蘭谿]勘頭歐陽氏宗譜世系一卷　歐陽永壽等纂修　民國三十六年(1947)油印本　一冊

330000－4788－0000848　普01871　史部/傳記類/總傳之屬/家乘

[浙江紹興]偁山章氏珉一房宗譜不分卷　章嘉寶　章樸菴　章裕卿纂修　民國十七年

(1928)木活字印本　一册

330000－4788－0000850　普01872　史部/傳記類/總傳之屬/家乘

[浙江蘭谿]南陽趙氏行譜□□卷　民國十七年(1928)著存堂木活字印本　一册　存一卷(二十五)

330000－4788－0000851　普01873　史部/傳記類/總傳之屬/家乘

[浙江蘭谿]瀔西浚儀趙氏宗譜系譜三卷行譜十卷首一卷末二卷　趙寶彝纂修　民國二十年(1931)敘倫堂木活字印本　二册　存二卷(首、末二)

330000－4788－0000852　普01874　史部/傳記類/總傳之屬/家乘

[浙江蘭谿]瀔西浚儀趙氏宗譜系譜三卷行譜十卷首一卷末二卷　趙寶彝纂修　民國二十年(1931)敘倫堂木活字印本　七册　存七卷(系譜一,行譜一、四至六、八,末一)

330000－4788－0000853　普01875　史部/傳記類/總傳之屬/家乘

[浙江蘭谿]瀔西浚儀趙氏宗譜系譜三卷行譜十卷首一卷末二卷　趙寶彝纂修　民國二十年(1931)敘倫堂木活字印本　一册　存一卷(行譜五)

330000－4788－0000859　普01878　史部/傳記類/總傳之屬/家乘

[浙江蘭谿]龍門徐氏宗譜四卷　徐丙山等纂修　民國五年(1916)徐氏瑞竹堂木活字印本　四册

330000－4788－0000860　普01879　史部/傳記類/總傳之屬/家乘

[浙江蘭谿]坂口徐氏宗譜三卷　陸旭初纂　民國六年(1917)徐氏樹德堂木活字印本　二册

330000－4788－0000861　普01880　史部/傳記類/總傳之屬/家乘

[浙江蘭谿]坂口徐氏宗譜三卷　陸旭初纂　民國六年(1917)徐氏樹德堂木活字印本　一册　存二卷(二至三)

330000－4788－0000862　普01881　史部/傳記類/總傳之屬/家乘

[浙江蘭谿]坂口徐氏宗譜三卷　陸旭初纂　民國六年(1917)徐氏樹德堂木活字印本　一册　存一卷(一)

330000－4788－0000863　普01882　史部/傳記類/總傳之屬/家乘

[浙江江山]湖川蒓溪徐氏家乘十八卷首一卷　徐發榮　徐發昌修　徐家麒　徐柱臣纂　民國十一年(1922)徐氏惇彝堂木活字印本　十三册　缺六卷(十二至十七)

330000－4788－0000864　普01883　史部/傳記類/總傳之屬/家乘

[浙江蘭谿]蘭谿施旺徐氏宗譜三卷　民國二十八年(1939)徐氏和睦堂木活字印本　一册　存二卷(二至三)

330000－4788－0000866　普01885　史部/傳記類/總傳之屬/家乘

[浙江蘭谿]清河張氏宗譜三卷　張樟鳳　張順來等修纂　民國七年(1918)張氏綠筠堂木活字印本　三册

330000－4788－0000867　普01886　史部/傳記類/總傳之屬/家乘

[浙江蘭谿]清河張氏宗譜三卷　張樟鳳　張順來等修纂　民國七年(1918)張氏綠筠堂木活字印本　一册　存一卷(二)

330000－4788－0000868　普01887　史部/傳記類/總傳之屬/家乘

[浙江蘭谿]清河張氏宗譜三卷　張樟鳳　張順來等修纂　民國七年(1918)張氏綠筠堂木活字印本　二册　存二卷(二至三)

330000－4788－0000869　普01888　史部/傳記類/總傳之屬/家乘

[浙江蘭谿]清河張氏宗譜三卷　張宜坤等纂修　民國五年(1916)張氏餘慶堂木活字印本　一册

330000－4788－0000871　普01890　史部/傳

記類/總傳之屬/家乘

[浙江蘭谿]新埠張氏宗譜四卷 張春富 張勤財等纂修 民國二十四年(1935)張氏積慶堂木活字印本 一册 存三卷(一至三)

330000－4788－0000872 普01891 史部/傳記類/總傳之屬/家乘

[浙江蘭谿]蘭谿鳳山張氏宗譜四卷 張炳熊 張秋蘭 張蘭湘修 張鏡清纂 民國十三年(1924)張氏敦睦堂木活字印本 四册

330000－4788－0000873 普01892 史部/傳記類/總傳之屬/家乘

[浙江蘭谿]余氏宗譜二卷 民國十五年(1926)余氏裕慶堂木活字印本 二册

330000－4788－0000874 普01893 史部/傳記類/總傳之屬/家乘

[浙江蘭谿]余氏宗譜二卷 民國十五年(1926)余氏裕慶堂木活字印本 二册

330000－4788－0000876 普01895 史部/傳記類/總傳之屬/家乘

[浙江蘭谿]中山湯氏宗譜六卷 民國十二年(1923)湯氏敦庸堂、敦倫堂木活字印本 五册 存五卷(二至六)

330000－4788－0000877 普01896 史部/傳記類/總傳之屬/家乘

[浙江蘭谿]燉煌洪氏宗譜四卷 民國三十年(1941)洪氏敦睦堂木活字印本 三册 存三卷(二至四)

330000－4788－0000878 普01897 史部/傳記類/總傳之屬/家乘

[浙江青陽]青陽胡氏家譜□□卷 民國三十六年(1947)木活字印本 一册 存一卷(七)

330000－4788－0000879 普01898 史部/傳記類/總傳之屬/家乘

[浙江蘭谿]平陽五湖舒洪二宗家譜□□卷 民國三十五年(1946)木活字印本 一册 存一卷(一)

330000－4788－0000880 普01899 史部/傳記類/總傳之屬/家乘

[浙江蘭谿]延陵吴氏宗譜□□卷 吳曰祥 吳曰瑞纂修 民國十七年(1928)吳氏貴林堂木活字印本 一册 存二卷(一至二)

330000－4788－0000881 普01900 史部/傳記類/總傳之屬/家乘

[浙江蘭谿]渡溪鍾氏宗譜□□卷 民國三十六年(1947)木活字印本 一册 存一卷(十三)

330000－4788－0000882 普01901 史部/傳記類/總傳之屬/家乘

[浙江瑞安]廖氏宗譜不分卷 (清)吳兆麟纂修 民國二十一年(1932)平陽樹人堂木活字印本 一册

330000－4788－0000890 普01907 史部/傳記類/總傳之屬/家乘

[浙江蘭谿]南陽葉氏宗譜三卷 (清)葉樟全等纂修 民國十五年(1926)木活字印本 四册

330000－4788－0000891 普01908 史部/傳記類/總傳之屬/家乘

[浙江蘭谿]南陽葉氏宗譜三卷 (清)葉樟全等纂修 民國十五年(1926)木活字印本 二册

330000－4788－0000892 普01909 史部/傳記類/總傳之屬/家乘

[浙江蘭谿]南陽葉氏宗譜三卷 (清)葉樟全等纂修 民國十五年(1926)木活字印本 三册 存一卷(三)

330000－4788－0000893 普01910 史部/傳記類/總傳之屬/家乘

[浙江蘭谿]南陽葉氏宗譜三卷 (清)葉樟全等纂修 民國十五年(1926)木活字印本 二册 存一卷(三)

330000－4788－0000895 普01911 史部/傳記類/總傳之屬/家乘

[浙江蘭谿]南陽葉氏宗譜三卷 (清)葉樟全等纂修 民國十五年(1926)木活字印本 一册 存二卷(一至二)

330000－4788－0000896　普01912　史部/傳記類/總傳之屬/家乘

[浙江蘭谿]南陽葉氏宗譜三卷　(清)葉樟全等纂修　民國十五年(1926)木活字印本　四冊

330000－4788－0000897　普01914　史部/編年類/通代之屬

御批歷代通鑑輯覽一百二十卷　(清)傅恒等撰　民國上海商務印書館鉛印本　十五冊　存四十八卷(一至七、二十一至二十六、三十至三十五、三十九至四十一、七十九至八十一、八十五至九十六、一百四至一百九、一百十六至一百二十)

330000－4788－0000911　普01920　史部/傳記類/總傳之屬/家乘

[浙江]諸葛氏宗譜二十卷首一卷　諸葛子慎等修纂　民國三十六年(1947)木活字印本　三十九冊

330000－4788－0000912　普01458　子部/宗教類/佛教之屬/經

佛說無量壽經二卷　(三國魏)釋康僧鎧譯　民國十四年(1925)杭州佛學會石印本　一冊

330000－4788－0000915　普01921　史部/傳記類/總傳之屬/家乘

[浙江蘭谿]厚倫方氏宗譜不分卷　方高魁等纂修　民國十三年(1924)木活字印本　一冊

330000－4788－0000917　普01922　子部/藝術類/書畫之屬/畫譜

吳待秋畫稿不分卷　吳徵繪　民國十年(1921)上海商務印書館影印本　一冊

330000－4788－0000919　普01923　子部/藝術類/書畫之屬/畫譜

郭屺亭仿古山水冊不分卷　郭蘭枝繪　民國十五年(1926)上海西泠印社影印本　李臧題簽　一冊

330000－4788－0000921　普01924　子部/藝術類/書畫之屬/畫譜

丁悚百美圖外集一卷　丁悚繪　民國七年(1918)上海交通圖書館石印本　一冊

330000－4788－0000924　普01927　子部/藝術類/書畫之屬/畫譜

名畫選粹二卷　天501生選輯　民國十四年(1925)上海大東書局石印本　一冊　存一卷(二)

330000－4788－0000928　普01928　子部/藝術類/書畫之屬/畫譜

近世一百名家畫集四卷　錢病鶴編　民國上海石印本　一冊　存一卷(一)

330000－4788－0000930　普01540　類叢部/叢書類/自著之屬

分類廣註曾文正公五種八卷　(清)曾國藩撰　民國上海世界書局石印本　一冊　存一卷(家訓)

330000－4788－0000931　普01541　類叢部/叢書類/自著之屬

分類廣註曾文正公五種八卷　(清)曾國藩撰　民國上海世界書局石印本　一冊　存一卷(家書三)

330000－4788－0000932　普01542　類叢部/叢書類/彙編之屬

四部備要三百一種　中華書局編　民國二十五年(1936)上海中華書局鉛印本　六冊　存一種

330000－4788－0000933　普01464　類叢部/叢書類/彙編之屬

四部叢刊三百八種　張元濟等輯　民國上海商務印書館影印本　二冊　存一種

330000－4788－0000934　普01543　集部/曲類/寶卷之屬

回天寶懺八卷首一卷　民國三十三年(1944)石印本　三冊　存四卷(首、一至三)

330000－4788－0000935　普01544　子部/藝術類/書畫之屬/畫譜

芥子園畫傳初集六卷二集九卷三集六卷　(清)王槩　(清)王蓍　(清)王臬輯　民國二十二年(1933)上海天寶書局石印本　十

二册

330000－4788－0000937　普01545　子部/藝術類/書畫之屬/畫譜

芥子園畫傳初集六卷二集九卷三集六卷　(清)王槩　(清)王蓍　(清)王臬輯　民國石印本　二册　存二卷(初集三至四)

330000－4788－0000938　普01546　子部/藝術類/書畫之屬/畫譜

芥子園畫傳初集六卷二集九卷三集六卷　(清)王槩　(清)王蓍　(清)王臬輯　民國上海天寶書局石印本　六册　存十卷(初集四、六,二集五至八,三集一至二、五至六)

330000－4788－0000940　普01547　類叢部/叢書類/自著之屬

章氏叢書初集十一種　章炳麟撰　民國上海右文社鉛印本　一册　存一種

330000－4788－0000943　普01931　子部/宗教類/佛教之屬/諸宗

淨土五經六卷　釋印光輯　民國上海佛學書局刻本　一册　存一種

330000－4788－0000947　普01549　子部/藝術類/書畫之屬/畫譜

芥子園畫傳四集四卷　(清)王槩　(清)王蓍　(清)王臬輯　民國上海天寶書局影印本　一册　存一卷(一)

330000－4788－0000950　普01934　子部/術數類/陰陽五行之屬

新鐫曆法便覽象吉備要通書二十九卷　(清)魏鑑撰　民國上海廣益書局石印本　三册　存八卷(十至十一、十五至二十)

330000－4788－0000951　普01935　子部/術數類/陰陽五行之屬

新鐫曆法便覽象吉備要通書二十九卷　(清)魏鑑撰　民國石印本　二册　存二卷(十一、二十)

330000－4788－0000952　普01936　子部/術數類/陰陽五行之屬

新鐫象吉備要通書二十九卷　(清)魏鑑撰　民國石印本　一册　存一卷(十四)

330000－4788－0000953　普01937　子部/術數類/陰陽五行之屬

新鐫曆法便覽象吉備要通書二十九卷　(清)魏鑑撰　民國石印本　一册　存四卷(十七至二十)

330000－4788－0000954　普01468　類叢部/叢書類/彙編之屬

四部備要三百一種　中華書局編　民國二十五年(1936)上海中華書局鉛印本　三册　存一種

330000－4788－0000956　普01552　新學/全體學

英醫合信氏全體新論疏證二卷　張壽頤疏證　民國鉛印本　一册　存一卷(下)

330000－4788－0000971　普01940　集部/詞類/詞話之屬

蕙風詞話五卷詞二卷　況周頤撰　民國十三年至十五年(1924－1926)武進趙氏刻惜陰堂叢書本　三册　存一種

330000－4788－0000973　普01941　集部/別集類/明別集

王文成公文選八卷　(明)王守仁撰　(明)王畿選編　(明)鍾惺評點　民國七年(1918)上海新學會社鉛印本　四册

330000－4788－0000976　普01561　子部/道家類

南華真經解四卷　(清)宣穎撰　民國三年(1914)尚古山房石印本　一册　存二卷(一至二)

330000－4788－0000978　普01943　子部/藝術類/篆刻之屬

篆學瑣著(篆學叢書)三十一種　(清)顧湘輯　民國七年(1918)上海文瑞樓石印本　三册　存一種

330000－4788－0000986　普01563　集部/曲類/曲韻曲譜曲律之屬

度曲須知二卷　(明)沈寵綏撰　民國上海商

務印書館影印本　一冊　存一卷(一)

330000－4788－0000988　普01564　子部/小說家類

宋人小說二十八種　涵芬樓輯　民國上海商務印書館鉛印本　一冊　存一種

330000－4788－0000990　普01565　集部/別集類/清別集

愚谷公遺稿二卷　(清)張大觀撰　民國九年(1920)金華宋氏朱集成堂鉛印本　一冊　存一卷(一)

330000－4788－0000994　普01568　集部/別集類

避寇集一卷　馬浮撰　民國二十九年(1940)刻本　一冊

330000－4788－0001003　普01480　子部/儒家類/儒學之屬/禮教

五種遺規　(清)陳弘謀輯並撰　民國上海中華書局鉛印本　二冊　存二種

330000－4788－0001005　普01481　子部/墨家類

墨子刊誤二卷　(清)蘇時學撰　**刊誤二卷**　陳柱撰　民國十七年(1928)上海中華書局鉛印本　一冊

330000－4788－0001008　普01482　類叢部/叢書類/彙編之屬

四部叢刊三編七十一種　張元濟等編　民國二十四年至二十五年(1935－1936)上海商務印書館影印本(長興集卷一至十二、三十一、三十三至四十一原缺)　一冊　存一種

330000－4788－0001010　普01575　子部/雜著類/雜纂之屬

中國魂二卷　梁啓超編輯　民國共合會社鉛印本　一冊　存一卷(一)

330000－4788－0001013　普01950　子部/小說家類/異聞之屬

閱微草堂筆記八卷　(清)紀昀撰　民國石印本　七冊　缺一卷(一)

330000－4788－0001015　普01483　子部/小說家類/異聞之屬

酉陽雜俎二十卷續集十卷　(唐)段成式撰　民國石印本　一冊　存七卷(十四至二十)

330000－4788－0001016　普01951　經部/四書類/總義之屬/傳說

新註四書白話解說三十六卷　江希張註　民國十五年(1926)上海書業公所石印本　九冊　存二十二卷(新註論語白話解說一至六、十一至十四,新註孟子白話解說三至十二、十四,新註中庸白話解說)

330000－4788－0001018　普01952　經部/四書類/總義之屬/傳說

新註四書白話解說三十六卷　江希張註　民國上海書業公所石印本　二冊　存六卷(新註大學白話解說、新註論語白話解說一至五)

330000－4788－0001020　普01484　集部/詞類/詞譜之屬

詞律二十卷　(清)萬樹輯　民國五年(1916)江左書林石印本　三冊　存七卷(四至五、十四至十五、十六至十八)

330000－4788－0001021　普01954　集部/總集類/選集之屬/通代

言文對照古文觀止十二卷　(清)吳乘權(清)吳大職輯　廣益書局編譯　民國十四年(1925)上海廣益書局石印本　二冊　存二卷(一、四)

330000－4788－0001026　普01577　子部/儒家類/儒家之屬

孔氏家語十卷　(三國魏)王肅注　民國上海同文書局石印本　二冊

330000－4788－0001028　普01958　子部/醫家類/綜合之屬/通論

訂補明醫指掌十卷　(明)皇甫中撰註　**附診家樞要一卷**　(明)滑壽編纂　民國四年(1915)上海鍊石齋書局石印本　四冊

330000－4788－0001031　普01487　集部/別集類/清別集

陳檢討四六二十卷　(清)陳維崧撰　(清)程師恭注　民國石印本　二册　存五卷(十四至十八)

330000－4788－0001034　普01961　集部/詞類/總集之屬
宋詞三百首箋一卷　朱祖謀編　唐圭璋箋　民國二十三年(1934)上海神州國光社鉛印本　一册

330000－4788－0001035　普01962　子部/雜著類/雜説之屬
道藏真目一卷　民國十四年(1925)杭州武林鉛石印刷公司鉛印本　一册

330000－4788－0001037　普01488　集部/别集類/清别集
壯悔堂文集十卷　(清)侯方域撰　(清)賈開宗等評點　民國上海掃葉山房石印本　一册　存五卷(六至十)

330000－4788－0001038　普01964　集部/小説類/短篇之屬
詳註聊齋志異圖詠十六卷　(清)蒲松齡撰　(清)呂湛恩註　民國石印本　一册　存二卷(七至八)

330000－4788－0001041　普01966　集部/小説類/短篇之屬
繪圖詳註聊齋志異十六卷　(清)蒲松齡撰　(清)呂湛恩註　民國上海廣益書局石印本　五册　存五卷(八、十一至十三、十六)

330000－4788－0001046　普01494　經部/小學類/文字之屬/字書/字體
六書通十卷　(清)閔齊伋撰　(清)畢弘述篆訂　民國三十四年(1945)上海錦章書局石印本　五册

330000－4788－0001052　普01971　經部/小學類/文字之屬/説文
説文解字十五卷標目一卷　(漢)許慎撰　(宋)徐鉉等校定　民國上海商務印書館據藤花榭刻本影印本　趙健題記　二册　存九卷(一至八、標目)

330000－4788－0001053　普01972　經部/小學類/文字之屬/説文
説文解字十五卷標目一卷　(漢)許慎撰　(宋)徐鉉等校定　民國影印本　一册　存五卷(九至十三)

330000－4788－0001054　普01496　集部/小説類/長篇之屬
第一才子書六十卷一百二十回首一卷　(明)羅貫中撰　(清)毛宗崗　(清)金人瑞評　民國上海中新書局鉛印本　七册　存七卷(一至三、五至七、十六)

330000－4788－0001055　普01973　經部/小學類/文字之屬/説文/傳説
説文釋例二十卷　(清)王筠撰　民國石印本　二册　存六卷(七至九、十四至十六)

330000－4788－0001056　普01497　集部/小説類/長篇之屬
第一才子書十六卷一百二十回首一卷　(明)羅貫中撰　(清)毛宗崗　(清)金人瑞評　民國上海中新書局鉛印本　九册　存九卷(八至十六)

330000－4788－0001062　普01976　史部/目録類/書志之屬/提要
四部叢刊書録一卷　商務印書館編　民國十八年(1929)上海商務印書館鉛印本　一册

330000－4788－0001063　普01977　集部/總集類/選集之屬/通代
唐詩合解十二卷古詩合解四卷　(清)王堯衢注　民國十年(1921)上海鴻寶書局石印本　一册　存二卷(唐詩合解一至二)

330000－4788－0001066　普01978　子部/法家類
韓非子集解二十卷首一卷　(清)王先慎撰　王先謙注　民國十二年(1923)上海掃葉山房石印本　一册　存四卷(首、一至三)

330000－4788－0001068　普01716　子部/醫家類/診法之屬/脈經脈訣
脈學正義□卷　張壽頤編　民國蘭谿公立中

醫學校油印本　一冊　存一卷(二)

330000－4788－0001070　普01706　類叢部/叢書類/彙編之屬

四部備要三百一種　中華書局編　民國二十五年(1936)上海中華書局鉛印本　二冊　存一種

330000－4788－0001075　普01711　類叢部/叢書類/自著之屬

曾文正公全集四種　(清)曾國藩撰　民國上海著易堂書局石印本　六冊　存三種

330000－4788－0001079　普01715　新學/醫學

病理學講義□□卷　王壽慶編　民國中醫學校油印本　二冊　存二卷(一至二)

330000－4788－0001083　普01720　子部/宗教類/佛教之屬/經

佛說無量壽經二卷　(三國魏)釋康僧鎧譯　民國十四年(1925)杭州佛學會石印本　一冊

330000－4788－0001087　普01724　類叢部/叢書類/郡邑之屬

續金華叢書六十種　胡宗楙編　民國十三年(1924)永康胡氏夢選樓刻本　一冊　存二種

330000－4788－0001088　普01725　子部/宗教類/佛教之屬

佛學叢書□□種　丁福保輯　民國上海醫學書局鉛印本暨影印本　一冊　存一種

330000－4788－0001090　普01727　子部/藝術類/書畫之屬/畫譜

梅花喜神譜二卷　(宋)宋伯仁編　梅王閣藏　民國十七年(1928)上海中華書局影印本　一冊　存一卷(上)

330000－4788－0001091　普01728　類叢部/叢書類/自著之屬

譚瀏陽全集六種附續編一卷　(清)譚嗣同撰　民國十二年(1923)上海文明書局鉛印本　二冊　存一種

330000－4788－0001092　普01729　子部/藝術類/書畫之屬/書法書品

御覽書苑菁華二十卷　(宋)陳思纂次　民國八年(1919)上海掃葉山房石印本　一冊　存四卷(十七至二十)

330000－4788－0001094　普01731　集部/別集類

西港漫藁一卷西林漫稿一卷囊齋文存一卷　朱驤撰　**師箴十則一卷囊齋題語一卷囊齋燕集詞一卷**　民國三十三年(1944)鉛印本　一冊

330000－4788－0001095　普01733　經部/書類/傳說之屬

尚書大傳五卷　(漢)伏勝撰　(漢)鄭玄注　民國上海涵芬樓影印本　一冊　存三卷(三至五)

330000－4788－0001096　普01732　集部/總集類/選集之屬/斷代

唐絕句選十二卷　邵裴子輯　民國二十五年(1936)上海商務印書館鉛印本　一冊　存八卷(五至十二)

330000－4788－0001099　普01734　類叢部/叢書類/彙編之屬

四部備要三百一種　中華書局編　民國二十五年(1936)上海中華書局鉛印本　一冊　存一種

330000－4788－0001105　普01741　類叢部/叢書類/彙編之屬

四部叢刊三編七十一種　張元濟等編　民國二十四年至二十五年(1935－1936)上海商務印書館影印本(長興集卷一至十二、三十一、三十三至四十一原缺)　一冊　存一種

330000－4788－0001109　普01746　子部/醫家類/綜合之屬/通論

醫家名論選讀四卷　張壽頤輯錄　民國蘭谿公立中醫學校油印本　四冊　缺一卷(四)

330000－4788－0001110　普01979　集部/總集類/選集之屬/通代

評校音注古文辭類纂七十四卷　(清)姚鼐輯

王文濡校注　民國上海文明書局鉛印本　二册　存七卷(五十四至五十八、六十八至六十九)

330000－4788－0001112　普01981　子部/道家類

沖虛至德真經八卷　(晉)張湛注　民國上海涵芬樓據北宋刻本影印本　一册

330000－4788－0001114　普01747　集部/別集類/漢魏六朝別集

陶靖節集六卷　(晉)陶潛撰　民國七年(1918)上海中華書局影印本　二册

330000－4788－0001115　普01748　子部/醫家類/兒科之屬/通論

兒科診斷□□卷　蘭溪醫校講議　民國蘭溪醫校油印本　一册　存一卷(二)

330000－4788－0001116　普01983　經部/小學類/文字之屬/說文/傳說

說文解字注十五卷附六書音均表五卷　(清)段玉裁撰　**說文部目分韻一卷**　(清)陳煥編　**說文通檢十四卷首一卷末一卷**　(清)黎永椿編　**說文解字注匡謬八卷**　(清)徐承慶撰　民國十八年(1929)上海掃葉山房石印本　二册　存十九卷(說文解字注五至七,說文通檢首、一至十四、末)

330000－4788－0001118　普01987　史部/傳記類/別傳之屬/事狀

蘭西諸葛簡史初集一卷　諸葛政清編　民國三十六年(1947)鉛印本　一册

330000－4788－0001120　普01750　子部/兵家類/兵法之屬

趙註孫子五卷　(明)趙本學解引類　民國九年(1920)益新書局石印本　一册　存二卷(一至二)

330000－4788－0001122　普01990　史部/紀傳類/正史之屬

二十四史附考證　民國上海中華書局鉛印本　二册　存一種

330000－4788－0001123　普01749　子部/醫家類/婦科之屬/通論

女科學講義二卷　張壽頤稿　浙江蘭谿中醫專門學校編纂　民國二十三年(1934)鉛印本　一册　存一卷(二)

330000－4788－0001124　普01751　子部/醫家類/兒科之屬/通論

幼科學講義三卷　張壽頤稿　浙江蘭谿藥業私立中醫專門學校編　**董及之斑疹方論箋正一卷**　(宋)董汲著　張壽頤箋正　民國浙江蘭谿藥業私立中醫專門學校鉛印本　一册

330000－4788－0001125　普01753　集部/別集類/清別集

漁洋山人精華錄十卷　(清)王士禛撰　(清)林佶編　民國影印清林佶寫刻本　一册　存二卷(九至十)

330000－4788－0001126　普01991　經部/小學類/音韻之屬/韻書

廣韻五卷　(宋)陳彭年等修　**宋本廣韻校札一卷**　(清)黎庶昌撰　民國上海涵芬樓影印本　三册　缺二卷(一、三)

330000－4788－0001127　普01992　集部/詩文評類/文評之屬

文學研究法四卷　姚永樸撰　民國十九年(1930)上海商務印書館鉛印本　三册　缺一卷(一)

330000－4788－0001131　普01996　子部/醫家類/類編之屬

陳修園醫書七十種　(清)陳念祖等撰　民國石印本　十四册　存三十三種

330000－4788－0001142　普01754　子部/道家類

莊子十卷　(晉)郭象注　(唐)陸德明音義　民國九年(1920)浙江圖書館刻本　二册　存四卷(七至十)

330000－4788－0001146　普02007　史部/地理類/方志之屬/郡縣志

[民國]景寧縣續志十七卷首一卷　吳呂熙修　柳景元纂　民國二十二年(1933)刻本　三

冊　存十卷(二至八、十三至十五)

330000－4788－0001155　普02036　集部/詞類/總集之屬

宋詞賞心錄一卷　(清)端木埰輯　民國二十三年(1934)上海開明書店影印本　一冊

330000－4788－0001159　普02017　子部/藝術類/書畫之屬/法帖

趙文敏書感興詩一卷　(元)趙孟頫書　民國八年(1919)上海商務印書館影印本　一冊

330000－4788－0001161　普02019　史部/地理類/方志之屬/郡縣志

[民國]龍游縣志四十卷首一卷末一卷　余紹宋撰　民國十四年(1925)北京京城印書局鉛印本　一冊　存三卷(八至十)

330000－4788－0001167　普02024　類叢部/叢書類/郡邑之屬

續金華叢書六十種　胡宗楙編　民國十三年(1924)永康胡氏夢選樓刻本　二冊　存四種

330000－4788－0001169　普02026　子部/儒家類/儒學之屬/蒙學

新增繪圖幼學故事瓊林四卷首一卷　(清)程登吉撰　(清)鄒聖脈增補　**攷正字彙不分卷**　**新增應酬彙選四卷補遺一卷**　(清)陸九如纂輯　(清)石韞玉增補　民國上海千頃堂石印本　二冊　存三卷(一至二、新增應酬彙選一)

330000－4788－0001171　普02028　子部/儒家類/儒學之屬/蒙學

重增繪圖幼學故事瓊林四卷首一卷　(清)程登吉撰　(清)鄒聖脈增補　蔡郕續增　**青年模範四卷**　蔡郕編　**註釋故事白眉不分卷**　民國二十年(1931)上海會文堂新記書局石印本　一冊　存三卷(重修繪圖幼學故事瓊林首、一,青年模範一)

330000－4788－0001173　普02030　子部/藝術類/遊藝之屬/聯語

普通楹聯大全二卷　姚文海輯　民國上海姚文海書局石印本　唐文彪題簽　一冊

330000－4788－0001174　普02031　子部/藝術類/遊藝之屬/聯語

新楹聯類編八卷　上海會文堂書局編　民國十四年(1925)上海會文堂書局石印本　一冊

330000－4788－0001175　普02032　子部/道家類

老子道德經二卷　(三國魏)王弼注　**音義一卷**　(唐)陸德明撰　民國六年(1917)上海會文堂書局石印本　一冊

330000－4788－0001176　普02033　集部/總集類/選集之屬/通代

古文筆法二十卷　(清)李扶九編　民國六年(1917)上海鴻寶齋書局石印本　一冊

330000－4788－0001177　普02034　集部/曲類/散曲之屬

續曲雅一卷　盧前輯　民國二十二年(1933)上海開明書店鉛印本　一冊

330000－4788－0001178　普02035　集部/曲類/曲選之屬

元曲別裁集二卷　盧前輯　民國十七年(1928)上海開明書店鉛印本　一冊

330000－4788－0001179　普02037　子部/藝術類/書畫之屬

畫中有詩一卷　豐子愷作　民國三十二年(1943)桂林文光書店石印本　一冊

330000－4788－0001180　普02038　經部/易類/傳說之屬

周易本義四卷附卦歌一卷圖說一卷筮儀一卷　(宋)朱熹撰　民國四年(1915)上海鑄記書局石印本　二冊

330000－4788－0001181　普02039　集部/詩文評類/文法之屬/函牘格式

普通應用白話尺牘初編二卷　民國二年(1913)石印本　一冊　存一卷(一)

330000－4788－0001182　普02040　子部/雜著類/雜說之屬

西山先生答客問一卷附介紹入同善社說明書　西山先生口授　民國十二年(1923)上海宏

大善書局石印本　一冊

330000－4788－0001183　普02041　子部/雜著類/雜說之屬

民族福音一卷　民國上海明善書局石印本　一冊

330000－4788－0001185　普02043　子部/儒家類/儒學之屬/蒙學

重增繪圖幼學故事瓊林四卷首一卷　(清)程登吉撰　(清)鄒聖脈增補　蔡郕續增　**青年模範四卷**　蔡郕編　**註釋故事白眉不分卷**　民國上海會文堂書局石印本　二冊　存四卷(重修繪圖幼學故事瓊林三至四、青年模範三至四)

330000－4788－0001186　普02044　子部/儒家類/儒學之屬/性理

泰和會語一卷附錄一卷　馬一浮撰　民國二十七年(1938)鉛印本　一冊

330000－4788－0001190　普02048　集部/小說類/長篇之屬

第一才子書十六卷一百二十回首一卷　(明)羅貫中撰　(清)毛宗崗　(清)金人瑞評　民國上海中新書局鉛印本　二冊　存二卷(十一至十二)

330000－4788－0001211　普01762　子部/兵家類/兵法之屬

評註七子兵略七卷　(清)陳玖撰　(清)陳廷傑　(清)陳廷傅訂正　(清)仲忠　(清)嚴廷諫校　民國六年(1917)鴻文齋石印本　一冊　存二卷(一至二)

330000－4788－0001214　普01764　子部/儒家類/儒學之屬/禮教/家訓

正校孔子家語十卷　(三國魏)王肅注　王子雍增注　民國上海千頃堂書局石印本　一冊

330000－4788－0001215　普01765　子部/兵家類/兵法之屬

趙註孫子五卷　(明)趙本學撰　民國益新書社石印本　二冊　存二卷(三至四)

330000－4788－0001223　普02070　經部/四書類/大學之屬/傳說

增批大字新體繪圖大學白話註解一卷　(清)朱麟評註　民國二十三年(1934)上海三友實業社石印本　一冊

330000－4788－0001224　普02071　史部/紀傳類/正史之屬

百衲本二十四史影印描潤始末記一卷　張元濟撰　民國二十二年(1933)上海商務印書館鉛印本　一冊

330000－4788－0001226　普01773　子部/醫家類/方書之屬/單方驗方

增評醫方集解二十三卷　(清)汪昂撰　(清)費伯雄評　民國三年(1914)上海共和書局石印本　二冊　存十一卷(四至十四)

330000－4788－0001231　普01775　史部/地理類/方志之屬/郡縣志

[民國]麗水縣志十四卷　李鍾嶽　李郁芬修　孫壽芝纂　民國十五年(1926)麗水啓明印刷所鉛印本　二冊　存三卷(三、九至十)

330000－4788－0001232　普01776　史部/地理類/方志之屬/郡縣志

[民國]衢縣志三十卷首一卷　鄭永禧纂　民國二十六年(1937)鉛印本　五冊　存七卷(三至五、十九、二十四、二十九至三十)

330000－4788－0001235　普02075　集部/詩文評類/詩評之屬

漁洋詩話二卷　(清)王士禛撰　民國上海昌明書局石印本　一冊

330000－4788－0001239　普02078　集部/總集類/選集之屬/通代

八代詩精華錄箋註四卷　丁福保編　民國五年(1916)上海文明書局鉛印本　一冊　存三卷(一至三)

330000－4788－0001241　普02080　類叢部/叢書類/自著之屬

槐軒全書二十一種附九種　(清)劉沅撰　民國致福樓刻本　一冊　存一種

330000－4788－0001242　普02081　集部/別

集類

端夷閣近三年詩詞一卷　魏友枋撰　民國二十三年(1934)菜緣社鉛印本　一冊

330000－4788－0001243　普02082　類叢部/叢書類/彙編之屬

文學叢書□□種　上海醫學書局編　民國上海醫學書局鉛印本　一冊　存二種

330000－4788－0001244　普02083　類叢部/叢書類/自著之屬

崇雅堂叢書十四種　楊晨撰　民國二十五年(1936)黃巖楊紹翰鉛印本　一冊　存一種

330000－4788－0001247　普02086　類叢部/叢書類/彙編之屬

四部備要三百一種　中華書局編　民國二十五年(1936)上海中華書局鉛印本　一冊　存一種

330000－4788－0001249　普01779　經部/春秋左傳類/傳說之屬

東萊博議四卷　(宋)呂祖謙撰　**增補虛字註釋一卷**　(清)馮泰松點定　民國三年(1914)中華書局鉛印本　舒永清題簽　四冊

330000－4788－0001250　普01780　經部/春秋左傳類/傳說之屬

東萊博議四卷　(宋)呂祖謙著　民國上海商務印書館鉛印本　張祖題簽　一冊　存二卷(三至四)

330000－4788－0001253　普02089　類叢部/叢書類/彙編之屬

四部叢刊三百八種　張元濟等編　民國上海商務印書館影印本　一冊　存一種

330000－4788－0001254　普02090　集部/總集類/彙編之屬

歷代詩文評註讀本□□種　王文濡編　民國上海進步書局鉛印本　一冊　存一種

330000－4788－0001255　普02091　經部/四書類/總義之屬/傳說

四書集註十九卷　(宋)朱熹撰　民國上海商務印書館鉛印本　一冊　存一種

330000－4788－0001256　普01781　子部/藝術類/書畫之屬/畫譜

梅花喜神譜二卷　(宋)宋伯仁編　梅王閣藏　民國十七年(1928)上海中華書局影印本　二冊

330000－4788－0001258　普01782　子部/藝術類/書畫之屬/畫譜

芥子園畫傳初集六卷二集九卷三集六卷　(清)王槩　(清)王蓍　(清)王臬輯　民國三年(1914)上海共和書局石印本　唐九如題簽　五冊　存八卷(初集一至六、三集三至四)

330000－4788－0001261　普02094　子部/道家類

新註道德經白話解說二卷　江希張註　民國九年(1920)上海明善書局石印本　一冊

330000－4788－0001266　普02097　子部/墨家類

墨經詁義上編一卷　葉瀚撰　民國九年(1920)鉛印本　一冊

330000－4788－0001269　普02100　子部/藝術類/書畫之屬/畫譜

名畫選粹二卷　天晲生選輯　民國十四年(1925)上海大東書局石印本　一冊　存一卷(一)

330000－4788－0001270　普02101　子部/藝術類/書畫之屬/畫譜

近世一百名家畫集四卷　錢病鶴編　民國十四年(1925)上海大東書局石印本　一冊　缺一卷(一)

330000－4788－0001271　普02102　子部/宗教類/道教之屬/經文

關帝明聖真經一卷　民國八年(1919)上海天寶印刷局石印本　一冊

330000－4788－0001272　普02103　子部/宗教類/道教之屬

靈神破膽經一卷　民國二十一年(1932)上海明善書局石印本　一冊

330000－4788－0001275　普 02105　子部/藝術類/篆刻之屬/印論

續三十五舉一卷　(清)黄子高撰　民國十一年(1922)上海商務印書館石印本　一册

330000－4788－0001282　普 01075　類叢部/叢書類/彙編之屬

四部叢刊三百八種　張元濟等編　民國上海商務印書館影印本　一册　存一種

浙江省蘭溪市第一中學民國時期傳統裝幀書籍普查登記目録

浙江省民國時期傳統裝幀書籍普查登記目録 · 金華

國家圖書館出版社
National Library of China Publishing House

《浙江省蘭溪市第一中學民國時期傳統裝幀書籍普查登記目録》

編委會

主　編：方愛榮

副主編：倪根榮　趙長森　戴旭亮

《浙江省蘭溪市第一中學民國時期傳統裝幀書籍普查登記目録》

前　言

浙江省蘭溪市第一中學創辦於1936年，其前身歷經簡易師範、私立第三初級中學、縣立初級中學、私立輔成中學、新蘭中學、新民中學。

我校的古籍普查工作，由於缺乏專業人員和技術裝備，在市文化局的協調下，學校委托市博物館开展普查工作。市博物館的專業人員，工作認真、仔細、專業，在規定的時間内順利完成了普查工作，得到了市文化局和學校領導的充分肯定，爲我校的歷史人文建設工作做出了很大的貢獻。經過普查，我校在古籍普查登记平臺上著録數據74條計1805册，其中民國時期數據有60條813册。

在《浙江省蘭溪市第一中學民國時期傳統裝幀書籍普查登記目録》出版之際，向對我校普查工作大力支持的文化局、市博物館表示萬分感謝，特别是博物館的戴旭亮老師親力親爲，爲我校的傳統文獻保護工作做出了巨大貢獻。

浙江省蘭溪市第一中學

2018年6月

330000－4744－0000001　G001　經部/四書類/孟子之屬/傳說

孟子文法讀本七卷　高步瀛集解　吳闓生評點　民國十一年(1922)北京直隸書局鉛印本　四冊

330000－4744－0000002　G002　子部/道家類

老子古義三卷漢代老學者考一卷　楊樹達撰　民國十七年(1928)上海中華書局鉛印本　三冊

330000－4744－0000003　G003　經部/群經總義類/文字音義之屬

經籍籑詁一百六卷首一卷附新輯經籍籑詁檢韻一卷　(清)阮元撰　民國上海文瑞樓石印本　十二冊

330000－4744－0000005　G005　子部/雜著類/雜考之屬

陔餘叢考四十三卷　(清)趙翼撰　民國上海文瑞樓石印本　十六冊

330000－4744－0000006　G006　經部/小學類/文字之屬/字書/字體

古籀拾遺三卷附宋政和禮器文字攷一卷　(清)孫詒讓撰　民國七年(1918)上海掃葉山房石印本　四冊

330000－4744－0000007　G007　經部/小學類/文字之屬/說文/傳說

說文釋例二十卷　(清)王筠撰　民國四年(1915)掃葉山房石印本　八冊

330000－4744－0000008　G008　集部/詞類/詞譜之屬

白香詞譜箋四卷　(清)舒夢蘭輯　(清)謝朝徵箋　**學宋齋詞韻一卷**　(清)吳烺等輯　民國八年(1919)上海文明書局石印本　四冊

330000－4744－0000009　G009　集部/詞類/詞話之屬

詞話叢鈔十種　況周頤輯　王文濡校閱　民國十年(1921)上海大東書局石印本　四冊

330000－4744－0000010　G010　集部/詩文評類/詩評之屬

五代詩話八卷　(清)王士禛撰　民國上海朝記書莊石印本　四冊

330000－4744－0000011　G011　集部/總集類/彙編之屬

初唐四傑文集二十一卷　(清)項家達編　民國六年(1917)上海江左書林石印本　四冊

330000－4744－0000012　G012　經部/小學類/音韻之屬/韻書

自修適用詩韻合璧大全五卷　(清)湯文潞編　**虛字韻藪一卷**　(清)潘維城輯　民國十二年(1923)上海廣益書局石印本　五冊

330000－4744－0000013　G013　集部/別集類/漢魏六朝別集

陶淵明文集十卷　(晉)陶潛撰　民國二年(1913)上海著易堂書局石印本　四冊

330000－4744－0000014　G014　集部/總集類/尺牘之屬

眉公才子尺牘四卷　(明)陳繼儒輯　(清)沈錫侯增訂　**聖嘆才子尺牘四卷**　(清)金人瑞鑒定　(清)金雍撰　民國七年(1918)上海碧梧山莊石印本　四冊

330000－4744－0000015　G015　子部/雜著類/雜說之屬

隨園隨筆二十八卷　(清)袁枚撰　民國二年(1913)上海中華圖書館鉛印本　四冊

330000－4744－0000016　G016　子部/小說家類/異聞之屬

詳註閱微草堂筆記二十四卷　(清)紀昀撰　謝璿詳註　民國十二年(1923)上海會文堂書局石印本　十冊

330000－4744－0000017　G017　集部/總集類/選集之屬/通代

六朝文絜箋注十二卷　(清)許槤輯並評　(清)黎經誥箋注　民國上海朝記書莊石印本　四冊

330000－4744－0000018　G018　集部/總集類/選集之屬/通代

六朝文絜箋注十二卷 （清）許槤輯並評 （清）黎經誥箋注 民國上海朝記書莊石印本 四册

330000－4744－0000019 G019 子部/雜著類/雜説之屬
淮南集證二十一卷 劉家立撰 民國二十三年（1934）上海中華書局鉛印本 十册

330000－4744－0000020 G020 史部/傳記類/總傳之屬/技藝
歷代畫史彙傳七十二卷首一卷附録二卷 （清）彭蘊璨編 民國十一年（1922）上海啟新書局石印本 十二册

330000－4744－0000021 G021 集部/别集類/宋别集
蘇東坡詩集注三十二卷 （宋）蘇軾撰 （宋）呂祖謙編 （宋）王十朋集注 **東坡先生年譜一卷** （宋）王宗稷編 **失編一卷** （清）王從延補注 民國四年（1915）上海掃葉山房石印本 二十册

330000－4744－0000022 G022 類叢部/叢書類/自著之屬
亭林遺書二十二種附三種 （清）顧炎武撰 （清）席威 （清）朱記榮編 民國上海文瑞樓石印本 十二册

330000－4744－0000023 G023 集部/總集類/選集之屬/通代
漢魏六朝百三名家集一百十八卷 （明）張溥輯 民國六年（1917）上海掃葉山房石印本 四十册 存八十九種

330000－4744－0000024 G024、G025、G026 類叢部/叢書類/彙編之屬
四部備要 中華書局編 民國二十五年（1936）上海中華書局鉛印本 十二册 存三種

330000－4744－0000025 G027 類叢部/叢書類/彙編之屬
四部備要 中華書局編 民國二十五年（1936）上海中華書局鉛印本 十六册 存一種

330000－4744－0000030 G032 經部/小學類/文字之屬/字書/字典
康熙字典十二集三十六卷總目一卷檢字一卷辨似一卷等韻一卷補遺一卷備考一卷 （清）張玉書等纂修 民國上海商務印書館影印本 七册

330000－4744－0000031 G033 史部/史表類/通代之屬
中國文學年表第一編四卷 敖士英纂輯 民國二十四年（1935）北平立達書局鉛印本 三册

330000－4744－0000033 G035 經部/小學類/訓詁之屬/字詁
文始九卷 章炳麟撰 民國二年（1913）浙江圖書館據章炳麟手寫稿本影印本 一册

330000－4744－0000035 G037 子部/雜著類/雜纂之屬
古籍校讀法四卷 余嘉錫述 民國北京大學出版部鉛印本 一册

330000－4744－0000036 G038 經部/小學類/文字之屬/字書/通論
中國文字之原始及其構造二編 蔣善國撰 民國二十四年（1935）上海商務印書館石印本 二册

330000－4744－0000037 G039 經部/小學類/文字之屬/字書/通論
文字學形義篇不分卷 朱宗萊撰 民國二十年（1931）北京大學出版組鉛印本 一册

330000－4744－0000038 G040 經部/小學類/音韻之屬
文字學音篇五章 錢玄同撰 民國二十三年（1934）北京大學出版部鉛印本 一册

330000－4744－0000042 G044、G045 類叢部/叢書類/彙編之屬
復性書院叢刊二十七種 馬浮編 民國二十九年至三十七年（1940－1948）復性書院刻本暨鉛印本 三册 存二種

330000－4744－0000043　G046　史部/紀傳類/正史之屬
史記探源八卷　崔適撰　民國二十三年(1934)國立北京大學出版組鉛印本　二冊

330000－4744－0000044　G047　經部/詩類/詩序之屬
詩序解三卷　陳延傑撰　民國二十一年(1932)上海開明書店鉛印本　一冊

330000－4744－0000045　G048　類叢部/叢書類/彙編之屬
抱經堂叢書十六種　(清)盧文弨編　民國十二年(1923)北京直隸書局據清乾隆至嘉慶盧氏刻本影印本　四冊　存一種

330000－4744－0000046　G049　史部/目録類/總録之屬/彙刻
復性書院擬先刻諸書簡目五卷　馬浮編　民國三十四年(1945)復性書院刻本　一冊

330000－4744－0000047　G050　子部/儒家類/儒學之屬/性理
泰和宜山會語合刻二卷附録一卷　馬一浮撰　民國二十八年(1939)四川嘉州刻本　一冊

330000－4744－0000048　G051、G052、G053、G054　類叢部/叢書類/彙編之屬
復性書院叢刊二十七種　馬浮編　民國二十九年至三十七年(1940－1948)復性書院刻本暨鉛印本　八冊　存一種

330000－4744－0000049　G055、G056、G057、G058、G059、G060、G061、G062、G063、G064、G065、G066、G067　類叢部/叢書類/彙編之屬
復性書院叢刊二十七種　馬浮編　民國二十九年至三十七年(1940－1948)復性書院刻本暨鉛印本　二十四冊　存十六種

330000－4744－0000050　G068　經部/四書類/論語之屬/傳說
論語闡微不分卷　題勘上野人撰　民國石印本　二冊

330000－4744－0000053　G071　集部/別集類
蠲戲齋詩編年集八卷避寇集一卷芳杜詞賸一卷　馬浮撰　**蠲戲齋詩前集二卷**　馬浮撰　張立民　楊蔭林輯錄　民國二十九年(1940)、三十六年(1947)刻本　四冊　存八卷(編年集一至八)

330000－4744－0000055　G073　史部/紀傳類/正史之屬
二十四史附考證　民國上海涵芬樓據清乾隆武英殿本影印本　十六冊　存一種

330000－4744－0000056　G074　史部/紀傳類/正史之屬
二十四史附考證　民國上海涵芬樓據清乾隆武英殿本影印本　十二冊　存一種

330000－4744－0000057　G075　集部/總集類/選集之屬/斷代
太平天國文鈔一卷詩鈔一卷聯語鈔一卷附錄三卷補遺二卷　羅邕　沈祖基輯　民國二十四年(1935)上海商務印書館鉛印本　二冊

330000－4744－0000058　G076　集部/詞類/別集之屬
東山樂府一卷　(宋)賀鑄撰　民國十七年(1928)上海商務印書館鉛印本　一冊

330000－4744－0000059　G077　類叢部/叢書類/彙編之屬
四部叢刊　張元濟等編　民國上海商務印書館影印本　一冊　存一種

330000－4744－0000060　G078　類叢部/叢書類/彙編之屬
四部叢刊　張元濟等編　民國上海商務印書館影印本　八冊　存一種

330000－4744－0000061　G079　史部/紀傳類/正史之屬
百衲本二十四史　張元濟輯　民國上海商務印書館影印本　十二冊　存一種

330000－4744－0000062　G080　類叢部/叢書類/彙編之屬
四部叢刊　張元濟等編　民國上海商務印書館影印本　五冊　存一種

330000－4744－0000063　G081　類叢部/叢書類/彙編之屬
四部叢刊　張元濟等編　民國上海商務印書館影印本　一冊　存一種

330000－4744－0000064　G082　類叢部/叢書類/彙編之屬
四部叢刊　張元濟等編　民國上海商務印書館影印本　一冊　存一種

330000－4744－0000065　G083　類叢部/叢書類/彙編之屬
四部備要　中華書局編　民國二十五年(1936)上海中華書局鉛印本　二冊　存一種

330000－4744－0000066　G084、G085　類叢部/叢書類/彙編之屬
四部備要　中華書局編　民國二十五年(1936)上海中華書局鉛印本　四冊　存三種

330000－4744－0000067　G086　類叢部/叢書類/彙編之屬
四部備要　中華書局編　民國二十五年(1936)上海中華書局鉛印本　四冊　存一種

330000－4744－0000068　G087、G088　類叢部/叢書類/彙編之屬
四部備要　中華書局編　民國二十五年(1936)上海中華書局鉛印本　六冊　存二種

330000－4744－0000069　G089　類叢部/叢書類/彙編之屬
四部備要　中華書局編　民國二十五年(1936)上海中華書局鉛印本　二十四冊　存一種

330000－4744－0000070　G090、G091　類叢部/叢書類/彙編之屬
四部備要　中華書局編　民國二十五年(1936)上海中華書局鉛印本　十六冊　存二種

330000－4744－0000071　G092　類叢部/叢書類/彙編之屬
四部備要　中華書局編　民國二十五年(1936)上海中華書局鉛印本　八十冊　存一種

330000－4744－0000072　G093、G094、G095、G096、G097、G098、G099、G100、G101、G102、G103、G104、G105、G106、G107、G108　類叢部/叢書類/彙編之屬
四部備要　中華書局編　民國二十五年(1936)上海中華書局鉛印本　二百九十五冊　存十六種

330000－4744－0000074　G126　類叢部/類書類/通類之屬
欽定古今圖書集成一萬卷目錄四十卷　(清)蔣廷錫　(清)陳夢雷等輯　**古今圖書集成考證二十四卷**　民國二十三年(1934)中華書局影印本　三十七冊　存四百六十九卷(博物彙編藝術典一至六十六、一百三十五至一百四十六、一百六十一至一百七十四、一百八十九至二百五十六、二百八十四至二百九十六、三百八十四至三百九十五、四百六十三至四百九十九、五百四十一至六百三十、六百五十八至七百二十八、七百三十九至八百二十四)

義烏市圖書館
民國時期傳統裝幀書籍普查登記目錄

浙江省民國時期傳統裝幀書籍普查登記目錄 · 金華

國家圖書館出版社
National Library of China Publishing House

《義烏市圖書館民國時期傳統裝幀書籍普查登記目録》

編委會

《義烏市圖書館民國時期傳統裝幀書籍普查登記目録》

前　言

義烏市圖書館館藏傳統文獻4.8萬餘册,主要來源係政府徵集和民間捐贈,少量采購於收藏品市場。20世紀80年代初曾進行了整理編目。2013年12月啓動古籍普查項目,2015年10月完成。

民國時期傳統裝幀書籍共1017部15327册,依據分類統計,經部72部,史部170部,子部317部,集部345部,類叢部85部,新學28部。依據版本統計,刻本52部,鉛印本327部,石印本456部,影印本131部,木活字印本16部,油印本15部,抄本9部,稿本5部,鈐印本3部,鈐印暨拓印本3部。裝幀形式主要是綫裝,破損級别大多爲五級破損或未破損。

2013年我館榮獲浙江省古籍重點保護單位;2014年完成古籍善本數字化19572葉并建立數據庫;2015年古籍庫房完成恒温恒濕改造,同年完成地方文獻類古籍數字化315971葉并完善數據庫。遵循"保護爲主,搶救第一,合理利用,加强管理"的理念,秉承原生性保護和再生性保護結合的原則,讓"書寫在古籍裏的文字都活起來",就是我們今後的努力方向。

義烏市圖書館

2017年10月

330000－1723－0000002　1976－1981　類叢部/叢書類/郡邑之屬
義烏先哲遺書五種　黄侗編　民國二十二年至二十四年(1933－1935)義烏黄氏鉛印本　六册

330000－1723－0000004　1982－1987　類叢部/叢書類/郡邑之屬
義烏先哲遺書五種　黄侗編　民國二十二年至二十四年(1933－1935)義烏黄氏鉛印本　六册

330000－1723－0000009　2027　子部/宗教類/佛教之屬/諸宗
傅大士集四卷　(南朝梁)傅翕撰　民國鉛印本　朱獻文題簽並記　一册

330000－1723－0000010　2030　集部/總集類/酬唱之屬
繡水應聲一卷　張應銘等撰　民國浙江印刷公司鉛印本　一册

330000－1723－0000012　2028　子部/宗教類/佛教之屬/諸宗
傅大士集四卷　(南朝梁)傅翕撰　民國鉛印本　一册

330000－1723－0000013　2029　子部/宗教類/佛教之屬/諸宗
傅大士集四卷　(南朝梁)傅翕撰　民國鉛印本　朱獻文題簽　一册

330000－1723－0000015　2034　集部/總集類/氏族之屬
遜敏齋詩草一卷　(清)張經鉏撰　**愚稼菴詩草一卷**　(清)張經銘撰　民國十四年(1925)義烏張敬恕堂石印本　一册

330000－1723－0000016　2016　史部/政書類/公牘檔册之屬
旅杭稠州學會章程一卷會員姓氏録一卷　何菁等撰　民國鉛印本　一册

330000－1723－0000017　2019　史部/雜史類/斷代之屬
義烏兵事紀略一卷附錄鄉先生詩詞一卷詩餘一卷　黄侗輯　民國二十一年(1932)石古山房鉛印本　一册

330000－1723－0000018　2010　集部/別集類
醉月軒手稿三卷　卜皋撰　民國二十八年(1939)稿本　毛芷園題簽　一册

330000－1723－0000019　2011　經部/孝經類/傳說之屬
孝經白話解說一卷　朱領中撰　民國二十年(1931)上海宏大善書局石印本　一册

330000－1723－0000022　2015　子部/雜著類/雜纂之屬
香麓簃叢鈔五卷　吳鏡元編　民國吳鏡元抄本　一册

330000－1723－0000023　2018　史部/雜史類/斷代之屬
義烏兵事紀略一卷附錄鄉先生詩詞一卷詩餘一卷　黄侗輯　民國二十一年(1932)石古山房鉛印本　一册

330000－1723－0000024　2017　史部/雜史類/斷代之屬
義烏兵事紀略一卷附錄鄉先生詩詞一卷詩餘一卷　黄侗輯　民國二十一年(1932)石古山房鉛印本　一册

330000－1723－0000028　2024　子部/宗教類/佛教之屬
三大士實錄三種六卷　釋興慈輯　民國十年至十二年(1921－1923)天台山釋興慈刻本　一册

330000－1723－0000030　472　史部/地理類/專志之屬/書院
敷文書院志略不分卷附錄一卷　魏頌唐輯　民國二十四年(1935)浙江財務學校鉛印本　王澂瑩題簽　一册

330000－1723－0000046　725－732　史部/目録類/總録之屬/地方
金華經籍志二十四卷外編一卷存疑一卷辨誤一卷　胡宗楙纂　民國十四年(1925)永康胡

氏夢選樓刻本　八冊

330000－1723－0000048　745－754　史部/地理類/方志之屬/郡縣志

光緒金華縣志十六卷首一卷附咸同間金華殉難人姓名錄一卷　（清）鄧鍾玉纂　（清）謝駿德等修　民國四年（1915）錢人龍鉛印本　十冊

330000－1723－0000049　755－764　史部/地理類/方志之屬/郡縣志

光緒金華縣志十六卷首一卷附咸同間金華殉難人姓名錄一卷　（清）鄧鍾玉纂　（清）謝駿德等修　民國四年（1915）錢人龍鉛印本　十冊

330000－1723－0000053　1964　集部/別集類/清別集

石古齋詩文雜存三卷　（清）黃卿夔撰　民國二十四年（1935）義烏黃侗鉛印本　胡其華題簽　一冊

330000－1723－0000060　2020　史部/雜史類/斷代之屬

義烏兵事紀略一卷附錄鄉先生詩詞一卷詩餘一卷　黃侗輯　民國二十一年（1932）石古山房鉛印本　一冊

330000－1723－0000066　849－850　經部/書類/傳說之屬

東萊先生書說十三卷禹貢圖說一卷　（宋）呂祖謙撰　民國十七年（1928）中社影印本（卷十至十三原缺）　二冊

330000－1723－0000068　855　史部/地理類/遊記之屬/紀行

金華洞天行紀一卷　（宋）方鳳撰　（明）張燧輯　**金華游錄注一卷**　（清）徐沁撰　**金華洞人物古蹟記一卷**　（宋）謝翱撰　民國二十三年（1934）金華何炳松鉛印本　一冊

330000－1723－0000073　864　集部/別集類/清別集

翠微山房遺詩不分卷　（清）張作枏撰　民國十三年（1924）金華郭實琮古愚廬刻本　何韶題簽　一冊

330000－1723－0000078　882－885　經部/易類/傳說之屬

周易講義十卷　碧雲子講述　民國二十四年（1935）金華經訓山房鉛印本　四冊

330000－1723－0000079　886－889　經部/易類/傳說之屬

周易講義十卷　碧雲子講述　民國二十四年（1935）金華經訓山房鉛印本　四冊

330000－1723－0000080　890－893　子部/藝術類/書畫之屬/畫法畫品

畫法要錄十七卷首一卷　余紹宋撰　民國十九年（1930）上海中華書局鉛印本　余紹宋題記　四冊

330000－1723－0000081　894－895　集部/別集類

節庵先生遺詩六卷　梁鼎芬撰　余紹宋輯　民國十二年（1923）沔陽盧氏慎始基齋武昌刻本　余紹宋題記　二冊

330000－1723－0000082　896－899　集部/別集類/宋別集

趙清獻公集十卷目錄二卷　（宋）趙抃撰　民國八年（1919）刻本　四冊

330000－1723－0000085　920－935　史部/地理類/方志之屬/郡縣志

[民國]龍游縣志四十卷首一卷末一卷　余紹宋撰　民國十四年（1925）京城印書局鉛印本　十六冊

330000－1723－0000086　936－937　史部/地理類/方志之屬/郡縣志

[民國]龍游縣志初稿不分卷　余紹宋撰　民國十二年（1923）鉛印本　余紹宋題記　二冊

330000－1723－0000089　1696－1707　史部/地理類/方志之屬/郡縣志

[嘉慶]義烏縣志二十二卷首一卷　（清）諸自穀修　（清）程瑜　（清）李錫齡纂　（清）毛光焞繪圖　民國十八年（1929）灌聰圖書館石印本　十二冊

330000－1723－0000090　1708－1719　史部/地理類/方志之屬/郡縣志

[嘉慶]義烏縣志二十二卷首一卷　(清)諸自穀修　(清)程瑜　(清)李錫齡纂　(清)毛光焞繪圖　民國十八年(1929)灌聽圖書館石印本　十二册

330000－1723－0000091　1732－1743　史部/地理類/方志之屬/郡縣志

[嘉慶]義烏縣志二十二卷首一卷　(清)諸自穀修　(清)程瑜　(清)李錫齡纂　(清)毛光焞繪圖　民國十八年(1929)灌聽圖書館石印本　十一册　缺一卷(七)

330000－1723－0000092　1744－1755　史部/地理類/方志之屬/郡縣志

[嘉慶]義烏縣志二十二卷首一卷　(清)諸自穀修　(清)程瑜　(清)李錫齡纂　(清)毛光焞繪圖　民國十八年(1929)灌聽圖書館石印本　十二册

330000－1723－0000093　1756－1767　史部/地理類/方志之屬/郡縣志

[嘉慶]義烏縣志二十二卷首一卷　(清)諸自穀修　(清)程瑜　(清)李錫齡纂　(清)毛光焞繪圖　民國十八年(1929)灌聽圖書館石印本　十二册

330000－1723－0000094　1768－1776、9196　史部/地理類/方志之屬/郡縣志

[嘉慶]義烏縣志二十二卷首一卷　(清)諸自穀修　(清)程瑜　(清)李錫齡纂　(清)毛光焞繪圖　民國十八年(1929)灌聽圖書館石印本　十册　存二十卷(首,一至十八、二十)

330000－1723－0000095　1777－1783　史部/地理類/方志之屬/郡縣志

[嘉慶]義烏縣志二十二卷首一卷　(清)諸自穀修　(清)程瑜　(清)李錫齡纂　(清)毛光焞繪圖　民國十八年(1929)灌聽圖書館石印本　七册　存十五卷(首,一至四、八至十四、十七至十八、二十)

330000－1723－0000096　1784－1792　史部/地理類/方志之屬/郡縣志

[嘉慶]義烏縣志二十二卷首一卷　(清)諸自穀修　(清)程瑜　(清)李錫齡纂　(清)毛光焞繪圖　民國十八年(1929)灌聽圖書館石印本　九册　存十八卷(首,一至四、七、十至十八、二十至二十二)

330000－1723－0000097　1793－1796　史部/地理類/方志之屬/郡縣志

[嘉慶]義烏縣志二十二卷首一卷　(清)諸自穀修　(清)程瑜　(清)李錫齡纂　(清)毛光焞繪圖　民國十八年(1929)灌聽圖書館石印本　四册　存十卷(首,一至四、十至十二、十七至十八)

330000－1723－0000101　1819－1822　集部/别集類/唐五代别集

駱臨海集十卷附錄一卷　(唐)駱賓王撰　(清)陳熙晉注　民國二十六年(1937)義烏黄氏鉛印本　四册

330000－1723－0000102　1823－1826　集部/别集類/唐五代别集

駱臨海集十卷附錄一卷　(唐)駱賓王撰　(清)陳熙晉注　民國二十六年(1937)義烏黄氏鉛印本　四册

330000－1723－0000103　1827－1830　集部/别集類/唐五代别集

駱臨海集十卷附錄一卷　(唐)駱賓王撰　(清)陳熙晉注　民國二十六年(1937)義烏黄氏鉛印本　黄曉城題記　四册

330000－1723－0000104　1831－1834　集部/别集類/唐五代别集

駱臨海集十卷附錄一卷　(唐)駱賓王撰　(清)陳熙晉注　民國二十六年(1937)義烏黄氏鉛印本　四册

330000－1723－0000105　1835－1838　集部/别集類/唐五代别集

駱臨海集十卷附錄一卷　(唐)駱賓王撰　(清)陳熙晉注　民國二十六年(1937)義烏黄氏鉛印本　四册

330000－1723－0000106　1813　集部/别集

類/唐五代別集

駱臨海集十卷附錄一卷　(唐)駱賓王撰　(清)陳熙晉注　民國二十六年(1937)義烏黃氏鉛印本　黃侗題記　一冊　存二卷(一至二)

330000－1723－0000107　1814　集部/別集類/唐五代別集

駱臨海集十卷附錄一卷　(唐)駱賓王撰　(清)陳熙晉注　民國二十六年(1937)義烏黃氏鉛印本　黃侗題記　一冊　存二卷(一至二)

330000－1723－0000135　1963　集部/別集類/清別集

石古齋詩文雜存三卷　(清)黃卿夔撰　民國二十四年(1935)義烏黃侗鉛印本　胡其華題簽　一冊

330000－1723－0000136　1965　集部/別集類/清別集

石古齋詩文雜存三卷　(清)黃卿夔撰　民國二十四年(1935)義烏黃侗鉛印本　一冊

330000－1723－0000137　1436－1454、1456－1555　類叢部/叢書類/郡邑之屬

續金華叢書六十種　胡宗楙編　民國十三年(1924)永康胡氏夢選樓刻本　一百十九冊　存五十九種

330000－1723－0000138　1556－1671　類叢部/叢書類/郡邑之屬

續金華叢書六十種　胡宗楙編　民國十三年(1924)永康胡氏夢選樓刻本　一百十六冊　存五十八種

330000－1723－0000141　2253－2256　集部/別集類/明別集

白石山房逸稿五卷首一卷　(明)張丁撰　(清)張朝煌輯　民國三年(1914)浦江張尚絅木活字印本　童宗談題記　四冊

330000－1723－0000148　2325　子部/醫家類/醫話醫論之屬

素軒醫語一卷　邵餐芝撰　民國二十四年(1935)蘭溪協記書莊鉛印本　一冊

330000－1723－0000150　2277－2292　史部/地理類/方志之屬/郡縣志

光緒浦江縣志十五卷首一卷附咸同殉難錄二卷　(清)善廣修　(清)張景青等纂　民國五年(1916)鉛印本　十六冊

330000－1723－0000151　2293－2308　史部/地理類/方志之屬/郡縣志

光緒浦江縣志十五卷首一卷附咸同殉難錄二卷　(清)善廣修　(清)張景青等纂　民國五年(1916)鉛印本　十六冊

330000－1723－0000153　2309－2320、2322－2324　史部/地理類/方志之屬/郡縣志

光緒浦江縣志十五卷首一卷附咸同殉難錄二卷　(清)善廣修　(清)張景青等纂　民國五年(1916)鉛印本　十五冊　缺二卷(咸同殉難錄一至二)

330000－1723－0000154　2321　史部/地理類/方志之屬/郡縣志

光緒浦江縣志十五卷首一卷附咸同殉難錄二卷　(清)善廣修　(清)張景青等纂　民國五年(1916)鉛印本　一冊　存二卷(十一至十二)

330000－1723－0000161　2384－2393　集部/戲劇類/總集之屬/傳奇

十二家評點李笠翁十種曲　(清)李漁編　民國七年(1918)上海朝記書莊石印本　十冊

330000－1723－0000162　2394－2401　集部/戲劇類/總集之屬/傳奇

十二家評點李笠翁十種曲　(清)李漁編　民國七年(1918)上海朝記書莊石印本　八冊　存八種

330000－1723－0000163　2511　史部/傳記類/別傳之屬/年譜

胡正惠公[則]年譜一卷附錄一卷　胡宗楙撰　民國二十一年(1932)永康胡氏夢選樓刻本　一冊

330000－1723－0000164　2402－2411　集

部/别集類/清别集

笠翁一家言全集十六卷 (清)李漁撰 民國十七年(1928)上海普益書局石印本 十册

330000－1723－0000165 2512－2513 史部/傳記類/别傳之屬/年譜

張宣公[栻]年譜二卷坿錄二卷 胡宗楙編 民國二十一年(1932)永康胡氏夢選樓刻本 二册

330000－1723－0000166 2412－2423 集部/别集類/清别集

笠翁一家言全集十六卷 (清)李漁撰 民國上海會文堂書局石印本 十二册

330000－1723－0000169 2515 史部/傳記類/總傳之屬/郡邑

永康人物記五卷 胡宗楙編 民國二十一年(1932)永康胡氏夢選樓刻本 一册

330000－1723－0000179 2533 集部/總集類/酬唱之屬

友聲詩鈔初集一卷附市隱廬詩存一卷 蔡惠夷輯 民國十八年(1929)蔡惠夷石印本 一册

330000－1723－0000181 2538－2539 集部/别集類/宋别集

陳龍川書牘不分卷 (宋)陳亮撰 民國四年(1915)上海商務印書館鉛印本 二册

330000－1723－0000185 2493 集部/戲劇類/雜劇之屬

桃谿雪二卷二十齣 (清)黄燮清撰 (清)李光溥評文 民國八年(1919)上海掃葉山房石印本 一册

330000－1723－0000186 2494－2495 集部/戲劇類/雜劇之屬

桃谿雪二卷二十齣 (清)黄燮清撰 (清)李光溥評文 民國八年(1919)上海掃葉山房石印本 二册

330000－1723－0000196 2584－2589 史部/地理類/總志之屬/通代

讀史輿地韻編十二卷 張鴻漸編 民國二年(1913)浦江白石學校木活字印本 六册

330000－1723－0000202 2508－2509 集部/别集類

夢選樓文鈔二卷詩鈔二卷 胡宗楙撰 民國二十五年(1936)永康胡氏津門刻本 二册

330000－1723－0000203 2594 子部/宗教類/佛教之屬/經疏

摩訶般若波羅蜜多心經一卷 (清)朱珪注解 **心經文句一卷** (明)宋濂撰 民國十年(1921)五洲大藥房實學通藝館鉛印本 董南題記 一册

330000－1723－0000204 2510 史部/傳記類/别傳之屬/年譜

昭明太子[蕭統]年譜一卷坿錄一卷 胡宗楙撰 民國二十一年(1932)永康胡氏夢選樓刻本 一册

330000－1723－0000206 2596 集部/總集類/酬唱之屬

浣溪漁唱和作一卷附錄一卷 周品梅輯 民國七年(1918)鉛印本 一册

330000－1723－0000208 2598 史部/雜史類

中外教育史第一編四章 張夢奎撰 民國金郡師範學堂石印本 一册

330000－1723－0000210 2600 史部/地理類/雜志之屬

浦江重修文廟收支款目一卷 黄志璠輯 民國十二年(1923)木活字印本 一册

330000－1723－0000211 2599 集部/别集類

潛廬詩稿一卷 張逸叟撰 民國十二年(1923)張氏木活字印本 李家煌題記 一册

330000－1723－0000212 2601－2602 集部/總集類/酬唱之屬

磚玉編一卷附編一卷 趙允近輯並撰 民國十七年(1928)浦陽趙允近木活字印本 李家煌題簽 二册

330000－1723－0000214　2603　集部/總集類/酬唱之屬

磚玉編一卷附編一卷　趙允近輯並撰　民國十七年(1928)浦陽趙允近木活字印本　一冊

存一卷(附編)

330000－1723－0000216　2605　新學/議論/通論

浦江縣公立通俗教育講演所講演稿一卷　浦江公立通俗教育講演所編　民國木活字印本　一冊

330000－1723－0000220　2607－2608　史部/傳記類/別傳之屬

朱慎齋公壽詩二卷　(清)朱宷輯　民國十一年(1922)朱氏裔孫木活字印本　二冊

330000－1723－0000265　3284－3287　子部/宗教類/佛教之屬/總録

北山録十卷　(唐)釋神清撰　(宋)釋慧寶注　**北山録注解隨函二卷**　(宋)釋德珪撰　民國據宋熙寧元年(1068)刻本影印本　四冊

330000－1723－0000268　10781－10782　子部/醫家類/綜合之屬/通論

醫宗説約六卷　(清)蔣示吉撰　民國四年(1915)上海萃英書局石印本　二冊

330000－1723－0000269　3300－3311　經部/小學類/文字之屬/字書/字典

辭源十二卷附錄一卷附圖一卷　陸爾奎等編　民國十六年(1927)上海商務印書館鉛印本　十二冊

330000－1723－0000270　3637　史部/傳記類/日記之屬

癸亥日記錄不分卷(民國十二年元旦至除夕)　民國十二年(1923)稿本　一冊

330000－1723－0000271　3638　子部/儒家類/儒學之屬/禮教/家訓

了凡四訓一卷　(明)袁黄撰　民國十二年(1923)補過齋主人鉛印本　一冊

330000－1723－0000272　3639　集部/詞類/別集之屬

率性闡微一卷　(清)素陽子撰　(清)自然子註解　民國十二年(1923)佛堂鎮灌聰印刷所石印本　一冊

330000－1723－0000275　3641　集部/總集類/選集之屬/斷代

桃谿社詩鈔一卷　桃溪詩社編　民國桃溪詩社油印本　一冊

330000－1723－0000277　3643－3645　新學/議論/通論

論文選三卷　民國抄本　三冊

330000－1723－0000278　3646　經部/小學類/文字之屬

中國文字學四卷　曹謙述　民國油印本　何國祥題簽　一冊

330000－1723－0000279　3647　新學/政治法律/制度

明日之憲法四卷　吳兆萃撰　民國十五年(1926)東陽中學油印本　一冊

330000－1723－0000289　3339　子部/雜著類

羅掞東雜鈔不分卷　羅掞東輯　民國羅掞東抄本　一冊

330000－1723－0000421　6205－6284　經部/叢編

重刊宋本十三經注疏附校勘記　(清)阮元撰校勘記　(清)盧宣旬摘錄校勘記　民國二十一年(1932)上海錦章圖書局石印本　八十冊

330000－1723－0000422　2021　史部/雜史類/斷代之屬

義烏兵事紀略一卷附錄鄉先生詩詞一卷詩餘一卷　黄侗輯　民國二十一年(1932)石古山房鉛印本　一冊

330000－1723－0000424　2023　史部/政書類/公牘檔冊之屬

義烏縣議會民國十二年通常會議決案不分卷　義烏縣議會撰　民國十二年(1923)佛堂鎮灌聰印刷所石印本　一冊

330000－1723－0000426　6445－6466　經部/叢編

四書五經讀本六種四十八卷　民國二十年(1931)上海中華書局鉛印本　二十二冊　缺五卷(禮記六至十)

330000－1723－0000438　6589　經部/群經總義類/授受源流之屬

經學歷史一卷　(清)皮錫瑞撰　民國十三年(1924)上海商務印書館影印本　一冊

330000－1723－0000439　6590－6594　經部/群經總義類/傳說之屬

經學通論五卷　(清)皮錫瑞撰　民國十九年(1930)上海商務印書館影印本　五冊

330000－1723－0000442　2035　集部/總集類/氏族之屬

遜敏齋詩草一卷　(清)張經鉏撰　**愚稼菴詩草一卷**　(清)張經銘撰　民國十四年(1925)義烏張敬恕堂石印本　一冊

330000－1723－0000443　2036　集部/總集類/氏族之屬

遜敏齋詩草一卷　(清)張經鉏撰　**愚稼菴詩草一卷**　(清)張經銘撰　民國十四年(1925)義烏張敬恕堂石印本　一冊

330000－1723－0000467　6742　經部/易類/傳說之屬

周易費氏學八卷首一卷末一卷敍錄一卷　馬其昶撰　民國九年(1920)馬氏抱潤軒刻本　一冊　存二卷(五至六)

330000－1723－0000476　1966　類叢部/叢書類/郡邑之屬

義烏先哲遺書六種九卷　黃侗編　民國二十二年至二十四年(1933－1935)義烏黃侗鉛印本　一冊

330000－1723－0000477　1967　類叢部/叢書類/郡邑之屬

義烏先哲遺書六種九卷　黃侗編　民國二十二年至二十四年(1933－1935)義烏黃侗鉛印本　一冊

330000－1723－0000479　1968　類叢部/叢書類/郡邑之屬

義烏先哲遺書六種九卷　黃侗編　民國二十二年至二十四年(1933－1935)義烏黃侗鉛印本　一冊

330000－1723－0000480　1969　經部/四書類/總義之屬/專著

我疑錄一卷　(清)陳德調撰　民國二十二年(1933)義烏黃侗鉛印本　一冊

330000－1723－0000481　1970　經部/四書類/總義之屬/專著

我疑錄一卷　(清)陳德調撰　民國二十二年(1933)義烏黃侗鉛印本　一冊

330000－1723－0000482　1971　經部/四書類/總義之屬/專著

我疑錄一卷　(清)陳德調撰　民國二十二年(1933)義烏黃侗鉛印本　一冊

330000－1723－0000484　1972　集部/詞類/別集之屬

粲花館詞鈔一卷　(清)樓杏春撰　民國二十二年(1933)黃侗鉛印本　一冊

330000－1723－0000485　1973　集部/詞類/別集之屬

粲花館詞鈔一卷　(清)樓杏春撰　民國二十二年(1933)黃侗鉛印本　一冊

330000－1723－0000486　1974　集部/詞類/別集之屬

粲花館詞鈔一卷　(清)樓杏春撰　民國二十二年(1933)黃侗鉛印本　一冊

330000－1723－0000487　1975　集部/詞類/別集之屬

粲花館詞鈔一卷　(清)樓杏春撰　民國二十二年(1933)黃侗鉛印本　陳知庠題記　一冊

330000－1723－0000520　45432－45443　集部/別集類/清別集

李笠翁一家言全集十六卷　(清)李漁撰　民國上海會文堂書局石印本　十二冊

330000－1723－0000521　45408－45416　子部/醫家類/方書之屬/單方驗方

驗方新編十八卷　（清）鮑相璈等輯　民國十三年（1924）上海啟新書局石印本　九冊　缺一卷（一）

330000－1723－0000526　45394－45405　類叢部/叢書類/彙編之屬

遯園叢書二十六種　羅振常編　民國上海蟫隱廬謄寫版印三十三年（1944）吳興周延年彙印本　十二冊

330000－1723－0000533　045444－045483　子部/叢編

子書三十二種　育文書局編　民國四年（1915）育文書局石印本　四十冊

330000－1723－0000536　45307　子部/醫家類/兒科之屬/驚風

驚風雜方效驗一卷　民國抄本　一冊

330000－1723－0000544　45301　史部/地理類/總志之屬

中國地理不分卷　民國油印本　一冊

330000－1723－0000546　45238－45239　新學/史志/別國史

節本泰西新史攬要八卷　（英國）李提摩太譯　周慶雲節錄　民國鉛印本　二冊

330000－1723－0000548　45200－45201　經部/四書類/總義之屬/傳說

銅版四書集註　（宋）朱熹集註　民國三年（1914）上海天寶書局石印本　二冊

330000－1723－0000552　45197　經部/四書類/總義之屬/傳說

四書白話註解　許伏民　童官卓編　民國上海羣學書社石印本　一冊　存一種

330000－1723－0000553　45212－45213　子部/儒家類/儒學之屬/性理

王陽明先生傳習錄集評四卷　（清）孫奇逢等參評　（清）陶潯霍　梁啓超續評　孫鏘輯校　**王陽明[守仁]先生年譜一卷**　孫鏘輯　民國四年（1915）上海新學會社鉛印本　二冊

330000－1723－0000577　31685－31693　類叢部/叢書類/自著之屬

船山遺書六十六種附一種　（清）王夫之撰　民國二十二年（1933）上海太平洋書店鉛印本　九冊　存四種

330000－1723－0000578　45302－45303　新學/游記

歐遊心影錄十一篇　梁啓超撰　民國油印本（七至九篇原缺）　二冊

330000－1723－0000580　45198－45199　新學/地學/地志學

外國地誌一卷續一卷　錢家治編　民國油印本　二冊

330000－1723－0000581　31557－31580　類叢部/叢書類/自著之屬

尤西堂全集二十六種　（清）尤侗撰　民國上海文瑞樓石印本　二十四冊

330000－1723－0000583　45304－45306　史部/傳記類/總傳之屬/家乘

[浙江義烏]麒麟塘宗氏家譜十二卷　宗勤初修　宗松山纂　民國三十七年（1948）木活字印本　三冊　存四卷（一、九至十一）

330000－1723－0000586　45419　新學/雜著/瑣録

無所不錄不分卷　楊鰲撰　民國抄本　一冊

330000－1723－0000607　2238　史部/地理類/方志之屬/郡縣志

光緒浦江縣志十五卷首一卷附咸同殉難錄二卷　（清）善廣修　（清）張景青等纂　民國五年（1916）鉛印本　一冊　存二卷（咸同殉難錄一至二）

330000－1723－0000608　6941－6944　經部/書類/傳說之屬

書經集傳六卷　（宋）蔡沈撰　民國三十二年（1943）上海掃葉山房石印本　四冊

330000－1723－0000624　6990－6991　經部/書類/傳說之屬

尚書大義二卷　吳闓生撰　民國十一年

(1922)都門李葆光等刻本　二冊

330000－1723－0000637　8221－8226　經部/小學類/文字之屬/字書/字典

康熙字典十二集三十六卷總目一卷檢字一卷辨似一卷等韻一卷備考一卷補遺一卷　(清)張玉書等纂修　民國上海商務印書館石印本　六冊

330000－1723－0000669　7015－7018　經部/詩類/傳說之屬

毛詩二十卷　(漢)毛亨傳　(漢)鄭玄箋　民國上海涵芬樓影印本　四冊

330000－1723－0000676　9116－9121　經部/四書類/總義之屬/傳說

四書讀本十九卷　(宋)朱熹集註　民國十一年(1922)上海天寶書局石印本　六冊

330000－1723－0000677　7047－7049　經部/詩類/傳說之屬

新註詩經白話解八卷　洪子良編纂　民國二十年(1931)上海中原書局石印本　三冊　存六卷(一至六)

330000－1723－0000679　7050－7053　經部/詩類/傳說之屬

詩經集傳八卷　(宋)朱熹撰　民國四年(1915)中華書局鉛印本　四冊

330000－1723－0000680　9122－9123　經部/四書類/總義之屬/傳說

四書集註十九卷　(宋)朱熹撰　民國三年(1914)中華書局石印本　二冊　存三種

330000－1723－0000688　9135－9139　經部/四書類/論語之屬/傳說

批點註解白話論語讀本十卷　張兆瑢　沈元起編譯　民國二十年(1931)上海廣益書局石印本　五冊

330000－1723－0000696　8558　經部/小學類/文字之屬/字書/字典

康熙字典十二集三十六卷總目一卷檢字一卷辨似一卷等韻一卷備考一卷補遺一卷　(清)張玉書等纂修　民國商務印書館石印本　一冊　存六卷(未集上中下、申集上中下)

330000－1723－0000697　8559－8561　經部/小學類/文字之屬/字書/字典

康熙字典十二集三十六卷檢字一卷辨似一卷等韻一卷備考一卷補遺一卷　(清)張玉書等纂修　民國三年(1914)上海共和書局石印本　三冊　存二十四卷(子集上中下、丑集上中下、寅集上中下、卯集上中下、辰集上中下、巳集上中下、午集上中下,檢字,辨似,等韻)

330000－1723－0000700　8568－8571　經部/小學類/文字之屬/字書/字典

康熙字典十二集三十六卷總目一卷檢字一卷辨似一卷等韻一卷備考一卷補遺一卷　(清)張玉書等纂修　民國上海商務印書館石印本　四冊　缺十五卷(寅集上中下、卯集上中下、辰集上中下、酉集上中下、戌集上中下)

330000－1723－0000713　8233－8244　經部/小學類/文字之屬/字書/字典

康熙字典十二集三十六卷總目一卷檢字一卷辨似一卷等韻一卷備考一卷補遺一卷　(清)張玉書等纂修　民國八年(1919)上海中華圖書館影印本　十二冊

330000－1723－0000714　8613－8614、9521　類叢部/叢書類/自著之屬

章氏叢書十三種　章炳麟撰　民國上海右文社鉛印本　三冊　存二種

330000－1723－0000715　8615　經部/小學類/文字之屬/字書/訓蒙

習字講義二章　葉熙編輯　民國石印本　一冊

330000－1723－0000719　8592－8595　經部/小學類/文字之屬/說文

說文解字十五卷標目一卷　(漢)許慎撰　(宋)徐鉉等校定　民國鑄記書局石印本　傅競雄題記　四冊

330000－1723－0000720　8596－8599　經部/小學類/文字之屬/說文

說文解字十五卷標目一卷　(漢)許慎撰

(宋)徐鉉等校定　民國十二年(1923)上海馬啟新書局石印本　四冊

330000－1723－0000723　8616－8619　經部/小學類/訓詁之屬/字詁

言文一貫虛字使用法不分卷　周善培撰　民國十四年(1925)上海商務印書館鉛印本　四冊

330000－1723－0000725　9158－9162　經部/四書類/孟子之屬/傳說

批點註解白話孟子讀本七卷年譜一卷　張兆瑢　沈元起編譯　**讀孟子記一卷**　張九如撰　民國二十一年(1932)上海廣益書局石印本　五冊

330000－1723－0000727　8572－8577　經部/小學類/文字之屬/字書/字典

新字典十二卷拾遺一卷檢字一卷附錄一卷勘誤一卷補編一卷　陸爾奎等編纂　民國九年(1920)上海商務印書館鉛印本　六冊

330000－1723－0000730　9163－9164　經部/四書類/總義之屬/傳說

四書讀本十九卷　(宋)朱熹集註　民國十一年(1922)上海天寶書局石印本　二冊　存五卷(孟子一至三、六至七)

330000－1723－0000732　9165－9167　經部/四書類/孟子之屬/傳說

孟子集註七卷　(宋)朱熹撰　民國二十二年(1933)上海商務印書館鉛印本　三冊　存三卷(二、五、七)

330000－1723－0000733　8584－8591　經部/小學類/文字之屬/說文/傳說

說文解字注十五卷附六書音均表五卷　(清)段玉裁撰　**說文部目分韻一卷**　(清)陳煥編　**說文通檢十四卷首一卷末一卷**　(清)黎永椿編　**說文解字注匡謬八卷**　(清)徐承慶撰　民國三年(1914)上海文盛書局石印本　八冊

330000－1723－0000736　8578－8583　經部/小學類/文字之屬/字書/字典

新字典十二卷拾遺一卷檢字一卷附錄一卷勘誤一卷補編一卷　陸爾奎等編纂　民國六年(1917)上海商務印書館鉛印本　六冊

330000－1723－0000744　9168　經部/四書類/孟子之屬/傳說

教科適用孟子精華二卷　中華書局編　民國九年(1920)上海中華書局鉛印本　一冊

330000－1723－0000747　8632　經部/小學類/文字之屬/字書/訓蒙

文字蒙求四卷　(清)王筠撰　民國上海民聲書局石印本　一冊　缺二卷(一至二)

330000－1723－0000759　9182－9183　經部/四書類/孟子之屬/文字音義

孟子字義疏證三卷附錄一卷　(清)戴震撰　民國十三年(1924)刻本　二冊

330000－1723－0000772　8718－8720　經部/小學類/音韻之屬/古今韻說

音韻學通論八卷　馬宗霍撰　民國二十二年(1933)上海商務印書館鉛印本　三冊

330000－1723－0000776　9199　子部/藝術類/書畫之屬/法帖

傅仲楊書習字帖不分卷　傅典虞編輯　民國十三年(1924)義烏佛堂鎮灌聰圖書館石印本　一冊

330000－1723－0000797　9209－9210　子部/雜著類/雜說之屬

讀子卮言二卷　江瑔撰　民國六年(1917)上海商務印書館鉛印本　二冊

330000－1723－0000804　9223－9232　子部/叢編

評註皕子精華十卷　張謂輯　民國十年(1921)上海子學社石印本　十冊

330000－1723－0000808　9233－9252　子部/雜著類/雜纂之屬

諸子文粹六十二卷續編十卷　李寶洤纂　民國六年(1917)上海商務印書館鉛印本　二十冊

330000－1723－0000810　9253　子部/雜著類/雜纂之屬
仕商便覽日用酬世大觀十種　上海世界書局編　民國上海世界書局石印本　一册　存二種

330000－1723－0000817　9285　子部/儒家類/儒學之屬/禮教/鑑戒
修身不分卷　民國油印本　一册

330000－1723－0000824　9289－9294　子部/儒家類/儒家之屬
荀子集解二十卷首一卷　(唐)楊倞注　王先謙集解　民國上海商務印書館據清光緒十七年(1891)長沙王氏刻本影印本　六册

330000－1723－0000825　8701－8702　經部/小學類/訓詁之屬/方言
新方言十一卷嶺外三州語一卷　章炳麟撰　民國元年(1912)文學會社石印本　二册

330000－1723－0000830　8750－8755　經部/小學類/音韻之屬/韻書
詩韻全璧五卷　(清)汪慕杜輯　(清)湯文潞續輯　(清)惜陰主人再續輯　民國六年(1917)石印本　六册

330000－1723－0000832　8703－8704　類叢部/叢書類/自著之屬
章氏叢書十三種　章炳麟撰　民國六年至八年(1917－1919)浙江圖書館刻本　二册　存一種

330000－1723－0000846　8739－8743　經部/小學類/音韻之屬/韻書
詩韻合璧五卷　(清)許時庚輯　**虚字韻藪一卷**　(清)潘維城輯　民國九年(1920)上海錦章圖書局石印本　五册

330000－1723－0000849　8729－8733　經部/小學類/音韻之屬/韻書
自修適用詩韻合璧大全五卷　(清)湯文潞編　**虚字韻藪一卷**　(清)潘維城輯　民國十二年(1923)上海廣益書局石印本　五册

330000－1723－0000853　8734－8738　經部/小學類/音韻之屬/韻書
詩韻全璧五卷　(清)汪慕杜輯　(清)湯文潞續輯　(清)惜陰主人再續輯　民國六年(1917)上海廣益書局石印本　五册　缺一卷(三)

330000－1723－0000862　8756－8761　經部/小學類/音韻之屬/韻書
詩韻全璧五卷　(清)汪慕杜輯　(清)湯文潞續輯　(清)惜陰主人再續輯　民國六年(1917)上海鴻寶齋石印本　□脩題記　六册

330000－1723－0000880　7381　經部/禮記類/分篇之屬
教科適用檀弓精華一卷　中華書局編　民國八年(1919)上海中華書局鉛印本　一册

330000－1723－0000905　9338　子部/儒家類/儒學之屬/蒙學
課子隨筆六卷　(清)張師載輯　**續編一卷**　(清)徐桐撰　民國上海文瑞樓石印本　一册　存二卷(三至四)

330000－1723－0000918　9344　類叢部/叢書類/彙編之屬
進德叢書八種　丁福保編　民國上海醫學書局鉛印本　一册　存一種

330000－1723－0000919　8838－8843　經部/四書類/總義之屬/傳說
新訂四書補註備旨十卷　(明)鄧林撰　(清)鄧煜編　(清)杜定基增訂　民國十年(1921)善成堂刻本　六册

330000－1723－0000920　9345　子部/儒家類/儒學之屬/禮教/鑑戒
語類二卷　錢振鍠撰　民國七年(1918)錢氏木活字印本　一册

330000－1723－0000965　9382　類叢部/叢書類/自著之屬
名山全集三十四種　錢振鍠撰　民國木活字印本暨鉛印本　一册　存一種

330000－1723－0000987　7812－7816　經部/春秋左傳類/傳說之屬

春秋左傳句解六卷　(清)韓菼重訂　民國上海商務印書館鉛印本　五冊　存五卷(二至六)

330000－1723－0000988　7818－7823　經部/春秋左傳類/傳說之屬

春秋左傳句解六卷　(清)韓菼重訂　民國三年(1914)上海商務印書館鉛印本　六冊

330000－1723－0000990　7824－7829　經部/春秋左傳類/傳說之屬

評點春秋綱目左傳句解彙雋六卷　(清)韓菼重訂　民國元年(1912)石印本　六冊

330000－1723－0000991　7830－7835　經部/春秋左傳類/傳說之屬

評點春秋綱目左傳句解彙雋六卷　(清)韓菼重訂　民國元年(1912)石印本　六冊

330000－1723－0000993　7836－7841　經部/春秋左傳類/傳說之屬

左傳菁華錄二十四卷　吳曾祺評注　民國四年(1915)商務印書館鉛印本　六冊

330000－1723－0000995　7842－7845　經部/春秋左傳類/傳說之屬

言文對照評註東萊博議四卷　(宋)呂祖謙撰　陳和祥編輯　民國十七年(1928)上海掃葉山房石印本　四冊

330000－1723－0001011　9393－9396　子部/儒家類/儒學之屬/禮教/鑑戒

八德須知二集八卷附誌一卷　蔡振紳編輯　民國二十年(1931)上海明益書局石印本　四冊

330000－1723－0001013　9399－9400　子部/儒家類/儒學之屬/性理

王陽明先生傳習錄集評四卷　(清)孫奇逢等參評　(清)陶潯霍　梁啓超續評　孫鏘輯校　王陽明先生年譜一卷　孫鏘輯　民國四年(1915)上海新學會社鉛印本　二冊

330000－1723－0001014　9401－9402　子部/儒家類/儒學之屬/性理

王陽明先生傳習錄集評四卷　(清)孫奇逢等參評　(清)陶潯霍　梁啓超續評　孫鏘輯校　王陽明先生年譜一卷　孫鏘輯　民國四年(1915)上海新學會社鉛印本　二冊

330000－1723－0001016　13262－13263　子部/藝術類/書畫之屬/畫譜

一百家畫梅集不分卷　民國十九年(1930)上海西泠印社影印本　二冊

330000－1723－0001021　9756　新學/議論

大糞主義一卷　聶其杰撰　民國十四年(1925)鉛印本　一冊

330000－1723－0001022　9757　新學/地學/地理學

地文地理六章　民國油印本　一冊

330000－1723－0001030　9761　子部/小說家類

宋人小說二十八種　涵芬樓編　民國上海商務印書館鉛印本　一冊　存一種

330000－1723－0001036　9034－9040　經部/四書類/總義之屬/傳說

四書白話註解　許伏民　童官卓編　民國十五年(1926)上海羣學書社石印本　七冊　缺一卷(孟子七)

330000－1723－0001043　9774－9779　子部/雜著類/雜說之屬

齊東野語二十卷　(宋)周密撰　民國上海掃葉山房石印本　六冊

330000－1723－0001044　9780－9797　子部/小說家類/異聞之屬/

梵天廬叢録三十七卷　柴萼撰　民國十五年(1926)上海中華書局石印本　十八冊

330000－1723－0001045　9022－9033　經部/四書類/總義之屬/傳說

四書白話註解二十卷　許伏民　童官卓編　民國十二年(1923)上海鍊石齋書局、羣學書社石印本　十二冊　缺二卷(孟子三至四)

330000－1723－0001047　9798　類叢部/叢書類/彙編之屬

進德叢書八種　丁福保編　民國上海醫學書局鉛印本　一冊　存一種

330000－1723－0001048　9799－9802　類叢部/類書類/專類之屬

潛龍讀書表十二卷　陳電飛編　民國十六年(1927)中華書局石印本　四冊

330000－1723－0001049　9803　子部/雜著類/雜編之屬

人文學地文學合編二編十五章　丁征桓編　民國金華金震東石印局石印本　一冊

330000－1723－0001051　9493－9496　子部/道家類

莊子十卷　(晉)郭象注　(唐)陸德明音義　民國十一年(1922)上海掃葉山房石印本　四冊

330000－1723－0001054　7846　經部/春秋公羊傳類/傳說之屬

教科適用公羊傳精華一卷　中華書局編　民國四年(1915)上海中華書局鉛印本　一冊

330000－1723－0001055　7847　經部/春秋穀梁傳類/傳說之屬

教科適用穀梁傳精華一卷　中華書局編　民國四年(1915)上海中華書局鉛印本　一冊

330000－1723－0001069　8985－8990　經部/四書類/總義之屬/傳說

四書合講十九卷　(宋)朱熹集註　民國上海著易堂書局鉛印本　六冊

330000－1723－0001080　9823－9825　子部/雜著類/雜說之屬

淮南子二十一卷　(漢)劉安撰　(漢)高誘注　民國九年(1920)上海五鳳凰樓石印本　三冊　存十六卷(一至十一、十七至二十一)

330000－1723－0001083　9841－9845　子部/雜著類/雜說之屬

淮南鴻烈集解二十一卷　(漢)劉安撰　(漢)高誘注　劉文典集解　**淮南天文訓補注一卷**　(清)錢塘撰　民國十三年(1924)上海商務印書館鉛印本　五冊　缺五卷(四至八)

330000－1723－0001087　9846　史部/史評類/史論之屬

東社讀史隨筆二卷　獨醒主人撰　民國上海文明書局鉛印本　一冊

330000－1723－0001088　10231－10236　子部/法家類

韓非子集解二十卷首一卷　(清)王先慎撰　王先謙注　民國二十二年(1933)上海掃葉山房石印本　六冊

330000－1723－0001089　10237－10242　子部/法家類

韓非子集解二十卷首一卷　(清)王先慎撰　王先謙注　民國二十年(1931)上海掃葉山房石印本　六冊

330000－1723－0001090　10245－10250　子部/法家類

韓非子二十卷　(戰國)韓非撰　**識誤三卷**　(清)顧廣圻撰　民國三年(1914)上海掃葉山房石印本　子香題記　六冊

330000－1723－0001099　10263　子部/法家類

教科適用管子精華一卷　中華書局編　民國五年(1916)上海中華書局鉛印本　一冊

330000－1723－0001100　9852　子部/墨家類

教科適用墨子精華一卷　中華書局編　民國四年(1915)上海中華書局鉛印本　一冊

330000－1723－0001102　10264－10269　子部/法家類

管子二十四卷　(唐)房玄齡注　民國九年(1920)上海掃葉山房石印本　六冊

330000－1723－0001104　9853－9860　子部/墨家類

墨子閒詁十五卷目錄一卷附錄一卷後語二卷　(清)孫詒讓撰　民國上海商務印書館影印本　八冊

330000－1723－0001112　10290　子部/叢編

評註諸子菁華錄十八種十八卷　張之純編纂

民國上海商務印書館鉛印本　一册　存一卷(十二)

330000－1723－0001123　9884　子部/叢編

清代筆記叢刊四十一種　文明書局編　民國上海文明書局石印本　一册　存一種

330000－1723－0001131　9916、10243－10244　子部/叢編

百子全書　(清)崇文書局編　民國八年(1919)上海掃葉山房石印本　三册　存二種

330000－1723－0001133　9920－9921　子部/雜家類

慎子三種合帙　陳乃乾輯　民國十七年(1928)中國學會影印本　二册　缺一卷(慎子内編)

330000－1723－0001136　10322　子部/小説家類/雜事之屬

石室藏本圓光真傳秘訣三編三十一章　佛隱居士编　民國十四年(1925)上海中西書局石印本　一册

330000－1723－0001141　9932－9947　史部/傳記類/日記之屬

越縵堂日記不分卷(清同治二年四月朔至光緒十五年七月初十)　(清)李慈銘撰　民國九年(1920)北京浙江公會影印本　十六册

330000－1723－0001143　9948　子部/藝術類/遊藝之屬/聯語

共和新輓聯分類合璧五卷　民國石印本　語平題簽　一册

330000－1723－0001145　9949－9952　史部/雜史類/斷代之屬

唐語林八卷附校勘記一卷　(宋)王讜撰　民國九年(1920)上海商務印書館鉛印本　四册

330000－1723－0001147　10711－10713　子部/醫家類/綜合之屬/通論

御纂醫宗金鑑九十卷首一卷　(清)吳謙等撰　民國商務印書館鉛印本　三册　存十七卷(三十一至四十七)

330000－1723－0001153　10742－10777　子部/醫家類/綜合之屬/通論

御纂醫宗金鑑九十卷首一卷　(清)吳謙等撰　民國上海啟新書局石印本　三十六册

330000－1723－0001154　10778　子部/醫家類/内科之屬/虚勞

太醫院秘傳明醫斟酌紅爐點雪八卷　(明)陸嶽輯　民國十九年(1930)上海千頃堂書局石印本　一册　存一卷(四)

330000－1723－0001155　10779　子部/醫家類/綜合之屬/通論

醫學心悟六卷　(清)程國彭撰　民國十一年(1922)上海會文堂石印本　一册

330000－1723－0001156　10780　子部/醫家類/類編之屬

醫書七種　民國石印本　一册

330000－1723－0001158　10320　子部/術數類/占卜之屬

未來預知術不分卷　民國石印本　一册

330000－1723－0001159　10783－10784　子部/醫家類/綜合之屬/通論

古吳童氏重校醫宗必讀十卷　(明)李中梓撰　民國四年(1915)上海廣益書局石印本　二册

330000－1723－0001160　10785　子部/醫家類/綜合之屬/通論

古吳童氏重校醫宗必讀十卷　(明)李中梓撰　民國石印本　一册　存六卷(五至十)

330000－1723－0001161　10786　子部/醫家類/綜合之屬/通論

古吳童氏重校醫宗必讀十卷　(明)李中梓撰　民國石印本　一册　存二卷(七至八)

330000－1723－0001162　10787－10789　子部/醫家類/綜合之屬/通論

瀛經堂醫宗必讀十卷　(明)李中梓撰　民國九年(1920)上海會文堂書局石印本　三册　存六卷(一至二、五至八)

330000－1723－0001167　9957－9962　子部/小說家類/雜事之屬

世說新語六卷　(南朝宋)劉義慶撰　(南朝梁)劉孝標注　民國六年(1917)商務印書館鉛印本　六冊

330000－1723－0001168　9963－9964　子部/小說家類/雜事之屬

世說新語六卷　(南朝宋)劉義慶撰　(南朝梁)劉孝標注　民國六年(1917)商務印書館鉛印本　二冊　存四卷(一至四)

330000－1723－0001176　10354－10365　子部/術數類/命書相書之屬

三命通會十二卷　(明)萬民英撰　民國七年(1918)上海章福記書局石印本　十二冊

330000－1723－0001178　9965－9969　子部/小說家類/雜事之屬

世說新語六卷　(南朝宋)劉義慶撰　(南朝梁)劉孝標注　民國六年(1917)商務印書館鉛印本　五冊　存五卷(二至六)

330000－1723－0001183　10794　子部/醫家類/方書之屬/單方驗方

重校舊本湯頭歌訣一卷經絡歌訣一卷　(清)汪昂編輯　民國七年(1918)上海文益書局石印本　一冊

330000－1723－0001185　10795　子部/醫家類/方書之屬/單方驗方

重校舊本湯頭歌訣一卷經絡歌訣一卷　(清)汪昂編輯　民國三年(1914)上海共和書局石印本　一冊

330000－1723－0001196　10810　子部/醫家類/類編之屬

醫書十三種　民國石印本　一冊

330000－1723－0001197　10811－10814　子部/醫家類/綜合之屬/雜著

醫家四要四卷　(清)程曦　(清)江誠　(清)雷大震纂　民國上海千頃堂書局石印本　四冊

330000－1723－0001199　10834－10842　子部/醫家類/綜合之屬/通論

編註醫學入門八卷首一卷　(明)李梴編　民國十九年(1930)上海錦章圖書局石印本　九冊

330000－1723－0001202　10853－10866　子部/醫家類/類編之屬

何氏醫學叢書　何炳元編　民國二十年(1931)上海六也堂書藥局鉛印本　十四冊　存三種

330000－1723－0001203　9981－9982　子部/小說家類/雜事之屬

退醒廬筆記二卷　孫家振撰　民國十四年(1925)上海圖書館石印本　二冊

330000－1723－0001205　10868　子部/醫家類/方書之屬/成方藥目

葉種德堂丸散膏丹全錄一卷　葉鴻年編　民國十七年(1928)葉種德堂鉛印本　一冊

330000－1723－0001208　9983－9986　子部/小說家類/雜事之屬

南亭筆記十六卷　(清)李伯元撰　民國八年(1919)上海大東書局石印本　四冊

330000－1723－0001209　9979－9980　類叢部/叢書類/彙編之屬

宋人小說二十八種　涵芬樓輯　民國上海商務印書館鉛印本　二冊　存二種

330000－1723－0001210　9987－10004　子部/小說家類

古今筆記精華錄二十四卷　古今圖書局編譯部編纂　民國四年(1915)上海古今圖書局石印本　十八冊　存十九卷(三至九、十一至十七、十九至二十二、二十四)

330000－1723－0001212　10005－10023　類叢部/叢書類/彙編之屬

甌風雜誌二十四期　甌風雜誌社編　民國二十三年至二十四年(1934－1935)甌風雜志社鉛印本　十九冊

330000－1723－0001213　10434　子部/術數類/相宅相墓之屬

羅經透解二卷首一卷 （清）王道亨輯　民國元年(1912)上海文瑞樓石印本　一冊

330000－1723－0001215　10869　子部/醫家類/方書之屬/成方藥目

葉種德堂丸散膏丹全錄一卷　葉鴻年編　民國四年(1915)葉種德堂鉛印本　一冊

330000－1723－0001227　10052　子部/兵家類/兵法之屬

孫子十家註十三卷 （漢）曹操等註　**遺說一卷** （宋）鄭友賢撰　**孫子敘錄一卷** （清）畢以珣撰　民國十三年(1924)隆文書局石印本　一冊　存六卷(一至六)

330000－1723－0001233　10892－10914　子部/醫家類/類編之屬

南雅堂醫書全集(陳修園醫書)四十八種 （清）陳念祖等撰　民國上海文盛堂書局石印本　二十三冊　存四十種

330000－1723－0001234　10915－10938　子部/醫家類/類編之屬

陳修園醫書四十八種 （清）陳念祖等撰　民國十八年(1929)上海三星書店石印本　二十四冊

330000－1723－0001240　10950－10952　子部/醫家類/類編之屬

陳修園醫書七十種 （清）陳念祖等撰　民國石印本　三冊　存六種

330000－1723－0001244　10961－10981　子部/醫家類/類編之屬

陳修園醫書六十種 （清）陳念祖等撰　民國八年(1919)石印本　二十一冊　存三十一種

330000－1723－0001248　11139－11142　子部/醫家類/醫經之屬/內經

補注黃帝內經素問二十四卷黃帝內經靈樞十二卷 （唐）王冰注　（宋）林億等校正　（宋）孫兆重改誤　**黃帝內經素問遺篇一卷** （宋）劉溫舒撰　民國上海錦章圖書局石印本　四冊

330000－1723－0001251　11143　子部/醫家類/醫經之屬/內經

補注黃帝內經素問二十四卷 （唐）王冰注　（宋）林億等校正　（宋）孫兆重重改誤　民國石印本　一冊　存二卷(二十二至二十三)

330000－1723－0001267　11192－11197　子部/醫家類/方書之屬/單方驗方

增廣驗方新編十六卷首一卷 （清）鮑相璈輯　（清）張紹棠增輯　**痧症全書三卷首一卷** （清）王凱輯　**咽喉秘集二卷首一卷** （清）海山仙館輯　民國上海廣益書局石印本　六冊　缺六卷(二至六、十)

330000－1723－0001268　11198－11203　子部/醫家類/方書之屬/單方驗方

重訂驗方新編十八卷 （清）鮑相璈等輯　民國三年(1914)錦章圖書局石印本　六冊

330000－1723－0001269　11204－11206　子部/醫家類/方書之屬/單方驗方

重訂驗方新編十八卷 （清）鮑相璈等輯　民國石印本　三冊　存九卷(九至十、十二至十五、十六至十八)

330000－1723－0001270　11207　子部/醫家類/方書之屬/單方驗方

校正增廣驗方新編十八卷 （清）鮑相璈輯　（清）張紹棠增訂　民國上海中華書局鉛印本　一冊　存一卷(六)

330000－1723－0001271　11208　子部/醫家類/方書之屬/單方驗方

重訂驗方新編十八卷 （清）鮑相璈等輯　民國石印本　一冊　存二卷(九至十)

330000－1723－0001272　10090－10091　子部/小說家類/異聞之屬

詳註搜神記二十卷 （晉）干寶撰　**詳註搜神後記十卷** （晉）陶潛撰　民國上海掃葉山房石印本　二冊　缺八卷(一至八)

330000－1723－0001273　11209　子部/醫家類/方書之屬/單方驗方

重訂驗方新編十八卷 （清）鮑相璈等輯　民國石印本　一冊　存八卷(十一至十八)

330000－1723－0001274　10093－10101　子部/小說家類/諧謔之屬

詳註新齊諧正編二十四卷續編十卷　(清)袁枚編　桃源居士詳註　民國十六年(1927)上海會文堂書局石印本　九冊　缺三卷(十九至二十一)

330000－1723－0001275　10092　子部/小說家類/異聞之屬

奪命録略三卷　古莒伯巖翁輯　民國十一年(1922)上海宏大善書局石印本　一冊

330000－1723－0001279　11242　子部/醫家類/本草之屬/本草藥性

珍珠囊指掌補遺藥性賦四卷　(金)李杲輯　(清)王子接重訂　**雷公炮製藥性解六卷**　(明)李中梓輯　(清)王子接重訂　民國三年(1914)上海錦文堂書局石印本　一冊

330000－1723－0001280　11243　子部/醫家類/本草之屬/本草藥性

珍珠囊指掌補遺藥性賦四卷　(金)李杲輯　(清)王子接重訂　民國上海鍊石齋書局石印本　一冊

330000－1723－0001281　11244　子部/醫家類/本草之屬/本草藥性

珍珠囊指掌補遺藥性賦四卷　(金)李杲輯　(清)王子接重訂　民國石印本　一冊

330000－1723－0001282　11245　子部/醫家類/本草之屬/本草藥性

珍珠囊指掌補遺藥性賦四卷　(金)李杲輯　(清)王子接重訂　民國石印本　一冊

330000－1723－0001283　10102　子部/小說家類/諧謔之屬

秦淮八仙小譜一卷　(清)栩栩子撰　民國十七年(1928)上海掃葉山房石印本　一冊

330000－1723－0001284　10545　新學/算學/數學

筆算數學三卷　(美國)狄考文撰　(清)邵立文譯　民國鉛印本　一冊　存一卷(三)

330000－1723－0001286　10546－10547　新學/算學/數學

筆算數學三卷　(清)顧鼎銘輯　民國鉛印本　理卿題記　二冊　存二卷(二至三)

330000－1723－0001311　11246　子部/醫家類/本草之屬/本草藥性

雷公炮製藥性解六卷　(明)李中梓輯　**珍珠囊指掌補遺藥性賦四卷**　(金)李杲輯　民國共和書局石印本　一冊　存六卷(藥性解一至六)

330000－1723－0001312　11247　子部/醫家類/本草之屬/本草藥性

雷公炮製藥性解六卷　(明)李中梓輯　**珍珠囊指掌補遺藥性賦四卷**　(金)李杲輯　民國共和書局石印本　一冊　存六卷(藥性解一至六)

330000－1723－0001313　11248　子部/醫家類/本草之屬/本草藥性

雷公炮製藥性解六卷　(明)李中梓輯　民國石印本　一冊　存三卷(一至三)

330000－1723－0001316　11250　子部/醫家類/本草之屬/本草藥性

李東垣藥性賦不分卷　民國抄本　一冊

330000－1723－0001317　11251　子部/醫家類/本草之屬/歷代綜合本草

本草三家合註三卷　(清)郭汝驄集註　**神農本草經百種錄一卷**　徐大椿撰　民國石印本　一冊

330000－1723－0001319　11252　子部/醫家類/本草之屬/歷代綜合本草

本草三家合註三卷首一卷　(清)郭汝驄集註　**神農本草經百種錄一卷**　徐大椿撰　民國三年(1914)上海陶明記書局石印本　一冊

330000－1723－0001325　10103－10108　類叢部/叢書類/彙編之屬

屑玉叢談初集二十種　(清)錢徵　蔡爾康輯　民國上海中華圖書館石印本　六冊

330000－1723－0001331　11364－11387　子部/醫家類/本草之屬/歷代綜合本草

本草綱目五十二卷圖三卷奇經八脈攷二卷 (明)李時珍撰 **本草萬方鍼線八卷** (清)蔡烈先輯 **本草綱目拾遺十卷** (清)趙學敏輯 民國上海錦章圖書局石印本 二十四冊

330000－1723－0001332 11260 子部/醫家類/本草之屬/歷代綜合本草
辨藥指南十四卷首一卷 (明)賈所學輯著 (清)李延是補 民國十四年(1925)上海中華新教育社石印本 一冊 存七卷(首、一至六))

330000－1723－0001334 11262－11269 子部/醫家類/綜合之屬/合刻、合抄
本草備要醫方集解合編六卷重校舊本湯頭歌訣一卷 (清)汪昂撰 **洞主仙師白喉治法忌表抉微一卷** (清)耐修子錄并序跋加注 **達生編一卷** 民國天津直隸書局鉛印本 八冊

330000－1723－0001339 10109－10114 子部/小說家類/瑣語之屬
觚賸八卷續編四卷 (清)鈕琇輯 民國六年(1917)國學扶輪社鉛印本 六冊

330000－1723－0001350 11319－11321 子部/醫家類/本草之屬/歷代綜合本草
本草綱目五十二卷圖一卷瀕湖脉學一卷奇經八脉攷一卷脉訣攷證一卷 (明)李時珍撰 **本草萬方鍼線八卷** (清)蔡烈先輯 **本草綱目拾遺十卷** (清)趙學敏輯 民國五年(1916)上海鴻寶齋書局石印本 三冊 存十六卷(本草綱目一至三、瀕湖脉學、奇經八脉攷、脉訣攷證、拾遺一至十)

330000－1723－0001351 11322－11325 子部/醫家類/本草之屬/歷代綜合本草
本草綱目五十二卷 (明)李時珍撰 民國石印本 四冊 存八卷(三、十至十六)

330000－1723－0001355 11326－11332 子部/醫家類/本草之屬/歷代綜合本草
本草綱目五十二卷圖一卷瀕湖脉學一卷奇經八脉攷一卷脉訣攷證一卷 (明)李時珍撰 **本草萬方鍼線八卷** (清)蔡烈先輯 **本草綱目拾遺十卷** (清)趙學敏輯 民國五年(1916)上海鴻寶齋書局石印本 七冊 缺三十九卷(本草綱目十至十四、十九至五十二)

330000－1723－0001357 10127－10138、10188－10230 子部/小說家類
筆記小説大觀二百二十二種 進步書局輯 民國上海進步書局石印本 五十五冊 存十三種

330000－1723－0001358 10571 新學/圖學/圖算
圖學七章 民國油印本 一冊

330000－1723－0001359 11352－11363 子部/醫家類/本草之屬/歷代綜合本草
本草綱目五十二卷圖一卷瀕湖脉學一卷奇經八脉攷一卷脉訣攷證一卷 (明)李時珍編輯 (清)吳毓昌較訂 **本草萬方鍼線八卷** (清)蔡烈先輯 **本草綱目拾遺十卷** (清)趙學敏輯 民國五年(1916)上海鴻寶齋書局石印本 十二冊

330000－1723－0001373 10158－10167 子部/小說家類/異聞之屬
詳註閱微草堂筆記二十四卷 (清)紀昀撰 謝璿詳註 民國十二年(1923)上海會文堂書局石印本 十冊

330000－1723－0001376 10148－10151 子部/小說家類/雜事之屬
庸閒齋筆記十二卷 (清)陳其元撰 民國六年(1917)上海掃葉山房石印本 四冊

330000－1723－0001378 10168－10177 子部/小說家類/異聞之屬
詳註閱微草堂筆記二十四卷 (清)紀昀撰 謝璿詳註 民國十年(1921)上海會文堂書局石印本 十冊

330000－1723－0001379 10178－10187 子部/小說家類/異聞之屬
詳註閱微草堂筆記二十四卷 (清)紀昀撰 謝璿 陸鍾渭詳註 民國十六年(1927)上海會文堂書局石印本 十冊

330000－1723－0001383 10152－10157 子

部/小說家類/雜事之屬
豔史叢鈔十二種 （清）王韜輯　民國十八年(1929)上海漢文淵書肆石印本　六冊　存八種

330000－1723－0001393　9525　子部/道家類
教科適用列子精華一卷　中華書局編　民國六年(1917)上海中華書局鉛印本　一冊

330000－1723－0001395　9528　子部/道家類
教科適用老子精華一卷　中華書局編　民國八年(1919)上海中華書局鉛印本　一冊

330000－1723－0001408　11595－11600　子部/醫家類/醫話醫論之屬
醫門法律六卷尚論篇四卷首一卷後篇四卷寓意草一卷　（清）喻昌撰　民國上海錦章圖書局石印本　六冊

330000－1723－0001416　9567－9582　子部/雜著類/雜考之屬
日知録集釋三十二卷之餘四卷栞誤二卷續栞誤二卷　（清）黄汝成撰　民國十三年(1924)上海掃葉山房石印本　十六冊

330000－1723－0001418　11621　子部/醫家類/養生之屬
養生保命録一卷　民國八年(1919)上海宏大善書局石印本　一冊

330000－1723－0001420　11622－11623　子部/農家農學類/獸醫之屬
新輯纂圖元亨療馬集六卷附圖像水黄牛經大全二卷駝經一卷　（明）喻本元　（明）喻本亨撰　民國上海校經山房石印本　二冊　存五卷(三至四、圖像水黄牛經大全一至二、駝經)

330000－1723－0001422　11625　子部/醫家類/方書之屬/單方驗方
急救須知不分卷　張春江編　民國十二年(1923)金華震東石印局石印本　一冊

330000－1723－0001427　11450　子部/醫家類/溫病之屬
溫病條辨六卷首一卷　（清）吳瑭撰　民國石印本　一冊　存一卷(三)

330000－1723－0001436　11474　子部/醫家類/綜合之屬/雜著
筆花醫鏡四卷　（清）江涵暾撰　民國七年(1918)上海文益書局石印本　一冊

330000－1723－0001437　11475　子部/醫家類/喉科口齒之屬/白喉
仙傳白喉治法要言一卷　（清）劉昌祁纂述　民國寧波廣益社鉛印本　一冊

330000－1723－0001440　11478　子部/醫家類/溫病之屬
時病論八卷附論一卷　（清）雷豐撰　民國上海文瑞樓石印本　一冊

330000－1723－0001441　11479　子部/醫家類/溫病之屬/瘟疫
加批時病論八卷　（清）雷豐撰　陳秉鈞批　民國上海廣益書局石印本　一冊　存二卷(七至八)

330000－1723－0001443　11481　子部/醫家類/診法之屬/脈經脈訣
奇經八脈攷一卷校正瀕湖脈學一卷　（明）李時珍撰輯　民國石印本　一冊

330000－1723－0001445　11482－11483　子部/醫家類/醫經之屬/難經
圖註八十一難經四卷　（戰國）秦越人撰　（明）張世賢註　民國上海廣益書局石印本　二冊

330000－1723－0001446　11484－11485　子部/醫家類/診法之屬/脈經脈訣
校正圖註脈訣四卷　（晉）王叔和撰　（明）張世賢註　民國石印本　二冊

330000－1723－0001447　11486　子部/醫家類/診法之屬/脈經脈訣
校正圖註脈訣四卷　（晉）王叔和撰　（明）張世賢註　民國石印本　一冊　存二卷(三至四)

330000－1723－0001450　11488　新學/醫學
細菌學初編不分卷　(美國)李德撰　(美國)蓋儀貞　吴建庵譯述　民國二十二年(1933)上海廣協書局鉛印本　一册

330000－1723－0001451　12482－12484　子部/藝術類/遊藝之屬/聯語
采唐集三卷附集張遷碑字一卷　吕佩芬輯
清永定河道吕君家傳一卷　馬其昶撰　民國二十五年(1936)上海商務印書館石印本　三册

330000－1723－0001452　11489　新學/醫學/内科
肺癆病之天然療法一卷　丁福保譯述　民國上海醫學書局鉛印本　一册

330000－1723－0001453　11490－11494　子部/醫家類/傷寒金匱之屬/傷寒論
傷寒來蘇集三種八卷　(清)柯琴撰　民國上海錦章圖書局石印本　五册

330000－1723－0001455　11495－11498　子部/醫家類/傷寒金匱之屬/傷寒論
注解傷寒論十卷圖解運氣圖一卷　(漢)張機述　(漢)王叔和撰次　(金)成無己注解　**傷寒明理論四卷**　(金)成無己撰　民國上海啟新書局石印本　四册

330000－1723－0001456　11499－11502　子部/醫家類/傷寒金匱之屬/傷寒論
注解傷寒論十卷圖解運氣圖一卷　(漢)張機述　(漢)王叔和撰次　(金)成無己注解　**傷寒明理論四卷**　(金)成無己撰　民國上海啟新書局石印本　四册

330000－1723－0001457　11503　子部/醫家類/傷寒金匱之屬/傷寒論
加批傷寒論集註六卷　(清)張志聰註釋　(清)陳秉鈞批　民國十二年(1923)上海廣益書局石印本　一册　存二卷(五至六)

330000－1723－0001458　11504－11505　子部/兵家類/武術技巧之屬
拳經四卷　大聲圖書局輯　民國十八年(1929)上海大聲圖書局石印本　二册

330000－1723－0001459　11506－11507　子部/醫家類/外科之屬/通論
外科大成四卷　(清)祁坤撰　民國五年(1916)上海廣益書局石印本　二册

330000－1723－0001460　11508　子部/醫家類/外科之屬/通論
外科圖説四卷　(清)高文晉輯　民國上海廣益書局石印本　一册

330000－1723－0001465　12701－12748　類叢部/類書類/通類之屬
淵鑑類函四百五十卷目録四卷　(清)張英　(清)王士禛等輯　民國二十一年(1932)上海掃葉山房石印本　四十八册

330000－1723－0001467　11516－11519　子部/醫家類/温病之屬/痧症
增圖痧驚合璧四卷　民國六年(1917)上海文益書局石印本　四册

330000－1723－0001469　11520－11521　子部/醫家類/針灸之屬/通論
針灸大成十二卷　(明)楊繼洲撰　民國石印本　二册

330000－1723－0001470　11522－11527　子部/醫家類/針灸之屬/通論
鍼灸大成十二卷　(明)楊繼洲撰　民國上海普新書局石印本　六册

330000－1723－0001471　11528－11530　子部/醫家類/針灸之屬/通論
增補繪圖鍼灸大成十二卷　(明)楊繼洲撰　(清)章廷珪重修　民國石印本　三册　存六卷(三至五、八、十一至十二)

330000－1723－0001472　12474－12481　類叢部/類書類/通類之屬
初學記三十卷　(唐)徐堅等撰　民國七年(1918)江左書林石印本　八册

330000－1723－0001473　11531－11534　子部/醫家類/針灸之屬/通論

繪圖鍼灸大成十二卷 （明）楊繼洲撰 （清）章廷珪重修 民國十四年（1925）上海鴻寶齋書局石印本 四册 存八卷（一至八）

330000－1723－0001474 11535 子部/醫家類/外科之屬/癰疽、疔瘡

重刊刺疔捷法一卷 （清）張鏡撰 民國石印本 一册

330000－1723－0001475 11536 子部/醫家類/針灸之屬/針法灸法

鍼灸簡易一卷 温主卿撰 民國二十三年（1934）上海國醫書館石印本 一册

330000－1723－0001478 11627 子部/醫家類/方書之屬

神效急救良方不分卷 民國刻本、石印本暨鉛印本 一册

330000－1723－0001482 11635 子部/醫家類/綜合之屬/通論

中國醫學史十二章 陳邦賢編 民國十八年（1929）上海醫學書局鉛印本 一册

330000－1723－0001485 12467 集部/總集類/選集之屬/斷代

當代百家酬世文庫二十六卷 劉再蘇編 民國十五年（1926）上海世界書局石印本 一册 存一卷（二十六）

330000－1723－0001488 11542 子部/醫家類/婦科之屬

史氏婦科叢書 史濟鋼撰 民國二十一年（1932）上海萬有書局鉛印本 一册 存一種

330000－1723－0001490 11544、11546－11547 子部/醫家類/婦科之屬/產科

葉氏女科證治四卷 （清）葉桂撰 民國石印本 三册 缺一卷（一）

330000－1723－0001491 11545 子部/醫家類/婦科之屬/產科

葉氏女科證治四卷 （清）葉桂撰 民國石印本 一册 存一卷（三）

330000－1723－0001492 11548 子部/醫家類/婦科之屬/產科

產寶一卷 （清）倪枝維撰 （清）許槤訂正

達生篇二卷 （清）守恆山人編 民國十八年（1929）鉛印本 一册

330000－1723－0001497 11550 子部/醫家類/婦科之屬/產科

胎產集要三卷附幼科摘要一卷 （清）黃惕齋輯 民國二十二年（1933）浙紹廣文印書館鉛印本 一册

330000－1723－0001500 11551 子部/醫家類/兒科之屬/痘疹

保赤全生錄二卷 （清）陳文杰輯 民國王文錦抄本 王文錦題記 一册

330000－1723－0001507 11646－11647 子部/宗教類/佛教之屬

佛學叢書□□種 丁福保輯 民國上海醫學書局鉛印本暨影印本 二册 存一種

330000－1723－0001508 11558－11559 子部/醫家類/兒科之屬/通論

新纂兒科診斷學八卷 何廉臣撰 民國二十二年（1933）上海大東書局鉛印本 二册

330000－1723－0001512 11568－11570 子部/醫家類/眼科之屬

傅氏眼科審視瑤函六卷首一卷 （明）傅仁宇輯 （明）林長生校補 （清）傅維藩編 民國石印本 三册 存三卷（二至四）

330000－1723－0001514 12490 子部/小說家類/諧謔之屬

改良繪圖解人頤廣集二卷 （清）胡澹庵撰 （清）錢德蒼增訂 民國三年（1914）上洋海左書局石印本 一册 存一卷（下）

330000－1723－0001515 11571－11578 子部/醫家類/眼科之屬

眼科三種 民國上海江東書局石印本 八册

330000－1723－0001519 11648 子部/宗教類/佛教之屬/諸宗

印光法師文鈔四卷附錄一卷 釋聖量撰 民國十八年（1929）中華書局印刷所鉛印本 一

冊　存一卷(四)

330000－1723－0001520　11649－11650　子部/宗教類/佛教之屬/諸宗

印光法師文鈔四卷附錄一卷　釋聖量撰　民國三十六年(1947)世界印書局鉛印本　二冊　存二卷(三至四)

330000－1723－0001521　11651－11654　子部/宗教類/佛教之屬/諸宗

印光法師文鈔七卷附錄一卷　釋聖量撰　民國十三年(1924)上海商務印書館鉛印本　四冊

330000－1723－0001522　11655　子部/宗教類/道教之屬/經文

地母真經一卷附灶司經一卷金剛神咒一卷　民國東陽鴻文印刷社石印本　一冊

330000－1723－0001527　12544－12555　類叢部/類書類/通類之屬

增補事類統編九十三卷首一卷　(清)黃葆真增輯　民國十九年(1930)上海掃葉山房石印本　十二冊

330000－1723－0001529　11656　集部/曲類/寶卷之屬

明宗孝義達本寶卷二卷　(清)善明居士翻譯　民國刻本　一冊

330000－1723－0001531　11657　子部/宗教類/佛教之屬

好生救劫編五卷　(清)敬畏齋主人撰　**普勸發心印造經像文一卷**　(清)尤惜陰撰　民國揚州刻本　一冊

330000－1723－0001534　11662　子部/宗教類/佛教之屬

佛教宗派詳注不分卷　楊文會撰　萬鈞注　民國上海醫學書局鉛印本　一冊

330000－1723－0001535　11663－11666　子部/宗教類/佛教之屬/諸宗

因明入正理論疏敘瑞源記八卷　(唐)釋窺基撰　(日本)釋濬鳳潭記　民國十七年(1928)上海商務印書館鉛印本　四冊

330000－1723－0001536　12568－12570　子部/儒家類/儒學之屬/蒙學

重增繪圖幼學故事瓊林四卷　(清)程登吉撰　(清)鄒聖脈增補　蔡郕續增　民國上海會文堂書局石印本　三冊　存三卷(二至四)

330000－1723－0001537　12976　子部/藝術類/書畫之屬/法帖

初拓鄭文公碑不分卷　(北魏)鄭道昭書　民國上海有正書局影印本　葉子剛題記　一冊

330000－1723－0001538　12978　子部/藝術類/書畫之屬/法帖

鄧石如真蹟不分卷　(清)鄧石如書　民國二十一年(1932)上海西泠書社影印本　一冊

330000－1723－0001539　11667　子部/宗教類/佛教之屬/諸宗

龍舒淨土文十一卷附龍舒直音一卷　(宋)王日休撰　**佛說阿彌陀經一卷**　(後秦)釋鳩摩羅什譯　民國十五年(1926)上海聶其杰鉛印本　一冊

330000－1723－0001540　11669　子部/宗教類/佛教之屬/諸宗

淨土五經六卷　釋聖量輯　民國二十二年(1933)蘇州弘化社鉛印本　一冊

330000－1723－0001543　11677－11686　子部/宗教類/佛教之屬

廣弘明集四十卷　(唐)釋道宣輯　民國元年(1912)常州天寧寺刻本　十冊

330000－1723－0001545　12979　子部/藝術類/書畫之屬/法帖

智永真草千字文不分卷　(隋)釋智永書　民國二十一年(1932)上海商務印書館影印本　一冊

330000－1723－0001547　12980　子部/藝術類/書畫之屬/法帖

舊拓張猛龍碑一卷　民國二十二年(1933)上海商務印書館影印本　一冊

330000－1723－0001550　12981　子部/藝術類/書畫之屬/法帖

南唐澄心堂拓右軍父子四人法帖一卷 （晉）王羲之等書 民國二十四年（1935）上海商務印書館影印本 一册

330000－1723－0001551 12505－12508 類叢部/類書類/通類之屬

雲林別墅新輯酬世錦囊初集八卷二集七卷三集二卷四集二卷 （清）鄒景揚輯 民國三年（1914）振華書局石印本 四册 存十卷（初集一至六、三集一至二、四集一至二）

330000－1723－0001552 12509 類叢部/類書類/通類之屬

雲林別墅新輯酬世錦囊初集八卷二集七卷三集二卷四集二卷 （清）鄒景揚輯 民國石印本 一册 存四卷（初集五至八）

330000－1723－0001553 12982 子部/藝術類/書畫之屬/法帖

蘇文忠天際烏雲帖真蹟一卷 （宋）蘇軾書 民國二十二年（1933）上海商務印書館影印本 一册

330000－1723－0001554 12984 子部/藝術類/書畫之屬/法帖

宋拓玄秘塔不分卷 （唐）裴休撰 （唐）柳公權書 民國上海有正書局影印本 陳希周題記 一册

330000－1723－0001555 12985 子部/藝術類/書畫之屬/法帖

孫中山先生手札墨跡不分卷 孫文書 民國石印本 永生題記 一册

330000－1723－0001556 12986 子部/藝術類/書畫之屬/法帖

孫中山遺墨不分卷 孫文書 民國影印本 一册

330000－1723－0001559 12987－12988 子部/藝術類/書畫之屬/法帖

孫中山遺墨不分卷 孫文書 民國影印本 吴耀廷題記 二册

330000－1723－0001560 13094－13119 子部/藝術類/書畫之屬/法帖

御刻三希堂石渠寶笈法帖不分卷 （清）梁詩正等輯 民國影印本 二十六册 缺六册（一至三、六、十三、二十）

330000－1723－0001561 13090－13092 子部/藝術類/書畫之屬/法帖

御刻三希堂石渠寶笈法帖不分卷 （清）梁詩正等輯 民國影印本 三册 存三册（一、三、十）

330000－1723－0001562 13093 子部/藝術類/書畫之屬/法帖

御刻三希堂石渠寶笈法帖不分卷 （清）梁詩正等輯 民國影印本 一册 存一册（二十二）

330000－1723－0001563 13120 子部/藝術類/書畫之屬/法帖

鄭板橋法書一卷 （清）鄭燮書 民國求石齋影印本 一册

330000－1723－0001569 13121 子部/藝術類/書畫之屬/法帖

鄭板橋字帖不分卷 （清）鄭燮書 民國石印本 一册

330000－1723－0001570 12526－12531 類叢部/類書類/通類之屬

古事比五十二卷 （清）方中德輯 民國十三年（1924）上海書局石印本 六册

330000－1723－0001571 13122 子部/藝術類/書畫之屬/法帖

鄧石如隸書樂志論不分卷 （清）鄧石如書 民國尚古山房石印本 一册

330000－1723－0001573 13123 子部/藝術類/書畫之屬/法帖

鄧完白隸書墨蹟不分卷 （清）鄧石如書 民國八年（1919）上海有正書局石印本 一册

330000－1723－0001575 11698－11699 子部/宗教類/道教之屬

生人眼目二卷 題藥師琉璃光王佛撰 民國二十六年（1937）上海宏大書局石印本 二册

330000－1723－0001576　11700－11701　子部/宗教類/道教之屬

玉定金科錫賞輯要十卷首一卷誅赦輯要十卷首一卷　南天都劫司　桂宮武昌侯輯　民國十二年(1923)北京金科流通處鉛印本　二冊　存六卷(錫賞輯要首、一至二,誅赦輯要首、一至二)

330000－1723－0001577　13124　子部/藝術類/書畫之屬/法帖

鄧石如篆書習字帖不分卷　(清)鄧石如書　民國五年(1916)上海進步書局石印本　萬人服題記　一冊

330000－1723－0001578　11668　子部/宗教類/佛教之屬/諸宗

龍舒淨土文十一卷附龍舒直音一卷　(宋)王日休撰　**佛說阿彌陀經一卷**　(後秦)釋鳩摩羅什譯　民國十五年(1926)上海聶其杰鉛印本　一冊

330000－1723－0001579　13125　子部/藝術類/書畫之屬/法帖

趙之謙楷書習字帖不分卷　(清)趙之謙書　民國上海聯益書局石印本　一冊

330000－1723－0001580　13126　子部/藝術類/書畫之屬/法帖

名人真蹟□□種　民國中華書局影印本　一冊　存一種

330000－1723－0001581　13127　子部/藝術類/書畫之屬/法帖

趙撝叔書四百九十六字真蹟一卷　(清)趙之謙書　民國二十四年(1935)中華書局影印名人真蹟本　胡士珍題簽　胡百全題記　一冊　存一種

330000－1723－0001583　13128　子部/藝術類/書畫之屬/法帖

南園真蹟不分卷　(清)錢灃書　民國三十五年(1946)上海商務印書館影印本　一冊

330000－1723－0001585　11702－11714　子部/宗教類/道教之屬

玉定金科例誅輯要十卷首一卷末一卷特宥輯要十卷首一卷末一卷例賞輯要十卷首一卷末一卷　南天都劫司　桂宮武昌侯輯　民國二十一年(1932)北京金科流通處鉛印本　十三冊　缺八卷(例誅輯要首、九至十,特宥輯要首、一至二,例賞輯要首、末)

330000－1723－0001588　13295　子部/藝術類/書畫之屬/畫譜

唐六如畫譜□□卷　(明)唐寅繪　民國石印本　一冊　存一卷(三)

330000－1723－0001590　11723－11724　子部/宗教類/道教之屬

太上感應篇註講證案彙編四卷首一卷　釋聖量鑒定　民國十四年(1925)上海中華書局鉛印本　二冊

330000－1723－0001591　13296　子部/藝術類/書畫之屬/畫譜

海上名人畫譜六卷　民國石印本　一冊　存一卷(六)

330000－1723－0001592　13297－13307　子部/藝術類/書畫之屬/畫譜

芥子園畫傳初集六卷二集九卷三集六卷　(清)王槩　(清)王蓍　(清)王臬輯　民國上海中原書局石印本　十一冊　缺二卷(初集四至五)

330000－1723－0001594　11725－11726　子部/宗教類/道教之屬

太上感應篇註講證案彙編四卷首一卷　釋聖量鑒定　民國十四年(1925)上海中華書局鉛印本　二冊

330000－1723－0001595　11727－11728　子部/宗教類/道教之屬

太上感應篇註講證案彙編四卷首一卷　釋聖量鑒定　民國十四年(1925)上海中華書局鉛印本　二冊

330000－1723－0001601　12158－12159　子部/宗教類/佛教之屬/經

地藏菩薩本願經三卷　(唐)釋實叉難陀譯

民國上海佛學書局影印本　二冊　存二卷（中、下）

330000－1723－0001603　11732　子部/宗教類/道教之屬/戒律

太上寶筏圖說八卷　（清）黄正元撰　民國石印本　一冊　存一卷（弟）

330000－1723－0001604　11733－11739　子部/宗教類/道教之屬/戒律

太上寶筏圖說八卷　（清）黄正元撰　民國七年（1918）上海宏大善書局石印本　七冊　缺一卷（忠）

330000－1723－0001608　11748－11759　子部/宗教類/道教之屬/雜著

玉準輪科輯要二十七卷　民國北京天華館鉛印本　十二冊　缺三卷（一、十九、二十五）

330000－1723－0001610　13308－13313　子部/藝術類/書畫之屬/畫譜

芥子園畫傳初集六卷二集九卷三集六卷　（清）王槩　（清）王蓍　（清）王臬輯　民國二年（1913）鑄記書莊石印本　六冊　缺十卷（初集三至六，二集一至二、八至九，三集一至二）

330000－1723－0001611　13314－13315　子部/藝術類/書畫之屬/畫譜

芥子園畫傳初集六卷二集九卷三集六卷　（清）王槩　（清）王蓍　（清）王臬輯　民國三年（1914）上海共和書局石印本　二冊　存四卷（初集四、二集一至三）

330000－1723－0001612　14251－14258　史部/紀傳類/正史之屬

史記論文不分卷　（清）吳見思評點　民國上海中華書局鉛印本　八冊

330000－1723－0001614　13316－13319　子部/藝術類/書畫之屬/畫譜

芥子園畫傳初集六卷二集九卷三集六卷　（清）王槩　（清）王蓍　（清）王臬輯　民國上海發文新書局石印本　四冊　存八卷（初集三、五至六，二集一至二、七至九）

330000－1723－0001615　13320－13323　子部/藝術類/書畫之屬/畫譜

芥子園畫傳三集六卷　（清）王槩　（清）王蓍　（清）王臬輯　民國上海中原書局石印本　四冊

330000－1723－0001616　13324－13325　子部/藝術類/遊藝之屬/棋弈

桃花泉奕譜二卷　（清）范世勳撰　民國上海千頃堂石印本　二冊

330000－1723－0001617　14308－14321　史部/紀傳類/正史之屬

史記一百三十卷附考證　（漢）司馬遷撰　（南朝宋）裴駰集解　（唐）司馬貞索隱　（唐）張守節正義　民國十六年（1927）上海商務印書館據清武英殿二十一史本影印本　十四冊

330000－1723－0001621　14364－14373　史部/紀傳類/正史之屬

漢書補注一百卷首一卷　王先謙撰　**姚惜抱先生前漢書評點一卷**　（清）姚鼐撰　（清）吳汝綸輯　民國石印本　十冊　缺六十八卷（一至六十八）

330000－1723－0001623　13337　子部/藝術類/書畫之屬/畫譜

書旗章法畫集第一集不分卷　張書旗繪　民國石印本　一冊

330000－1723－0001625　13328－13336　子部/藝術類/書畫之屬/畫譜

分類畫範自習畫譜大全三集二十四卷　馬駘繪　民國十七年（1928）上海世界書局石印本　九冊　存九卷（人物畫範一至二、古今人物畫譜一、仙佛圖像畫譜一至二、美人百態畫譜一至二、歷代名將畫譜一至二）

330000－1723－0001629　13339　子部/藝術類/書畫之屬/畫譜

近世一百名家畫集四卷　錢病鶴編　民國十三年（1924）上海大東書局石印本　一冊　缺一卷（一）

330000－1723－0001630　14322－14335、14491－14506、14524－14535　史部/紀傳類/正史之屬
二十四史附考證　民國上海涵芬樓據清乾隆武英殿刻本影印本　四十二冊　存三種

330000－1723－0001632　14336－14349　史部/紀傳類/正史之屬
二十四史附考證　民國上海涵芬樓據清乾隆武英殿本影印本　十四冊　存一種

330000－1723－0001633　14350－14363　史部/紀傳類/正史之屬
二十四史附考證　民國上海涵芬樓據清乾隆武英殿本影印本　十四冊　存一種

330000－1723－0001637　14244－14250　史部/紀傳類/正史之屬
二十四史附考證　民國上海涵芬樓據清乾隆武英殿本影印本　七冊　存一種

330000－1723－0001638　13340　子部/藝術類/書畫之屬/畫譜
白社畫冊第一集不分卷　諸聞韻等繪　民國二十一年(1932)上海金城工藝出版社影印本　一冊

330000－1723－0001639　13341　子部/藝術類/書畫之屬/畫法畫品
山水入門十章　胡錫銓撰　民國十五年(1926)上海商務印書館石印本　一冊

330000－1723－0001641　13342－13345　子部/藝術類/書畫之屬
書畫大觀第二集不分卷　俞丹林等編　民國十二年(1923)上海文明書局影印本　四冊

330000－1723－0001644　13346－13350　集部/總集類/尺牘之屬
明清兩代名人尺牘二卷　上海有正書局編　民國上海有正書局影印本　五冊

330000－1723－0001646　13351－13356　子部/藝術類/篆刻之屬/印譜
伏廬藏印十二卷　陳漢第藏並輯　民國十六年(1927)上海商務印書館影印本　六冊

330000－1723－0001648　14562－14567　史部/紀傳類/正史之屬
三國志六十五卷附考證　(晉)陳壽撰　(南朝宋)裴松之注　民國十六年(1927)上海商務印書館影印本　六冊

330000－1723－0001649　13357－13364　史部/傳記類/總傳之屬/技藝
歷代畫史彙傳七十二卷首一卷附錄二卷　(清)彭蘊璨編　民國十一年(1922)上海啟新書局石印本　八冊　缺二十五卷(一至九、三十六至四十三、五十八至六十五)

330000－1723－0001658　13366　子部/藝術類/書畫之屬/畫法畫品
畫學心印八卷　(清)秦祖永評輯　民國上海掃葉山房石印本　一冊　存四卷(五至八)

330000－1723－0001665　15528－15535　史部/史抄類
教科適用史記精華八卷　中華書局編　民國七年(1918)上海中華書局鉛印本　八冊

330000－1723－0001666　15541－15543　史部/史抄類
史記菁華錄六卷　(清)姚祖恩輯評　民國三十六年(1947)上海商務印書館鉛印本　三冊

330000－1723－0001667　13370－13371　子部/藝術類/書畫之屬/畫法畫品
桐陰論畫初編二卷首一卷附錄一卷二編二卷三編二卷畫訣二卷　(清)秦祖永撰　民國十八年(1929)上海掃葉山房石印本　二冊

330000－1723－0001668　13372－13374　子部/藝術類/書畫之屬/畫法畫品
畫學秘旨要訣大觀四卷　陈敏編輯　民國石印本　三冊　缺一卷(一)

330000－1723－0001675　15536－15537　史部/史抄類
史記菁華錄六卷　(清)姚祖恩輯評　民國上海商務印書館鉛印本　二冊

330000－1723－0001676　13375　史部/傳記類/總傳之屬/技藝

書林紀事四卷　馬宗霍撰　民國二十四年(1935)上海商務印書館鉛印本　一册

330000－1723－0001677　13376－13379　子部/藝術類/書畫之屬

書林藻鑑十二卷　馬宗霍輯　民國二十四年(1935)上海商務印書館鉛印本　四册

330000－1723－0001678　15538－15540　史部/史抄類

史記菁華錄六卷　(清)姚祖恩輯評　民國上海商務印書館鉛印本　三册

330000－1723－0001680　15400－15415　史部/史評類/史學之屬

評註四史菁華録十六卷　民國十三年(1924)上海鴻寶齋書局石印本　十六册

330000－1723－0001683　15476－15478　史部/地理類

浙江圖書館叢書三十種七十九卷　(清)丁謙撰　民國四年(1915)浙江圖書館刻本　三册　存一種

330000－1723－0001684　13382－13383　子部/藝術類/篆刻之屬/印譜

太上感應篇印譜四卷　葉鴻翰篆　民國十二年(1923)永嘉葉鴻翰懷古齋刻鈐印本　二册　存二卷(一、三)

330000－1723－0001685　15517－15523　史部/史抄類

教科適用漢書精華八卷　中華書局編　民國上海中華書局鉛印本　七册　缺一卷(八)

330000－1723－0001686　13384－13387　子部/藝術類/篆刻之屬/印譜

漢銅印叢十二卷　(清)汪啟淑鑒賞　瞿良士收藏　民國二十四年(1935)上海商務印書館影印本　四册

330000－1723－0001688　13389－13390、13392　子部/藝術類/篆刻之屬/印譜

現代篆刻八集　吴幼潛編　民國二十一年(1932)上海誠信藝術部影印本　三册　存三集(四至五、七)

330000－1723－0001698　16347　史部/目録類/版本之屬/書影

百衲本二十四史預約樣本一卷　上海商務印書館編　民國十九年(1930)上海商務印書館鉛印本暨影印本　一册

330000－1723－0001699　16348　史部/目録類/版本之屬/書影

百衲本二十四史預約樣本一卷　上海商務印書館編　民國十九年(1930)上海商務印書館鉛印本暨影印本　一册

330000－1723－0001700　16349　史部/目録類/版本之屬/書影

百衲本二十四史預約樣本一卷　上海商務印書館編　民國十九年(1930)上海商務印書館鉛印本暨影印本　一册

330000－1723－0001706　16756－16762　史部/編年類/斷代之屬

二思堂清鑑易知録正編二十八卷附十朝大事表一卷國際交涉重要事實摘録一卷　許國英輯　沈文浩重編　民國十二年(1923)上海大成書局鉛印本　七册　缺十二卷(一至十二)

330000－1723－0001709　16350　史部/目録類/書志之屬/題跋

百衲本已出十八史跋文彙刊一卷　商務印書館輯　民國二十五年(1936)上海商務印書館鉛印本　一册

330000－1723－0001710　16351　史部/目録類/版本之屬/書影

景印國藏善本叢刊樣本不分卷　景印國藏善本叢刊委員會編　民國二十六年(1937)商務印書館鉛印本暨影印本　一册

330000－1723－0001711　16352　史部/目録類/總録之屬/彙刻

四庫全書珍本初集樣本一卷　商務印書館編　民國二十三年(1934)上海商務印書館鉛印本暨影印本　一册

330000－1723－0001712　16353　史部/目録類/總録之屬/彙刻

四部叢刊三編預約樣本一卷　商務印書館編　民國二十四年(1935)商務印書館鉛印本　一册

330000－1723－0001713　16354　史部/目録類/總録之屬/彙刻

四部叢刊續編預約樣本一卷　商務印書館輯　民國二十三年(1934)商務印書館鉛印本　一册

330000－1723－0001714　16355　史部/目録類/版本之屬/書影

重印聚珍倣宋版五開大本四部備要樣本不分卷　中華書局編　民國二十三年(1934)中華書局鉛印本　一册

330000－1723－0001715　16356　史部/目録類/版本之屬/書影

重印聚珍倣宋版五開大本四部備要樣本不分卷　中華書局編　民國二十三年(1934)中華書局鉛印本　一册

330000－1723－0001716　16357　史部/目録類/書志之屬/提要

四部叢刊書錄一卷　商務印書館編　民國十一年(1922)上海商務印書館鉛印本　一册

330000－1723－0001717　16358　史部/目録類/書志之屬/提要

四部叢刊書錄一卷　商務印書館編　民國十八年(1929)上海商務印書館鉛印本　一册

330000－1723－0001718　16062－16081　史部/地理類/方志之屬/郡縣志

[民國]**鎮海縣志四十五卷首一卷**　洪錫範　盛鴻燾修　王榮商　楊敏曽纂　民國二十年(1931)上海蔚文印刷局鉛印本　二十册　缺五卷(七至九、十五至十六)

330000－1723－0001719　16359－16398　史部/目録類/總録之屬/彙刻

增訂叢書舉要八十卷首一卷附校誤記一卷重訂徵刻南北宋人集小啓一卷　楊守敬原編　李之鼎補編　民國七年(1918)南昌宜秋館鉛印本　四十册

330000－1723－0001724　16007　史部/地理類/方志之屬/郡縣志

[民國]**桂平縣志五十九卷**　黄佔梅等修　程大璋等纂　民國九年(1920)粵東編譯公司鉛印本　一册　存七卷(五十三至五十九)

330000－1723－0001730　15841－15900　史部/編年類/通代之屬

資治通鑑二百九十四卷　(宋)司馬光撰　(元)胡三省音注　**通鑑釋文辯誤十二卷**　(元)胡三省撰　民國六年(1917)上海商務印書館鉛印本　六十册

330000－1723－0001732　16444－16446　史部/目録類/總録之屬

書目三種合刻三卷　民國三年(1914)掃葉山房石印本　三册

330000－1723－0001737　16471　史部/目録類/專録之屬

参加倫敦中國藝術國際展覽會出品目錄四卷　倫敦中國藝術國際展覽會籌備委員會編　民國二十四年(1935)鉛印本　一册

330000－1723－0001739　16861－16876　史部/編年類/通代之屬

綱鑑易知錄九十二卷明鑑易知錄十五卷　(清)吳乘權　(清)周之炯　(清)周之燦輯　民國五年(1916)上海商務印書館鉛印本　十六册

330000－1723－0001743　16026－16031　史部/地理類/方志之屬/郡縣志

[民國]**景寧縣續志十七卷首一卷**　吳呂熙修　柳景元纂　民國二十二年(1933)刻本　六册

330000－1723－0001745　17598－17637　史部/編年類/通代之屬

御批歷代通鑑輯覽一百二十卷　(清)傅恒等撰　民國上海商務印書館鉛印本　四十册

330000－1723－0001746　16015　史部/地理類/方志之屬/郡縣志

[民國]**德清縣新志十四卷**　吳翯皋　王任化

修　程森纂　徐克芳　嚴明揚製圖　民國二十一年(1932)鉛印本　一册　存四卷(七至十)

330000－1723－0001747　16016－16017　史部/地理類/方志之屬/郡縣志
[民國]鎮海縣新志備稿二卷　董祖羲纂　民國二十年(1931)上海蔚文印刷局鉛印本　二册

330000－1723－0001750　17638－17677　史部/編年類/通代之屬
御批歷代通鑑輯覽一百二十卷　(清)傅恒等撰　民國上海商務印書館鉛印本　四十册

330000－1723－0001751　17678－17717　史部/編年類/通代之屬
御批歷代通鑑輯覽一百二十卷　(清)傅恒等撰　民國上海商務印書館鉛印本　四十册

330000－1723－0001758　16034－16037　史部/地理類/方志之屬/郡縣志
[民國]景寧縣續志十七卷首一卷　吴呂熙修　柳景元纂　民國二十二年(1933)刻本　四册　存十二卷(首,一至五、九至十二、十六至十七)

330000－1723－0001770　16891－16902　史部/編年類/通代之屬
尺木堂綱鑑加批易知錄二十四卷　(清)吳乘權　(清)周之炯　(清)周之燦輯　民國十年(1921)會文堂書局石印本　十二册

330000－1723－0001771　16664－16666　史部/目録類/通論之屬/掌故瑣記
書林清話十卷　葉德輝撰　民國九年(1920)葉德輝觀古堂刻本　三册　存八卷(一至八)

330000－1723－0001772　16510－16512　史部/目録類/總録之屬/私撰
古書流通處書目一卷　古書流通處編　民國十年(1921)石印本　三册

330000－1723－0001774　16513　史部/目録類/通論之屬/考訂
古今僞書考一卷　(清)姚際恒撰　民國蘇州振新書社影印本　一册

330000－1723－0001778　16514－16517　史部/目録類/總録之屬/私撰
東海藏書樓書目不分卷　徐則恂藏並編　民國十三年(1924)武林鉛印本　四册

330000－1723－0001784　16550－16557　史部/目録類/書志之屬/題跋
士禮居藏書題跋記六卷　(清)黄丕烈撰　**士禮居藏書題跋記續編五卷**　(清)黄丕烈撰　(清)孫祖烈輯　**文學叢書書目提要一卷**　上海醫學書局編　民國六年(1917)上海醫學書局影印本　八册

330000－1723－0001787　16987－17000　史部/編年類/通代之屬
增評加批歷史綱鑑補三十九卷首一卷　(明)王世貞　(明)袁黄纂　**御撰資治通鑑綱目三編六卷**　(清)張廷玉等撰　民國三年(1914)上海鴻寶書局石印本　十四册　缺六卷(二至四、御撰資治通鑑綱目三編一至三)

330000－1723－0001789　16108－16113　史部/地理類/方志之屬/郡縣志
[民國]定海縣志十六卷首一卷　陳訓正　馬瀛纂修　施皐　顔聖介　張紀隆測繪　民國十三年(1924)旅滬同鄉會鉛印本　六册

330000－1723－0001790　16114－16119　史部/地理類/方志之屬/郡縣志
[民國]定海縣志十六卷首一卷　陳訓正　馬瀛纂修　施皐　顔聖介　張紀隆測繪　民國十三年(1924)旅滬同鄉會鉛印本　六册

330000－1723－0001792　17020－17047　史部/編年類/通代之屬
歷代通鑑輯覽一百二十卷　(清)傅恆等撰　民國二十一年(1932)上海錦章圖書局石印本　二十八册

330000－1723－0001793　17048－17075　史部/編年類/通代之屬
歷代通鑑輯覽一百二十卷　(清)傅恆等撰　民國上海錦章圖書局石印本　二十八册

330000－1723－0001795　17748－17751　史部/傳記類/總傳之屬/儒林

漢學師承記八卷經師經義目録一卷宋學淵源記二卷附記一卷　(清)江藩纂　民國上海文瑞樓鉛印本　四册

330000－1723－0001798　17092－17115　史部/編年類/通代之屬

尺木堂綱鑑易知録九十二卷明鑑易知録十五卷　(清)吴乘權　(清)周之炯　(清)周之燦輯　民國二十四年(1935)上海掃葉山房石印本　二十四册

330000－1723－0001799　16574－16575　史部/目録類/總録之屬/官修

浙江公立圖書館保存類目録四卷　浙江公立圖書館編　民國十年(1921)浙江公立圖書館石印本　楊庭槐題記　二册

330000－1723－0001800　17744－17747　史部/傳記類/總傳之屬/姓名

青樓小名録八卷　(清)趙慶楨輯　民國四年(1915)上海中國圖書公司鉛印本　四册

330000－1723－0001801　16576－16583　史部/目録類/總録之屬/官修

浙江公立圖書館通常類圖書目録五卷附保存類圖書目録補遺一卷　浙江公立圖書館編　民國十四年(1925)浙江公立圖書館鉛印本　楊庭槐題記　八册

330000－1723－0001810　16600－16603　史部/目録類/通論之屬/掌故瑣記

書林清話十卷　葉德輝撰　民國九年(1920)葉德輝觀古堂刻本　四册

330000－1723－0001812　16612－16619　史部/目録類/總録之屬/私撰

郘亭知見傳本書目十六卷　(清)莫友芝撰　民國二十二年(1933)鉛印本　八册

330000－1723－0001814　16628－16633　史部/目録類/總録之屬/私撰

郘亭知見傳本書目十六卷　(清)莫友芝撰　民國上海國學扶輪社鉛印本　六册

330000－1723－0001820　16640－16643　史部/目録類/總録之屬/地方

四庫湖北先正遺書提要四卷存目四卷　盧弼輯　**四庫湖北先正遺書札記一卷**　盧弼撰　民國十一年(1922)沔陽盧氏慎始基齋刻本　四册

330000－1723－0001823　16120－16178　史部/地理類/方志之屬/郡縣志

光緒台州府志一百卷首一卷　(清)趙亮熙　(清)郭式昌修　王舟瑶等纂　民國十五年(1926)台州旅杭同鄉會鉛印本　五十九册　缺一卷(二十九)

330000－1723－0001832　18844－18849　史部/史評類/史論之屬

最新史事論十二卷　雷瑨輯　民國九年(1920)上海埽葉山房石印本　劉瑛題記　六册

330000－1723－0001833　18850－18854　史部/史評類/史學之屬

文史通義八卷校讐通義三卷　(清)章學誠撰　民國十三年(1924)東陸書局石印本　五册　缺一卷(八)

330000－1723－0001864　18918－18926　史部/史評類/史論之屬

讀通鑑論十六卷宋論十五卷　(清)王夫之撰　民國上海商務印書館鉛印本　九册　缺二卷(讀通鑑論七至八)

330000－1723－0001867　18927－18935　史部/史評類/史論之屬

讀通鑑論十六卷宋論十五卷　(清)王夫之撰　民國上海商務印書館鉛印本　九册　缺二卷(讀通鑑論一至二)

330000－1723－0001870　18936－18945　史部/史評類/史論之屬

讀通鑑論十六卷宋論十五卷　(清)王夫之撰　民國上海商務印書館鉛印本　十册

330000－1723－0001876　19373　史部/傳記類/別傳之屬/年譜

劉文成公[基]年譜稿二卷　劉燿東編　民國二十八年(1939)南田山啓後亭鉛印本　一册

330000－1723－0001881　18602－18603　新學/游記
歐遊心影錄十一篇　梁啓超撰　民國油印本(七至九篇原缺)　二册

330000－1723－0001894　18974　史部/雜史類/斷代之屬
直皖秘史一卷　張一麐編輯　民國九年(1920)上海世界書局石印本　吳山登批並圈點　一册

330000－1723－0001895　18975－18976　類叢部/叢書類/自著之屬
心史叢刊十六種　孟森撰　民國五年至六年(1916－1917)上海商務印書館鉛印本　二册　存十一種

330000－1723－0001904　18985－18986　類叢部/叢書類/自著之屬
多伽羅香館叢書□□種　張采田撰　民國鉛印本　二册　存一種

330000－1723－0001911　19345　史部/傳記類
鹽城姜筱軒先生暨德配梁孺人誦芬錄不分卷　姜進之等輯　民國二十五年(1936)明善書局鉛印本　一册

330000－1723－0001918　18567－18574　新學/史志/臣民傳記
萬國人物備考不分卷　余天民撰　民國杭州學稼社石印本　八册

330000－1723－0001919　18987　史部/政書類/邦計之屬
中國經濟史講稿三編十八章　李劍農編著　民國三十二年(1943)湖南新中國書局鉛印本　一册　存十章(一至十)

330000－1723－0001923　17783－17784　史部/傳記類/總傳之屬/技藝
清朝書徵錄三卷明人附錄一卷續錄二卷　(清)張庚撰　民國十五年(1926)上海掃葉山房石印本　二册

330000－1723－0001932　17810－17889　史部/傳記類/總傳之屬/斷代
清史列傳八十卷　中華書局編　民國十七年(1928)上海中華書局鉛印本　八十册

330000－1723－0001953　18776－18779　史部/地理類/山川之屬/山志
普陀洛迦山志十二卷　王亨彦輯　民國十七年(1928)鉛印本　四册

330000－1723－0001954　18684－18685　史部/地理類/山川之屬/山志
峨眉山志八卷首一卷　(清)蔣超纂　釋印光增訂　民國二十三年(1934)鉛印本　二册

330000－1723－0001960　18682－18683　史部/地理類/山川之屬/山志
峨眉山志八卷首一卷　(清)蔣超纂　釋印光增訂　民國二十三年(1934)蘇州弘化社鉛印本　二册

330000－1723－0001967　20014－20023　史部/雜史類/通代之屬
明清史料丙編不分卷　國立中央研究院歷史語言研究所編　民國二十五年(1936)上海商務印書館鉛印本　十册

330000－1723－0001969　19765－19792　史部/編年類/通代之屬
增評加批歷史綱鑑補三十九卷首一卷　(明)王世貞　(明)袁黄纂　**資治明紀綱目二十卷**　**資治明紀綱目三編一卷**　(清)張廷玉等撰　民國上海文瑞樓石印本　二十八册

330000－1723－0001970　20030－20035　史部/雜史類/斷代之屬
明季稗史初編十六種二十七卷　(清)留雲居士輯　**明季稗史續編六種六卷**　民國元年(1912)、三年(1914)上海商務印書館鉛印本　六册

330000－1723－0001981　20056－20059　史部/雜史類/斷代之屬
明末野史五種七卷　(清)槑心野史菊知氏輯

民國元年(1912)中華圖書館石印本　四册

330000－1723－0002004　19849　史部/編年類/通代之屬
資治通鑑二百九十四卷　(宋)司馬光撰　(元)胡三省音注　**通鑑釋文辨誤十二卷**　(元)胡三省撰　民國上海商務印書館鉛印本　一册　存五卷(四十八至五十二)

330000－1723－0002021　19029－19032　史部/雜史類/斷代之屬
國語韋解補正二十一卷　吳曾祺撰　朱元善校訂　民國四年(1915)上海商務印書館鉛印本　四册

330000－1723－0002028　19046　史部/雜史類/斷代之屬
戰國策詳註三十三卷　郭希汾輯註　民國八年(1919)上海文明書局鉛印本　一册

330000－1723－0002034　18211－18212　類叢部/叢書類/彙編之屬
求恕齋叢書三十一種　劉承幹編　民國吳興劉氏嘉業堂刻本　二册　存二種

330000－1723－0002036　19850－19854　史部/編年類/通代之屬
資治通鑑二百九十四卷　(宋)司馬光撰　(元)胡三省音注　**通鑑釋文辨誤十二卷**　(元)胡三省撰　民國上海商務印書館鉛印本　五册　存二十五卷(三十八至五十七、六十八至七十二)

330000－1723－0002039　19671－19693　史部/編年類/通代之屬
增評加批歷史綱鑑補三十九卷首一卷　(明)王世貞　(明)袁黃纂　**資治明紀綱目二十卷資治明紀綱目三編一卷**　(清)張廷玉等撰　民國上海文瑞樓石印本　二十三册　缺二卷(十四至十五)

330000－1723－0002045　20090　史部/政書類/公牘檔册之屬
訓政問答一卷國耻紀念册一卷　薛篤弼撰　民國十七年(1928)石印本　一册

330000－1723－0002066　20986－21002　史部/史抄類
二十四史輯要六十四卷附二十四史總目一卷二十四史四庫提要一卷　趙華基編　民國上海中華書局鉛印本　十七册　存三十三卷(二十二至四十二、四十四至五十五)

330000－1723－0002072　13432－13435　子部/藝術類/篆刻之屬/印譜
集古印譜四卷印正附説一卷　(明)甘暘編　民國十一年(1922)掃葉山房影印本　四册

330000－1723－0002074　13436－13439　子部/藝術類/篆刻之屬/印譜
學山堂印存四卷　(清)顧湘編　民國十四年(1925)上海掃葉山房石印本　四册

330000－1723－0002077　13440　子部/藝術類/篆刻之屬/印譜
朱其石印存不分卷　張大千　謝玉岑選　民國二十三年(1934)檇李學社影印本　朱其石題記　一册

330000－1723－0002080　19061　史部/雜史類/斷代之屬
戰國策補註三十三卷　吳曾祺撰　民國上海商務印書館鉛印本　一册　存七卷(一至七)

330000－1723－0002082　13441　子部/藝術類/篆刻之屬/印譜
曲池居印譜不分卷　鄭淳編　民國二十四年(1935)影印本　一册

330000－1723－0002083　19062－19063　史部/雜史類/斷代之屬
教科適用戰國策精華三卷　中華書局編　民國十年(1921)上海中華書局鉛印本　二册　存二卷(二至三)

330000－1723－0002085　19064－19066　類叢部/叢書類/彙編之屬
四部備要三百一種　中華書局編　民國中華書局鉛印本　三册　存一種

330000－1723－0002086　13444－13445　子部/藝術類/篆刻之屬/印譜

堇廬印存不分卷　陳煥藏　民國鈐印本　陳煥題簽　二冊

330000－1723－0002088　13446　子部/藝術類/篆刻之屬/印譜
游廬印存不分卷　民國鈐印本　一冊

330000－1723－0002089　19068－19069　史部/雜史類/斷代之屬
明季實錄二卷　(清)顧炎武輯　民國元年(1912)石印本　二冊

330000－1723－0002094　19096－19107　史部/雜史類/斷代之屬
滿夷猾夏始末記八卷首一卷外編三卷　楊敦頤輯　民國元年(1912)上海新中華圖書館鉛印本　十二冊

330000－1723－0002096　20431－20464　史部/政書類/邦交之屬
光緒條約一百十七卷　許同莘　汪毅　張承棨輯　民國五年(1916)外交部印刷所鉛印本　三十四冊

330000－1723－0002098　19108－19116　史部/編年類/斷代之屬
西夏紀二十八卷首一卷　戴錫章撰　民國京華印書局鉛印本　九冊　存二十六卷(三至二十八)

330000－1723－0002101　20465－20498　史部/政書類/邦交之屬
光緒條約一百二卷　許同莘　汪毅　張承棨輯　民國三年(1914)外交部印刷所鉛印本　三十四冊

330000－1723－0002103　20499－20506　史部/政書類/邦交之屬
光緒條約一百二卷　許同莘　汪毅　張承棨輯　民國三年(1914)外交部印刷所鉛印本　八冊　存二十一卷(五十七至七十七)

330000－1723－0002104　13416－13417　經部/小學類/文字之屬/字書/通論
秦書八體原委不分卷　華學涑輯　民國十年(1921)天津博物院石印本　二冊

330000－1723－0002106　20507－20511　史部/政書類/邦交之屬
宣統條約十九卷　汪毅　張承棨編　民國外交部印刷所鉛印本　五冊

330000－1723－0002107　20512－20516　史部/政書類/邦交之屬
康熙雍正乾隆道光條約十二卷　許同莘　汪毅　張承棨編　民國外交部印刷所鉛印本　五冊

330000－1723－0002112　20517－20522　史部/政書類/邦交之屬
咸豐條約十二卷　許同莘　汪毅　張承棨編　民國外交部印刷所鉛印本　六冊

330000－1723－0002113　13447－13449　子部/藝術類/篆刻之屬/印譜
悲盦印賸不分卷　(清)趙之謙篆　丁仁輯　民國三年(1914)西泠印社鈐拓本　三冊

330000－1723－0002115　13450－13451　子部/藝術類/篆刻之屬/印譜
完白山人印譜不分卷　(清)鄧石如篆　吳隱輯　民國五年(1916)西泠印社鈐拓本　二冊

330000－1723－0002116　20523－20532　史部/政書類/邦交之屬
同治條約二十三卷　許同莘　汪毅　張承棨編　民國四年(1915)外交部圖書處鉛印本　十冊

330000－1723－0002121　13452－13467　子部/藝術類/篆刻之屬/印譜
缶廬印存初集不分卷二集不分卷三集不分卷四集不分卷　吳昌碩篆刻　民國三年(1914)西泠印社鈐拓印本　十六冊

330000－1723－0002129　20112　史部/政書類/公牘檔冊之屬
浙江省議會民國八年第一次臨時會文牘四卷附編一卷勘誤表一卷　浙江省議會編　民國八年(1919)鉛印本　一冊

330000－1723－0002131　20113　史部/政書類/公牘檔冊之屬

浙江省議會第二屆常年會質問書不分卷 浙江省議會編 民國五年(1916)鉛印本 一册

330000－1723－0002132 20114 史部/政書類/公牘檔册之屬

浙江省政府會議紀錄彙刊不分卷 浙江省政府秘書處編 民國十七年(1928)浙江省政府秘書處鉛印本 一册 存第一編

330000－1723－0002144 20638 集部/總集類/酬唱之屬

永嘉湯壁垣先生辛未七秩倡和集一卷 谷懷等輯 民國二十一年(1932)鉛印本 一册

330000－1723－0002146 20639 集部/總集類/酬唱之屬

東平介壽集一卷 吕官章編 民國二十五年(1936)鉛印本 一册

330000－1723－0002148 20643 集部/總集類/酬唱之屬

龜山遯叟唱和集一卷 蔣魯材輯 民國麗水啓明印刷所鉛印本 一册

330000－1723－0002156 20146 新學/兵制/陸軍

陸軍軍制三卷 浙江模範警隊編 民國浙江模範警隊鉛印本 一册

330000－1723－0002162 20644 史部/傳記類/別傳之屬

蟫香館別記一卷 陳中嶽輯 民國二十二年(1933)鉛印本 一册

330000－1723－0002164 20646－20647 史部/傳記類/別傳之屬/事狀

世德堂楊氏六秩雙慶壽言彙編二卷 民國七年(1918)鉛印本 二册

330000－1723－0002165 20645 史部/傳記類/別傳之屬/事狀

世德堂楊氏六秩雙慶壽言彙編二卷 民國七年(1918)鉛印本 一册 存一卷(一)

330000－1723－0002172 20668－20679 史部/傳記類/總傳之屬/技藝

歷代畫史彙傳二十四卷首一卷附錄一卷 (清)彭蘊璨編 民國十三年(1924)上海掃葉山房石印本 十二册

330000－1723－0002177 20213 新學/政治法律/律例

民事訴訟律草案四編 民國石印本 一册 存一編(四)

330000－1723－0002179 20214 史部/政書類/律令之屬/律例

民刑訴狀程式大全□□種 民國共和書局鉛印本 一册 存二種

330000－1723－0002196 20272－20277 類叢部/叢書類/彙編之屬

嘉業堂叢書五十七種 劉承幹輯 民國吳興劉氏嘉業堂刻本 六册 存一種

330000－1723－0002197 20780－20785 史部/金石類

遯盦金石叢書十五種 吳隱輯 民國三年至十年(1914－1921)山陰吳氏西泠印社木活字印本 六册 存一種

330000－1723－0002203 20292 史部/政書類/律令之屬

新刻法家蕭曹兩造雪案鳴冤律四卷 (□)管見子註釋 民國上海錦章書局石印本 一册

330000－1723－0002204 20293－20294 史部/政書類/律令之屬/律例

新刻法筆驚天雷八卷 民國上海錦章圖書局石印本 二册

330000－1723－0002212 20794－20797 史部/金石類/石之屬/通考

校碑隨筆不分卷 方若撰 民國九年(1920)上海大成書局石印本 四册

330000－1723－0002219 23865－23870 集部/總集類/選集之屬/斷代

宋代五十六家詩集六卷 (清)坐春書塾編 民國石印本 六册

330000－1723－0002221 20822－20823 類

叢部/叢書類
慤齋叢書□□種 民國上海文瑞樓書局影印本 二册 存一種

330000－1723－0002222 23871－23874 集部/總集類/氏族之屬
鈍吟集三卷 (清)馮班撰 **馮舍人遺詩六卷** (清)馮廷櫆撰 民國三年(1914)上海集益書局石印本 四册

330000－1723－0002224 23880－23883 集部/總集類/彙編之屬
侯魏汪三家文合鈔四卷 進步書局編輯所編 民國四年(1915)上海文明書局石印本 四册

330000－1723－0002225 23884－23891 集部/總集類/氏族之屬
三蘇文集四十四卷 (清)邵希雍輯 民國元年(1912)上海會文學社石印本 八册

330000－1723－0002248 23963－23970 集部/總集類/郡邑之屬
江左三大家詩鈔九卷 (清)顧有孝 (清)趙澐編 民國九年(1920)上海進化書局石印本 八册

330000－1723－0002268 24107－24114 集部/總集類/選集之屬/通代
詳註分類咏物詩選八卷 (清)俞琰輯 (清)易開綍 (清)孫溶鳴註 民國十七年(1928)上海大通書局石印本 八册

330000－1723－0002269 24115－24132 集部/總集類/選集之屬/通代
十八家詩鈔二十八卷首一卷 (清)曾國藩輯 民國四年(1915)上海國華書局石印本 十八册

330000－1723－0002275 24584－24587 集部/總集類/選集之屬/斷代
明文在簡編四卷 (清)薛熙原編 張相選錄 民國七年(1918)上海中華書局鉛印本 四册

330000－1723－0002276 24588－24591 集部/總集類/選集之屬/斷代
新文選四卷 雷瑨輯 民國三年(1914)上海掃葉山房石印本 金允忠題記 四册

330000－1723－0002277 24592－24595 集部/總集類/尺牘之屬
眉公才子尺牘四卷 (明)陳繼儒輯 (清)沈錫侯增訂 **聖嘆才子尺牘四卷** (清)金人瑞鑒定 (清)金雍撰 民國七年(1918)上海碧梧山莊石印本 四册

330000－1723－0002278 24596－24607 集部/總集類/尺牘之屬
明清十大家尺牘十種 文明書局輯 民國十年(1921)上海文明書局石印本 十二册

330000－1723－0002279 24608－24609 集部/總集類/選集之屬/通代
重訂古文釋義新編八卷 (清)余誠評註 民國三年(1914)上海鴻寶齋石印本 二册

330000－1723－0002283 24634－24638 集部/總集類/選集之屬/通代
評校音注古文辭類纂七十四卷 (清)姚鼐輯 王文濡校注 民國十三年(1924)上海文明書局鉛印本 五册 存二十二卷(三十八至五十三、六十四至六十九)

330000－1723－0002284 24639－24653 集部/總集類/選集之屬/通代
評校音注古文辭類纂七十四卷 (清)姚鼐輯 王文濡校注 民國十三年(1924)上海文明書局鉛印本 十五册 缺五卷(四至八)

330000－1723－0002285 24654－24661 集部/總集類/選集之屬/通代
評校音注古文辭類纂七十四卷 (清)姚鼐輯 王文濡校注 民國十二年(1923)上海中華書局鉛印本 八册 缺十四卷(十九至二十二、五十九至六十三、七十至七十四)

330000－1723－0002286 24662－24664 集部/總集類/選集之屬/通代
古文辭類纂精華不分卷 中華書局輯 民國二十三年(1934)中華書局鉛印本 三册 缺

一冊(一)

330000－1723－0002287　24665　集部/總集類/選集之屬/通代

續古文辭類纂精華不分卷　中華書局輯　民國中華書局鉛印本　一冊　存一冊(一)

330000－1723－0002289　24666－24683　集部/總集類/選集之屬/通代

古文辭類纂七十五卷附錄一卷　(清)姚鼐纂輯　**校勘記一卷**　(清)李承淵撰　**續古文辭類纂三十四卷**　王先謙輯　民國七年(1918)上海會文堂書局石印本　十八冊　缺十五卷(四十八至五十五、六十四至七十)

330000－1723－0002290　24684－24707　集部/總集類/選集之屬/通代

新古文辭類纂六十卷首一卷　蔣瑞藻纂集　民國十一年(1922)上海中華書局石印本　二十四冊

330000－1723－0002292　24228－24235　集部/總集類/選集之屬/通代

御選唐宋詩醇四十七卷目錄二卷　(清)高宗弘曆輯　民國十年(1921)中華圖書館石印本　八冊

330000－1723－0002293　24236－24237　集部/總集類/選集之屬/通代

歷代詩文評註讀本□□種　王文濡編　民國上海文明書局鉛印本　二冊　存一種

330000－1723－0002294　24238－24239　集部/總集類/選集之屬/通代

歷代詩文評註讀本□□種　王文濡編　民國上海文明書局鉛印本　二冊　存一種

330000－1723－0002295　24240－24241　集部/總集類/選集之屬/斷代

唐文評註讀本二卷　王文濡評選　張廷華沈鎔　郭希汾註釋　民國十八年(1929)上海文明書局鉛印本　二冊

330000－1723－0002296　24242－24243　集部/總集類/選集之屬/通代

宋元明文評註讀本不分卷　王文濡編　金熙汪勁扶註　民國十五年(1926)上海文明書局鉛印本　二冊

330000－1723－0002297　24244－24245　集部/總集類/選集之屬/斷代

唐詩評註讀本六卷　王文濡評選　汪處廬金熙註釋　民國十三年(1924)上海文明書局鉛印本　二冊

330000－1723－0002298　24246－24247　集部/總集類/選集之屬/斷代

唐詩評註讀本六卷　王文濡評選　汪處廬金熙註釋　民國八年(1919)上海文明書局鉛印本　二冊

330000－1723－0002299　24248－24251　集部/總集類/選集之屬/斷代

全唐詩鈔四卷　(清)沈裳錦選　民國十六年(1927)上海萃英書局石印本　四冊

330000－1723－0002304　24252　集部/總集類/選集之屬/斷代

註釋唐詩三百首四卷　(清)蘅塘退士(孫洙)編　民國四年(1915)上海天寶書局石印本　一冊

330000－1723－0002305　24161－24164　集部/總集類/選集之屬/通代

古今百美香閨艷詩四卷偶談一卷　(清)席蕙蘭撰　民國上海文華書局石印本　四冊

330000－1723－0002306　24165－24168　集部/總集類/選集之屬/通代

評選古詩源四卷　(清)沈德潛輯　民國上海掃葉山房石印本　四冊

330000－1723－0002307　24169－24172　集部/總集類/選集之屬/通代

評選古詩源箋註四卷　(清)沈德潛輯　王蒓父箋註　民國十七年(1928)上海崇古書社鉛印本　四冊

330000－1723－0002308　24173－24176　集部/總集類/選集之屬/通代

古詩源十四卷　(清)沈德潛輯　民國上海商務印書館鉛印本　四冊

330000－1723－0002312　24708－24731　集部/總集類/選集之屬/通代
新古文辭類纂六十卷首一卷　蔣瑞藻纂集　民國十一年(1922)上海中華書局石印本　二十四冊

330000－1723－0002313　24732－24741　集部/總集類/選集之屬/通代
古文辭類纂十五卷　(清)姚鼐纂輯　**續古文辭類纂十卷**　王先謙輯　民國三年(1914)上海共和書局石印本　十冊

330000－1723－0002317　24253－24258　集部/總集類/選集之屬/斷代
唐詩三百首註疏六卷　(清)孫洙編　(清)章燮註　民國上海鴻寶齋書局石印本　六冊

330000－1723－0002319　24259　集部/總集類/選集之屬/斷代
唐詩三百首註疏六卷　(清)孫洙編　(清)章燮註　民國上海鴻寶齋書局石印本　一冊　存三卷(一至三)

330000－1723－0002354　24311－24312　集部/總集類/選集之屬/通代
宋元明詩評註讀本六卷　王文濡編　汪勁扶　沈鎔註　民國六年(1917)上海文明書局鉛印本　二冊

330000－1723－0002355　24313　集部/總集類/選集之屬/通代
宋元明詩評註讀本六卷　王文濡編　汪勁扶　沈鎔註　民國八年(1919)上海文明書局鉛印本　一冊

330000－1723－0002358　24314－24315　集部/總集類/選集之屬/通代
古詩評註讀本三卷附教授法一卷　王文濡評選　民國十年(1921)上海文明書局鉛印本　二冊

330000－1723－0002362　25997－26016　集部/總集類/選集之屬/通代
全漢三國晉南北朝詩五十四卷緒言一卷　丁福保輯　民國五年(1916)無錫丁氏鉛印本　二十冊

330000－1723－0002367　24316－24317　集部/總集類/選集之屬/通代
古詩評註讀本三卷附教授法一卷　王文濡評選　民國十一年(1922)上海文明書局鉛印本　二冊

330000－1723－0002369　26032－26033　集部/總集類/選集之屬/通代
玉臺新詠十卷　(南朝陳)徐陵編　**玉札一卷**　徐乃昌撰　民國十一年(1922)南陵徐乃昌據明小宛堂本影刻本　二冊

330000－1723－0002370　24318－24319　集部/總集類/選集之屬/通代
古詩評註讀本三卷附教授法一卷　王文濡評選　民國六年(1917)上海文明書局鉛印本　二冊

330000－1723－0002371　26034－26037　集部/總集類/選集之屬/通代
桐城吴先生評選瀛奎律髓四十五卷　(清)吳汝綸撰　民國十七年(1928)南宮邢之襄刻藍印本　四冊

330000－1723－0002373　24320－24323　集部/總集類/彙編之屬
歷代詩文評註讀本□□種　王文濡編　民國上海文明書局鉛印本　四冊　存一種

330000－1723－0002380　24324－24327　集部/總集類/彙編之屬
歷代詩文評註讀本□□種　王文濡編　民國九年(1920)上海文明書局鉛印歷代詩文評註讀本本　金紹鐸題簽　四冊　存一種

330000－1723－0002382　24328－24331　集部/總集類/彙編之屬
歷代詩文評註讀本□□種　王文濡編　民國上海文明書局鉛印本　四冊　存一種

330000－1723－0002395　26172－26175　集部/總集類/選集之屬/通代
六朝文絜箋注十二卷　(清)許槤輯並評　(清)黎經誥箋注　民國十四年(1925)東陸書

局石印本　四册

330000－1723－0002396　24336－24337　集部/總集類/選集之屬/斷代

隨園女弟子詩選六卷　(清)袁枚輯　民國八年(1919)上海掃葉山房石印本　二册

330000－1723－0002397　24338－24339　集部/總集類/選集之屬/斷代

近人詩錄二卷　雷瑨輯　民國二年(1913)上海掃葉山房石印本　二册

330000－1723－0002401　26182　集部/總集類/選集之屬/通代

六朝文絜四卷　(清)許槤輯並評　民國二十四年(1935)江都錢氏榭潮堂刻朱墨套印本　一册

330000－1723－0002403　24340－24341　集部/總集類/選集之屬/斷代

太平天國文鈔一卷詩鈔一卷聯語鈔一卷附錄三卷補遺二卷　羅邕　沈祖基輯　民國二十四年(1935)上海商務印書館鉛印本　二册

330000－1723－0002423　25319　集部/小說類/長篇之屬

增評補像全圖金玉緣十五卷首一卷一百二十回　(清)曹霑撰　(清)高鶚續　(清)程偉元刪定　民國上海江東書局石印本　一册　存一卷(十三)

330000－1723－0002424　25320－25333　集部/小說類/長篇之屬

增評補像全圖金玉緣十五卷首一卷一百二十回　(清)曹霑撰　(清)高鶚續　(清)程偉元刪定　民國上海江東書局石印本　十四册　缺二卷(一、七)

330000－1723－0002425　25334－25345　集部/小說類/長篇之屬

增評補像全圖金玉緣一百二十回　(清)曹霑　(清)高鶚撰　(清)程偉元刪定　民國石印本　十二册　存九十六回(九至八十八、一百五至一百二十)

330000－1723－0002426　25346－25352　集部/小說類/長篇之屬

增評加註全圖紅樓夢十五卷首一卷一百二十回　(清)曹霑　(清)高鶚撰　(清)王希廉　(清)張新之　(清)姚燮評　民國十四年(1925)上海同文書局石印本　七册　存七卷(首、一至六)

330000－1723－0002429　25400－25401　集部/小說類/短篇之屬

評註繪圖聊齋索隱六卷　(清)鑄冶子撰並註　(清)掬月主人批評　民國十五年(1926)上海大德書局石印本　二册　存二卷(二至三)

330000－1723－0002431　25403　集部/小說類/短篇之屬

詳註聊齋誌異圖詠十六卷　(清)蒲松齡撰　(清)呂湛恩註　民國石印本　一册　存二卷(十一至十二)

330000－1723－0002432　25404－25412　集部/小說類/短篇之屬

詳註聊齋誌異圖詠十六卷　(清)蒲松齡撰　(清)呂湛恩註　民國石印本　九册　存九卷(二、四至六、八至九、十一、十三、十五)

330000－1723－0002435　25413－25414　集部/小說類/短篇之屬

詳註聊齋誌異圖詠十六卷　(清)蒲松齡撰　(清)呂湛恩註　民國十八年(1929)上海共和書局石印本　二册　存三卷(一至二、九)

330000－1723－0002437　25415　集部/小說類/短篇之屬

聊齋志異新評十六卷　(清)蒲松齡撰　(清)王士禛評　(清)呂湛恩註　(清)但明倫新評　民國鉛印本　一册　存二卷(三至四)

330000－1723－0002438　25416－25417　集部/小說類/短篇之屬

聊齋志異新評十六卷　(清)蒲松齡撰　(清)王士禛評　(清)呂湛恩注　(清)但明倫新評　民國上海商務印書館鉛印本　二册　存四卷(十一至十四)

330000－1723－0002439　25418－25425　集

部/小說類/短篇之屬

聊齋志異新評十六卷 (清)蒲松齡撰 (清)王士禛評 (清)呂湛恩註 (清)但明倫新評 民國上海商務印書館鉛印本 八冊

330000－1723－0002444 25455－25462 集部/小說類/長篇之屬

增像全圖三國志演義第一才子書□□卷首一卷一百二十回 (明)羅貫中撰 (清)毛宗崗評 民國石印本 八冊 存七卷(首、一至六)

330000－1723－0002446 25475－25482 集部/小說類/長篇之屬

第一才子書十六卷一百二十回 (明)羅貫中撰 (清)毛宗崗 (清)金人瑞評 民國上海廣興書局鉛印本 八冊 存八卷(九至十六)

330000－1723－0002447 25483 集部/小說類/長篇之屬

第一才子書十六卷一百二十回 (明)羅貫中撰 (清)金人瑞 (清)毛宗崗評 民國上海中新書局鉛印本 一冊 存一卷(七)

330000－1723－0002448 25484－25486 集部/小說類/長篇之屬

第一才子書繡像三國志演義六十卷一百二十回 (明)羅貫中撰 (清)毛宗崗 (清)金人瑞評 民國上海商務印書館鉛印本 三冊 存二十四卷(十五至二十二、三十一至三十八、五十三至六十)

330000－1723－0002449 25487－25502 集部/小說類/長篇之屬

第一才子書十六卷一百二十回 (明)羅貫中撰 (清)毛宗崗 (清)金人瑞評 民國四年(1915)上海會文堂書局鉛印本 十六冊

330000－1723－0002452 25511－25514 集部/小說類/長篇之屬

增像小五義全傳六卷一百二十四回 (清)石玉崑撰 民國八年(1919)上海昌文書局石印本 四冊

330000－1723－0002453 25515－25518 子部/小說家類/雜事之屬

新刊大宋宣和遺事四卷 民國四年(1915)上海商務印書館鉛印本 四冊

330000－1723－0002455 25519－25522 子部/小說家類/雜事之屬

新刊大宋宣和遺事四卷 民國鉛印本 四冊

330000－1723－0002457 25523－25534 集部/小說類/長篇之屬

繪圖繡像第五才子書水滸全傳十二卷七十回引首一卷 (元)施耐庵撰 (清)金人瑞評釋 民國十七年(1928)上海掃葉山房石印本 十二冊

330000－1723－0002458 25535－25550 集部/小說類/長篇之屬

增像全圖東周列國志二十七卷一百八回 (明)馮夢龍撰 (清)蔡奡評點 民國六年(1917)上海中新書局鉛印本 十六冊

330000－1723－0002461 25567－25573 集部/小說類/長篇之屬

增像全圖東周列國志八卷一百八回 (明)馮夢龍撰 (清)蔡奡評點 民國上海進步書局石印本 七冊 存七卷(二至八)

330000－1723－0002462 25597－25600 集部/小說類/長篇之屬

雲遊記四卷七十六回 (清)鄧定一宣述 (清)陳錦文修輯 **呂祖雲遊靈蹟一卷附天地神祇說一卷** (清)劉體恕輯 民國十八年(1929)諸暨覺雲軒石印本 四冊

330000－1723－0002463 25611 集部/小說類/長篇之屬

海上花列傳六十四回 (清)韓邦慶撰 民國石印本 一冊 存八回(二十五至三十二)

330000－1723－0002470 25642 集部/小說類/長篇之屬

洞冥記十卷三十八回 (清)呂惟一輯 民國鉛印本 一冊 存二卷(七至八)

330000－1723－0002472 25659 集部/總集類/選集之屬/通代

詳註經史百家雜鈔二十六卷 （清）曾國藩纂　民國上海會文堂書局石印本　一冊　存二卷（十至十一）

330000－1723－0002476　25678－25681　集部/總集類/選集之屬/斷代

當代駢文類纂十卷　李定彝編　民國九年（1920）上海國華書局鉛印本　四冊　存五卷（六至十）

330000－1723－0002479　25682－25683　集部/詩文評類/文法之屬

言文對照高等作文新範三卷　周祝封　張祖賢編輯　民國十年（1921）上海世界書局石印本　二冊　缺一卷（二）

330000－1723－0002480　25684　集部/總集類/選集之屬/斷代

新文精華五卷　陸翔輯　民國石印本　一冊　存三卷（二至四）

330000－1723－0002482　25685－25692　史部/政書類/公牘檔冊之屬

分類解釋公牘菁華八編不分卷　周憨僧編纂　民國十四年（1925）上海共和書局鉛印本　八冊

330000－1723－0002486　25699－25707　集部/詩文評類/文法之屬/函牘格式

新撰詳註分類尺牘大全不分卷　袁韜壺編　民國十年（1921）上海會文堂新記圖書局石印本　九冊

330000－1723－0002487　25720－25722　集部/詩文評類/文法之屬/函牘格式

普通尺牘全璧八卷　西湖俠漢撰　民國石印本　三冊　存三卷（四、六至七）

330000－1723－0002488　25708－25713　集部/詩文評類/文法之屬/函牘格式

言文對照普通新尺牘十八卷附錄一卷　世界書局編輯所編輯　民國十六年（1927）上海世界書局石印本　六冊

330000－1723－0002490　25714－25719　集部/詩文評類/文法之屬/函牘格式

國民適用普通新尺牘六卷　吳癡僧撰　民國八年（1919）上海掃葉山房石印本　六冊

330000－1723－0002492　25723－25728　集部/詩文評類/文法之屬/函牘格式

詳註分類尺牘集成六卷　山陰道上人編　民國九年（1920）上海會文堂新記書局石印本　六冊

330000－1723－0002494　25729－25740　集部/詩文評類/文法之屬/函牘格式

分類廣註交際尺牘大觀不分卷　劉再蘇編　民國十四年（1925）上海世界書局石印本　十二冊

330000－1723－0002496　25741－25760　集部/詩文評類/文法之屬/函牘格式

廣注分類四六大尺牘二十卷　（清）王虎榜輯　周覲光　吳稷箋注　**中華民國官稱商榷表一卷官秩尺牘駢體新類腋一卷**　王鼎輯　民國上海碧梧山莊石印本　二十冊　存二十卷（一至二十）

330000－1723－0002497　25761－25764　集部/別集類/清別集

言文對照分類詳註秋水軒尺牘四卷　（清）許思湄撰　許家恩譯　民國十五年（1926）上海羣學社石印本　四冊

330000　－　1723　－　0002498　13388、13391、13393－13394　子部/藝術類/篆刻之屬/印譜

現代篆刻□□集　吳幼潛編　民國二十三年至二十四年（1934－1935）一雲印刷社影印本　四冊　存四集（三、六、八至九）

330000－1723－0002499　13395　子部/藝術類/篆刻之屬/印譜

現代篆刻□□集　吳幼潛編　民國二十三年至二十四年（1934－1935）一雲印刷社影印本　一冊　存一集（九）

330000－1723－0002504　25767　集部/總集類/選集之屬/斷代

華嚴詩稿初集不分卷　鄭松如輯　民國五年（1916）鄭氏石印本　一冊

330000－1723－0002505　25768　集部/總集類/題詠之屬

南通孫氏念蘐堂題詠集四卷　孫雄編　民國二十一年(1932)孫氏鉛印本　一冊

330000－1723－0002506　25769　集部/總集類/酬唱之屬

陶令雪鴻集不分卷　陶鏞等撰　民國十二年(1923)定海實記印書局石印本　一冊

330000－1723－0002508　25770　集部/總集類/選集之屬/通代

古文類選不分卷　民國木活字印本　一冊

330000－1723－0002515　24414－24415　集部/總集類/選集之屬/通代

古文觀止十二卷　(清)吳乘權　(清)吳大職輯　民國商務印書館鉛印本　二冊　存四卷(三至六)

330000－1723－0002516　24416　集部/總集類/選集之屬/通代

古文觀止十二卷　(清)吳乘權　(清)吳大職輯　民國商務印書館鉛印本　一冊　存二卷(三至四)

330000－1723－0002517　24417　集部/總集類/選集之屬/通代

古文觀止十二卷　(清)吳乘權　(清)吳大職輯　民國五年(1916)上海錦章圖書局石印本　一冊　存二卷(九至十)

330000－1723－0002518　24418－24420　集部/總集類/選集之屬/通代

新體廣註古文觀止十二卷　(清)吳乘權　(清)吳大職輯　黃築巖　劉再蘇註釋　民國二十年(1931)上海世界書局石印本　三冊

330000－1723－0002519　24421－24426　集部/總集類/選集之屬/通代

古文觀止十二卷　(清)吳乘權　(清)吳大職輯　民國五年(1916)上海錦章圖書局石印本　六冊

330000－1723－0002520　24427－24438　集部/總集類/選集之屬/通代

言文對照古文觀止十二卷　(清)吳乘權　(清)吳大職輯　廣益書局編譯　民國十四年(1925)上海廣益書局石印本　十二冊

330000－1723－0002521　25771－25772　集部/總集類/選集之屬/通代

古文類選不分卷　民國木活字印本　二冊

330000－1723－0002522　24439－24444　集部/總集類/選集之屬/通代

古文觀止十二卷　(清)吳乘權　(清)吳大職輯　民國三年(1914)上海商務印書館鉛印本　六冊

330000－1723－0002523　24445－24450　集部/總集類/選集之屬/通代

古文觀止十二卷　(清)吳乘權　(清)吳大職輯　民國三年(1914)上海商務印書館鉛印本　六冊

330000－1723－0002524　25773　集部/總集類/選集之屬/通代

一中二部高中一年級十七年度第一學期國語教材不分卷　民國十七年(1928)油印本　一冊

330000－1723－0002525　24451－24456　集部/總集類/選集之屬/通代

古文觀止十二卷　(清)吳乘權　(清)吳大職輯　民國三年(1914)上海商務印書館鉛印本　六冊

330000－1723－0002526　24457－24462　集部/總集類/選集之屬/通代

古文觀止十二卷　(清)吳乘權　(清)吳大職輯　民國商務印書館鉛印本　六冊

330000－1723－0002527　25774－25776　集部/總集類/選集之屬/通代

散文不分卷各體文選不分卷　東南大學編　民國東南大學鉛印本　三冊

330000－1723－0002529　24463－24468　集部/總集類/選集之屬/通代

古文觀止十二卷　(清)吳乘權　(清)吳大職輯　民國商務印書館鉛印本　六冊

330000－1723－0002530　24469－24474　集部/總集類/選集之屬/通代
古文觀止十二卷　(清)吳乘權　(清)吳大職輯　民國商務印書館鉛印本　六冊

330000－1723－0002533　24475－24485　集部/總集類/尺牘之屬
古今尺牘大觀上編不分卷　姚漢章　張相纂輯　民國八年(1919)上海中華書局鉛印本　十一冊　缺一冊(三)

330000－1723－0002534　24486－24500　集部/總集類/尺牘之屬
古今尺牘大觀下編不分卷　鍾毓龍　朱用賓纂輯　民國十一年(1922)上海中華書局鉛印本　十五冊

330000－1723－0002537　24501－24513　集部/總集類/選集之屬/通代
文選集釋二十四卷　(清)朱珔撰　民國十七年(1928)上海受古書店影印本　十三冊　缺四卷(十三至十五、二十二)

330000－1723－0002547　24542－24551　集部/總集類/選集之屬/通代
評註昭明文選十五卷首一卷葉星衛附註一卷　(清)于光華輯　民國掃葉山房石印本　十冊　缺六卷(首,一、五、七、九、十四)

330000－1723－0002549　24552－24557　集部/總集類/選集之屬/通代
續文選十四卷著作人姓名錄一卷　(明)胡震亨撰　民國九年(1920)上海進化書局影印本　六冊

330000－1723－0002552　26679－26686　集部/總集類/尺牘之屬
道咸同光名人手札第一集四卷第二集四卷　商務印書館輯　民國十三年(1924)上海商務印書館影印本　八冊

330000－1723－0002555　26703－26705　集部/總集類/郡邑之屬
諸暨詩英十一卷續編七卷　徐道政編　民國二十五年(1936)鉛印本　三冊

330000－1723－0002559　26707－26708　集部/總集類/郡邑之屬
天台詩選六卷補遺一卷續補遺一卷　(明)許鳴遠輯　民國元年(1912)許氏木活字印本　二冊

330000－1723－0002561　27680－27759　集部/別集類
乙丑重編飲冰室文集八十卷　梁啓超撰　民國十五年(1926)中華書局鉛印本　八十冊

330000－1723－0002562　26709－26713　集部/總集類/郡邑之屬
剡川詩鈔十二卷　(清)彭祖訓選　(清)舒順方編　(清)董彥琦輯　**剡川詩鈔補編二卷續編十二卷**　江五民輯　民國四年至五年(1915－1916)四明孫氏七千卷樓鉛印本　五冊

330000－1723－0002564　27760－27807　集部/別集類
飲冰室全集四十八卷　梁啓超撰　民國五年(1916)上海中華書局鉛印本　四十八冊

330000－1723－0002572　26530－26532　集部/總集類/選集之屬/斷代
晚清四十家詩鈔三卷　吳闓生評選　民國十三年(1924)文學社刻本　三冊

330000－1723－0002579　27825－27848　集部/別集類/清別集
帶經堂集七種九十二卷　(清)王士禛撰　(清)程哲編　民國十年(1921)上海錦文堂石印本　二十四冊

330000－1723－0002586　27118－27119　集部/詩文評類/詩評之屬
越縵堂詩話三卷　(清)李慈銘撰　蔣瑞藻編　民國十四年(1925)上海商務印書館鉛印本　二冊

330000－1723－0002589　27125－27126　集部/詩文評類/詩評之屬
詩法入門四卷　(清)游藝輯　民國十三年(1924)上海東萊書局石印本　二冊

330000－1723－0002590　27127－27130　集部/詩文評類/文法之屬/文法
作文指南四卷　(清)陳仲星撰　民國八年(1919)中華書局鉛印本　四冊

330000－1723－0002592　27131　集部/詩文評類/詩評之屬
學詩指南二卷　顧亭鑑輯　民國石印本　一冊　存一卷(二)

330000－1723－0002595　26900－26902　集部/詞類/詞譜之屬
增廣攷正白香詞譜四卷附考正詞韻一卷　(清)舒夢蘭編纂　顧憲融攷正　民國十五年(1926)上海中原書局石印本　三冊　缺二卷(一至二)

330000－1723－0002598　27149－27150　集部/戲劇類/傳奇之屬
批點燕子箋記二卷四十二齣　(清)阮大鋮撰　民國九年(1920)上海掃葉山房石印本　二冊

330000－1723－0002599　27151－27154　集部/戲劇類/傳奇之屬
陳眉公批評琵琶記二卷　(元)高明撰　(明)陳繼儒評　民國十年(1921)上海掃葉山房石印本　四冊

330000－1723－0002601　27857－27868　集部/別集類/清別集
漁洋山人精華錄箋注十二卷補一卷附錄一卷年譜一卷　(清)王士禛撰　(清)金榮箋注　(清)徐淮輯　民國石印本　十二冊

330000－1723－0002602　27157－27160　集部/戲劇類/傳奇之屬
長生殿二卷　(清)洪昇填詞　民國十年(1921)上海掃葉山房石印本　四冊

330000－1723－0002603　27869－27874　集部/別集類/清別集
王氏漁洋詩鈔十二卷　(清)王士禛撰　(清)邵長蘅選　民國二十年(1931)益新書局影印本　六冊

330000－1723－0002619　24877－24878　集部/總集類/尺牘之屬
歷代名人書札二卷　吳曾祺輯　民國四年(1915)上海商務印書館鉛印本　二冊

330000－1723－0002621　24880　集部/總集類/尺牘之屬
歷代名人書札註釋四卷　許國英撰　民國上海商務印書館鉛印本　一冊　存一卷(三)

330000－1723－0002625　24881－24888　集部/總集類/選集之屬/斷代
感舊集十六卷首一卷　(清)王士禛選　(清)盧見曾補傳　民國中華圖書館石印本　八冊

330000－1723－0002626　27191－27192　集部/曲類/曲藝之屬
歌曲百法一卷　(元)趙孟頫撰　民國十年(1921)上海錦文堂書局石印本　二冊

330000－1723－0002628　26861－26862　集部/詞類/類編之屬
四印齋所刻詞二十種　(清)王鵬運輯　民國中國書店據清光緒王氏刻本影印本　二冊　存一種

330000－1723－0002630　27179－27190　集部/曲類/曲選之屬
繪圖綴白裘十二集四十八卷　(清)玩花主人輯　(清)錢德蒼增輯　民國十二年(1923)上海啟新書局石印本　十二冊

330000－1723－0002632　27193－27205　集部/曲類/曲韻曲譜曲律之屬
遏雲閣曲譜初集不分卷　(清)王錫純輯　(清)李秀雲拍正　**學曲例言不分卷**　(清)陳栩撰　民國九年(1920)上海著易堂書局鉛印本　十三冊

330000－1723－0002634　27206－27209　集部/曲類/曲韻曲譜曲律之屬
道和曲譜荊釵記不分卷　蘇州道和俱樂部編著　民國十一年(1922)上海天一書局石印本　四冊

330000－1723－0002636　28237－28244　集

部/别集類/清别集

箋注提要有正味齋駢體文二十四卷 （清）吳錫麒撰 （清）王廣業箋 （清）葉聯芬注 民國十六年（1927）上海會文堂書局石印本 八册

330000－1723－0002637 28245－28252 集部/别集類/清别集

箋注提要有正味齋駢體文二十四卷 （清）吳錫麒撰 （清）王廣業箋 （清）葉聯芬注 民國十八年（1929）上海會文堂新記書局石印本 八册

330000－1723－0002640 26875－26880 集部/詞類/總集之屬

歷朝名人詞選十三卷 （清）夏秉衡輯 民國元年（1912）上海掃葉山房石印本 六册

330000－1723－0002642 27210－27213 集部/曲類/曲韻曲譜曲律之屬

六也曲譜初集不分卷 （清）張芬編 民國九年（1920）振新書社石印本 四册

330000－1723－0002643 27214－27217 集部/曲類/曲韻曲譜曲律之屬

六也曲譜初集不分卷 （清）張芬編 民國九年（1920）振新書社石印本 四册

330000－1723－0002644 26881－26886 集部/詞類/總集之屬

歷代名媛詞選十六卷 （清）吳灝輯 民國五年（1916）木石居石印本 六册

330000－1723－0002645 27218－27225 集部/曲類/曲韻曲譜曲律之屬

曲譜十二卷首一卷末一卷 民國八年（1919）上海掃葉山房石印本 八册

330000－1723－0002647 26887－26891 集部/詞類/總集之屬

閨秀百家詞選十卷 （清）吳灝輯 民國十四年（1925）上海掃葉山房石印本 五册 存八卷（三至十）

330000－1723－0002648 27241－27252 集部/曲類

蔣士銓九種曲 （清）蔣士銓撰 民國十二年（1923）上海朝記書荘石印本 十二册

330000－1723－0002650 26892－26895 集部/詞類/總集之屬

絕妙好詞箋七卷 （宋）周密輯 （清）查為仁 （清）厲鶚箋 **續鈔二卷** （清）余集輯 （清）徐楙補錄 民國上海掃葉山房石印本 四册

330000－1723－0002659 26903－26905 集部/詞類/詞譜之屬

攷正白香詞譜三卷附錄一卷 陳小蝶編 **增訂晚翠軒詞韻一卷** 陳祖耀校正 民國七年（1918）春草軒鉛印本暨石印本 三册 存三卷（一至三）

330000－1723－0002668 27912－27915 集部/别集類/清别集

一行居集八卷首一卷附一卷 （清）彭紹升撰 民國十年（1921）金陵刻經處刻本 四册

330000－1723－0002674 26926－26927 集部/詞類/别集之屬

東坡樂府箋三卷 （宋）蘇軾撰 朱祖謀編年 圈點 龍沐勛校箋 民國二十五年（1936）上海商務印書館鉛印本 二册

330000－1723－0002675 26928－26929 集部/詞類/别集之屬

東坡樂府箋三卷 （宋）蘇軾撰 朱祖謀編年 圈點 龍沐勛校箋 民國二十五年（1936）上海商務印書館鉛印本 二册

330000－1723－0002676 26930 集部/詞類/别集之屬

晁氏琴趣外篇六卷補遺一卷 （宋）晁補之撰 **晁氏琴趣外篇校記一卷** 林大椿撰 民國二十二年（1933）上海商務印書館鉛印本 一册

330000－1723－0002682 26932－26935 集部/楚辭類

楚辭集註八卷後語六卷辯證二卷 （宋）朱熹撰 民國掃葉山房石印本 四册

330000－1723－0002685　27355　集部/總集類/郡邑之屬

永嘉詩人祠堂叢刻十二種附一種　冒廣生輯　民國四年(1915)如皋冒氏刻本　一册　存三種

330000－1723－0002686　26936－26938　集部/楚辭類

楚辭集註八卷後語六卷辯證二卷　(宋)朱熹撰　民國三年(1914)掃葉山房石印本　三册　缺四卷(後語一至四)

330000－1723－0002687　26939－26940　經部/小學類/音韻之屬/韻書

考正詞韻二卷攷正白香詞譜一卷　顧佛影撰　民國石印本　二册

330000－1723－0002688　26941－26948　集部/詞類/詞韻之屬

詞學初桄八卷　吴莽漢輯　民國九年(1920)上海朝記書莊鉛印本　八册

330000－1723－0002690　26994　新學/學校

教育公牘四章　民國油印本　一册

330000－1723－0002691　26995－26998　集部/詩文評類/詩評之屬

石遺室詩話三十二卷　陳衍撰　民國十八年(1929)上海商務印書館鉛印本　四册

330000－1723－0002698　27022　集部/詩文評類

藝槩六卷　(清)劉熙載撰　民國鉛印本　一册

330000－1723－0002700　27039－27040　集部/詩文評類/詩評之屬

批本隨園詩話十六卷補遺十卷附録一卷　冒廣生撰　民國六年(1917)中國圖書公司和記鉛印本　亦仁題記　二册

330000－1723－0002701　27041－27042　集部/詩文評類/詩評之屬

批本隨園詩話十六卷補遺十卷附録一卷　冒廣生撰　民國六年(1917)中國圖書公司和記鉛印本　二册

330000－1723－0002702　27045　集部/詩文評類/詩評之屬

隨園詩話十六卷補遺十卷　(清)袁枚撰　民國石印本　一册　存十一卷(十至十六、補遺一至四)

330000－1723－0002703　27043－27044　集部/詩文評類/詩評之屬

隨園詩話十六卷補遺十卷　(清)袁枚撰　民國三年(1914)上海共和書局石印本　二册

330000－1723－0002704　27046　集部/詩文評類/詩評之屬

隨園詩話十六卷補遺十卷　(清)袁枚撰　民國石印本　一册　存七卷(隨園詩話十至十六)

330000－1723－0002705　27047　集部/詩文評類/詩評之屬

隨園詩話十六卷補遺十卷　(清)袁枚撰　民國上海掃葉山房石印本　一册　存五卷(隨園詩話六至十)

330000－1723－0002706　27035－27038　集部/詩文評類/詩評之屬

隨園詩法叢話八卷　(清)袁枚輯　民國七年(1918)上海碧梧山莊石印本　四册

330000－1723－0002707　27048－27053　集部/詩文評類/詩評之屬

隨園詩話十六卷補遺十卷　(清)袁枚撰　民國二十年(1931)掃葉山房石印本　六册

330000－1723－0002708　27922－27929　集部/別集類/清別集

三魚堂文集十二卷附錄一卷外集六卷全集附錄一卷賸言十二卷　(清)陸隴其撰　(清)陳濟編　民國十四年(1925)上海掃葉山房石印本　八册

330000－1723－0002709　27054－27059　集部/詩文評類/詩評之屬

隨園詩話十六卷補遺十卷　(清)袁枚撰　民國上海文明書局石印本　六册

330000－1723－0002712　27944－27945　集

部/别集類/清别集

籀膏遺文二卷 (清)孫詒讓撰 陳準輯 民國十五年(1926)瑞安潁川書舍石印本 二册

330000－1723－0002713 27946－27949 子部/雜著類/雜考之屬

籀廎述林十卷 (清)孫詒讓撰 民國五年(1916)刻本 四册

330000－1723－0002714 27073 集部/詩文評類/詩評之屬

梅村詩話一卷 (清)吳偉業撰 民國上海埽葉山房石印本 一册

330000－1723－0002715 27074－27081 集部/詩文評類/詩評之屬

初白菴詩評三卷詞綜偶評一卷 (清)查慎行撰 (清)張載華輯 民國上海六藝書局石印本 八册

330000－1723－0002716 27082－27097 集部/詩文評類/詩評之屬

歷代詩話二十七種五十七卷考索一卷 (清)何文煥輯 民國石印本 十六册

330000－1723－0002717 27098 集部/詩文評類/詩評之屬

學詩初步三卷 張廷華 吳玉編 民國十六年(1927)上海文明書局鉛印本 一册

330000－1723－0002718 27099－27100 集部/詩文評類/詩評之屬

浩然齋雅談三卷 (宋)周密撰 民國廣益書局石印本 二册

330000－1723－0002719 27101 子部/叢編

秦淮香艷叢書□□種 □□輯 民國十七年(1928)上海掃葉山房石印本 一册 存一種

330000－1723－0002720 27102－27103 集部/詩文評類/文法之屬

初學論説文範四卷 邵伯棠撰 民國四年(1915)上海會文堂書局石印本 二册 存二卷(三至四)

330000－1723－0002723 27444－27447 集部/别集類/清别集

曾文正公詩集一卷文集三卷 (清)曾國藩撰 民國八年(1919)上海掃葉山房石印本 四册

330000－1723－0002724 27448－27451 類叢部/叢書類/自著之屬

詳註曾文正公八種 (清)曾國藩撰 章琢其編註 民國十四年(1925)上海會文堂書局石印本 四册 存一種

330000－1723－0002728 27954 集部/别集類

愼江草堂詩四卷 黄迂撰 民國十三年(1924)鉛印本 一册 存二卷(一至二)

330000－1723－0002729 26951 集部/詞類/别集之屬

澹廬詩餘二卷 徐鋆撰 民國二十年(1931)鉛印本 一册

330000－1723－0002730 26952 集部/詞類/别集之屬

彝罍詞一卷 溫甸撰 民國二十年(1931)鉛印本 一册

330000－1723－0002731 26953 集部/詞類/别集之屬

彊邨語業二卷 朱祖謀撰 民國十三年(1924)歸安朱氏託鵑樓刻本 龍沐勛題記 一册

330000－1723－0002733 27104 集部/詩文評類/文法之屬

初學論説文範四卷 邵伯棠撰 民國元年(1912)上海會文堂粹記石印本 一册

330000－1723－0002734 27105 集部/詩文評類/文法之屬

言文對照初學論説文範四卷 邵伯棠撰 民國上海會文堂石印本 一册 存一卷(三)

330000－1723－0002735 27106－27108 集部/總集類/課藝之屬

論説範本四卷 杜瀚生撰 民國元年(1912)上海會文堂粹記石印本 張玉書題記 三册

存三卷（一至二、四）

330000－1723－0002736　27966　集部/别集類/清别集

閒餘偶草二卷　（清）許煜撰　民國六年（1917）斯福求石印本　一册

330000－1723－0002738　27967－27970　集部/别集類/清别集

壯悔堂文集十卷遺稿一卷四憶堂詩集六卷遺稿一卷　（清）侯方域撰　（清）賈開宗等評點　民國上海彪蒙書室石印本　四册

330000－1723－0002739　27971－27974　集部/别集類/清别集

壯悔堂文集十卷遺稿一卷四憶堂詩集六卷遺稿一卷　（清）侯方域撰　（清）賈開宗等評點　民國上海掃葉山房石印本　四册　缺七卷（四憶堂詩集一至六、遺稿）

330000－1723－0002740　27975－27978　集部/别集類/清别集

宋氏綿津詩鈔八卷　（清）宋犖撰　（清）邵長蘅選　民國掃葉山房石印本　四册

330000－1723－0002745　27109－27112　集部/詩文評類/文法之屬

中等新論説文範四卷　蔡郕撰　邵希雍評校　民國二年（1913）上海會文堂書局石印本　張玉書題記　四册

330000－1723－0002746　28004－28006　集部/别集類/清别集

小謨觴館文集注四卷續集注二卷附補注續一卷勘誤記一卷　（清）彭兆蓀撰　（清）孫元培（清）孫長熙注　費廷璜補注　民國十九年（1930）費氏鉛印本　三册

330000－1723－0002753　27113－27114　集部/詩文評類/文法之屬

中等新論説文範四卷　蔡郕撰　邵希雍評校　民國二年（1913）上海會文堂書局石印本　二册　存二卷（二至三）

330000－1723－0002758　27115－27117　集部/詩文評類/文法之屬

評註論説軌範二集三卷　林任編　民國上海商務印書館鉛印本　三册

330000－1723－0002765　27452－27471　類叢部/叢書類/自著之屬

詳註曾文正公八種　（清）曾國藩撰　章琢其編註　民國十五年（1926）上海會文堂書局石印本　二十册

330000－1723－0002769　27369－27384　集部/别集類/宋别集

山谷詩集注内集二十卷外集十七卷别集二卷　（宋）黄庭堅撰　（宋）任淵　（宋）史容（宋）史季溫注　民國四年（1915）上海著易堂據清光緒二十一年至二十五年（1895－1899）刻宣統二年（1910）印本影印本　十六册

330000－1723－0002770　28283－28290　集部/别集類/清别集

梅村詩集箋注十八卷　（清）吳偉業撰　（清）吳翌鳳箋注　民國中華圖書館石印本　八册

330000－1723－0002771　28291－28298　集部/别集類/清别集

梅村詩集箋注十八卷　（清）吳偉業撰　（清）吳翌鳳箋注　民國中國書畫會社石印本　八册

330000－1723－0002789　28311－28318　集部/别集類/清别集

曝書亭集二十三卷詞七卷附録一卷　（清）朱彝尊撰　民國中華圖書館石印本　八册

330000－1723－0002799　27504－27505　集部/總集類/尺牘之屬

新輯尺牘合璧四卷　（清）許思湄　（清）龔萼撰　（清）婁世瑞注　（清）寄虹軒主人輯　民國上海文益書局石印本　二册

330000－1723－0002800　27506－27507　集部/别集類/清别集

新體廣註秋水軒尺牘二卷　（清）許思湄撰　陸翔註　民國十八年（1929）上海世界書局石印本　二册

330000－1723－0002801　27508－27509　集

部/别集類/清别集

新輯秋水軒尺牘二卷　(清)許思湄撰　(清)婁世瑞注　(清)寄虹軒主人輯　民國元年(1912)上海會文堂石印本　二册

330000-1723-0002802　28062　集部/别集類/清别集

㓜盦集七卷　(清)鄧濂撰　諸以仁　宗子戴編　劉亞康書　民國二十四年(1935)石印本　一册

330000-1723-0002803　27510-27511　集部/别集類/清别集

新體廣註雪鴻軒尺牘二卷　(清)龔萼撰　朱詩隱　徐慎幾註　民國十七年(1928)上海世界書局石印本　二册

330000-1723-0002804　28060　集部/别集類

望雲樓吟草續集一卷　褚成婉撰　民國二十年(1931)鉛印本　一册

330000-1723-0002805　27512-27521　集部/總集類/尺牘之屬

十大名家家書十卷　平襟亞編　秋痕廔主評　民國十五年(1926)上海共和書局鉛印本　十册

330000-1723-0002807　27522-27527　類叢部/叢書類/自著之屬

樊山集二十四卷續集三十二卷批判十五卷公牘三卷二家詞鈔五卷二家詠古詩一卷二家試帖二卷　樊增祥撰　民國二年(1913)石印本　六册　存二十四卷(樊山集一至二十四)

330000-1723-0002808　27528-27537　集部/别集類

樊山文鈔四卷詩鈔六卷　樊增祥撰　民國元年(1912)玲碧書屋石印本　十册

330000-1723-0002810　27538-27543　集部/别集類

樊山詩詞文稿十二卷　樊增祥撰　民國十五年(1926)上海廣益書局鉛印本　六册

330000-1723-0002811　28064-28065　集部/别集類

函雅廬文稿三卷詩稿一卷　余重耀撰　民國十二年(1923)鉛印本　二册

330000-1723-0002812　28319　集部/别集類/清别集

曝書亭集二十三卷詞七卷附錄一卷　(清)朱彝尊撰　民國中華圖書館石印本　一册　存三卷(曝書亭集一至三)

330000-1723-0002816　27015　集部/詩文評類/詩評之屬

詩品注三卷　(南朝梁)鍾嶸撰　陳延傑注　**詩選一卷**　陳延傑選　民國十六年(1927)上海開明書店鉛印本　一册

330000-1723-0002821　27618-27619　集部/别集類/清别集

海珊詩鈔十一卷補遺二卷　(清)嚴遂成撰　民國十四年(1925)上海文明書局石印本　二册

330000-1723-0002822　27620-27627　集部/别集類/清别集

孟塗前集十卷後集二十二卷文集十卷駢體文集二卷　(清)劉開撰　民國四年(1915)掃葉山房石印本　八册　缺一卷(後集八)

330000-1723-0002823　27594-27605　集部/别集類

湘綺樓全集三十卷　王闓運撰　民國九年(1920)上海廣益書局鉛印本　十二册

330000-1723-0002825　27573-27574　集部/别集類/清别集

厚莊文鈔三卷詩鈔二卷　(清)劉紹寬撰　民國八年(1919)刻本　二册

330000-1723-0002829　28066-28067　集部/别集類

舊京詩存八卷文存八卷　孫雄撰　民國二十年(1931)鉛印本　二册　存八卷(詩存一至八)

330000-1723-0002832　28068　類叢部/叢書類/自著之屬

崇雅堂叢書十四種　楊晨撰　民國二十五年(1936)楊紹翰鉛印本　一冊　存一種

330000－1723－0002834　28069　類叢部/叢書類/彙編之屬

復性書院叢刊二十七種　馬浮編　民國二十九年至三十七年(1940－1948)復性書院刻本暨鉛印本　一冊　存一種

330000－1723－0002835　27651－27655　類叢部/叢書類/自著之屬

王煙客先生集五種附三種　(清)王時敏撰　鄒登泰輯　民國五年(1916)蘇州振新書社鉛印本　五冊　存七種

330000－1723－0002836　28070－28073　集部/別集類

天嬰室叢稿第一輯九卷　陳訓正撰　民國十四年(1925)鉛印本　四冊

330000－1723－0002837　27656－27657　集部/別集類

張季子詩錄十卷　張謇撰　民國五年(1916)文藝雜志社石印本　二冊

330000－1723－0002839　27640－27643　子部/雜著類/雜考之屬

炳燭編四卷　(清)李賡芸撰　民國古今圖書館影印本　四冊

330000－1723－0002840　27644－27647　集部/別集類/清別集

左文襄公文集五卷詩集一卷聯語一卷　(清)左宗棠撰　民國廣益書局石印本　四冊

330000－1723－0002841　27648－27650　集部/別集類/清別集

煙霞萬古樓詩集二卷　(清)王曇撰　**仲瞿詩錄一卷**　(清)徐渭仁輯　民國六年(1917)上海掃葉山房石印本　三冊

330000－1723－0002842　28074　集部/別集類

芬陀利館瓻稿五卷　周大封撰　民國八年(1919)鉛印本　一冊　存二卷(富春三日遊記、問瀨集)

330000－1723－0002843　27658－27659　集部/別集類

張季子詩錄十卷　張謇撰　民國五年(1916)文藝雜志社石印本　二冊

330000－1723－0002844　28075　集部/別集類

避寇集後編一卷　民國刻本　一冊

330000－1723－0002845　27664－27667　集部/別集類/清別集

鄭板橋全集七卷　(清)鄭燮撰　民國十年(1921)上海掃葉山房石印本　四冊

330000－1723－0002846　27668－27670　集部/別集類/清別集

鄭板橋全集七卷　(清)鄭燮撰　民國上海掃葉山房石印本　三冊　缺一卷(板橋詩鈔一)

330000－1723－0002849　28366－28367　集部/別集類

靈峯先生集十一卷　夏震武撰　民國五年(1916)劉子民、何紹韓鉛印本　二冊

330000－1723－0002853　28076　集部/別集類

貞晦題畫絕句一卷　劉景晨撰　民國二十三年(1934)上海西泠印社書店影印本　一冊

330000－1723－0002858　28079－28082　集部/別集類

艮園文集十二卷　江五民撰　民國十九年(1930)寧波鉛印本　四冊

330000－1723－0002861　28083　類叢部/叢書類/彙編之屬

四部備要三百一種　中華書局編　民國二十五年(1936)上海中華書局鉛印本　一冊　存一種

330000－1723－0002862　28084－28087　集部/總集類/選集之屬/通代

陶詩彙評四卷東坡和陶合箋四卷　(清)溫汝能撰　民國八年(1919)上海掃葉山房石印本　四冊

330000－1723－0002865　28096－28103　類叢部/叢書類/自著之屬

惜抱軒全集七種　(清)姚鼐撰　民國三年(1914)上海會文堂書局石印本　八冊　存三種

330000－1723－0002866　28104－28111　類叢部/叢書類/自著之屬

惜抱軒全集七種　(清)姚鼐撰　民國三年(1914)上海會文堂書局石印本　八冊　存三種

330000－1723－0002868　28374－28377　集部/别集類

李剛己先生遺集五卷　李剛己撰　**附錄一卷**　(清)李葆光輯　民國六年(1917)南宫李氏都門刻本　四冊

330000－1723－0002869　28378－28381　集部/别集類/清别集

瓶廬詩稿八卷　(清)翁同龢撰　翁斌孫輯　民國八年(1919)邵松年武昌刻本　四冊

330000－1723－0002873　28114－28116　類叢部/叢書類/自著之屬

太一遺書七種續刊五種　甯調元撰　民國四年(1915)鉛印本　三冊　存十種

330000－1723－0002874　28117－28122　集部/别集類/清别集

西堂雜組一集八卷二集八卷三集八卷　(清)尤侗撰　民國上海中華圖書館石印本　六冊

330000－1723－0002879　28141－28144　集部/别集類/清别集

新體廣註小倉山房尺牘八卷　(清)袁枚撰　(清)胡光斗箋釋　(清)徐楨增註　民國十四年(1925)上海世界書局石印本　四冊

330000－1723－0002881　28145－28148　集部/别集類/清别集

新體廣註小倉山房尺牘八卷　(清)袁枚撰　(清)胡光斗箋釋　(清)徐楨增註　民國十三年(1924)上海廣文書局石印本　四冊

330000－1723－0002884　28149－28151　集部/别集類/清别集

小倉山房詩選四卷補選一卷　(清)袁枚撰　民國上海廣益書局石印本　三冊　存三卷(一至三)

330000－1723－0002886　28152－28154　集部/别集類/清别集

小倉山房詩選四卷補選一卷　(清)袁枚撰　民國上海廣益書局石印本　三冊　存三卷(一至三)

330000－1723－0002888　28157－28164　類叢部/叢書類/自著之屬

足本隨園全集□□種　(清)袁枚撰　民國十年(1921)上海著易堂書局鉛印本　八冊　存一種

330000－1723－0002889　28165－28180　集部/别集類/清别集

註釋小倉山房文集三十五卷　(清)袁枚撰　(清)雷瑨註釋　民國十年(1921)上海掃葉山房石印本　十六冊

330000－1723－0002894　28464－28465　集部/别集類

含嘉室詩集八卷　吳士鑑撰　民國元年(1912)鉛印本　二冊

330000－1723－0002896　28187－28192　集部/别集類/清别集

校訂定盦全集十卷　(清)龔自珍撰　**定盦年譜藁本一卷**　(清)黃守恒撰　民國七年(1918)上海掃葉山房石印本　六冊

330000－1723－0002903　28474－28476　集部/别集類/清别集

人境廬詩草箋注十一卷補遺一卷　(清)黃遵憲撰　錢萼孫箋注　**嘉應黃先生墓誌銘一卷**　梁啓超撰　**黃公度先生年譜一卷**　錢萼孫撰　**詩話二卷**　錢萼孫輯　民國二十五年(1936)上海商務印書館鉛印本　三冊

330000－1723－0002907　28207－28210　集部/别集類/清别集

西榆山房集八卷　(清)馮志沂撰　民國八年

(1919)馮氏鉛印本　四冊

330000－1723－0002909　28484－28485　集部/別集類/清別集

左文襄公家書二卷　(清)左宗棠撰　民國九年(1920)上海聚珍倣宋印書局鉛印本　二冊

330000－1723－0002914　28740－28746　集部/別集類/明別集

震川先生文集三十卷別集十卷附錄一卷　(明)歸有光撰　民國十七年(1928)上海民和書局石印本　七冊　缺四卷(別集七至十)

330000－1723－0002927　28543　集部/別集類

北江詩五卷　吳闓生撰　民國十二年(1923)文學社鉛印本　一冊

330000－1723－0002936　28589－25894　集部/別集類/宋別集

劍南詩鈔六卷　(宋)陸游撰　(清)楊大鶴選　民國八年(1919)上海掃葉山房石印本　六冊

330000－1723－0002937　28595－28602　集部/別集類/宋別集

石湖居士詩集三十四卷　(宋)范成大撰　民國中國書畫會社石印本　八冊

330000－1723－0002940　28779－28780　集部/別集類/明別集

王遵巖家居集七卷　(明)王慎中撰　(明)洪朝選編　民國二十一年(1932)金山高尚志堂據明句吳書院刻本影印本　二冊

330000－1723－0002941　28781－28790　集部/別集類/明別集

王文成公全書三十八卷　(明)王守仁撰　民國二年(1913)上海中華圖書館影印本　十冊　存三十一卷(一至三、八至十五、十九至三十八)

330000－1723－0002942　28791－28802　集部/別集類/明別集

王文成公全書三十八卷　(明)王守仁撰　民國二年(1913)上海中華圖書館影印本　十二冊

330000－1723－0002948　28852－28853　集部/別集類/明別集

疑雨集四卷　(明)王彥泓撰　民國元年(1912)上海掃葉山房石印本　二冊

330000－1723－0002960　28895－28896　集部/別集類/唐五代別集

李長吉集四卷外卷一卷　(唐)李賀撰　(清)黃淳耀評　(清)黎簡批點　民國六年(1917)上海會文堂書局石印本　二冊

330000－1723－0002961　28897－28900　集部/別集類/唐五代別集

李長吉詩集四卷外集一卷　(唐)李賀撰　(清)吳汝綸評注　民國十一年(1922)上海鴻章書局石印本　四冊

330000－1723－0002968　29300　集部/別集類/漢魏六朝別集

陶淵明文集十卷　(晉)陶潛撰　民國石印本　一冊　存四卷(五至八)

330000－1723－0002970　29301－29304　集部/別集類/漢魏六朝別集

陶集箋注十卷首一卷末一卷　(晉)陶潛撰　(清)顧皜編　民國六年(1917)上海文瑞樓石印本　四冊

330000－1723－0002971　29884－30544　類叢部/類書類/通類之屬

欽定古今圖書集成一萬卷目錄四十卷　(清)蔣廷錫　(清)陳夢雷等輯　**古今圖書集成考證二十四卷**　民國二十三年(1934)中華書局影印本　六百六十一冊　缺一千五百四十五卷(文學典一至一百五十二、一百八十九至二百二、二百二十至二百三十四,銓衡典一至十一、七十一至一百七,食貨典一至十一、九十一至一百二十九、二百九十九至三百二十三、三百三十七至三百六十,禮儀典一至三百四十八,樂律典一至一百三十六,戎政典一至三百,祥刑典一至一百八十,考工典一至二百五十、考證二十二至二十四)

330000－1723－0002973　28586－28588　集部/别集類/宋别集

白石道人詩集二卷集外詩一卷詩説一卷歌曲四卷歌曲别集一卷續書譜一卷　(宋)姜夔撰　(清)倪鴻輯　**白石詩詞評論一卷評論補遺一卷集事補遺一卷投贈詩詞補遺一卷白石道人逸事一卷**　(清)倪鴻輯　民國七年(1918)上海掃葉山房石印本　三册

330000－1723－0002975　28603－28606　集部/别集類/宋别集

石林居士建康集八卷補遺一卷　(宋)葉夢得撰　**石林先生兩鎮建康紀年略一卷**　(清)葉廷琯編　民國九年(1920)石竹山房書局石印本　四册

330000－1723－0002976　29559－29883、30545　類叢部/類書類/通類之屬

欽定古今圖書集成一萬卷目録四十卷　(清)蔣廷錫　(清)陳夢雷等輯　**古今圖書集成考證二十四卷**　民國二十三年(1934)中華書局影印本　三百二十六册　存四千二卷(目録十四至二十、二十八至三十四,歲功典五十四至七十五,曆法典十一至三十、六十三至九十九、一百十四至一百四十,庶徵典一至一百六十三、一百七十六至一百八十八,坤輿典一至二十二、三十四至一百四十,職方典一至九十五、一百二十三至一百九十、二百一至二百十二、二百二十七至三百十六、三百四十三至三百八十三、三百九十六至四百三十八、四百五十四至六百三十四、六百八十五至七百四十、七百五十六至七百七十、八百二十八至八百七十五、九百三十六至九百四十五、九百五十九至九百七十一、一千二十七至一千一百四十五、一千二百五十九至一千二百七十一、一千三百五十七至一千五百十七、一千五百三十二至一千五百四十四,山川典一至七十九、一百六至一百十九、一百三十四至一百七十、一百九十六至二百三十三、二百七十三至二百九十七,邊裔典一至二十四、八十至一百二十五、一百二十九至一百四十,皇極典一至三十五、六十至一百三十、一百七十二至二百四十九,宮闈典二十二至四十四、五十六至六十六,官常典十三至二十四、二百三十九至二百四十九、二百七十九至三百四十八、三百八十七至四百三十八、五百四十一至六百四十七、六百七十五至六百八十五,家範典一至六十、九十五至一百十六,交誼典十三至三十六、六十一至八十二,氏族典一至二十六、四十一至九十三、一百八至一百二十一、一百三十四至一百六十、一百八十八至二百二、二百三十一至二百四十二、二百五十八至三百二十九、三百九十九至四百六十八、五百至六百四十,人事典五十七至八十九、一百二至一百十二,閨媛典十三至七十五、一百九十四至二百六十二、二百九十一至三百二,藝術典三十三至五十五、一百至一百十、一百二十三至二百六十九、二百八十四至二百九十六、三百十至三百二十三、三百五十八至三百八十三、四百七至四百二十六、四百五十一至四百六十二、四百七十五至五百十三、五百二十七至五百五十二、五百六十五至五百九十一、六百五十八至六百六十九、六百九十四至七百十六、七百四十九至七百八十四、七百九十七至八百十,神異典十三至二十三、四十二至六十四、一百至一百二十三、一百三十七至一百五十一、一百六十五至一百七十七、一百九十一至二百十六、二百三十一至二百三十四、二百七十至二百八十一、三百七至三百二十,禽蟲典一至九十五、一百六十二至一百七十二、一百八十二至一百九十,草木典十三至三十二、四十四至五十五、七十八至一百三、一百二十六至一百五十三,經籍典一百十九至一百三十二、一百五十至二百六十四、二百九十三至三百六、三百二十九至三百三十九、三百九十至五百,學行典一百三十至一百四十二、一百九十六至二百七、二百四十七至二百五十九、二百八十八至三百,考證四至十八)

330000－1723－0002980　30547－30548　子部/藝術類/篆刻之屬/印譜

程荔江印譜不分卷　(清)程從龍輯　民國十三年(1924)上海商務印書館涵芬樓影印本　二册

330000－1723－0002981　29314－29323　集

部/别集類/唐五代别集

杜詩鏡銓二十卷附諸家論杜一卷杜工部年譜一卷 (清)楊倫輯 **讀書堂杜工部文集註解二卷** (清)張溍撰 民國二年(1913)廣州登雲閣刻本 十册

330000－1723－0002985 28903 集部/别集類/唐五代别集

李長吉詩集四卷外集一卷 (唐)李賀撰 (清)吳汝綸評注 民國十年(1921)存藝書局刻本 一册

330000－1723－0002988 28607－28612 集部/别集類/宋别集

后山詩十二卷 (宋)陳師道撰 (宋)任淵注 民國十四年(1925)上海文明書局石印本 六册

330000－1723－0002990 29357－29364 集部/别集類/唐五代别集

杜工部集二十卷附錄一卷唱酬題詠附錄一卷諸家詩話一卷 (清)錢謙益箋註 民國四年(1915)上海廣益書局鉛印本 八册

330000－1723－0002991 28613－28618 集部/别集類/宋别集

后山詩十二卷 (宋)陳師道撰 (宋)任淵注 民國影宋抄本 六册

330000－1723－0002994 29369－29371 集部/别集類/唐五代别集

重刊校正笠澤叢書四卷補遺詩一卷續補遺一卷 (唐)陸龜蒙撰 民國三年(1914)上海掃葉山房石印本 三册

330000－1723－0002996 29380－29381 集部/别集類/唐五代别集

王摩詰集六卷 (唐)王維撰 民國十五年(1926)上海會文堂書局石印本 二册

330000－1723－0003001 28623－28624 集部/别集類/宋别集

陸渭南書牘一卷 (宋)陸游撰 民國三年(1914)上海商務印書館鉛印本 二册

330000－1723－0003007 29408－29413 集部/别集類/唐五代别集

韓文起十二卷 (唐)韓愈撰 (清)林雲銘評註 民國四年(1915)上海會文堂書局石印本 六册

330000－1723－0003009 31482－31484 集部/别集類

獨醒居文稿二卷譜稿一卷乘稿二卷志稿三卷 連光樞撰 民國枕湖樓鉛印本 三册

330000－1723－0003011 29414 集部/别集類/唐五代别集

昌黎先生集四十卷外集十卷遺文一卷 (唐)韓愈撰 (唐)李漢編 民國章氏石印本 一册 存六卷(十五至二十)

330000－1723－0003016 29437－29452 集部/别集類/唐五代别集

昌黎先生集四十卷外集十卷遺文一卷 (唐)韓愈撰 (唐)李漢編 **朱子校昌黎先生集傳一卷** (宋)朱熹撰 **韓集點勘四卷** (清)陳景雲撰 民國十七年(1928)蟫隱廬據宋世綵堂本影印本 十六册

330000－1723－0003017 29453－29462 集部/别集類/唐五代别集

昌黎先生集四十卷外集十卷遺文一卷 (唐)韓愈撰 (唐)李漢編 **朱子校昌黎先生集傳一卷** (宋)朱熹撰 民國九年(1920)上海商務印書館鉛印本 十册

330000－1723－0003019 31539－31544 類叢部/叢書類/自著之屬

譚瀏陽全集六種附續編一卷 (清)譚嗣同撰 民國六年(1917)上海文明書局鉛印本 六册

330000－1723－0003022 31581－31598 類叢部/叢書類/自著之屬

隨園三十六種 (清)袁枚撰 民國二年(1913)上海中華圖書館鉛印本 十八册 存五種

330000－1723－0003023 31599－31654 類叢部/叢書類/自著之屬

隨園四十三種　(清)袁枚撰　民國十七年(1928)上海掃葉山房石印本　五十六册

330000－1723－0003026　31655－31684　類叢部/叢書類/自著之屬

船山遺書六十六種附一種　(清)王夫之撰　民國二十二年(1933)上海太平洋書店鉛印本　三十册　存十五種

330000－1723－0003030　27359－27360　集部/總集類/選集之屬/斷代

桐城吳先生評點唐詩鼓吹十六卷　(清)吳汝綸撰　民國十四年(1925)南宮刑之襄刻本　二册

330000－1723－0003036　27385－27432　集部/戲劇類/總集之屬/雜劇

元曲選一百種一百卷　(明)臧懋循編　**論曲一卷**　(元)陶宗儀等撰　**元曲論一卷**　民國七年(1918)上海商務印書館據明博古堂本影印本　四十八册

330000－1723－0003038　29500－29503　集部/別集類/唐五代別集

李太白文集三十卷　(唐)李白撰　民國二年(1913)上海文瑞樓石印本　四册

330000－1723－0003040　29504　集部/別集類/唐五代別集

韓翰林集三卷香奩集三卷補遺一卷　(唐)韓偓撰　(清)吳汝綸評注　民國十二年(1923)武強賀氏刻本　一册

330000－1723－0003041　28803－28812　集部/別集類/明別集

太師誠意伯劉文成公集二十卷首一卷　(明)劉基撰　民國五年(1916)刻本　十册

330000－1723－0003045　31859－31882　類叢部/叢書類/自著之屬

章氏叢書十三種　章炳麟撰　民國六年至八年(1917－1919)浙江圖書館刻本　二十四册

330000－1723－0003049　29515－29518　集部/別集類/唐五代別集

山曉閣選唐大家柳柳州全集四卷　(唐)柳宗元撰　(清)孫琮評　民國四年(1915)上海廣益書局石印本　四册

330000－1723－0003051　29519－29538　集部/別集類/唐五代別集

河東先生集四十五卷外集二卷外集補遺一卷龍城錄二卷附錄二卷集傳一卷　(唐)柳宗元撰　(宋)廖瑩中注　**廖藥洲事輯一卷**　羅振常撰　民國十二年(1923)蟫隱廬據宋世綵堂本影印本　二十册

330000－1723－0003053　28953－28960　集部/別集類/唐五代別集

玉谿生詩詳註六卷首一卷　(唐)李商隱撰　(清)馮浩註　民國三年(1914)崇古山房石印本　八册

330000－1723－0003055　28990－29005　集部/別集類/宋別集

王荆文公詩五十卷補遺一卷　(宋)王安石撰　(宋)李壁箋註　民國十七年(1928)上海受古書店影印本　十六册

330000－1723－0003057　29006－29013　集部/別集類/宋別集

王荆文公詩五十卷補遺一卷　(宋)王安石撰　(宋)李壁箋註　民國上海受古書店影印本　八册　缺二十五卷(一至二十五)

330000－1723－0003060　29034－29045　集部/別集類/宋別集

范文正公集十二卷補編四卷年譜一卷年譜補遺一卷鄱陽遺事錄一卷義莊規矩一卷遺蹟一卷褒賢集五卷言行拾遺事錄四卷　(宋)范仲淹撰　(明)毛一鷺彙編　民國十四年(1925)上海掃葉山房石印本　十二册

330000－1723－0003061　29058－29069　集部/別集類/宋別集

范文正公集十二卷補編四卷年譜一卷年譜補遺一卷鄱陽遺事錄一卷義莊規矩一卷遺蹟一卷褒賢集五卷言行拾遺事錄四卷　(宋)范仲淹撰　(明)毛一鷺彙編　民國十四年(1925)上海掃葉山房石印本　十二册

330000－1723－0003062　29046－29057　集部/别集類/宋別集

范文正公集十二卷補編四卷年譜一卷年譜補遺一卷鄱陽遺事錄一卷義莊規矩一卷遺蹟一卷褒賢集五卷言行拾遺事錄四卷　（宋）范仲淹撰　（明）毛一鷺彙編　民國八年（1919）上海掃葉山房石印本　十二册

330000－1723－0003072　28984－28989　集部/别集類/宋別集

六一居士文集五卷外集錄二卷　（宋）歐陽修撰　民國十五年（1926）石印本　六册

330000－1723－0003073　28981－28983　類叢部/叢書類/自著之屬

歐陽文忠公全集一百五十三卷　（宋）歐陽修撰　**首一卷附錄五卷**　民國上海錦章書局石印本　三册　存十九卷（八十二至一百）

330000－1723－0003074　36155－36189、36192－36196、38283－38313、38317－38327　類叢部/叢書類/彙編之屬

四部叢刊三百八種　張元濟等編　民國上海商務印書館影印本　一千九百五十八册　存二百九十八種

330000－1723－0003076　29106－29115　集部/别集類/宋別集

王荆文公詩五十卷目錄三卷　（宋）王安石撰　（宋）李壁箋註　（宋）劉辰翁評點　**王荆文公年譜一卷**　（宋）詹大和撰　民國十一年（1922）海鹽張氏據元刻本影印本　十册

330000－1723－0003093　32886－32924　子部/小說家類

宋人小說二十八種　涵芬樓編　民國上海商務印書館鉛印本　三十九册　存二十六種

330000－1723－0003096　32876－32885　子部/小說家類

顧氏文房小說四十種五十八卷　（明）顧元慶輯　民國十四年（1925）上海商務印書館據明刻本影印本　十册

330000－1723－0003098　45999－46002、46019－46020　集部/總集類/選集之屬/通代

古文觀止十二卷　（清）吳乘權　（清）吳大職輯　民國三年（1914）上海天機書局石印本　六册

330000－1723－0003104　32341－32356　類叢部/叢書類/郡邑之屬

括蒼叢書第一集八種　劉燿東編　民國二十七年（1938）鉛印本　十六册

330000－1723－0003112　32417－32436　類叢部/叢書類/家集之屬

重印江都汪氏叢書十三種　陳乃乾　秦更年等編　民國十四年（1925）上海中國書店影印本　二十册

330000－1723－0003113　31815　集部/總集類/氏族之屬

先澤殘存八種　王元增輯　民國九年（1920）嘉定王元增鉛印本　一册

330000－1723－0003115　31837－31848　類叢部/叢書類/自著之屬

舜水遺書四種附錄一卷　（明）朱之瑜撰　民國二年（1913）山陰湯壽潛鉛印本　十二册

330000－1723－0003117　31849－31858　類叢部/叢書類/自著之屬

舜水遺書四種附錄一卷　（明）朱之瑜撰　民國二年（1913）山陰湯壽潛鉛印本　十册　缺七卷（舜水文集一至七）

330000－1723－0003122　31893－31903　類叢部/叢書類/自著之屬

崇雅堂叢書十四種　楊晨撰　民國二十五年（1936）黃巖楊紹翰鉛印本　十一册　存六種

330000－1723－0003131　33635－33642　類叢部/叢書類/彙編之屬

宸翰樓叢書八種　羅振玉編　民國三年（1914）上虞羅氏重編刻本　八册

330000－1723－0003133　33754－33765　類叢部/叢書類/彙編之屬

松鄰叢書二十種　吳昌綬編　民國六年至七年（1917－1918）仁和吳氏雙照樓刻本　十

二册

330000－1723－0003135　33044－33062　子部/叢編

子書三十二種　育文書局編　民國二年(1913)育文書局石印本　十九册　存十五種

330000－1723－0003136　36190－36191、36197－38282、38314－38316　類叢部/叢書類/彙編之屬

四部叢刊三百八種　張元濟等編　民國上海商務印書館影印本　二百七册　存四十六種

330000－1723－0003146　38061－38068　類叢部/叢書類/彙編之屬

四部叢刊三百八種　張元濟等編　民國上海商務印書館影印本　八册　存一種

330000－1723－0003147　33077－33089　類叢部/叢書類/彙編之屬

桐城吴先生羣書點勘□□種　(清)吴汝綸撰　民國蓮池書社鉛印本　十三册　存二十八種

330000－1723－0003153　40641－40660　類叢部/叢書類/彙編之屬

別下齋叢書二十七種　(清)蔣光煦編　民國十二年(1923)上海商務印書館據清蔣氏刻本影印本　二十册

330000－1723－0003154　40661－40680　類叢部/叢書類/彙編之屬

涉聞梓舊二十五種　(清)蔣光煦輯　民國十三年(1924)上海商務印書館影印清海昌蔣氏刻本(陳後山集校卷一原缺)　二十册

330000－1723－0003155　33215－33238　類叢部/叢書類/彙編之屬

古學彙刊第一集三十四種第二集二十七種　鄧實等編　民國元年至三年(1912－1914)上海國粹學報社鉛印本　二十四册

330000－1723－0003160　33264　子部/法家類

鄧析子五種合帙　(春秋)鄧析撰　陳乃乾編　民國十八年(1929)中國學會影印本　一册　存二種

330000－1723－0003162　33198－33214　類叢部/叢書類/彙編之屬

求恕齋叢書三十一種　劉承幹編　民國吴興劉氏嘉業堂刻本　十七册　存三種

330000－1723－0003164　40637－40640　類叢部/叢書類/彙編之屬

四部叢刊三編七十一種　張元濟等編　民國二十四年至二十五年(1935－1936)上海商務印書館影印本　周□山題記　四册　存一種

330000－1723－0003165　40631－40636　類叢部/叢書類/彙編之屬

四部叢刊續編七十七種　張元濟等編　民國二十三年(1934)上海商務印書館影印本　六册　存二種

330000－1723－0003169　40578－40630　類叢部/叢書類/彙編之屬

四部叢刊三百八種　張元濟等編　民國二十五年(1936)上海商務印書館影印本　虞□□題記　五十三册　存九種

330000－1723－0003175　44989－44995　子部/藝術類/書畫之屬/總論

佩文齋書畫譜一百卷　(清)孫岳頒等輯　民國八年(1919)上海掃葉山房石印本　七册　存二十七卷(一至二十七)

330000－1723－0003183　33335－33380　子部/小說家類

古今說部叢書二百七十二種　國學扶輪社輯　民國四年(1915)中國圖書公司和記鉛印本　四十六册　存一百三十七種

330000－1723－0003184　30749－30783　類叢部/叢書類/輯佚之屬

續古逸叢書四十七種　張元濟等編　民國十一年(1922)至一九五七年上海商務印書館影印本　三十五册　存八種

330000－1723－0003185　45485－45584　集部/小說類/長篇之屬

繪圖歷朝通俗演義十一種　蔡東帆輯　民國上海會文堂新記書局石印本　一百册　缺四

卷(民國九至十二)

330000－1723－0003186　30815－30878　類叢部/叢書類/彙編之屬

涵芬樓祕笈五十一種　孫毓修等輯　民國五年至十五年(1916－1926)上海商務印書館影印本暨鉛印本　六十四冊　存四十一種

330000－1723－0003187　30784－30814　史部/紀傳類/正史之屬

百衲本二十四史　張元濟輯　民國上海商務印書館影印本　三十一冊　存一種

330000－1723－0003188　45585－45664　經部/叢編

重刊宋本十三經注疏附校勘記　(清)阮元撰校勘記　(清)盧宣旬摘錄校勘記　民國二十一年(1932)上海錦章圖書局石印本　八十冊

330000－1723－0003191　30879－30926　類叢部/叢書類/彙編之屬

涵芬樓祕笈五十一種　孫毓修等輯　民國五年至十五年(1916－1926)上海商務印書館影印本暨鉛印本　四十八冊　存三十種

330000－1723－0003192　30927－30967　集部/總集類/選集之屬/通代

涵芬樓古今文鈔簡編四十卷首一卷　吳曾祺輯　民國五年(1916)上海商務印書館鉛印本　四十一冊

330000－1723－0003195　45725－45748　集部/總集類/選集之屬/通代

新古文辭類纂六十卷首一卷　蔣瑞藻纂集　民國十一年(1922)上海中華書局石印本　二十四冊

330000－1723－0003196　45749－45755　子部/叢編

評註諸子菁華錄十八種十八卷　張之純編纂　民國二十八年(1939)上海商務印書館鉛印本　七冊

330000－1723－0003200　45774－45783、45906－45915　集部/小說類/長篇之屬

繪圖歷朝通俗演義十一種　蔡東帆輯　民國上海會文堂新記書局石印本　二十冊　存二種

330000－1723－0003201　45784－45842　史部/編年類/通代之屬

資治通鑑二百九十四卷　(宋)司馬光撰　(元)胡三省音注　**通鑑釋文辯誤十二卷**　(元)胡三省撰　民國六年(1917)上海商務印書館鉛印本　五十九冊　缺五卷(一百五十五至一百五十九)

330000－1723－0003204　45846－45849　經部/小學類/文字之屬/說文/專著

說文古籀補十四卷補遺一卷附錄一卷　(清)吳大澂撰　民國石印本　四冊

330000－1723－0003208　45869－45880　經部/春秋左傳類/傳說之屬

春秋左傳五十卷　(晉)杜預　(宋)林堯叟註釋　(唐)陸德明音義　民國二十四年(1935)上海掃葉山房石印本　十二冊

330000－1723－0003212　41181－43140　類叢部/叢書類/彙編之屬

四庫全書珍本初集二百三十種　中央圖書館籌備處輯　民國二十三年至二十四年(1934－1935)上海商務印書館據文淵閣四庫全書影印本　一千九百六十冊

330000－1723－0003215　45891－45896　子部/醫家類/針灸之屬/通論

針灸大成十二卷　(明)楊繼洲撰　民國上海錦章圖書局石印本　六冊

330000－1723－0003217　45901－45905　子部/小說家類/異聞之屬

分類廣註閱微草堂筆記五卷　(清)紀曉嵐撰　沈禹鐘編輯　民國二十一年(1932)上海世界書局石印本　五冊

330000－1723－0003218　45916－45919　子部/天文曆算類/算書之屬

詳注全圖新算法大成八卷　(明)程大位編　民國上海錦章圖書局石印本　四冊

330000－1723－0003221　45928－45935　經

部/小學類/文字之屬/說文/傳說
說文解字注箋十四卷　(清)段玉裁注　(清)徐灝箋　**說文檢字篇三卷說文重文檢字篇一卷說文疑難檢字篇一卷今文檢字篇一卷**　徐樾編　民國十七年(1928)上海中原書局石印本　八冊

330000-1723-0003222　45936　史部/傳記類/總傳之屬/技藝
增廣歷代畫史彙傳補編四卷　吳心穀編　民國三十二年(1943)北京琉璃廠豹文齋鉛印本　一冊

330000-1723-0003225　45945-45954　集部/總集類/選集之屬/通代
言文一貫古文觀止十二卷　文明書局編輯　民國二十年(1931)上海文明書局石印本　十冊

330000-1723-0003230　45973-45984　史部/傳記類/總傳之屬/技藝
歷代畫史彙傳七十二卷首一卷附錄二卷　(清)彭蘊璨編　民國上海錦章圖書局石印本　十二冊

330000-1723-0003233　46003-46014　經部/春秋左傳類/傳說之屬
春秋左傳五十卷　(晉)杜預　(宋)林堯叟註釋　(唐)陸德明音義　民國二十四年(1935)上海掃葉山房石印本　十二冊

330000-1723-0003234　46015-46018　集部/別集類/唐五代別集
駱臨海集十卷附錄一卷　(唐)駱賓王撰　(清)陳熙晉注　民國二十六年(1937)義烏黃氏鉛印本　駱允協題記　四冊

330000-1723-0003237　46029-46036　集部/別集類/唐五代別集
李太白文集三十卷　(唐)李白撰　民國上海中原書局據宋刻本影印本　八冊

330000-1723-0003238　46037-46048　集部/別集類/唐五代別集
重刊五百家註音辯昌黎先生文集四十卷　(唐)韓愈撰　民國上海文瑞樓石印本　十二冊

330000-1723-0003239　46049-46068　類叢部/叢書類/彙編之屬
四部備要三百一種　中華書局編　民國二十五年(1936)上海中華書局鉛印本　二十冊　存一種

330000-1723-0003242　38328-40577　類叢部/叢書類/彙編之屬
四部叢刊三百八種　張元濟等編　民國上海商務印書館影印本　二千二百五十冊

330000-1723-0003246　46101-46104　史部/傳記類/總傳之屬/仕宦
歷代循吏傳八卷　(清)朱軾　(清)蔡世遠輯　民國三年(1914)上海廣益書局石印本　四冊

330000-1723-0003253　46310-46311　子部/醫家類/本草之屬/歷代綜合本草
藥用植物圖考二卷附錄簡易良方一卷　王適聲編輯　民國九年(1920)浙江第七中學校石印本　二冊

330000-1723-0003254　46312-46319　集部/總集類/選集之屬/通代
古文喈鳳新編八卷　(清)汪基輯　民國四年(1915)上海廣益書局石印本　八冊

330000-1723-0003256　46321　集部/別集類
潛廬詩稿一卷　張逸叟撰　民國十二年(1923)張氏木活字印本　一冊

330000-1723-0003258　46323　集部/總集類/氏族之屬
逐敏齋詩草一卷　(清)張經鉏撰　**愚稼菴詩草一卷**　(清)張經銘撰　民國十四年(1925)義烏張敬恕堂石印本　一冊

330000-1723-0003259　46324　子部/宗教類/佛教之屬
佛說剖盆科文不分卷　民國二十二年(1933)羊有田抄本　一冊

330000－1723－0003260　46325　新學/政治法律/制度

法制總論一編三章二編七章　民國石印本　一冊

330000－1723－0003261　46326－46329　史部/雜史類/斷代之屬

戰國策補註三十三卷　吳曾祺撰　民國三年(1914)上海商務印書館鉛印本　四冊

330000－1723－0003262　46330－46341　史部/編年類/斷代之屬

藻思堂清鑑易知錄前編四卷正編二十八卷　許國英編輯　民國七年(1918)藻思堂鉛印本　十二冊

330000－1723－0003264　46350－46365　集部/總集類/選集之屬/通代

評校音注古文辭類纂七十四卷　(清)姚鼐輯　王文濡校註　民國十二年(1923)上海中華書局鉛印本　十六冊

330000－1723－0003265　46366－46373　集部/總集類/選集之屬/通代

評校音註續古文辭類纂三十四卷　王先謙輯　王文濡校註　民國九年(1920)上海中華書局鉛印本　八冊

330000－1723－0003266　46374－46381　經部/禮記類/傳說之屬

禮記集說四十九卷　(清)莊有可撰　民國二十四年(1935)上海商務印書館影印本　八冊

330000－1723－0003270　46392－46393　史部/政書類/律令之屬

法律學要論講義七編　金范澄授　民國油印本　二冊

330000－1723－0003274　46440－46463　史部/紀傳類/正史之屬

二十四史附考證　民國五年(1916)上海涵芬樓據清乾隆武英殿本影印本　二十四冊　存一種

330000－1723－0003279　46468　子部/雜著類/雜說之屬

中國道德史五章　民國油印本　一冊

330000－1723－0003283　46479　新學/理學

印度哲學講義四篇　梁漱溟撰　民國七年(1918)北京大學出版部鉛印本　一冊　存二篇(一至二)

330000－1723－0003286　46504－46508　新學/史志

中等中華歷史四編　何菁編述　民國二年至三年(1913－1914)石印本　五冊

330000－1723－0003287　35821－35862　類叢部/叢書類/郡邑之屬

敬鄉樓叢書三十八種　黃羣編　民國十七年至二十四年(1928－1935)永嘉黃氏鉛印本　四十二冊　存第二輯八種、第三輯十種

330000－1723－0003290　46517－46522　史部/雜史類/斷代之屬

明季稗史初編十六種二十七卷　(清)留雲居士輯　民國元年(1912)上海商務印書館鉛印本　六冊

330000－1723－0003291　46523　新學/地學/地志學

博通地志學不分卷　許壽裳撰　民國油印本　一冊

330000－1723－0003292　46524　史部/地理類

中國地誌之地方誌不分卷　浙江第七師校訂　民國二年(1913)浙江第七師校油印本　一冊

330000－1723－0003293　46527－46534　集部/别集類/宋別集

龍川文集三十卷首一卷　(宋)陳亮撰　**附錄二卷辨譌考異二卷**　(清)胡鳳丹撰　民國十二年(1923)上海掃葉山房石印本　八冊

330000－1723－0003294　13150　子部/藝術類/書畫之屬/法帖

蟋叟手鉤重刻法華寺碑不分卷　(唐)李邕撰并書　(清)何紹基手鉤　民國影印本　希周題記　一冊

330000－1723－0003295　35764－35820　類叢部/叢書類/彙編之屬
選印宛委別藏四十種　故宮博物院編　民國二十四年(1935)上海商務印書館影印本　五十七冊　存十五種

330000－1723－0003297　46547－46552　子部/醫家類/傷寒金匱之屬/傷寒論
傷寒來蘇集三種八卷　(清)柯琴撰　民國二十年(1931)大眾醫學社石印本　六冊

330000－1723－0003298　46553－46558　經部/叢編
許學四書二十卷　羅振常輯　民國二十年(1931)上海蟫隱廬影印本　六冊

330000－1723－0003300　46567－46574　史部/目録類/總録之屬/官修
欽定四庫全書簡明目錄二十卷　(清)紀昀等撰　**四庫未收書目提要五卷**　(清)阮元撰　民國十四年(1925)上海掃葉山房石印本　八冊

330000－1723－0003301　46575－46578　子部/天文曆算類/算書之屬
增刪算法統宗十一卷首一卷末一卷　(明)程大位編集　(清)梅穀成增刪　民國三年(1914)上海廣益書局石印本　四冊

330000－1723－0003302　34084－34417、34419－34505、34512－34597、34678－34685、34694－34713、34734－34763、34794－34845、34897－34916　類叢部/叢書類/彙編之屬
四部備要三百一種　中華書局編　民國二十五年(1936)上海中華書局鉛印本　六百三十七冊　存四十二種

330000－1723－0003303　46579－46580　集部/小說類/長篇之屬
大字足本繡像海公小紅袍四卷四十二回大字足本繡像海公大紅袍六卷六十回　民國上海廣益書局石印本　二冊

330000－1723－0003304　46581－46584　子部/藝術類/遊藝之屬/棋弈
橘中秘四卷　(明)朱晉楨輯　民國石印本　四冊

330000－1723－0003307　46603－46610　經部/詩類/傳說之屬
詩經原始十八卷首二卷　(清)方玉潤撰　民國十三年(1924)上海泰東圖書局石印本　八冊

330000－1723－0003308　46611－46622　集部/總集類/選集之屬/斷代
當代五百名家分類應酬文匯二十二卷首一卷　張鄂生編　民國十五年(1926)上海大東書局石印本　十二冊

330000－1723－0003309　46623－46626　子部/藝術類/遊藝之屬/雜藝
鶉幻彙編十二卷首一卷　(清)唐再豐撰　民國二年(1913)石印本　四冊

330000－1723－0003310　34506－34511、34598－34677、34686－34693、34714－34733、34764－34793、34846－34896　類叢部/叢書類/彙編之屬
四部備要三百一種　中華書局編　民國二十五年(1936)上海中華書局鉛印本　一百九十五冊　存六種

330000－1723－0003316　46699－46728　類叢部/叢書類/彙編之屬
四部備要三百一種　中華書局編　民國二十五年(1936)上海中華書局鉛印本　三十冊　存一種

330000－1723－0003319　34917－34939、34944－34960　類叢部/叢書類/彙編之屬
四部備要三百一種　中華書局編　民國二十五年(1936)上海中華書局鉛印本(經義考卷二百八十六、二百九十九至三百,東塾讀書記十三至十四、十七至二十、二十二至二十五原缺)　四十冊　存八種

330000－1723－0003320　34940－34943　類叢部/叢書類/彙編之屬
四部備要三百一種　中華書局編　民國二十

五年(1936)上海中華書局鉛印本　四冊　存一種

330000－1723－0003321　35924－36003　類叢部/叢書類/彙編之屬

香艷叢書三百二十六種　(清)蟲天子輯　民國三年(1914)上海中國圖書公司和記鉛印本　八十冊

330000－1723－0003322　34961－34994　類叢部/叢書類/彙編之屬

四部備要三百一種　中華書局編　民國二十五年(1936)上海中華書局鉛印本　三十四冊　存六種

330000－1723－0003325　36125－36154　類叢部/叢書類/彙編之屬

士禮居黃氏叢書二十四種　(清)黃丕烈輯　民國四年(1915)上海石竹山房據清黃氏刻本影印本　三十冊

330000－1723－0003329　46734　史部/傳記類/總傳之屬/家乘

[浙江義烏]大元吳氏家譜□□卷　吳兆槐　吳春軒　吳廣鼎纂修　民國二十一年(1932)木活字印本　一冊　存一卷(十)

330000－1723－0003330　13135　子部/藝術類/書畫之屬/法帖

劉石庵書古本大學真蹟不分卷　(清)劉墉書　錢沖甫收藏　民國二十年(1931)上海文明書局影印本　一冊

330000－1723－0003331　13136　子部/藝術類/書畫之屬/法帖

名人真蹟□□種　民國中華書局影印本　一冊　存一種

330000－1723－0003332　13148－13149　子部/藝術類/書畫之屬/法帖

蝯叟臨道因碑不分卷　(清)何紹基書　民國二十二年(1933)上海商務印書館影印本　二冊

330000－1723－0003333　13141　子部/藝術類/書畫之屬/法帖

何子貞臨黃庭經一卷　(清)何紹基書　民國五年(1916)上海商務印書館影印本　一冊

330000－1723－0003334　40681－41180　類叢部/叢書類/彙編之屬

四部備要三百一種　中華書局編　民國二十五年(1936)上海中華書局鉛印本　五百冊　存二十四種

330000－1723－0003335　13151－13160　子部/藝術類/書畫之屬/法帖

蝯叟臨漢碑十種十卷　(清)何紹基書　民國二十二年(1933)上海商務印書館影印本　十冊

330000－1723－0003336　13161　子部/藝術類/書畫之屬/法帖

宋拓晉唐楷帖八種不分卷　(明)章藻藏　民國影印本　毓芳題記　一冊

330000－1723－0003337　13162　子部/藝術類/書畫之屬/法帖

祝枝山草書艷詞墨蹟一卷　(明)祝枝山書　民國十二年(1923)上海有正書局石印本　一冊

330000－1723－0003339　13165　子部/藝術類/書畫之屬/法帖

蘇東坡書波羅密經一卷　(宋)蘇軾書　民國六年(1917)上海文明書局影印本　一冊

330000－1723－0003340　13166　子部/藝術類/書畫之屬/法帖

名人真蹟小楷法帖四種　民國十五年(1926)上海世界書局石印本　一冊　存一種

330000－1723－0003341　13167　子部/藝術類/書畫之屬/法帖

趙子昂德清閒居一卷　(元)趙孟頫書　民國尚古山房石印本　一冊

330000－1723－0003342　13168　子部/藝術類/書畫之屬/法帖

觀音殿記帖一卷　(元)趙孟頫書　民國上海進步書局石印本　一冊

330000－1723－0003343　13170　子部/藝術類/書畫之屬/法帖
柳公權皇英曲不分卷　(唐)柳公權書　民國求古齋石印本　一册

330000－1723－0003344　13177　子部/藝術類/書畫之屬/法帖
李北海葉有道碑一卷　(唐)李邕撰並書　民國二十七年(1938)上海商務印書館影印本　一册

330000－1723－0003345　13179　子部/藝術類/書畫之屬/法帖
定武蘭亭瘦本不分卷　(晉)王羲之書　民國九年(1920)上海有正書局影印本　一册

330000－1723－0003346　13180　子部/藝術類/書畫之屬/法帖
出師頌不分卷　(漢)史孝山撰　民國藝苑真賞社影印本　一册

330000－1723－0003347　13171　子部/藝術類/書畫之屬/法帖
柳公權玄秘塔不分卷　(唐)柳公權書　民國尚古山房石印本　一册

330000－1723－0003348　13172　子部/藝術類/書畫之屬/法帖
柳公權玄秘塔不分卷　(唐)柳公權書　民國大觀書局石印本　吴汝俊題記　一册

330000－1723－0003349　13176　子部/藝術類/書畫之屬/法帖
唐故雲麾將軍李公碑一卷　(唐)李邕書　民國影印本　一册

330000－1723－0003350　13173　子部/藝術類/書畫之屬/法帖
宋搨薛紹彭書譜不分卷　(唐)孫過庭撰　(宋)薛紹彭摹刻　民國影印本　一册

330000－1723－0003351　13174　子部/藝術類/書畫之屬/法帖
顔真卿雙鶴銘一卷　(唐)顔真卿書　民國十二年(1923)上海文明書局石印本　一册

330000－1723－0003352　13182－13191　子部/藝術類/書畫之屬/法帖
宋拓淳化閣帖十卷　(宋)王著輯　民國上海有正書局影印本　十册

330000－1723－0003353　13212　子部/藝術類/書畫之屬/法帖
孝經一卷　民國影印本　一册

330000－1723－0003354　13213　子部/藝術類/書畫之屬/法帖
黄太史臨太史讀書樂不分卷　黄自元書　民國上海尚古山房石印本　一册

330000－1723－0003355　13215　子部/藝術類/書畫之屬/法帖
名人真蹟小楷法帖四種　民國二十四年(1935)上海世界書局石印本　一册　存一種

330000－1723－0003356　13216　子部/藝術類/書畫之屬/法帖
王仁堪字帖不分卷　(清)王仁堪書　民國石印本　一册

330000－1723－0003357　13218　史部/傳記類/别傳之屬/墓誌
二陳烈士碑銘不分卷　蔡元培撰　馬公愚書并篆額　民國三十年(1941)上海大東書局石印本　一册

330000－1723－0003358　13219　子部/藝術類/書畫之屬/法帖
胡大川先生幻想詩一卷　潘齡皋書　民國上海育古山房石印本　一册

330000－1723－0003359　13220　子部/藝術類/書畫之屬/法帖
重建西莊橋碑記一卷　(清)錢泳撰并書　民國石印本　一册

330000－1723－0003360　13222　子部/藝術類/書畫之屬/法帖
高書小楷一卷　高雲塍書　民國二十七年(1938)中華書局石印本　一册

330000－1723－0003361　13221　子部/藝術

類/書畫之屬/法帖

星彔書詞一卷 童式規書 民國十年(1921)上海商務印書館石印本 枝幹題記並過錄唐元稹詩 一冊

330000－1723－0003362 13224 子部/藝術類/書畫之屬/書法書品

行書備要一卷 童式規書 民國十七年(1928)上海商務印書館石印本 一冊

330000－1723－0003363 13225 子部/藝術類/書畫之屬/書法書品

行書備要一卷 童式規書 民國十年(1921)上海商務印書館石印本 一冊

330000－1723－0003364 13227 子部/藝術類/書畫之屬/法帖

初拓張猛龍碑一卷 民國九年(1920)上海有正書局影印本 葉子剛題記 一冊

330000－1723－0003365 13229 子部/藝術類/書畫之屬/法帖

初拓爨龍顔碑一卷 (南朝宋)爨道慶撰文 民國六年(1917)商務印書館影印本 一冊

330000－1723－0003366 13231 子部/藝術類/書畫之屬/法帖

黃自元臨華林園集詩帖一卷 黃自元書 民國四年(1915)上海進步書局石印本 一冊

330000－1723－0003367 13232 子部/藝術類/書畫之屬/法帖

成親王楷書歸去來辭帖一卷 (清)永瑆書 民國影印本 一冊

330000－1723－0003368 13233 子部/藝術類/書畫之屬/法帖

成親王楷書竹枝詞一卷 (清)永瑆書 民國十年(1921)上海進步書局石印本 萬人服題記 一冊

330000－1723－0003369 13234 子部/藝術類/書畫之屬/法帖

沈竹礽傳一卷 唐文治撰 高邕書 民國上海碧梧山莊石印本 一冊

330000－1723－0003371 13236 子部/藝術類/書畫之屬/法帖

南海書一天園記一卷 康有為撰並書 民國十四年(1925)上海有正書局石印本 一冊

330000－1723－0003372 13228 子部/藝術類/書畫之屬/法帖

殘本大字帖不分卷 民國影印本 一冊

330000－1723－0003373 13181 子部/藝術類/書畫之屬/法帖

青玉版十三行不分卷 (晉)王獻之書 民國十五年(1926)上海有正書局影印本 一冊

330000－1723－0003374 13266 子部/藝術類/書畫之屬/法帖

傅青主墨蹟一卷 (清)傅山書 民國二十四年(1935)上海商務印書館影印本 一冊

330000－1723－0003376 13267 子部/藝術類/書畫之屬/畫譜

項易庵倣右丞藍田山莊圖卷不分卷 (明)項聖謨繪 民國十八年(1929)上海中華書局影印本 一冊

330000－1723－0003378 13268 子部/藝術類/書畫之屬

名書法書扇面之一不分卷 (明)祝允明等繪 民國二十五年(1936)神州國光社影印本 一冊

330000－1723－0003379 13269 子部/藝術類/書畫之屬/畫譜

王麓臺倣宋元山水冊不分卷 (清)王原祁繪 民國八年(1919)上海有正書局影印本 一冊

330000－1723－0003380 13256 子部/藝術類/書畫之屬/畫譜

名人書畫第四集不分卷 商務印書館輯 民國十七年(1928)上海商務印書館影印本 一冊

330000－1723－0003381 13255 子部/藝術類/書畫之屬/畫譜

名人書畫第一集不分卷 商務印書館輯 民

國十六年(1927)上海商務印書館影印本　一冊

330000－1723－0003382　13253－13254　子部/藝術類/書畫之屬/畫譜

新安名畫扇集不分卷　(明)鄭重等繪　民國二十年(1931)神州國光社影印本　二冊

330000－1723－0003383　13257　子部/藝術類/書畫之屬/畫譜

惲南田花卉冊不分卷　(清)惲格繪　民國二十年(1931)中華書局影印本　一冊

330000－1723－0003384　13258　子部/藝術類/書畫之屬/畫譜

惲南田寫生冊十二集不分卷　(清)惲格繪　民國二十一年(1932)中華書局影印本　一冊

330000－1723－0003385　13259　子部/藝術類/書畫之屬/畫譜

趙撝叔花卉冊不分卷　(清)趙之謙繪　民國二十年(1931)上海中華書局影印本　一冊

330000－1723－0003386　13260　子部/藝術類/書畫之屬/畫譜

吳待秋花卉冊不分卷　吳徵繪　民國十八年(1929)上海文明書局、中華書局影印本　一冊

330000－1723－0003387　13261　子部/藝術類/書畫之屬/畫譜

陳白陽花草冊不分卷　(明)陳淳繪　民國二十一年(1932)文明書局影印本　一冊

330000－1723－0003388　13270　子部/藝術類/書畫之屬/畫譜

王仲山水墨畫冊不分卷　(明)王問繪　民國十九年(1930)上海神州國光社影印本　一冊

330000－1723－0003389　13271　子部/藝術類/書畫之屬/畫譜

汪海雲山水卷不分卷　(明)汪肇繪　民國二十年(1931)神州國光社影印本　一冊

330000－1723－0003390　13272　子部/藝術類/書畫之屬/畫譜

錢磬室山水卷不分卷　(明)錢穀繪　民國影印本　一冊

330000－1723－0003391　13273　子部/藝術類/書畫之屬/畫譜

吳墨井山水冊不分卷　(清)吳歷繪　民國十八年(1929)上海中華書局影印本　一冊

330000－1723－0003392　13246　子部/藝術類/書畫之屬

唐閻立本帝王圖真蹟不分卷　(唐)閻立本繪　民國六年(1917)上海商務印書館影印本　一冊

330000－1723－0003393　13251　子部/藝術類/書畫之屬/畫譜

蔣南沙蔣恒軒父子花卉合冊不分卷　(清)蔣廷錫　(清)蔣溥繪　民國上海慎修書社影印本　一冊

330000－1723－0003394　13252　子部/藝術類/書畫之屬/畫譜

八大山人石濤上人畫合冊不分卷　(清)朱耷　(清)石濤繪　民國上海有正書局影印本　一冊

330000－1723－0003395　13243　子部/藝術類/書畫之屬/畫譜

吳墨井仿宋元山水影本不分卷　(清)吳歷繪　民國十一年(1922)影印本　一冊

330000－1723－0003396　13244－13245　子部/藝術類/書畫之屬

董玄宰仿宋元名家山水并跋不分卷　(明)董其昌繪并撰　民國九年(1920)、十三年(1924)古物陳列所影印本　二冊

330000－1723－0003399　13265　子部/藝術類/書畫之屬/法帖

臨川四寶第一唐本廟堂碑不分卷　(唐)虞世南撰並書　民國上海有正書局影印本　陳希周題記　一冊

東陽市圖書館
民國時期傳統裝幀書籍普查登記目録

浙江省民國時期傳統裝幀書籍普查登記目録・金華

國家圖書館出版社
National Library of China Publishing House

《東陽市圖書館民國時期傳統裝幀書籍普查登記目録》

編委會

主　編： 沈新軍

副主編： 胡躍輝

《東陽市圖書館民國時期傳統裝幀書籍普查登記目録》

前　言

由於歷史原因，我館 1911 年前的古籍只有 4 部 68 册。目前我馆尚不具備保管條件，故存藏於東陽市博物館。現只有兩部民國綫裝書存於我館：《新東陽兩大事業》《藥用植物圖考》，合計 7 册。

我館的古籍普查工作在東陽市博物館專業人員的幫助下順利完成，在古籍普查登記平臺上著録 6 條 75 册，其中民國傳統裝幀書籍爲上述提到的 2 條。

在《東陽市圖書館民國時期傳統裝幀書籍普查登記目録》出版之際，向關心本館傳統文獻保護與普查工作的各方人士致以衷心的感謝。

東陽市圖書館

2018 年 6 月

330000－4717－0000006　s7/2124　新學/議論/通論

新東陽兩大事業不分卷　何紹韓撰　民國十年(1921)東陽旅杭學會鉛印本　一冊

330000－4717－0000007　s94/1034　子部/醫家類/本草之屬/本草藥性

藥用植物圖考六卷　王通聲編　民國十九年(1930)石印本　六冊

東陽市博物館
民國時期傳統裝幀書籍普查登記目録

浙江省民國時期傳統裝幀書籍普查登記目録·金華

國家圖書館出版社
National Library of China Publishing House

《東陽市博物館民國時期傳統裝幀書籍普查登記目録》

編委會

主　編： 陳榮軍

副主編： 金　鏘　蔡棟棟

編　委（按姓氏筆畫排序）：

朱楊曉　吴新雷　何欽峰　韋倩瑩　徐玉曉

葉　軍　傅燕芳　駱光明

《東陽市博物館民國時期傳統裝幀書籍普查登記目録》

前　言

東陽素有崇文重教的傳統，歷史上是“學者翕然從之”的地方，朱熹、吕祖謙、葉適、陸游、宋濂、許謙等名家大儒往來其間，講學論道。一方面，東陽文人輩出，書院私塾興辦不輟，石洞書院、八華書院、白雲書院、横城義塾等遠近聞名，影響廣泛。另一方面，東陽的刻書業和藏書樓在歷史上都頗具規模。時至今日，留傳於東陽的傳統文獻相當豐富，本館現有藏書達2萬餘册，在金華地區縣級單位中古籍藏量居於前列。

古籍普查是“中華古籍保護計劃”中最重要的基礎性工作，登記項目多，品質要求高，時間跨度長，涉及面廣，是中國有史以來最重要的文獻調查工作。

20世紀80年代，我館對藏書進行了大致分類，編製了書目。2013年，第一次全國可移動文物普查全面展開，在省古籍保護中心的指導下，我館認真落實古籍專項普查，抽調人員成立古籍普查小組，購置書影采集設備，積極開展古籍普查工作。根據《浙江省古籍普查手册》的規範要求，重新對著録信息、書影等進行采集，并及時將數據信息登録上報，於2015年按時完成了普查任務。需要说明的是：東陽市圖書館有4部68册古籍存於我館，普查時入圖書館，未包含在本館普查數據内。

根據此次普查，我館1912年至1949年的民國傳統裝幀書籍共909套，經部、史部、子部、集部、類叢部、新學六大類各有所藏，其中子部和集部占大多數。此次普查對傳統文獻進行了定級，民國傳統裝幀書籍因成書年代不遠，所以多爲四級。其中還有一些經典和特色藏書，如《[道光]東陽縣志》等具有較高的歷史文獻價值。通過此次普查，摸清了我館民國傳統裝幀書籍的準確數量和詳細數據，以及保存狀況，爲下一步古籍保護和利用工作的開展打下了基礎。

此民國時期傳統裝幀書籍普查登記目録詳細登記了分類、題名卷數、著者、版本、册數等信息，一目瞭然，方便讀者查閲。在此，對曾經爲我館古籍普查工作提供幫助的同仁、方家致以誠摯的謝意！

限於我館普查人員的水準、經驗有限，此目録存在脱漏、錯誤，在所難免，敬請大家批評指正。

東陽市博物館館長　陳榮軍

2017年11月6日

330000－1797－0000007　4/1/143.1　集部/別集類/清別集

金華懷忠詩集一卷許氏文行錄一卷　(清)許昌澍撰　民國二十七年(1938)木活字印本　陳一中題簽　一册

330000－1797－0000009　1/4/23　史部/政書類/考工之屬/雜志

石獅橋志一卷　楊品章編　民國十一年(1922)石印本　一册

330000－1797－0000013　1/4/22　史部/政書類/考工之屬/雜志

石獅橋志一卷　楊品章編　民國十一年(1922)石印本　一册

330000－1797－0000014　1/4/21　史部/政書類/考工之屬/雜志

石獅橋志一卷　楊品章編　民國二年(1913)木活字印本　一册

330000－1797－0000015　1/4/19.1　史部/傳記類/總傳之屬/家乘

[浙江東陽]三峰盧氏家志十八卷　盧潮生輯　民國二十六年(1937)油印本　二册　存四卷(十五至十八)

330000－1797－0000016　1/4/19.2　史部/傳記類/總傳之屬/家乘

[浙江東陽]三峰盧氏家志十八卷　盧潮生輯　民國二十六年(1937)油印本　一册　存二卷(十五至十六)

330000－1797－0000017　1/4/18　史部/傳記類/總傳之屬/家乘

[浙江東陽]三峰盧氏家志十八卷　盧潮生輯　民國二十六年(1937)油印本　二册　存四卷(十五至十八)

330000－1797－0000019　1/4/17.1　史部/地理類/山川之屬/山志

八華山志三卷首一卷　許鴻烈輯　民國二十七年(1938)木活字印本　三册

330000－1797－0000020　4/1/143.2　集部/別集類/清別集

金華懷忠詩集一卷許氏文行錄一卷　(清)許昌澍撰　民國二十七年(1938)木活字印本　陳一中題簽　一册

330000－1797－0000022　1/4/17.2　史部/地理類/山川之屬/山志

八華山志三卷首一卷　許鴻烈輯　民國二十七年(1938)木活字印本　三册

330000－1797－0000023　1/4/16.1　史部/地理類/山川之屬/山志

八華山志三卷首一卷　許鴻烈輯　民國二十七年(1938)木活字印本　三册

330000－1797－0000024　1/4/16.2　史部/地理類/山川之屬/山志

八華山志三卷首一卷　許鴻烈輯　民國二十七年(1938)木活字印本　三册

330000－1797－0000053　2/1/55　史部/政書類/公牘檔册之屬

東陽腿業公所置買杭城房屋契據各項總錄不分卷　東陽腿業公所輯　民國五年(1916)鉛印本　一册

330000－1797－0000064　2/1/56　史部/政書類/公牘檔册之屬

金屬五縣樂善堂腿商購置產業總錄不分卷　金東義永浦五縣樂善堂編　民國十二年(1923)杭城光華印局鉛印本　一册

330000－1797－0000074　2/1/54　史部/政書類/律令之屬/治獄

東陽官產鐵案錄一卷　張文英等輯　民國十年(1921)鉛印本　一册

330000－1797－0000079　5/1/247.1　史部/史評類/詠史之屬

評史百詠二卷　程文選撰　民國二年(1913)石印本　一册　存一卷(一)

330000－1797－0000080　5/1/248.1　史部/史評類/詠史之屬

評史百詠二卷　程文選撰　民國二年(1913)石印本　一册　存一卷(二)

330000－1797－0000084　5/1/247.2　史部/史評類/詠史之屬

評史百詠二卷　程文選撰　民國二年(1913)石印本　一册　存一卷(一)

330000－1797－0000086　5/1/248.2　史部/史評類/詠史之屬

評史百詠二卷　程文選撰　民國二年(1913)石印本　一册　存一卷(二)

330000－1797－0000088　5/1/249.1　史部/史評類/詠史之屬

評史百詠二卷　程文選撰　民國二年(1913)石印本　一册　存一卷(二)

330000－1797－0000089　5/1/249.2　史部/史評類/詠史之屬

評史百詠二卷　程文選撰　民國二年(1913)石印本　一册　存一卷(二)

330000－1797－0000105　4/1/153　經部/四書類/大學之屬

大學顯五卷　何紹韓撰　民國二十五年(1936)杭州渭文齋刻本　一册

330000－1797－0000121　3/4/108.2　子部/醫家類/兒科之屬/痘疹

痲疹彙要二卷　吕新甫撰　民國十年(1921)古大化里刻本　二册

330000－1797－0000122　3/4/108.3　子部/醫家類/兒科之屬/痘疹

痲疹彙要二卷　吕新甫撰　民國十年(1921)古大化里刻本　一册　存一卷(上)

330000－1797－0000124　3/4/108.4　子部/醫家類/兒科之屬/痘疹

痲疹彙要二卷　吕新甫撰　民國十年(1921)古大化里刻本　一册　存一卷(上)

330000－1797－0000132　3/4/108　子部/醫家類/兒科之屬/痘疹

痲疹彙要二卷　吕新甫撰　民國十年(1921)古大化里刻本　一册

330000－1797－0000135　2/1/53　史部/政書類/公牘檔册之屬

東陽縣公產清册不分卷　東陽縣財政整理委員會編　民國三十四年(1945)東陽文化印刷社鉛印本　一册

330000－1797－0000140　2/1/51　史部/政書類/公牘檔册之屬

廣義橋會譜不分卷　民國四年(1915)木活字印本　一册

330000－1797－0000146　2/1/52　史部/政書類/公牘檔册之屬

廣義橋渡誌不分卷　民國三十七年(1948)石印本　陳大川題記　一册

330000－1797－0000159　5/2/263　史部/地理類/遊記之屬/紀勝

雙龍紀勝四卷首一卷　黄維時編　民國二十二年(1933)金華金震東石印局鉛印本　二册

330000－1797－0000164　3/3/101　史部/地理類/方志之屬/郡縣志

[民國]湯溪縣志二十卷首一卷　丁燮　薛達修　戴鴻熙纂　民國二十年(1931)金震東石印局鉛印本　二册　存二卷(三、八)

330000－1797－0000169　2/1/48　史部/傳記類/别傳之屬/事狀

東陽蔡季鋤先生告窆不分卷　陳啟填諱　民國十八年(1929)石印本　一册

330000－1797－0000228　2/1/60　史部/傳記類/職官録之屬

浙江省司法職員錄不分卷　浙江省司法部編　民國二十年(1931)鉛印本　一册

330000－1797－0000231　2/1/59　史部/傳記類/總傳之屬/郡邑

東陽旅婺學界同鄉錄不分卷　民國元年(1912)石印本　一册

330000－1797－0000241　12/3/91　子部/雜著類/雜説之屬

家庭寶筏不分卷　關絅之編　民國上海中華書局鉛印本　一册

330000－1797－0000251　12/3/93　史部/目録類/通論之屬/考訂
古今僞書考一卷　(清)姚際恆撰　民國七年(1918)鉛印本　一冊

330000－1797－0000255　2/1/64　史部/地理類/專志之屬/書院
忠清書院興文會志不分卷　民國十八年(1929)木活字印本　一冊

330000－1797－0000269　12/3/90　史部/政書類/軍政之屬
大元帥訓軍士詞不分卷　孫文撰　民國鉛印本　二冊

330000－1797－0000301　4/3/180　史部/金石類/石之屬/文字
孔明碑文解一卷　民國十一年(1922)東陽岑山同善事務所木活字印本　一冊

330000－1797－0000309　2/3/78　史部/地理類/方志之屬/郡縣志
道光東陽縣志二十七卷首一卷　(清)党金衡修　(清)王恩注纂　民國三年(1914)東陽商務石印公司石印本　十冊

330000－1797－0000311　2/3/79　史部/地理類/方志之屬/郡縣志
道光東陽縣志二十七卷首一卷　(清)党金衡修　(清)王恩注纂　民國三年(1914)東陽商務石印公司石印本　十冊

330000－1797－0000312　4/3/185.1　集部/別集類/清別集
十栗堂詩鈔四卷賦鈔一卷　(清)葉蓁撰　(清)紀昀編　民國十一年(1922)說蓮池館木活字印本　二冊

330000－1797－0000313　15/4/142　史部/傳記類/別傳之屬/事狀
哀思錄初編七卷二編四卷三編四卷　孫中山先生喪事籌備處編　民國孫中山先生葬事籌備處鉛印本　一冊　存七卷(一至七)

330000－1797－0000314　4/3/185.2　集部/別集類/清別集
十栗堂詩鈔四卷賦鈔一卷　(清)葉蓁撰　(清)紀昀編　民國十一年(1922)說蓮池館木活字印本　二冊

330000－1797－0000315　4/3/185.3　集部/別集類/清別集
十栗堂詩鈔四卷賦鈔一卷　(清)葉蓁撰　(清)紀昀編　民國十一年(1922)說蓮池館木活字印本　二冊

330000－1797－0000316　4/3/185.4　集部/別集類/清別集
十栗堂詩鈔四卷賦鈔一卷　(清)葉蓁撰　(清)紀昀編　民國十一年(1922)說蓮池館木活字印本　一冊　存二卷(三至四)

330000－1797－0000319　4/3/185.5　集部/別集類/清別集
十栗堂詩鈔四卷賦鈔一卷　(清)葉蓁撰　(清)紀昀編　民國十一年(1922)說蓮池館木活字印本　一冊　存二卷(三至四)

330000－1797－0000320　4/3/186.1　新學/議論/通論
新東陽兩大事業不分卷　何紹韓撰　民國十年(1921)東陽旅杭學會鉛印本　一冊

330000－1797－0000321　4/3/186.2　新學/議論/通論
新東陽兩大事業不分卷　何紹韓撰　民國十年(1921)東陽旅杭學會鉛印本　一冊

330000－1797－0000322　4/3/186.3　新學/議論/通論
新東陽兩大事業不分卷　何紹韓撰　民國十年(1921)東陽旅杭學會鉛印本　一冊

330000－1797－0000323　4/3/187　集部/別集類
盤山集三卷　盧伯炎撰　民國三十四年(1945)鉛印本　一冊

330000－1797－0000331　15/5/145　集部/別集類
自反錄六卷　蔣中正撰　民國二十年(1931)鉛印本　五冊　存五卷(一至五)

330000－1797－0000333　15/5/146.1　子部/藝術類/書畫之屬/法帖

孫中山先生手札墨跡不分卷　孫文書　民國十五年(1926)影印本　一冊

330000－1797－0000335　3/4/109.1　子部/醫家類/兒科之屬/痘疹

痲疹彙要二卷　呂新甫撰　民國十年(1921)古大化里刻本　二冊

330000－1797－0000337　15/5/146.2　子部/藝術類/書畫之屬/法帖

孫中山先生手札墨跡不分卷　孫文書　民國影印本　一冊

330000－1797－0000340　15/5/147　子部/藝術類/書畫之屬/法帖

孫中山先生墨蹟不分卷　孫文書　民國影印本　一冊

330000－1797－0000342　3/4/109.2　子部/醫家類/兒科之屬/痘疹

痲疹彙要二卷　呂新甫撰　民國十年(1921)古大化里刻本　二冊

330000－1797－0000343　3/4/109.3　子部/醫家類/兒科之屬/痘疹

痲疹彙要二卷　呂新甫撰　民國十年(1921)古大化里刻本　一冊　存一卷(上)

330000－1797－0000344　2/4/80　史部/地理類/方志之屬/郡縣志

道光東陽縣志二十七卷首一卷　(清)党金衡修　(清)王恩注纂　民國三年(1914)東陽商務石印公司石印本　九冊　存二十三卷(五至二十七)

330000－1797－0000347　3/4/110　子部/醫家類/兒科之屬/痘疹

治疹全書三卷首一卷　(清)夏禹鑄撰　(清)甯耀垣　(清)甯耀璣輯　民國十年(1921)古大化里重印本　二冊

330000－1797－0000351　2/4/81　史部/地理類/方志之屬/郡縣志

道光東陽縣志二十七卷首一卷　(清)党金衡修　(清)王恩注纂　民國三年(1914)東陽商務石印公司石印本　六冊　存十七卷(五至二十一)

330000－1797－0000352　2/4/82　史部/地理類/方志之屬/郡縣志

道光東陽縣志二十七卷首一卷　(清)党金衡修　(清)王恩注纂　民國三年(1914)東陽商務石印公司石印本　六冊　存十七卷(五至二十一)

330000－1797－0000361　15/5/148.1　子部/藝術類/書畫之屬/法帖

孫中山手跡不分卷　孫文書　民國影印本　一冊

330000－1797－0000362　15/5/148.2　子部/藝術類/書畫之屬/法帖

孫中山手跡不分卷　孫文書　民國影印本　一冊

330000－1797－0000363　15/1/130　史部/傳記類/別傳之屬

總理奉安實錄不分卷　總理奉安專刊編纂委員會編　民國十八年(1929)總理奉安專刊編纂委員會鉛印本　二冊

330000－1797－0000367　2/5/92　史部/地理類/方志之屬/郡縣志

道光東陽縣志二十七卷首一卷　(清)党金衡修　(清)王恩注纂　民國三年(1914)東陽商務石印公司石印本　一冊　存二卷(二十四至二十五)

330000－1797－0000369　2/5/91　史部/地理類/方志之屬/郡縣志

道光東陽縣志二十七卷首一卷　(清)党金衡修　(清)王恩注纂　民國三年(1914)東陽商務石印公司石印本　二冊　存四卷(十八至二十一)

330000－1797－0000372　2/5/90　史部/地理類/方志之屬/郡縣志

道光東陽縣志二十七卷首一卷　(清)党金衡修　(清)王恩注纂　民國三年(1914)東陽商

務石印公司石印本　二冊　存四卷(十八至二十一)

330000－1797－0000373　2/5/89　史部/地理類/方志之屬/郡縣志

道光東陽縣志二十七卷首一卷　(清)党金衡修　(清)王恩注纂　民國三年(1914)東陽商務石印公司石印本　二冊　存四卷(十八至二十一)

330000－1797－0000375　2/5/88　史部/地理類/方志之屬/郡縣志

道光東陽縣志二十七卷首一卷　(清)党金衡修　(清)王恩注纂　民國三年(1914)東陽商務石印公司石印本　四冊　存九卷(十五至二十一、二十四至二十五)

330000－1797－0000381　2/5/85　史部/地理類/方志之屬/郡縣志

道光東陽縣志二十七卷首一卷　(清)党金衡修　(清)王恩注纂　民國三年(1914)東陽商務石印公司石印本　一冊　存三卷(十至十二)

330000－1797－0000383　2/5/86　史部/地理類/方志之屬/郡縣志

道光東陽縣志二十七卷首一卷　(清)党金衡修　(清)王恩注纂　民國三年(1914)東陽商務石印公司石印本　一冊　存一卷(二十一)

330000－1797－0000384　2/5/87　史部/地理類/方志之屬/郡縣志

道光東陽縣志二十七卷首一卷　(清)党金衡修　(清)王恩注纂　民國三年(1914)東陽商務石印公司石印本　一冊　存三卷(十至十二)

330000－1797－0000385　2/4/83　史部/地理類/方志之屬/郡縣志

道光東陽縣志二十七卷首一卷　(清)党金衡修　(清)王恩注纂　民國三年(1914)東陽商務石印公司石印本　八冊　存二十三卷(五至二十七)

330000－1797－0000388　2/4/84　史部/地理類/方志之屬/郡縣志

道光東陽縣志二十七卷首一卷　(清)党金衡修　(清)王恩注纂　民國三年(1914)東陽商務石印公司石印本　三冊　存七卷(十五至二十一)

330000－1797－0000396　5/3/284　類叢部/叢書類/家集之屬

鄭義門叢書□□種　民國鉛印本　六冊　存一種

330000－1797－0000423　3/4/116.1　子部/醫家類/兒科之屬/痘疹

保赤全生錄二卷　(清)陳文杰輯　民國鉛印本　一冊

330000－1797－0000431　3/4/116.2　子部/醫家類/兒科之屬/痘疹

保赤全生錄二卷　(清)陳文杰輯　民國鉛印本　一冊

330000－1797－0000432　3/4/116.3　子部/醫家類/兒科之屬/痘疹

保赤全生錄二卷　(清)陳文杰輯　民國鉛印本　一冊

330000－1797－0000433　3/4/116.4　子部/醫家類/兒科之屬/痘疹

保赤全生錄二卷　(清)陳文杰輯　民國鉛印本　一冊

330000－1797－0000452　5/3/289　史部/地理類/專志之屬/書院

五峰書院志八卷首一卷　(清)程尚斐纂　民國二十五年(1936)木活字印本　二冊

330000－1797－0000466　5/3/291　集部/別集類/宋別集

胡正惠公遺集二卷　(宋)胡則撰　**附別錄一卷**　(宋)范仲淹等撰　民國五年(1916)永康五彩石印有限公司石印本　一冊

330000－1797－0000469　3/4/118　子部/醫家類/醫案之屬

裘氏醫案選不分卷　蔣成仁編　民國二十八年(1939)抄本　一冊

330000－1797－0000476　5/3/292　史部/傳記類/別傳之屬/事狀

宋侍郎胡忠佑公事跡錄一卷　程鳳山輯　民國十八年(1929)上海新華書局鉛印本　一册

330000－1797－0000481　5/3/293　集部/別集類/宋別集

陳龍川書牘不分卷　(宋)陳亮撰　民國三年(1914)上海商務印書館鉛印本　一册

330000－1797－0000494　5/3/296　集部/別集類/宋別集

龍川文集三十卷首一卷補遺一卷　(宋)陳亮撰　**附錄二卷辨譌考異二卷**　(清)胡鳳丹撰　民國七年(1918)上海掃葉山房石印本　四册　存十七卷(首,一至十一、二十三至二十七)

330000－1797－0000545　5/5/321.12　子部/醫家類/本草之屬/本草藥性

藥用植物圖考六卷　王適聲編　民國十九年(1930)石印本　六册

330000－1797－0000546　5/5/321.8　子部/醫家類/本草之屬/本草藥性

藥用植物圖考六卷　王適聲編　民國十九年(1930)石印本　二册　存二卷(一至二)

330000－1797－0000547　5/5/321.1　子部/醫家類/本草之屬/本草藥性

藥用植物圖考六卷　王適聲編　民國十九年(1930)石印本　一册　存一卷(一)

330000－1797－0000548　5/5/321.2　子部/醫家類/本草之屬/本草藥性

藥用植物圖考六卷　王適聲編　民國十九年(1930)石印本　二册　存二卷(四、六)

330000－1797－0000549　5/5/321.3　子部/醫家類/本草之屬/本草藥性

藥用植物圖考六卷　王適聲編　民國十九年(1930)石印本　四册　存四卷(一至二、四、六)

330000－1797－0000550　5/5/321.4　子部/醫家類/本草之屬/本草藥性

藥用植物圖考六卷　王適聲編　民國十九年(1930)石印本　二册　存二卷(一至二)

330000－1797－0000551　5/5/321.5　子部/醫家類/本草之屬/本草藥性

藥用植物圖考六卷　王適聲編　民國十九年(1930)石印本　二册　存一卷(一)

330000－1797－0000552　5/5/321.6　子部/醫家類/本草之屬/本草藥性

藥用植物圖考六卷　王適聲編　民國十九年(1930)石印本　二册　存二卷(一、四)

330000－1797－0000553　5/5/321.7　子部/醫家類/本草之屬/本草藥性

藥用植物圖考六卷　王適聲編　民國十九年(1930)石印本　二册　存二卷(五至六)

330000－1797－0000554　5/5/321.9　子部/醫家類/本草之屬/本草藥性

藥用植物圖考六卷　王適聲編　民國十九年(1930)石印本　四册　存四卷(一至四)

330000－1797－0000555　5/5/321.10　子部/醫家類/本草之屬/本草藥性

藥用植物圖考六卷　王適聲編　民國十九年(1930)石印本　二册　存二卷(一至二)

330000－1797－0000556　5/5/321.11　子部/醫家類/本草之屬/本草藥性

藥用植物圖考六卷　王適聲編　民國十九年(1930)石印本　三册　存三卷(二至三、六)

330000－1797－0000575　3/4/123　子部/宗教類/道教之屬

新盤論文二卷　洞霩子撰　民國二十二年(1933)石印本　一册

330000－1797－0000596　23/2/51　經部/詩類/傳說之屬

監本詩經八卷　(宋)朱熹撰　民國石印本　三册　存六卷(三至八)

330000－1797－0000597　23/2/52　經部/詩類/傳說之屬

毛詩不分卷　(漢)毛亨傳　民國上海商務印

書館鉛印本　一冊

330000－1797－0000606　20/2/330　集部/別集類/清別集

秋蟪吟館詩鈔七卷　(清)金和撰　民國五年(1916)上元金氏刻本　五冊

330000－1797－0000607　23/2/49　類叢部/叢書類/彙編之屬

四部備要　中華書局編　民國二十五年(1936)上海中華書局鉛印本　十冊　存一種

330000－1797－0000619　3/4/125　子部/雜著類/雜纂之屬

東義兩邑新果報不分卷　包章鳳口述　民國十九年(1930)石印本　一冊

330000－1797－0000645　4/5/226　集部/別集類

峴峰別墅集存不分卷　周香泉集　民國鉛印本　一冊

330000－1797－0000789　25/2/19　經部/春秋左傳類/傳說之屬

評點春秋綱目左傳句解彙雋六卷　(清)韓菼重訂　民國八年(1919)上海鑄記書局石印本　一冊

330000－1797－0000807　3/5/137　子部/雜著類/雜說之屬

文言道俗情不分卷　王之翰撰　民國二十七年(1938)清源堂木活字印本　一冊

330000－1797－0000819　3/5/140.1　史部/傳記類/總傳之屬/忠孝

東陽五孝子記畧不分卷　金蘊章輯　民國十九年(1930)上海宏大善書局石印本　一冊

330000－1797－0000820　3/5/140.2　史部/傳記類/總傳之屬/忠孝

東陽五孝子記畧不分卷　金蘊章輯　民國十九年(1930)上海宏大善書局石印本　一冊

330000－1797－0000821　3/5/140.3　史部/傳記類/總傳之屬/忠孝

東陽五孝子記畧不分卷　金蘊章輯　民國十九年(1930)上海宏大善書局石印本　一冊

330000－1797－0000822　3/5/140.4　史部/傳記類/總傳之屬/忠孝

東陽五孝子記畧不分卷　金蘊章輯　民國十九年(1930)上海宏大善書局石印本　一冊

330000－1797－0000823　3/5/141　經部/孝經類

文昌孝經新注二卷　常寶子注　民國宏大善書局石印本　二冊

330000－1797－0000828　3/5/141.2　經部/孝經類

文昌孝經新注二卷　常寶子注　民國宏大善書局石印本　二冊

330000－1797－0000833　3/5/141.3　史部/傳記類/總傳之屬/忠孝

東陽五孝子記畧不分卷　金蘊章輯　民國十九年(1930)上海宏大善書局石印本　一冊

330000－1797－0000834　3/5/141.1　史部/傳記類/總傳之屬/忠孝

東陽五孝子記畧不分卷　金蘊章輯　民國十九年(1930)上海宏大善書局石印本　一冊

330000－1797－0000841　3/5/142.1　史部/傳記類/總傳之屬/忠孝

浙江孝節錄初集二卷　張大庚　王昌杰編　民國二十四年(1935)明善書局鉛印本　四冊

330000－1797－0000843　3/5/142.2　史部/傳記類/總傳之屬/忠孝

浙江孝節錄初集二卷　張大庚　王昌杰編　民國二十四年(1935)明善書局鉛印本　一冊　存一卷(一)

330000－1797－0000858　26/5/91　經部/春秋左傳類/傳說之屬

春秋左傳五十卷　(晉)杜預　(宋)林堯叟註釋　(唐)陸德明音義　民國上海商務印書館石印本　六冊　存二十八卷(五至十四、二十九至三十三、三十八至五十)

330000－1797－0000860　26/5/90　經部/春

秋左傳類/傳說之屬

春秋左傳五十卷　(晉)杜預　(宋)林堯叟註釋　(唐)陸德明音義　民國上海商務印書館石印本　二冊　存十卷(九至十八)

330000－1797－0000991　28/3/23　類叢部/叢書類/彙編之屬

復性書院叢刊二十七種　馬浮編　民國復性書院刻本　一冊　存一種

330000－1797－0001073　31/4/179　子部/宗教類/道教之屬/雜著

大學秘解不分卷　民國鉛印本　一冊

330000－1797－0001084　31/4/176　經部/四書類/總義之屬/傳說

四書正文　民國五年(1916)嵊縣翰墨林書莊石印本　一冊　存一種

330000－1797－0001093　31/4/171　經部/四書類/大學之屬/傳說

大學古本質言一卷　(清)劉沅撰　民國八年(1919)石印本　一冊

330000－1797－0001126　31/2/127　經部/四書類/孟子之屬/傳說

孟子集註七卷　(宋)朱熹撰　民國十九年(1930)上海商務印書館鉛印本　二冊　存二卷(一、七)

330000－1797－0001127　31/2/128　經部/四書類/孟子之屬/傳說

孟子集註七卷　(宋)朱熹撰　民國上海商務印書館鉛印本　一冊　存一卷(一)

330000－1797－0001128　31/2/129　經部/四書類/孟子之屬/傳說

孟子集註七卷　(宋)朱熹撰　民國石印本　一冊　存三卷(一至三)

330000－1797－0001137　31/3/145　經部/四書類/總義之屬/傳說

新註四書白話解說三十六卷　江希張註　民國九年(1920)上海書業公所石印本　十四冊

330000－1797－0001138　31/3/146　經部/四書類/總義之屬/傳說

新註四書白話解說三十六卷　江希張註　民國十一年(1922)上海書業公所石印本　八冊

330000－1797－0001141　31/3/143　經部/四書類/總義之屬/傳說

新式標點四書白話註解十九卷　琴石山人註解　民國十四年(1925)上海會文堂書局石印本　十四冊

330000－1797－0001142　31/2/144　經部/四書類/總義之屬/傳說

新式標點四書白話註解十九卷　琴石山人註解　民國十四年(1925)上海會文堂書局石印本　十四冊

330000－1797－0001148　31/3/150　經部/四書類/總義之屬/傳說

四書集註十九卷　(宋)朱熹撰　民國三年(1914)中華書局鉛印本　一冊　存五卷(論語一至五)

330000－1797－0001150　31/3/149　經部/四書類/正文之屬

四書白文　民國商務印書館鉛印本　二冊

330000－1797－0001151　31/3/148　經部/四書類/孟子之屬/傳說

新式標點白話詳註孟子七卷　周廷珍編註　民國十一年(1922)上海崇文書局鉛印本　二冊　存三卷(三至四、七)

330000－1797－0001154　32/1/7　經部/小學類/文字之屬/說文

說文解字十五卷標目一卷　(漢)許慎撰　(宋)徐鉉等校定　民國十二年(1923)上海馬啟新書局石印本　四冊

330000－1797－0001155　32/1/6　經部/小學類/文字之屬/說文/傳說

說文釋例二十卷　(清)王筠撰　民國十四年(1925)掃葉山房石印本　七冊　缺三卷(七至九)

330000－1797－0001160　32/1/1　經部/小學類/文字之屬/字書/字典

康熙字典十二集三十六卷總目一卷檢字一卷辨似一卷等韻一卷備考一卷補遺一卷 (清)張玉書等纂修 民國經教聯合出版部鉛印本 一冊 存十六卷(子集上中下、丑集上中下、寅集上中下、卯集上中下,總目,檢字,辨似,等韻)

330000－1797－0001180 35/2/18 史部/紀傳類/正史之屬

二十四史 民國上海涵芬樓據武英殿本影印本 三冊 存一種

330000－1797－0001181 35/2/17 史部/史抄類

三國菁華錄二卷 (清)朱鈞輯 民國三年(1914)上海煥文書局石印本 一冊 存一卷(上)

330000－1797－0001191 34/2/110 經部/小學類/文字之屬/字書/字典

康熙字典十二集三十六卷總目一卷檢字一卷辨似一卷等韻一卷備考一卷補遺一卷 (清)張玉書修 (清)陳廷敬等纂 民國九年(1920)上海昌文書局石印本 六冊

330000－1797－0001193 34/3/111 經部/小學類/文字之屬/字書/字典

康熙字典十二集三十六卷總目一卷檢字一卷辨似一卷等韻一卷備考一卷補遺一卷 (清)張玉書等纂修 民國二年(1913)上海鴻文恆記書局石印本 六冊

330000－1797－0001195 34/3/112 經部/小學類/文字之屬/字書/字典

康熙字典十二集三十六卷總目一卷檢字一卷辨似一卷等韻一卷備考一卷補遺一卷 (清)張玉書等纂修 民國四年(1915)上海共和書局石印本 六冊

330000－1797－0001198 34/3/113 經部/小學類/文字之屬/字書/字典

康熙字典十二集三十六卷總目一卷檢字一卷辨似一卷等韻一卷備考一卷補遺一卷 (清)張玉書等纂修 民國四年(1915)上海天寶書局石印本 六冊

330000－1797－0001200 34/3/115 經部/小學類/文字之屬/字書/字典

康熙字典十二集三十六卷檢字一卷辨似一卷等韻一卷備考一卷補遺一卷 (清)張玉書等纂修 民國三年(1914)上海共和書局石印本 五冊

330000－1797－0001202 34/3/116 經部/小學類/文字之屬/字書/字典

康熙字典十二集三十六卷總目一卷檢字一卷辨似一卷等韻一卷備考一卷補遺一卷 (清)張玉書等纂修 民國二年(1913)上海文盛堂書局石印本 五冊 缺三卷(亥集上中下)

330000－1797－0001203 34/3/117 經部/小學類/文字之屬/字書/字典

中華新字典二十四卷 王文濡等編纂 民國十年(1921)廣益書局石印本 五冊 缺四卷(前編寅集、卯集、辰集、巳集)

330000－1797－0001204 34/4/118 經部/小學類/文字之屬/字書/字典

辭源十二卷 陸爾奎等編 民國四年(1915)商務印書館鉛印本 十二冊

330000－1797－0001206 32/3/33 子部/藝術類/書畫之屬/法帖

草字彙十二卷附補 (清)石梁輯 民國三十八年(1949)上海廣益書局石印本 一冊

330000－1797－0001210 32/3/32 經部/小學類/文字之屬/字書/字體

六書通十卷首一卷 (清)閔齊伋撰 (清)畢弘述篆訂 民國十年(1921)上海掃葉山房石印本 三冊 缺四卷(三至四、七至八)

330000－1797－0001214 32/3/30 經部/小學類/文字之屬/字書/字典

攷正字彙二卷 (清)陳淏子撰 民國十二年(1923)上海萃英書局石印本 一冊

330000－1797－0001216 32/3/29 經部/小學類/文字之屬/字書/字典

攷正字彙二卷 (清)陳淏子撰 民國元年

(1912)共和書局石印本　一册

330000－1797－0001217　32/3/28　經部/小學類/文字之屬/字書/字體

古籀彙編十四卷檢字一卷　徐文鏡編　民國上海商務印書館石印本　五册　存五卷(六至十)

330000－1797－0001224　32/3/27　經部/群經總義類/文字音義之屬

重校十三經不二字不分卷　(清)李鴻藻編　民國四年(1915)上海文益書局石印本　一册

330000－1797－0001238　36/1/27　史部/紀傳類/正史之屬

元史譯文證補三十卷　(清)洪鈞撰　民國鉛印本　二册　存十六卷(二至六、九至十二、十四至十五、十八、二十六至二十七、二十九至三十)

330000－1797－0001239　37/5/45　史部/編年類/通代之屬

尺木堂綱鑑易知錄九十二卷明鑑易知錄十五卷　(清)吳乘權　(清)周之炯　(清)周之燦輯　民國上海著易堂書局鉛印本　十一册　存七十卷(一至五、十三至十九、二十七至四十、四十九至九十二)

330000－1797－0001243　36/1/29　史部/紀傳類/正史之屬

二十四史附考證　民國十二年(1923)上海中華書局據清光緒十八年(1892)武林竹簡齋石印本影印本　二十三册　存一種

330000－1797－0001249　37/6/50　史部/編年類/通代之屬

綱鑑易知錄九十二卷明鑑易知錄十五卷　(清)吳乘權　(清)周之炯　(清)周之燦輯　民國上海著易堂書局鉛印本　二册　存十五卷(明鑑易知錄一至十五)

330000－1797－0001276　36/5/17　史部/編年類/通代之屬

增評加批歷史綱鑑補三十九卷首一卷　(明)王世貞　(明)袁黄纂　**資治明紀綱目二十卷　資治明紀綱目三編一卷**　(清)張廷玉等撰　民國八年(1919)上海錦章圖書局石印本　一册　存十三卷(資治明紀綱目一至十三)

330000－1797－0001288　32/3/14　史部/金石類/陶之屬/文字

古匋文舂錄十四卷附編一卷　顧廷龍集　民國二十五年(1936)國立北平研究院總辦事處出版課石印本　一册

330000－1797－0001296　37/2/31　史部/編年類/通代之屬

增評加批歷史綱鑑補三十九卷首一卷　(明)王世貞　(明)袁黄纂　**資治明紀綱目二十卷　資治明紀綱目三編一卷**　(清)張廷玉等撰　民國十三年(1924)上海錦章圖書局石印本　十八册

330000－1797－0001297　37/2/32　史部/編年類/通代之屬

增評加批歷史綱鑑補三十九卷首一卷　(明)王世貞　(明)袁黄纂　民國上海錦章圖書局石印本　六册　存十五卷(四至十六、二十八至二十九)

330000－1797－0001330　32/4/63　經部/小學類/文字之屬/字書

今字解剖不分卷附補遺一篇　王有宗撰　民國二十四年(1935)上海商務印書館石印本　章炳麟、鄒壽祺題跋　一册　存一册(一)

330000－1797－0001356　32/4/54　集部/詩文評類/文法之屬/函牘格式

最新社會應用指南二卷　周退盦著　民國七年(1918)上海文瑞樓書莊石印本　一册　存一卷(一)

330000－1797－0001357　32/4/53　經部/小學類/訓詁之屬/字詁

言文一貫虚字使用法不分卷　周善培撰　民國鉛印本　一册

330000－1797－0001359　32/4/51　經部/小學類/文字之屬/字書/訓蒙

文通十卷　(清)馬建忠撰　民國九年(1920)

上海商務印書館鉛印本　一册　存五卷(六至十)

330000－1797－0001380　27/2/1　經部/孝經類/傳說之屬

孝經新注二集　湯萬煌撰　常寶子編　民國十九年(1930)上海宏大善書局石印本　一册

330000－1797－0001381　27/2/2　經部/孝經類/傳說之屬

孝經白話解說一卷　朱領中撰　民國二十年(1931)上海明善書局石印本　一册

330000－1797－0001415　40/4/2　史部/雜史類/斷代之屬

戰國策補註三十三卷　吳曾祺撰　民國上海商務印書館鉛印本　二册　存十八卷(八至二十五)

330000－1797－0001416　40/4/3　史部/雜史類/斷代之屬

戰國策補註三十三卷　吳曾祺撰　民國上海商務印書館鉛印本　四册

330000－1797－0001417　40/4/4　史部/雜史類/斷代之屬

戰國策補註三十三卷　吳曾祺撰　民國上海商務印書館鉛印本　二册　存十七卷(一至十七)

330000－1797－0001436　40/4/8　史部/雜史類/斷代之屬

國語詳注二十一卷　沈鎔輯註　民國上海文明書局鉛印本　一册　存五卷(五至九)

330000－1797－0001437　40/4/9　史部/雜史類/斷代之屬

戰國策詳註三十三卷　郭希汾輯註　民國十二年(1923)上海文明書局鉛印本　一册

330000－1797－0001457　40/5/14　史部/雜史類/斷代之屬

滿夷猾夏始末記八卷首一卷外編三卷　楊敦頤輯　民國元年(1912)上海新中華圖書館鉛印本　十二册

330000－1797－0001461　40/5/17　子部/小說家類/異聞之屬

外史八卷　(明)思貞子撰　(明)薛朝選　(清)袁枚輯　民國六年(1917)石印本　四册

330000－1797－0001468　40/6/23　史部/史評類/史論之屬

中國通史不分卷　鄧之誠撰　民國北京大學鉛印本　一册

330000－1797－0001469　42/2/103.1　史部/傳記類/別傳之屬/事狀

吳興周夢坡先生訃告一卷[慶雲]年譜一卷墓表一卷墓誌銘一卷畫史一卷　周延礽輯　民國二十三年(1934)影印本暨鉛印本　一册　存一卷(年譜)

330000－1797－0001470　40/6/24　史部/政書類/邦交之屬

中國通商史及通商條約不分卷　王景岐編　民國鉛印本　一册

330000－1797－0001471　40/6/25　史部/史評類/史論之屬

中國文化史三卷　柳詒徵編　民國國立東南大學常州印刷所鉛印本　三册

330000－1797－0001472　42/2/103.2　史部/傳記類/別傳之屬/事狀

吳興周夢坡先生訃告一卷[慶雲]年譜一卷墓表一卷墓誌銘一卷畫史一卷　周延礽輯　民國二十三年(1934)影印本暨鉛印本　一册　存二卷(墓表、墓誌銘)

330000－1797－0001475　42/2/103.3　史部/傳記類/別傳之屬/事狀

吳興周夢坡先生訃告一卷[慶雲]年譜一卷墓表一卷墓誌銘一卷畫史一卷　周延礽輯　民國二十三年(1934)影印本暨鉛印本　一册　存一卷(訃告)

330000－1797－0001483　43/4/5　史部/地理類/方志之屬/郡縣志

[光緒]青田縣志十八卷首一卷　(清)雷銑修　(清)王棻纂　民國二十四年(1935)鉛印本

八册　存十卷(一、三、九、十二至十八)

330000－1797－0001484　43/4/6　史部/地理類/方志之屬/郡縣志

[民國]昌化縣志十八卷首一卷　陳培珽等修　許昌言等纂　民國十三年(1924)浙江印刷股份有限公司鉛印本　八册

330000－1797－0001490　43/5/12　史部/地理類/方志之屬/郡縣志

中華民國分水縣志十四卷首一卷　鍾詩傑修　臧承宣纂　民國三十一年(1942)鉛印本　一册　存八卷(首、一至七)

330000－1797－0001493　44/1/17　史部/地理類/方志之屬/郡縣志

[民國]蕪湖縣志六十卷　余誼密　彭萃文　濮文波修　鮑寔纂　民國八年(1919)石印本　一册　存五卷(三十八至四十二)

330000－1797－0001503　42/2/112　史部/史抄類

二十四史輯要六十四卷附二十四史總目一卷二十四史四庫提要一卷　趙華基編　民國中華書局鉛印本　一册　存一卷(四十二)

330000－1797－0001511　44/2/24　史部/地理類/山川之屬/山志

清涼山志十卷　(明)釋鎮澄撰　(清)釋阿王老藏補　民國刻本　一册　存二卷(九至十)

330000－1797－0001515　42/3/116　史部/史評類/史學之屬

文史通義九卷校讐通義四卷　(清)章學誠撰　民國上海會文堂書局石印本　三册　存五卷(三至六、九)

330000－1797－0001516　42/3/117　史部/史評類/史學之屬

文史通義九卷校讐通義四卷　(清)章學誠撰　民國上海會文堂書局石印本　一册　存一卷(校讐通義四)

330000－1797－0001518　42/3/119　史部/地理類/外紀之屬

中外輿地通考不分卷　許彬編譯　民國石印本　一册

330000－1797－0001519　44/2/25　史部/地理類/山川之屬/山志

南雁蕩山志十三卷首一卷　周喟編　民國七年(1918)瑞安戴氏詠古齋刻本　一册　存四卷(十至十三)

330000－1797－0001528　44/2/29　史部/地理類/山川之屬/山志

普陀洛迦山志十二卷　王亨彥輯　民國十七年(1928)鉛印本　四册

330000－1797－0001531　44/2/30　史部/地理類/山川之屬/山志

普陀洛迦新志十二卷首一卷　許止淨述　王亨彥輯　民國鉛印本　二册　存五卷(首,一至二、六至七)

330000－1797－0001532　44/2/31　史部/地理類/山川之屬/水志

蕭山湘湖志八卷外編一卷續志一卷　周易藻編　民國十六年(1927)周氏鉛印本　三册　存六卷(五至八、外編、續志)

330000－1797－0001533　44/2/32　史部/地理類/山川之屬/水志

鴛鴦湖小志一卷　陶元鏞輯　民國二十四年(1935)鉛印本　一册

330000－1797－0001534　44/2/33　史部/地理類/遊記之屬/紀行

游杭紀略二卷　楊祚昌輯　民國十一年(1922)杭州文元堂書莊鉛印本　一册

330000－1797－0001566　44/5/70　史部/地理類/方志之屬

大中華浙江省地理志五卷　林傳甲纂　民國七年(1918)鉛印本　一册

330000－1797－0001584　47/1/1　史部/目録類/總録之屬/官修

浙江圖書館觀覽類書目四卷補遺一卷附録一卷補編二卷　浙江圖書館編　民國四年(1915)浙江圖書館鉛印本　六册　缺一卷(集部)

330000－1797－0001585　47/1/2　史部/目録類/總録之屬/官修

浙江省立圖書館出版木印書目一卷鉛印書目一卷　浙江省立圖書館編　民國二十五年(1936)浙江省立圖書館鉛印本　一册

330000－1797－0001586　47/1/3　史部/目録類/總録之屬/官修

壬子文瀾閣所存書目五卷　錢恂編　民國元年(1912)浙江圖書館刻本　四册

330000－1797－0001598　42/4/134　史部/傳記類/雜傳之屬

新中外偉人傳記一卷　中國之新民撰　民國石印本　一册

330000－1797－0001599　47/1/6　史部/目録類

明善書局圖書目錄一卷　上海明善書局編　民國石印本　一册

330000－1797－0001600　47/1/7　史部/目録類/總録之屬/私撰

中國書店廉價書目一卷　中國書店編　民國二十二年(1933)石印本　一册

330000－1797－0001602　47/1/9　史部/目録類/總録之屬/私撰

千頃堂書籍目錄不分卷　千頃堂書局編　民國十四年(1925)上海千頃堂書局石印本　一册

330000－1797－0001603　47/1/14　史部/目録類/總録之屬/官修

欽定四庫全書總目二百卷首一卷　(清)紀昀等撰　民國十五年(1926)東方圖書館石印本　二册　存十一卷(首、一至十)

330000－1797－0001604　47/1/15　史部/目録類/專録之屬

復初齋書局第二期廉價書目一卷　復初齋書局編　民國二十三年(1934)杭州復初齋書局鉛印本　一册

330000－1797－0001606　47/1/19　史部/目録類/書志之屬/提要

四部叢刊續編輯印緣起發行簡章目錄附定單一卷　商務印書館編　民國二十三年(1934)上海商務印書館鉛印本　一册

330000－1797－0001641　41/2/22　史部/傳記類/總傳之屬/列女

中國歷代巾幗傳不分卷　民國上海文業書店鉛印本　一册

330000－1797－0001643　41/2/24　史部/傳記類/總傳之屬/仕宦

歷代循吏傳八卷　(清)朱軾　(清)蔡世遠輯　民國三年(1914)鉛印本　三册　存六卷(一至六)

330000－1797－0001685　41/4/57　史部/紀傳類/正史之屬

史記論文不分卷　(清)吴見思評點　民國上海中華書局鉛印本　三册

330000－1797－0001686　41/4/58　史部/紀傳類/正史之屬

史記論文不分卷　(清)吴見思評點　民國上海中華書局鉛印本　七册

330000－1797－0001691　41/5/63　史部/史抄類

史記菁華錄六卷　(清)姚祖恩輯評　民國鉛印本　六册

330000－1797－0001693　41/5/64　史部/史抄類

史記菁華錄六卷　(清)姚祖恩輯評　民國三年(1914)會文堂石印本　五册　缺一卷(二)

330000－1797－0001695　41/5/67　史部/史抄類

史記菁華錄六卷　(清)姚祖恩輯評　民國上海新文化書社鉛印本　一册

330000－1797－0001696　41/5/68　史部/史抄類

史記菁華錄六卷　(清)姚祖恩輯評　民國上海錦章圖書局石印本　六册

330000－1797－0001697　41/5/69　史部/史

抄類

史記菁華錄六卷　(清)姚祖恩輯評　民國上海商務印書館鉛印本　二册　存四卷(一至四)

330000－1797－0001698　41/5/70　史部/史抄類

史記菁華錄六卷　(清)姚祖恩輯評　民國三年(1914)掃葉山房石印本　二册　存四卷(一至二、五至六)

330000－1797－0001700　41/5/72　史部/史抄類

史記菁華錄六卷　(清)姚祖恩輯評　民國上海商務印書館鉛印本　一册　存二卷(三至四)

330000－1797－0001701　41/5/73　史部/史抄類

史記菁華錄六卷　(清)姚祖恩輯評　民國上海鴻寶齋書局石印本　四册　存四卷(一至二、四、六)

330000－1797－0001702　41/5/74　史部/史抄類

史記菁華錄六卷　(清)姚祖恩輯評　民國上海商務印書館鉛印本　一册　存二卷(三至四)

330000－1797－0001703　41/5/75　史部/史抄類

史記菁華錄六卷　(清)姚祖恩輯評　民國上海錦章圖書局石印本　一册　存一卷(一)

330000－1797－0001706　41/5/77　史部/史抄類

史記菁華錄六卷　(清)姚祖恩輯評　民國上海商務印書館鉛印本　一册　存二卷(一至二)

330000－1797－0001735　49/1/25　子部/醫家類/傷寒金匱之屬/金匱要略

張仲景金匱要略二十四卷　(漢)張機撰　(清)沈明宗編註　民國上海大東書局鉛印本　一册　存五卷(十二至十六)

330000－1797－0001740　49/1/31　子部/醫家類/傷寒金匱之屬/傷寒論

傷寒集註六卷本義一卷　(清)張志聰註　高世栻輯　民國三年(1914)國粹書局石印本　一册　存一卷(一)

330000－1797－0001762　49/2/51　子部/醫家類/眼科之屬

銀海指南四卷　(清)顧錫撰　民國石印本　四册

330000－1797－0001766　49/2/55　子部/醫家類/喉科口齒之屬/通論

喉科四卷　(清)包永泰撰　民國四年(1915)上海江左書林石印本　一册

330000－1797－0001782　48/2/34　子部/儒家類/儒學之屬/禮教/家訓

朱子家訓衍義(朱子家訓白話句解)一卷　民國十六年(1927)上海宏大善書局石印本　一册

330000－1797－0001822　49/3/69　子部/醫家類/類編之屬

王氏潛齋醫書五種　(清)王士雄撰　民國十五年(1926)上海萃英書局石印本　一册　存一種

330000－1797－0001824　49/3/72　子部/醫家類/溫病之屬/瘟疫

廣瘟疫論四卷末一卷　(清)戴天章撰　民國上海千頃堂書局石印本　一册

330000－1797－0001831　49/3/79　子部/醫家類/針灸之屬/針法灸法

痧驚合璧四卷　(清)陳汝銈撰　民國李榮昌抄本　一册　存二卷(三至四)

330000－1797－0001833　49/3/81　子部/醫家類/溫病之屬/痧症

痧症度鍼摘錄不分卷　胡谷甫輯　民國抄本　一册

330000－1797－0001835　49/3/83　子部/醫家類/兒科之屬/痘疹

治疹金鍼集三卷　王正祥記　民國抄本

一册

330000－1797－0001837　49/3/85　子部/醫家類/兒科之屬/痘疹

保赤全生錄二卷　（清）陳文杰輯　民國抄本　一册　存一卷（上）

330000－1797－0001840　49/3/87　子部/醫家類/針灸之屬/針法灸法

痧驚合璧四卷　（清）陳汝銈撰　民國張喜簡抄本　一册　存二卷（三至四）

330000－1797－0001853　45/3/19　史部/政書類/通制之屬

皇朝文獻通考三百卷　（清）嵇璜　（清）曹仁虎等纂修　民國石印本　七册　存九十三卷（一百五十一至一百六十二、一百八十至二百十八、二百三十六至二百五十、二百六十四至二百七十五、二百八十六至三百）

330000－1797－0001860　47/2/21　史部/目録類/總録之屬/私撰

鄞范氏天一閣書目内編十卷　馮貞羣編　民國二十六年至二十九年（1937－1940）寧波重修天一閣委員會鉛印本　四册

330000－1797－0001867　47/3/1　史部/史評類/史論之屬

讀通鑑論十六卷宋論十五卷　（清）王夫之撰　民國上海商務印書館鉛印本　九册　缺二卷（讀通鑑論五至六）

330000－1797－0001868　47/3/2　史部/史評類/史論之屬

讀通鑑論十六卷宋論十五卷　（清）王夫之撰　民國上海商務印書館鉛印本　八册　缺四卷（讀通鑑論五至六、九至十）

330000－1797－0001869　47/3/5　史部/史評類/史論之屬

讀通鑑論十六卷宋論十五卷　（清）王夫之撰　民國上海商務印書館鉛印本　一册　存五卷（宋論一至五）

330000－1797－0001870　47/3/4　史部/史評類/史論之屬

讀通鑑論十六卷宋論十五卷　（清）王夫之撰　民國上海商務印書館鉛印本　四册　存十四卷（三至六、十一至十二，宋論八至十五）

330000－1797－0001872　47/3/6　史部/史評類/史論之屬

讀通鑑論十六卷宋論十五卷　（清）王夫之撰　民國上海商務印書館鉛印本　一册　存二卷（讀通鑑論一至二）

330000－1797－0001875　47/3/9　史部/史評類/史論之屬

評選船山史論二卷　林紓撰　民國上海商務印書館鉛印本　一册　存一卷（一）

330000－1797－0001876　47/3/10　史部/史評類/史論之屬

評選船山史論二卷　林紓撰　民國上海商務印書館鉛印本　二册

330000－1797－0001896　49/3/98　子部/醫家類/溫病之屬/瘟疫

加批時病論八卷　（清）雷豐撰　陳秉鈞批　民國上海廣益書局石印本　二册　存三卷（三至五）

330000－1797－0001897　47/3/14　史部/史評類/史論之屬

讀通鑑論三十卷　（清）王夫之撰　民國上海漢讀樓書莊石印本　一册　存六卷（一至六）

330000－1797－0001900　48/2/41　經部/春秋左傳類/傳說之屬

增批輯註東萊博議四卷　（宋）呂祖謙撰　（清）劉鍾英輯注　民國上海錦章圖書局石印本　一册　存一卷（四）

330000－1797－0001925　57/3/6　類叢部/類書類/專類之屬

家庭萬寶全書六卷　魯雲奇輯　民國十三年（1924）上海中華圖書館集成公司鉛印本　一册　存一卷（四）

330000－1797－0001931　45/5/55　史部/政書類/律令之屬/律例

大理院判解新刑律集覽不分卷　周賡昌　魏

邦翰編　民國十四年(1925)世界書局鉛印本　三册

330000－1797－0001933　48/2/48　經部/春秋左傳類/傳說之屬

東萊博議四卷　(宋)吕祖謙撰　民國商務印書館鉛印本　一册　存二卷(三至四)

330000－1797－0001935　46/2/90　集部/詩文評類/文法之屬/函牘格式

最新詳解公文程式大全十二卷　世界書局編輯所編輯　民國十五年(1926)上海世界書局石印本　六册

330000－1797－0001936　45/5/56　史部/政書類/律令之屬/刑制

中華民國新刑律集解二卷　葛遵禮編　民國上海會文堂石印本　二册

330000－1797－0001956　50/3/163　子部/醫家類/綜合之屬/通論

增訂醫宗金鑑九十卷首一卷　(清)吴謙等撰　民國上海大成圖書鴻寶齋石印本　十册　存四十九卷(内科二十四至五十、六十九至七十四,外科一至十六)

330000－1797－0001959　50/1/135　子部/醫家類/綜合之屬/通論

醫易通説一卷醫易詳解一卷　(清)唐宗海撰　民國六年(1917)上海千傾堂書局石印本　一册

330000－1797－0001961　50/3/162　子部/醫家類/綜合之屬/通論

御纂醫宗金鑑九十卷首一卷　(清)吴謙等撰　民國八年(1919)上海鴻寶齋書局石印本　四册　存十七卷(首、内科一至十六)

330000－1797－0001962　50/1/136　子部/醫家類/類編之屬

退思廬醫書四種合刻　嚴鴻志撰　民國上海千頃堂書局石印本　一册　存一種

330000－1797－0001965　48/3/5　子部/兵家類/兵法之屬

孫子十家註十三卷　(漢)曹操等註　**遺説一卷**　(宋)鄭友賢撰　**孫子敘録一卷**　(清)畢以珣撰　民國六年(1917)上海廣益書局石印本　四册

330000－1797－0001973　50/4/182　子部/醫家類/綜合之屬/通論

醫宗金鑑九十卷首一卷　(清)吴謙等撰　民國石印本　一册　存二卷(外科一至二)

330000－1797－0001974　50/4/179　子部/醫家類/綜合之屬/通論

御纂醫宗金鑑九十卷首一卷　(清)吴謙等撰　民國鉛印本　一册　存三卷(七十七至七十九)

330000－1797－0001983　48/4/9　新學/農政/農務

農業政策一卷　李儻編　民國鉛印本　一册

330000－1797－0001993　46/3/111　史部/政書類/邦交之屬

光緒條約一百十七卷補遺十五卷　許同莘　汪毅　張承棨輯　民國外交部印刷所鉛印本　一册　存六卷(補遺德約二十六年庚子、英約二十八年壬寅、比約二十九年癸卯、德約三十年甲辰、德約三十三年丁未、英約三十三年丁未)

330000－1797－0001994　50/3/165、50/3/166　子部/醫家類/綜合之屬/通論

御纂醫宗金鑑九十卷首一卷　(清)吴謙等撰　民國商務印書館鉛印本　十九册　存八十四卷(首,内科一至五十二、五十七至七十一,外科一至十六)

330000－1797－0001999　50/4/187　子部/醫家類/類編之屬

陳修園醫書四十八種　(清)陳念祖編　民國六年(1917)三星書店石印本　四册　存三種

330000－1797－0002008　48/4/12　子部/農家農學類/總論之屬

農書二十二卷　(元)王禎撰　民國石印本　一册　存五卷(十六至二十)

330000－1797－0002013　46/3/107　新學/

政治法律/律例

林業政策十三卷　李儻編　民國鉛印本　一冊　存一卷(一)

330000－1797－0002030　50/4/193　子部/醫家類/類編之屬

陳修園醫書七十二種　(清)陳念祖等撰　民國二十五年(1936)中國醫學書局鉛印本　三冊　存十三種

330000－1797－0002031　50/5/194.2　子部/醫家類/類編之屬

陳修園七十種醫書　(清)陳念祖等撰　民國石印本　二冊　存二種

330000－1797－0002036　50/4/173　子部/醫家類/綜合之屬/通論

醫宗金鑑九十卷首一卷　(清)吳謙等撰　民國石印本　一冊　存十卷(七至十六)

330000－1797－0002037　50/5/194.1　子部/醫家類/類編之屬

陳修園七十種醫書　(清)陳念祖等撰　民國上海鴻文書局石印本　一冊　存一種

330000－1797－0002038　50/4/174　子部/醫家類/綜合之屬/通論

醫宗金鑑九十卷首一卷　(清)吳謙等撰　民國石印本　一冊　存十卷(七至十六)

330000－1797－0002039　50/4/176　子部/醫家類/綜合之屬/通論

醫宗金鑑九十卷首一卷　(清)吳謙等撰　民國石印本　一冊　存三卷(十四至十六)

330000－1797－0002040　50/4/177　子部/醫家類/綜合之屬/通論

醫宗金鑑九十卷首一卷　(清)吳謙等撰　民國石印本　一冊　存六卷(十一至十六)

330000－1797－0002045　54/1/602　子部/醫家類/方書之屬/單方驗方

重校湯頭歌訣一卷經絡歌訣一卷　(清)汪昂編輯　民國三十五年(1946)廣益書局鉛印本　一冊

330000－1797－0002046　54/1/603　子部/醫家類/方書之屬/單方驗方

重校湯頭歌訣一卷經絡歌訣一卷　(清)汪昂編輯　民國三十五年(1946)廣益書局鉛印本　一冊

330000－1797－0002047　54/1/604　子部/醫家類/方書之屬/單方驗方

重校舊本湯頭歌訣一卷　(清)汪昂編輯　民國上海大文書局鉛印本　一冊

330000－1797－0002050　54/1/605　子部/醫家類/方書之屬/單方驗方

重校舊本湯頭歌訣一卷經絡歌訣一卷　(清)汪昂編輯　民國石印本　一冊

330000－1797－0002051　54/1/606　子部/醫家類/方書之屬/單方驗方

重校舊本湯頭歌訣一卷　(清)汪昂編輯　民國商務印書館鉛印本　一冊

330000－1797－0002059　54/3/2　子部/天文曆算類/曆法之屬

漢書律歷志補注訂誤一卷　周正權編　民國九年(1920)周氏楚風樓鉛印本　一冊

330000－1797－0002060　46/3/104　史部/政書類/邦計之屬/賦稅

浙江財政紀略不分卷　魏頌唐編輯　民國十四年(1925)鉛印本　一冊

330000－1797－0002062　46/3/103　史部/政書類/公牘檔冊之屬

浙江省議會民國十一年第一二次臨時會議員質問書不分卷　浙江省議會編　民國十一年(1922)鉛印本　一冊　存下編

330000－1797－0002063　46/3/102　史部/政書類/公牘檔冊之屬

浙江諮議局各種規則不分卷　浙江諮議局編　民國鉛印本　一冊

330000－1797－0002095　22/4/25　經部/書類/傳說之屬

書經集傳六卷　(宋)蔡沈撰　民國上海文盛堂石印本　一冊

330000－1797－0002096　46/3/98　類叢部/叢書類/郡邑之屬

杭州所著書三種附一種　王守恂撰　民國六年(1917)鉛印本　一冊

330000－1797－0002098　46/3/97　史部/政書類/通制之屬

官幕必攜縣政全書十二卷　許天醉等撰　民國十六年(1927)國光印書局鉛印本　十二冊

330000－1797－0002101　55/1/24　子部/術數類/相宅相墓之屬

地理五訣八卷　(清)趙廷棟撰　民國上海鴻文書局石印本　四冊

330000－1797－0002102　46/3/95　史部/編年類/斷代之屬

東華續錄乾隆朝一百二十卷嘉慶朝五十卷　王先謙編　民國鉛印本　二冊　存十卷(乾隆朝一百五至一百七、嘉慶朝三十二至三十八)

330000－1797－0002108　46/5/130　史部/政書類/邦計之屬/鹽法

兩浙鹽務彙編六卷　邵中等編　民國十二年(1923)兩浙鹽運使署鉛印本　一冊　存一卷(三)

330000－1797－0002113　46/5/128　史部/政書類/邦計之屬/鹽法

鹽法通志一百卷首一卷　周慶雲纂　民國十七年(1928)鴻寶齋鉛印本　三十二冊　缺三卷(十九至二十一)

330000－1797－0002118　48/5/15　子部/醫家類/醫經之屬/難經

校正圖註八十一難經四卷　(明)張世賢註　**校正圖註脈訣四卷**　(晉)王叔和撰　(明)張世賢註　**校正瀕湖脈學一卷奇經八脈考一卷**　(明)李時珍撰輯　民國上海章福記石印本　一冊

330000－1797－0002123　49/5/110　子部/醫家類/外科之屬/外科方

外科經驗良方摘要不分卷　章其仁藏　民國抄本　一冊

330000－1797－0002126　49/5/113　子部/醫家類/外科之屬

王洪緒先生外科證治全生集二卷　(清)王維德撰　民國三年(1914)上海會文堂石印本　一冊

330000－1797－0002129　49/5/115　子部/醫家類/外科之屬/通論

外科正宗十二卷　(明)陳實功撰　(清)徐大椿評　民國石印本　一冊

330000－1797－0002134　54/3/10　子部/天文曆算類/算書之屬

中國各省立命黃道真度表三卷首一卷　(清)蔡綬絿總算　民國六年(1917)鉛印本　三冊

330000－1797－0002139　54/1/625　子部/醫家類/方書之屬/成方藥目

丸散簿不分卷　民國四年(1915)吳景法抄本　一冊

330000－1797－0002140　54/1/626　子部/醫家類/方書之屬/單方驗方

松嘯閣驗方選不分卷　李淮水撰　民國二十八年(1939)抄本　一冊

330000－1797－0002171　53/1/465　子部/醫家類/醫案之屬

臨證指南醫案八卷　(清)葉桂撰　民國上海文益書局石印本　一冊

330000－1797－0002178　49/5/117　子部/醫家類/外科之屬/通論

外科正宗十二卷　(明)陳實功撰　(清)徐大椿評　民國石印本　一冊　存三卷(七至九)

330000－1797－0002193　54/4/23　子部/天文曆算類/算書之屬

增刪算法統宗十一卷首一卷末一卷　(明)程大位編集　(清)梅㲄成增刪　民國元年(1912)石印本　四冊

330000－1797－0002202　54/2/637　子部/醫家類/方書之屬/成方藥目

葉種德堂丸散膏丹說明書不分卷 葉鴻年編 民國十七年(1928)葉種德堂鉛印本 一冊

330000－1797－0002204 57/1/34 子部/雜著類/雜說之屬
嬰寧什箸□□種 陳訓正撰 民國十八年(1929)鉛印本 一冊 存一種

330000－1797－0002211 54/5/22 子部/術數類/相宅相墓之屬
地理五訣八卷 (清)趙廷棟撰 民國上海天寶書局石印本 四冊

330000－1797－0002214 54/5/20 子部/術數類/相宅相墓之屬
地理五訣八卷 (清)趙廷棟撰 民國石印本 四冊

330000－1797－0002225 56/1/150 子部/術數類/陰陽五行之屬
協紀辨方撮要不分卷 民國抄本 一冊

330000－1797－0002226 51/1/215、51/1/214 子部/醫家類/本草之屬/本草藥性
雷公炮製藥性賦解十卷 民國上海商務印書館鉛印本 二冊

330000－1797－0002228 56/1/151 子部/術數類/陰陽五行之屬
欽定協紀辨方書三十六卷 (清)允祿 (清)張照等纂修 民國上海錦章圖書局石印本 四冊 存二十二卷(十二至三十三)

330000－1797－0002250 54/5/6 子部/術數類/相宅相墓之屬
欽定羅經透解二卷首一卷 (清)王道亨輯錄 民國上海錦章圖書局石印本 二冊

330000－1797－0002252 54/5/5 子部/術數類/相宅相墓之屬
欽定羅經透解二卷首一卷 (清)王道亨輯錄 民國石印本 一冊 存一卷(下)

330000－1797－0002254 54/5/4 子部/術數類/相宅相墓之屬
欽定羅經透解二卷首一卷 (清)王道亨輯錄 民國石印本 三冊 缺一卷(首)

330000－1797－0002256 57/2/55 子部/雜著類/雜考之屬
評點百二十子二十六卷補遺十三卷 (明)歸有光輯 (明)文震孟參訂 民國石印本 一冊 存一卷(補遺五)

330000－1797－0002259 57/2/54、57/2/53 子部/儒家類/儒學之屬/禮教
五種遺規 (清)陳弘謀輯並撰 民國廣義書莊石印本 二冊 存二種

330000－1797－0002267 56/2/164 子部/術數類/占卜之屬
大六壬大全十三卷 (清)郭御青撰 民國五年(1916)上海鍊石齋書局石印本 六冊

330000－1797－0002268 56/2/165 子部/術數類/占卜之屬
大六壬大全十三卷 (清)郭御青撰 民國上海校經山房石印本 一冊 存三卷(十一至十三)

330000－1797－0002270 56/2/166 子部/術數類/占卜之屬
大六壬大全十三卷 (清)郭御青撰 民國上海錦章圖書局石印本 一冊 存二卷(十一至十二)

330000－1797－0002272 56/2/169 子部/術數類/雜術之屬
六壬神課金口訣三卷 (清)熊大本校正 (清)周儆弦重訂 民國十七年(1928)上海千頃堂書局石印本 一冊 存一卷(上)

330000－1797－0002278 51/1/228 子部/醫家類/本草之屬/本草藥性
珍珠囊指掌補遺藥性賦四卷 (金)李杲編輯 (清)王子接重訂 **雷公炮製藥性解六卷** (明)李中梓編輯 (清)王子接重訂 民國共和書局石印本 一冊 存六卷(雷公炮製藥性解一至六)

330000－1797－0002280 57/2/44 子部/儒家類/儒學之屬/經濟

劉向新序十卷 (漢)劉向撰 民國三年(1914)右文社鉛印本 一册 存三卷(一至三)

330000－1797－0002283 53/1/471 子部/醫家類/醫案之屬

王氏醫案續編八卷 (清)王士雄撰 (清)張鴻輯 民國石印本 一册 存六卷(三至八)

330000－1797－0002285 53/1/472 子部/醫家類/醫話醫論之屬

評琴書屋葉案括要八卷 (清)潘名熊纂 民國石印本 三册 存六卷(三至八)

330000－1797－0002289 53/1/473 子部/醫家類/醫案之屬

醫案三十一條一卷 (清)陳念祖撰 **局方發揮一卷** (清)朱彦修撰 **脈訣一卷** (金)李杲輯 **醫經溯洄集一卷** (元)王履撰 民國石印本 一册

330000－1797－0002292 53/1/474 子部/醫家類/醫案之屬

醫案類錄一卷 (清)羅定昌撰 民國石印本 一册

330000－1797－0002296 53/1/476 子部/醫家類/醫案之屬

分類王孟英醫案二卷 陸士諤編校 民國十二年(1923)上海世界書局石印本 一册 存一卷(一)

330000－1797－0002297 53/1/477 子部/醫家類/醫案之屬

王孟英醫案一卷 徐衡之 姚若琴編 民國二十三年至二十五年(1934－1936)上海三民圖書公司鉛印本 一册

330000－1797－0002298 56/5/6 子部/墨家類

墨子校注十五卷附錄四卷 吴毓江校注 民國三十三年(1944)重慶獨立出版社鉛印本 二册 存四卷(十一至十四)

330000－1797－0002300 53/1/479 子部/醫家類/醫案之屬

吴門治驗錄四卷 (清)顧金壽撰 民國上海千頃堂書局石印本 一册

330000－1797－0002301 53/1/480 子部/醫家類/醫案之屬

當代全國名醫驗案類編續編二十六卷 郭奇遠評選 民國上海大東書局鉛印本 一册 存二卷(二至三)

330000－1797－0002310 56/2/174 子部/術數類/陰陽五行之屬

奇門遁甲秘笈大全三十卷諸葛武侯行兵遁甲金函玉鏡六卷 (明)劉基校訂 民國上海振軔圖書局石印本 四册

330000－1797－0002311 56/2/175 子部/術數類/陰陽五行之屬

奇門遁甲秘笈大全三十卷諸葛武侯行兵遁甲金函玉鏡六卷 (明)劉基校訂 民國上海振軔圖書局石印本 一册

330000－1797－0002319 53/1/481 子部/醫家類/傷寒金匱之屬/傷寒論

醫效秘傳三卷 (清)葉桂撰 民國石印本 一册

330000－1797－0002321 53/1/482 子部/醫家類/醫話醫論之屬

醫學南針不分卷 陸士諤編輯 民國十七年(1928)上海世界書局石印本 一册

330000－1797－0002324 53/1/484 子部/醫家類/醫案之屬

臨證指南醫案八卷 (清)葉桂撰 民國八年(1919)上海文益書局石印本 四册 存四卷(一、三、六至七)

330000－1797－0002326 53/1/485 子部/醫家類/醫案之屬

增補臨證指南醫案四卷 (清)葉桂著 民國種福堂石印本 一册

330000－1797－0002330 51/1/229 子部/醫家類/綜合之屬/通論

古吴童氏重校醫宗必讀十卷 (明)李中梓撰 民國石印本 一册 存三卷(五至七)

330000－1797－0002347　56/2/184　子部/術數類/占卜之屬

卜筮正宗十四卷　(清)王維德撰　民國三年(1914)上海錦章圖書局石印本　一册

330000－1797－0002353　56/2/185、186　子部/術數類/占卜之屬

卜筮正宗十四卷　(清)王維德撰　民國三年(1914)上海錦章圖書局石印本　二册　存六卷(一至三、十二至十四)

330000－1797－0002354　53/2/487　子部/醫家類/醫案之屬

臨證指南醫案十卷　(清)葉桂撰　民國石印本　四册　缺二卷(一至二)

330000－1797－0002355　56/2/188　子部/術數類/占卜之屬

卜筮正宗十四卷　(清)王維德撰　民國石印本　一册　存四卷(四至七)

330000－1797－0002375　56/2/192　子部/術數類/命書相書之屬

袁柳莊神相全編二卷　(明)袁忠復秘傳　民國抄本　一册　存一卷(上)

330000－1797－0002376　56/2/193　子部/術數類/命書相書之屬

柳麻相法不分卷　民國方建勛抄本　一册

330000－1797－0002378　56/4/226　子部/術數類/命書相書之屬

增補星平會海命學全書十卷首一卷　(清)水中龍編集　民國二十二年(1933)上海萃英書局石印本　三册　存五卷(首,一、五至六、九)

330000－1797－0002379　56/2/195　子部/術數類/命書相書之屬

相術奇書二卷　徐默安輯　民國十三年(1924)世界書局石印本　一册

330000－1797－0002387　56/4/221　子部/術數類/陰陽五行之屬

董公選要覽一卷附錄一卷　(明)董潛撰　民國八年(1919)上海鴻文書局石印本　一册

330000－1797－0002388　56/4/220　子部/術數類/陰陽五行之屬

董公選要覽一卷附錄一卷　(明)董潛撰　民國八年(1919)上海鴻文書局石印本　一册

330000－1797－0002391　51/2/246　子部/醫家類/綜合之屬/通論

瀛經堂醫宗必讀十卷　(明)李中梓撰　民國九年(1920)上海會文堂書局石印本　四册　存八卷(一至六、九至十)

330000－1797－0002392　51/2/247　子部/醫家類/綜合之屬/通論

古吳童氏重校醫宗必讀十卷　(明)李中梓撰　民國十年(1921)上海大成書局石印本　二册

330000－1797－0002393　51/2/248　子部/醫家類/綜合之屬/通論

古吳童氏重校醫宗必讀十卷　(明)李中梓撰　民國上海鴻文書局石印本　一册　存五卷(一至五)

330000－1797－0002395　56/4/218　子部/術數類/陰陽五行之屬

董公選要覽一卷附錄一卷　(明)董潛撰　民國十一年(1922)上海錦章書局石印本　一册

330000－1797－0002408　51/2/250　子部/醫家類/綜合之屬/通論

古吳童氏重校醫宗必讀十卷　(明)李中梓撰　民國石印本　一册

330000－1797－0002411　51/2/251　子部/醫家類/綜合之屬/通論

古吳童氏重校醫宗必讀十卷　(明)李中梓撰　民國石印本　一册　存二卷(三至四)

330000－1797－0002416　57/5/53　子部/雜著類/雜纂之屬

不惑集七卷附錄一卷　湯厚生　凌善清　凌葆康編　民國二十五年(1936)鉛印本　一册

330000－1797－0002417　53/2/498　子部/醫家類/類編之屬

六醴齋醫書十種　(清)程永培輯　民國上海

千頃堂石印本　二册　存一種

330000－1797－0002442　53/3/505　子部/醫家類/兒科之屬/痘疹

增補秘傳痘疹玉髓金鏡錄真本四卷首一卷　(明)翁仲仁輯著　民國石印本　一册

330000－1797－0002448　53/3/506　子部/醫家類/兒科之屬/痘疹

種痘新書十二卷　(清)張琰編輯　民國八年(1919)上海廣益書局石印本　一册

330000－1797－0002449　53/3/507　子部/醫家類/兒科之屬/痘疹

治疹全書三卷　(清)夏禹鑄撰　(清)甯耀垣　(清)甯耀璣輯　民國十七年(1928)抄本　一册　存一卷(下)

330000－1797－0002450　59/1/25　子部/宗教類/道教之屬/雜著

玉準輪科輯要二十七卷　民國北京天華館鉛印本　九册　存十八卷(四至十八、二十三至二十五)

330000－1797－0002451　59/1/26　子部/儒家類/儒學之屬/禮教/女範

金科輯要閨範篇三卷　都劫司　武昌侯輯　顯祿侯定　民國杭州同道益善書局鉛印本　一册

330000－1797－0002453　59/1/27　子部/宗教類/道教之屬

玉定金科例誅輯要三十二卷　南天都劫司桂宮武昌侯輯　民國十二年(1923)北京天華善書館鉛印本　十四册　存三十卷(上集三至十一、中集一至十一、下集一至十)

330000－1797－0002455　59/1/28　子部/宗教類/道教之屬

玉定金科例誅輯要三十二卷　南天都劫司桂宮武昌侯輯　民國十二年(1923)北京天華善書館鉛印本　六册　存十卷(上集三至六、八至十一,中集一至二)

330000－1797－0002458　59/1/31　子部/宗教類/道教之屬/戒律

文昌帝君陰騭文註證不分卷　(清)潘成雲輯　民國十四年(1925)佛學推行社鉛印本　一册

330000－1797－0002463　57/4/38　子部/儒家類/儒學之屬/蒙學

重增繪圖幼學故事瓊林四卷　(清)程登吉撰　(清)鄒聖脈增補　蔡郕續增　民國石印本　三册　存三卷(二至四)

330000－1797－0002466　56/3/207　子部/術數類/命書相書之屬

音義評註淵海子平五卷　(宋)徐升編　民國石印本　一册　存二卷(四至五)

330000－1797－0002467　56/3/206　子部/術數類/命書相書之屬

音義評註淵海子平五卷　(宋)徐升編　民國石印本　三册　存三卷(二至四)

330000－1797－0002468　56/3/205　子部/術數類/命書相書之屬

新刊合併官板音義評註淵海子平五卷　(宋)徐升編　民國上海廣益圖書局鉛印本　一册

330000－1797－0002469　59/2/36　子部/雜著類/雜說之屬

德教闡微十八卷　(清)葉極五輯　民國二十六年(1937)上海大東書局鉛印本　六册

330000－1797－0002472　57/4/37　子部/儒家類/儒學之屬/蒙學

新增繪圖幼學故事瓊林四卷首一卷　(清)程登吉撰　(清)鄒聖脈增補　民國二十五年(1936)上海鴻文書局石印本　一册

330000－1797－0002474　57/4/36　子部/儒家類/儒學之屬/蒙學

新增繪圖幼學故事瓊林四卷首一卷　(清)程登吉撰　(清)鄒聖脈增補　民國二十八年(1939)上海鴻文書局石印本　一册

330000－1797－0002477　57/4/35　子部/儒家類/儒學之屬/蒙學

重增繪圖幼學故事瓊林四卷　(清)程登吉撰　(清)鄒聖脈增補　蔡郕續增　民國上海會

文堂書局石印本　三冊　存三卷(二至四)

330000－1797－0002478　57/4/34　子部/儒家類/儒學之屬/蒙學
新增繪圖幼學故事瓊林四卷　(清)程登吉撰　(清)鄒聖脈增補　民國上海天寶書局石印本　一冊　存一卷(三)

330000－1797－0002482　53/3/510　子部/醫家類/兒科之屬/痘疹
萬氏痘疹一卷　民國抄本　一冊

330000－1797－0002483　59/2/41　子部/雜著類
廣化新編二十回附報應實錄神效藥方　(清)楊正生輯　民國十二年(1923)杭州弘文興記印書局鉛印本　一冊

330000－1797－0002485　59/2/43　子部/宗教類/佛教之屬
看破世界一卷　(清)周祖道輯　民國九年(1920)上海翼化堂善書坊石印本　一冊

330000－1797－0002486　59/2/44　子部/宗教類/佛教之屬
佛學撮要一卷　丁福保編纂　梅光羲節錄　民國九年(1920)鉛印本　一冊

330000－1797－0002493　56/3/200　子部/術數類/命書相書之屬
命理探原八卷補遺一卷　袁阜撰　民國八年(1919)石印本　四冊

330000－1797－0002498　56/3/197　子部/術數類/命書相書之屬
三命通會十二卷　(明)萬民英撰　民國上海中原書局石印本　一冊　存一卷(三)

330000－1797－0002506　53/3/514　子部/醫家類/診法之屬/脈經脈訣
校正圖註脈訣四卷　(晉)王叔和撰　(明)張世賢註　民國石印本　一冊　存二卷(三至四)

330000－1797－0002508　51/2/263　子部/醫家類/內科之屬
證治彙補八卷　(清)李用粹撰　民國中原書局石印本　五冊　存七卷(二至八)

330000－1797－0002513　52/1/311　子部/醫家類/綜合之屬
增補醫林狀元壽世保元十集十卷　(明)龔廷賢編　民國石印本　六冊　存六卷(三至八)

330000－1797－0002515　53/3/517　子部/醫家類
陰陽合參一卷　民國抄本　一冊

330000－1797－0002517　51/3/268　子部/醫家類/綜合之屬
增訂醫醫病書二卷　(清)吳瑭著　(清)曹炳章註　民國石印本　一冊　存一卷(下)

330000－1797－0002519　53/3/519　子部/醫家類/醫理之屬/病源病機
病機賦一卷　民國抄本　一冊

330000－1797－0002521　53/3/521　子部/農家農學類/獸醫之屬
圖像水黃牛經合併大全二卷　(明)喻仁　(明)喻傑撰　民國四年(1915)滬江海左書局石印本　一冊

330000－1797－0002524　53/3/522　子部/農家農學類/獸醫之屬
新刻纂圖療馬集五卷附治牛駝經一卷　(明)喻仁　(明)喻傑撰　民國上海廣益書局石印本　一冊　存一卷(一)

330000－1797－0002525　51/3/273　子部/醫家類/綜合之屬/通論
增補萬病回春原本八卷　(明)龔廷賢編　民國上海普通書局石印本　一冊

330000－1797－0002531　59/2/51　子部/雜著類/雜說之屬
醒夢編四卷　葛玄撰　民國十年(1921)上海宏大善總發行所石印本　一冊

330000－1797－0002532　59/2/45　子部/宗教類/佛教之屬
佛學撮要一卷　丁福保編纂　梅光羲節錄

民國九年(1920)鉛印本　一冊

330000－1797－0002533　59/2/46　子部/宗教類/佛教之屬

佛學淺說□□種　佛學推行社輯　民國十年(1921)中華書局鉛印本　一冊　存一種

330000－1797－0002534　59/2/47　子部/儒家類/儒學之屬/禮教

一心法言一卷　段正元撰　民國九年(1920)北平道德學社鉛印本　一冊

330000－1797－0002536　59/2/49　子部/宗教類/佛教之屬

大乘教義十二卷　靖如居士述　民國九年(1920)佛學通明社鉛印本　一冊

330000－1797－0002546　53/3/523　子部/醫家類

醫書雜抄一卷　民國抄本　一冊

330000－1797－0002554　59/2/55　子部/宗教類/道教之屬

九陽關註解一卷　(□)中和先生撰　(□)紫陽真人鑒　(□)飛龍先生註解　民國十三年(1924)漢上合一會鉛印本　一冊

330000－1797－0002555　53/3/527　子部/醫家類

醫道一卷　民國抄本　一冊

330000－1797－0002557　52/1/315　新學/醫學/衛生學

監獄衛生學不分卷　李仕材輯　民國鉛印本　一冊

330000－1797－0002558　53/3/528　子部/醫家類/方書之屬/成方藥目

神驗良方集要三卷　(清)朱爾楫輯　民國三年(1914)鉛印本　三冊

330000－1797－0002559　52/1/316　子部/醫家類/診法之屬/其他診法

白胎舌總論不分卷　民國抄本　一冊

330000－1797－0002562　59/2/59　子部/宗教類/道教之屬

三次大法綱要□□卷　段正元撰　民國北京道德學社印刷所鉛印本　一冊　存一卷(五)

330000－1797－0002563　59/2/60　子部/雜著類/雜說之屬

三戒真言不分卷　民國十二年(1923)上海宏大善書局石印本　一冊

330000－1797－0002564　59/2/61　子部/宗教類/道教之屬

孚佑帝君純陽祖師演說三生石不分卷　民國十二年(1923)上海宏大善書局石印本　一冊

330000－1797－0002566　57/4/32　子部/儒家類/儒學之屬/蒙學

新增繪圖幼學故事瓊林四卷首一卷　(清)程登吉撰　(清)鄒聖脈增補　民國上海鴻寶齋石印本　一冊　存二卷(三至四)

330000－1797－0002567　52/1/317　子部/醫家類/診法之屬/其他診法

圖彩辨舌指南六卷　曹炳章撰　民國石印本　二冊　存二卷(四至五)

330000－1797－0002574　52/1/321　子部/醫家類/綜合之屬/通論

國醫指南三卷　李涵馥撰　民國鉛印本　一冊

330000－1797－0002576　57/4/28　子部/儒家類/儒學之屬/蒙學

重增繪圖幼學故事瓊林四卷首一卷　(清)程登吉撰　(清)鄒聖脈增補　蔡郕續增　民國上海會文堂書局石印本　二冊　存二卷(三至四)

330000－1797－0002577　52/1/325　新學/醫學

催眠術全書五卷　魏權予編輯　民國上海中西書局鉛印本　一冊

330000－1797－0002579　57/4/26　子部/儒家類/儒學之屬/蒙學

新增繪圖幼學故事瓊林四卷首一卷　(清)程登吉撰　(清)鄒聖脈增補　民國石印本　一冊

330000－1797－0002583　59/2/62　子部/宗教類/道教之屬
三聖經訓不分卷　民國十二年(1923)同道善書印刷局石印本　一册

330000－1797－0002584　59/2/63　子部/宗教類/道教之屬
無極老母化歐記六卷　孫鏘編　民國十八年(1929)吳山九九老壇石印本　一册

330000－1797－0002585　59/2/64　子部/宗教類/佛教之屬
壽康寶鑑一卷　釋印光增訂　民國十六年(1927)浙江印刷公司鉛印本　一册

330000－1797－0002586　59/2/65　子部/宗教類/道教之屬
回天八里路不分卷　南極仙翁撰　民國三十五年(1946)崇華堂刻本　一册

330000－1797－0002587　59/2/66　子部/雜著類/雜説之屬
八字歌不分卷　民國十一年(1922)上海宏大善書局石印本　一册

330000－1797－0002588　59/2/67　子部/宗教類/道教之屬/方法
救時金丹四卷　唐光先纂修　梁志賢編輯　民國五年(1916)鹽城義新壇鉛印本　一册

330000－1797－0002589　59/2/68　子部/雜著類/雜説之屬
同善錄摘要彙編四卷　(清)李曉蓮撰　民國九年(1920)上海宏大善書局石印本　一册　存二卷(一至二)

330000－1797－0002590　59/2/69　子部/宗教類/道教之屬/雜著
悟性窮原不分卷　(清)涵谷子撰　民國十二年(1923)上海宏大善書局石印本　一册

330000－1797－0002595　51/5/292　子部/醫家類/綜合之屬/合刻、合抄
景岳全書六十四卷　(明)張介賓撰　民國二年(1913)上海育文書局石印本　十册　存四十三卷(一至十、十六至二十九、三十五至四十四、四十七至四十九、五十三至五十四、五十九至六十二)

330000－1797－0002596　51/5/293　子部/醫家類/綜合之屬/合刻、合抄
景岳全書六十四卷　(明)張介賓撰　民國石印本　一册　存五卷(一至五)

330000－1797－0002600　59/2/71　子部/宗教類/佛教之屬/總録
浙江全省佛教會簡章不分卷　民國十七年(1928)金華佛教會石印本　一册

330000－1797－0002603　59/2/74　子部/儒家類/儒學之屬/俗訓
格言合璧不分卷　(清)金纓輯　民國八年(1919)上海宏大善書總發行所石印本　一册

330000－1797－0002604　59/2/75　子部/儒家類/儒學之屬/俗訓
格言合璧不分卷　(清)金纓輯　民國八年(1919)上海宏大善書總發行所石印本　一册

330000－1797－0002611　53/3/529　子部/醫家類/方書之屬/單方驗方
經驗良方二卷　(清)梁思淇編輯　民國十三年(1924)上海廣益書局石印本　一册　存一卷(上)

330000－1797－0002612　53/3/530　子部/醫家類/方書之屬/單方驗方
經驗良方二卷　(清)梁思淇編輯　民國十三年(1924)上海廣益書局石印本　一册　存一卷(上)

330000－1797－0002614　53/3/531　子部/醫家類/方書之屬/歷代方書
集選奇效簡便良方四卷　(清)丁堯臣輯　民國十四年(1925)上海宏大善書局石印本　三册　缺一卷(四)

330000－1797－0002617　53/3/533　子部/醫家類/婦科之屬/產科
婦人良方二十四卷　(宋)陳自明撰　(明)薛己注　民國十年(1921)上海大成書局石印本　一册　存三卷(一至三)

330000－1797－0002620　52/2/328　子部/醫家類/本草之屬/歷代綜合本草

本草綱目五十二卷　(明)李時珍撰　民國石印本　二冊　存四卷(二至三、十六至十七)

330000－1797－0002621　52/2/327　子部/醫家類/本草之屬/歷代綜合本草

本草綱目五十二卷圖三卷　(明)李時珍撰　民國上海商務印書館石印本　一冊　存二卷(圖一至二)

330000－1797－0002624　53/3/535　子部/醫家類/方書之屬/歷代方書

集驗良方拔萃二卷癸卯年續補集驗良方拔萃一卷　(清)恬素氏輯　民國十年(1921)上海宏大善書局石印本　一冊

330000－1797－0002627　52/2/329　子部/醫家類/本草之屬/歷代綜合本草

本草綱目五十二卷　(明)李時珍撰　民國錦章圖書局石印本　一冊　存四卷(四十七至五十)

330000－1797－0002628　53/3/537　子部/醫家類/方書之屬/單方驗方

溫氏經驗良方一卷　溫悅堂撰　民國三十七年(1948)國光印書局鉛印本　一冊

330000－1797－0002629　51/5/298　子部/醫家類/類編之屬

南雅堂醫書外集二十七種　民國石印本　一冊　存十七種

330000－1797－0002630　51/5/298.1　子部/醫家類/綜合之屬/通論

醫學從衆錄八卷　(清)陳念祖撰　民國石印本　一冊　存四卷(五至八)

330000－1797－0002632　57/4/16　史部/傳記類/總傳之屬/通代

校正尚友錄統編二十四卷　(清)錢湖釣徒編　(清)張元聲輯　民國石印本　十冊　存十四卷(三、五、七至八、十一至十三、十五至十六、十九至二十三)

330000－1797－0002638　59/3/80　子部/宗教類/佛教之屬/經

妙法蓮華經七卷　(後秦)釋鳩摩羅什譯　民國十三年(1924)刻本　三冊

330000－1797－0002640　59/3/82　子部/宗教類/佛教之屬/經

妙法蓮華經七卷　(後秦)釋鳩摩羅什譯　民國十三年(1924)刻本　三冊

330000－1797－0002641　59/3/83　子部/宗教類/佛教之屬/大藏

藏要第一輯□□種　支那內學院編　民國十九年(1930)支那內學院鉛印本　十三冊　存十種

330000－1797－0002642　59/4/84　集部/小說類/長篇之屬

洞冥記十卷三十八回　(清)呂惟一輯　民國十八年(1929)上海影印本　五冊

330000－1797－0002643　59/4/85　集部/小說類/長篇之屬

洞冥記十卷三十八回　(清)呂惟一輯　民國十八年(1929)上海影印本　五冊

330000－1797－0002644　59/4/86　集部/小說類/長篇之屬

洞冥記十卷三十八回　(清)呂惟一輯　民國十八年(1929)新民印刷公司鉛印本　二冊　存四卷(一至二、九至十)

330000－1797－0002648　60/1/136　子部/宗教類/其他宗教之屬/其他

衆喜粗言五卷　(清)陳衆喜撰　民國謝氏尚德齋刻本　四冊　存四卷(一至四)

330000－1797－0002649　59/4/88　集部/小說類/長篇之屬

洞冥記十卷三十八回　(清)呂惟一輯　民國十八年(1929)上海宏大善書局石印本　三冊　存六卷(一至六)

330000－1797－0002650　59/4/89　集部/小說類/長篇之屬

洞冥記十卷三十八回　(清)呂惟一輯　民國十八年(1929)上海宏大善書局石印本　四冊　存八卷(一至八)

330000－1797－0002651　59/4/90　集部/小說類/長篇之屬

洞冥記十卷三十八回　(清)呂惟一輯　民國十八年(1929)上海宏大善書局石印本　五冊

330000－1797－0002656　52/2/330　子部/醫家類/本草之屬/歷代綜合本草

本草綱目五十二卷　(明)李時珍撰　民國石印本　一冊　存一卷(四)

330000－1797－0002665　52/2/337　子部/醫家類/本草之屬/歷代綜合本草

本草從新十八卷　(清)吳儀洛輯　民國上海蔣春記書莊石印本　四冊

330000－1797－0002667　52/2/339　子部/醫家類/本草之屬/歷代綜合本草

本草從新十八卷　(清)吳儀洛輯　民國上海蔣春記書莊石印本　一冊

330000－1797－0002668　53/3/539　子部/醫家類/方書之屬

校正增廣國醫靈驗方案大全八卷　民國大方書局鉛印本　一冊　存四卷(一至四)

330000－1797－0002671　53/3/541　子部/醫家類/方書之屬/單方驗方

救急經驗良方一卷　(清)竹梅居士選輯　民國十一年(1922)上海宏大善書石印本　一冊

330000－1797－0002673　53/3/542　子部/醫家類/方書之屬/單方驗方

校正增廣驗方新編八卷　(清)鮑相璈輯　(清)張紹棠增訂　民國上海中央書店鉛印本　一冊　存五卷(一至五)

330000－1797－0002674　60/1/141　子部/宗教類/道教之屬

收圓醒迷錄二卷　空谷子編　民國二十九年(1940)鉛印本　一冊　存一卷(下)

330000－1797－0002676　60/1/142　子部/宗教類/佛教之屬/經咒

慈悲水懺法三卷　(唐)釋知玄撰　民國七年(1918)杭州瑪瑙經房刻本　一冊

330000－1797－0002679　52/2/343　子部/醫家類/本草之屬/歷代綜合本草

本草綱目五十二卷　(明)李時珍撰　民國石印本　二冊　存十四卷(十至十四、三十八至四十六)

330000－1797－0002680　52/2/342　子部/醫家類/本草之屬/歷代綜合本草

本草綱目五十二卷附圖三卷　(明)李時珍撰　民國錦章圖書局石印本　二冊　存四卷(一至三、圖一)

330000－1797－0002682　53/3/543　子部/醫家類/方書之屬/單方驗方

校正增廣驗方新編□□卷　(清)鮑相璈輯　民國鉛印本　二冊　存四卷(七至九、十一)

330000－1797－0002686　52/2/344　子部/醫家類/本草之屬/歷代綜合本草

本草綱目五十二卷　(明)李時珍撰　民國石印本　一冊　存九卷(二十九至三十七)

330000－1797－0002687　53/3/544　子部/醫家類/方書之屬/單方驗方

驗方新編□□卷　(清)鮑相璈輯　民國石印本　二冊　存四卷(九至十二)

330000－1797－0002688　53/3/545　子部/醫家類/方書之屬/單方驗方

增廣驗方新編□□卷　(清)鮑相璈輯　民國鉛印本　一冊　存一卷(下)

330000－1797－0002709　60/1/140　集部/曲類/寶卷之屬

何仙姑寶卷二卷　民國上海宏大善書局石印本　一冊

330000－1797－0002710　60/1/143　子部/宗教類/佛教之屬/經咒

慈悲水懺法三卷　(唐)釋知玄撰　民國杭州瑪瑙經房刻本　一冊

330000－1797－0002712　60/1/144　子部/宗教類/佛教之屬/經咒

慈悲水懺法三卷　(唐)釋知玄撰　民國杭州瑪瑙經房刻本　一冊

330000－1797－0002713　52/2/345　子部/醫家類/本草之屬/歷代綜合本草

本草綱目五十二卷　（明）李時珍撰　民國石印本　一冊　存五卷（十至十四）

330000－1797－0002714　53/4/548　子部/醫家類/方書之屬/單方驗方

校正增廣驗方新編八卷　（清）鮑相璈輯　民國鉛印本　一冊

330000－1797－0002715　60/1/145　子部/宗教類/佛教之屬/經咒

慈悲血湖寶懺法三卷　民國七年（1918）浙杭慧空經房刻本　一冊

330000－1797－0002717　60/1/146　子部/宗教類/佛教之屬/經咒

慈悲道場懺法十卷　（南朝梁）武帝蕭衍撰　民國十四年（1925）杭城慧空經房刻本　三冊

330000－1797－0002734　52/2/347　子部/醫家類/本草之屬/神農本草經

神農本草經讀四卷　（清）陳念祖撰　民國上海大文書局鉛印本　二冊

330000－1797－0002737　52/2/348　子部/醫家類/本草之屬/神農本草經

神農本草經讀四卷　（清）陳念祖撰　民國石印本　一冊

330000－1797－0002741　53/4/557　子部/醫家類/方書之屬/單方驗方

重訂驗方新編十八卷　（清）鮑相璈輯　民國石印本　一冊　存二卷（九至十）

330000－1797－0002743　52/2/351　子部/醫家類/本草之屬/本草藥性

增補本草備要八卷　（清）汪昂著輯　民國石印本　一冊　存七卷（一至七）

330000－1797－0002745　52/2/352　子部/醫家類/本草之屬/本草藥性

增補本草備要八卷　（清）汪昂著輯　民國石印本　一冊　存六卷（一至六）

330000－1797－0002747　60/1/147　子部/宗教類/佛教之屬/經咒

慈悲道場懺法十卷　（南朝梁）武帝蕭衍撰　民國刻本　二冊　存七卷（四至十）

330000－1797－0002754　55/2/73　子部/術數類

風水金鑑二卷　民國十三年（1924）上海宏大善書局石印本　一冊

330000－1797－0002755　55/3/106　子部/術數類/數學之屬

皇極經世緒言九卷首二卷　（宋）邵雍著　（明）黃粵洲註釋　（明）黃泰泉輯　（清）劉斯組述　民國九年（1920）上海校經山房石印本　二冊　存四卷（首一至二、一至二）

330000－1797－0002757　55/3/105　子部/術數類/命書相書之屬

秘授命理須知滴天髓二卷　（宋）京圖撰　（明）劉基註　民國大德書局石印本　一冊

330000－1797－0002759　55/2/68　子部/術數類/相宅相墓之屬

入地眼全書十卷　（宋）釋靜道撰　（清）萬樹華編次　民國三年（1914）上海文益書局石印本　二冊　存五卷（一至五）

330000－1797－0002760　55/3/104　子部/天文曆算類/曆法之屬

新刻增補時憲臺曆袖裏璇璣星命須知一卷星命萬年曆一卷　民國石印本　一冊

330000－1797－0002761　55/3/102　子部/術數類

木郎祈雨咒一卷　（宋）白玉蟾注　民國明善書局石印本　一冊

330000－1797－0002762　55/2/70　子部/術數類/相宅相墓之屬

入地眼全書十卷　（宋）釋靜道撰　（清）萬樹華編次　民國三年（1914）上海文益書局石印本　一冊　存二卷（一至二）

330000－1797－0002763　55/3/103　子部/天文曆算類/曆法之屬

新刻增補時憲臺曆袖裏璇璣星命須知一卷

民國二年(1913)啟新書局石印本　一冊

330000－1797－0002764　55/2/69　子部/術數類/相宅相墓之屬
入地眼全書十卷　(宋)釋靜道撰　(清)萬樹華編次　民國三年(1914)上海文益書局石印本　二冊　存五卷(一至五)

330000－1797－0002766　55/3/100　子部/術數類/陰陽五行之屬
增廣玉匣記通書二卷　(清)朱說霖重校　民國十七年(1928)上海昌文書局石印本　二冊

330000－1797－0002767　55/3/99　子部/術數類/陰陽五行之屬
增廣玉匣記通書二卷　(清)朱說霖重校　民國二十六年(1937)上海春明書局鉛印本　一冊

330000－1797－0002768　55/2/67　子部/術數類/相宅相墓之屬
入地眼全書十卷　(宋)釋靜道撰　(清)萬樹華編次　民國三年(1914)上海天寶書局石印本　一冊

330000－1797－0002769　52/3/354　子部/醫家類/本草之屬/歷代綜合本草
本草從新十八卷　(清)吳儀洛輯　民國鉛印本　一冊

330000－1797－0002770　55/2/66　子部/術數類/相宅相墓之屬
入地眼全書十卷　(宋)釋靜道撰　(清)萬樹華編次　民國石印本　一冊　存五卷(一至五)

330000－1797－0002771　55/3/98　子部/術數類/陰陽五行之屬
新鐫許真君玉匣記增補諸家選擇日用通書二卷　(晉)許遜撰　民國掃葉山房石印本　一冊　存一卷(上)

330000－1797－0002772　55/2/65　子部/術數類/相宅相墓之屬
入地眼全書十卷　(宋)釋靜道撰　(清)萬樹華編次　民國石印本　一冊　存三卷(六至八)

330000－1797－0002776　55/3/95　子部/術數類/相宅相墓之屬
陽宅集成八卷　(清)姚廷鑾纂輯　民國上海江左書林石印本　一冊　存一卷(八)

330000－1797－0002781　55/3/82　子部/術數類/相宅相墓之屬
新刻東海王先生纂輯陽宅十書四卷　(明)王君榮纂輯　民國石印本　一冊　存一卷(二)

330000－1797－0002782　55/3/93　子部/術數類/相宅相墓之屬
陽宅三要四卷　(清)趙廷棟撰　民國二年(1913)上海天寶書局石印本　二冊

330000－1797－0002791　55/3/88　子部/術數類/命書相書之屬
選時造命四卷　(清)魏青江纂　民國上海掃葉山房石印本　二冊　缺一卷(二)

330000－1797－0002793　55/3/87　子部/術數類/相宅相墓之屬
陽宅三要四卷　(清)趙廷棟撰　民國七年(1918)上海文益書局石印本　一冊

330000－1797－0002802　55/2/53　子部/術數類/相宅相墓之屬
地理大成山法全書十九卷首二卷　(清)葉泰輯　民國石印本　一冊　存三卷(十七至十九)

330000－1797－0002824　55/4/124　子部/術數類/占卜之屬
斷易大全三卷首一卷　民國上海校經山房石印本　一冊　缺一卷(三)

330000－1797－0002829　55/4/120　子部/術數類/占候之屬
新編評註通玄先生張果星宗大全十卷　(明)陸位輯　民國上海校經山房石印本　一冊　存二卷(一至二)

330000－1797－0002830　55/4/119　子部/天文曆算類/曆法之屬

繼成堂洪潮和通書不分卷 民國福建泉州繼成堂石印本 一冊

330000－1797－0002832 55/4/118 子部/術數類

新編曆法通書□□卷 民國上海掃葉山房石印本 一冊 存一卷(二)

330000－1797－0002859 53/5/576 子部/醫家類/方書之屬/單方驗方

增評醫方集解二十三卷 (清)汪昂著輯 (清)費伯雄加評 民國石印本 一冊 存六卷(四至九)

330000－1797－0002875 62/1/122 集部/小說類/長篇之屬

東周列國志八卷一百八回一百八回 (清)蔡界評點 民國上海進步書局石印本 一冊 存一卷(四)

330000－1797－0002878 62/1/121 集部/小說類/長篇之屬

英烈全傳四卷八十回 (明)徐渭撰 民國二十三年(1934)上海新文化書社鉛印本 一冊

330000－1797－0002886 62/1/119 集部/小說類/長篇之屬

新出八劍七俠十六義平蠻演義前傳四卷六十回後傳四卷六十回 民國十四年(1925)上海沈鶴記書局石印本 一冊 存一卷(前傳一)

330000－1797－0002887 55/5/142 子部/術數類/陰陽五行之屬

絫星秘要諏吉便覽不分卷 (清)俞榮寬輯 民國上海錦章圖書局石印本 一冊

330000－1797－0002888 62/1/118 集部/小說類/長篇之屬

平妖全傳十八卷四十回 民國二十三年(1934)上海受苦書局石印本 一冊 存六回(一至六)

330000－1797－0002889 62/1/117 集部/小說類/長篇之屬

繪像結水滸全傳八卷七十回 (清)俞萬春撰 (清)范辛來 (清)邵祖恩參評 民國上海天寶書局石印本 二冊 存一卷(三)

330000－1797－0002890 55/5/141 子部/術數類/陰陽五行之屬

新鐫曆法便覽象吉備要通書大全二十九卷 (清)魏鑑撰 民國上海會文堂石印本 二冊 存二十五卷(一至九、十四至二十九)

330000－1797－0002891 62/1/116 集部/小說類/長篇之屬

圖像鏡花緣全傳六卷一百回 (清)李汝珍撰 民國上海昌文書局石印本 一冊 存三卷(一、三至四)

330000－1797－0002892 62/1/115 集部/小說類/長篇之屬

吴三桂演義四卷四十回 民國石印本 一冊 存一卷(三)

330000－1797－0002893 55/5/140 子部/術數類/陰陽五行之屬

新鐫曆法便覽象吉備要通書大全二十九卷 (清)魏鑑撰 民國上海會文堂石印本 三冊 存十一卷(一至十一)

330000－1797－0002894 62/1/114 集部/曲類/寶卷之屬

雪梅寶卷二卷 民國石印本 一冊

330000－1797－0002895 55/5/139 子部/術數類/陰陽五行之屬

新鐫曆法便覽象吉備要通書二十九卷 (清)魏鑑撰 民國上海會文堂石印本 十冊 存二十六卷(三至八、十至二十九)

330000－1797－0002897 62/1/112 集部/小說類/長篇之屬

繡像繪圖七劍十三俠三集□□卷一百八十回 民國上海進步書局石印本 二冊 存四卷(二集一至四)

330000－1797－0002913 53/5/579 子部/醫家類/方書之屬/單方驗方

增評醫方集解二十三卷 (清)汪昂撰 (清)費伯雄評 民國三年(1914)上海共和書局石印本 一冊 存二卷(一至二)

330000－1797－0002916　53/5/595　子部/醫家類/方書之屬/單方驗方

重訂驗方新編十八卷　(清)鮑相璈等輯　民國石印本　一冊　存三卷(一至三)

330000－1797－0002926　53/5/582　子部/醫家類/方書之屬/單方驗方

重校舊本湯頭歌訣一卷　(清)汪昂編輯　民國上海錦章圖書局石印本　一冊

330000－1797－0002927　53/5/583　子部/醫家類/方書之屬/單方驗方

增評醫方集解二十三卷　(清)汪昂撰　(清)費伯雄評　民國三年(1914)上海共和書局石印本　一冊　存十四卷(一至十四)

330000－1797－0002928　62/2/137　子部/小說家類/諧謔之屬

文苑滑稽談十四卷　雷瑨輯　民國三年(1914)上海掃葉山房鉛印本　二冊　存二卷(一至二)

330000－1797－0002931　62/2/136　史部/地理類/專志之屬/園林

竹垞小志五卷　(清)阮元訂　(清)楊蟠等輯　民國商務印書館鉛印本　一冊

330000－1797－0002933　62/1/106　子部/小說家類

說庫一百七十種　王文濡編　民國石印本　三冊　存九種

330000－1797－0002942　62/1/100.1　集部/小說類/長篇之屬

增訂繪圖精忠說岳全傳八卷八十回　(清)錢彩編　(清)金豐增訂　民國十八年(1929)上海沈鶴記書局石印本　三冊　缺二卷(二至三)

330000－1797－0002945　62/1/101.1　集部/小說類/長篇之屬

繡像繪圖兒女英雄傳八卷四十回續八卷三十二回　(清)文康撰　(清)董恂評　民國上海天寶書局石印本　二冊　存八卷(一至四、續五至八)

330000－1797－0002946　62/1/101.2　集部/小說類/長篇之屬

兒女英雄傳評話八卷四十回首一卷　(清)文康撰　(清)民強我書室主人評　民國上海中原書局石印本　一冊　存一卷(二)

330000－1797－0002948　62/1/101.3　集部/小說類/長篇之屬

兒女英雄傳十二卷四十回續編四卷三十二回　(清)文康撰　民國上海啓新書局鉛印本　二冊　存二卷(二、續一)

330000－1797－0002949　62/2/126　集部/小說類

兒女英雄傳十二卷四十一回續編四卷三十二回　(清)文康撰　民國十二年(1923)上海啓新書局鉛印本　五冊　存六卷(一、四、九至十二)

330000－1797－0002951　62/2/127　集部/小說類

兒女英雄傳十二卷四十一回續編四卷三十二回　(清)文康撰　民國上海啓新書局鉛印本　一冊　存一卷(三)

330000－1797－0002955　62/3/22　子部/藝術類/遊藝之屬/棋弈

弈理指歸圖三卷　(清)施紹闇撰　(清)錢長澤繪　民國上海文瑞樓石印本　六冊

330000－1797－0002959　62/3/18　子部/藝術類/篆刻之屬/印論

治印雜說不分卷　王世纂　**篆刻約言一卷**　鍾以敬撰　民國鉛印本　一冊

330000－1797－0002963　62/3/15　子部/藝術類/書畫之屬/畫譜

海上名人畫譜六卷　民國石印本　一冊　存一卷(六)

330000－1797－0002967　62/3/13　史部/傳記類/總傳之屬/技藝

歷代畫史彙傳七十二卷首一卷附錄二卷　(清)彭蘊璨編　民國石印本　二冊　存十六卷(二十五至三十、六十六至七十五)

330000－1797－0002970　62/3/12　新學/圖學/畫學

炭畫十一章　(波蘭)顯克微支撰　周作人釋　民國油印本　一冊

330000－1797－0002971　63/3/8　集部/總集類/選集之屬/通代

評註昭明文選十五卷首一卷葉星衛附註一卷　(清)于光華輯　民國掃葉山房石印本　十三冊　存十三卷(首,一至八、十、十二至十四)

330000－1797－0002973　62/3/10　子部/藝術類/書畫之屬/畫譜

性安廬畫稿□□卷　民國石印本　一冊　存一卷(三)

330000－1797－0002974　63/3/9　集部/總集類/選集之屬/通代

評註昭明文選十五卷首一卷葉星衛附註一卷　(清)于光華輯　民國掃葉山房石印本　九冊　存九卷(首,一、三、八至九、十二至十五)

330000－1797－0002975　62/3/9　子部/工藝類/日用器物之屬/服飾

女子細花本一卷　民國文益書局石印本　一冊

330000－1797－0002977　62/3/7　子部/藝術類/書畫之屬/畫譜

芥子園畫傳二集九卷　(清)王槩　(清)王蓍　(清)王臯輯　民國石印本　二冊　存六卷(一、三至四、七至九)

330000－1797－0002984　62/3/4　子部/藝術類/書畫之屬/畫譜

芥子園畫傳初集六卷二集九卷三集六卷　(清)王槩　(清)王蓍　(清)王臯輯　民國二年(1913)鑄記書莊石印本　二冊　存七卷(初集一至三、三集一至四)

330000－1797－0002985　62/3/3　子部/藝術類/書畫之屬/畫譜

芥子園畫傳初集六卷二集九卷三集六卷　(清)王槩　(清)王蓍　(清)王臯輯　民國上海石印本　七冊　存十一卷(初集一、二集三至八、三集一至四)

330000－1797－0002986　60/1/149　子部/宗教類/佛教之屬

二課合解七卷首一卷　釋興慈述　民國十年(1921)揚州藏經院刻本　三冊

330000－1797－0002988　60/1/150　子部/宗教類/佛教之屬

二課合解七卷首一卷　釋興慈述　民國十年(1921)揚州藏經院刻本　一冊　存三卷(五至七)

330000－1797－0002990　60/2/152　子部/雜著類/雜說之屬

玉曆至寶鈔勸世一卷附經驗神效良方一卷　王子達重編　民國上海宏大善書局石印本　一冊

330000－1797－0002991　60/2/153　子部/雜著類/雜說之屬

玉曆至寶鈔勸世一卷附經驗神效良方一卷　王子達重編　民國上海宏大善書局石印本　一冊

330000－1797－0002992　62/4/12　新學/工藝

鑄錢工藝三卷總論一卷圖一卷　(英國)通商字典摘釋　**電器鍍金略法一卷**　(英國)傅蘭雅口譯　民國富強叢書石印本　一冊

330000－1797－0002993　60/2/153.1　子部/雜著類/雜說之屬

玉曆至寶鈔勸世一卷附經驗神效良方一卷　王子達重編　民國上海宏大善書局石印本　一冊

330000－1797－0002995　60/2/153.2　子部/雜著類/雜說之屬

玉曆至寶鈔勸世一卷附經驗神效良方一卷　王子達重編　民國上海宏大善書局石印本　一冊

330000－1797－0002998　63/5/18　集部/總集類/選集之屬/通代

評註昭明文選十五卷首一卷葉星衛附註一卷　（清）于光華輯　民國掃葉山房石印本　四冊　存四卷（三、六至七、十三）

330000－1797－0003000　60/2/155　新學/政治法律/律例

活閻羅斷案記事一卷　顯晦山撰　民國上海醫學書局鉛印本　一冊

330000－1797－0003002　62/3/24　子部/雜著類/雜考之屬

評點百二十子二十六卷補遺十三卷　（明）歸有光輯　（明）文震孟參訂　民國十一年(1922)上海會文堂書局石印本　二十一冊　存二十卷（一至九、二十至二十六，補遺一至四）

330000－1797－0003007　62/4/16　子部/小說家類/雜事之屬

板橋雜記二卷　（清）余懷撰　**續板橋雜記一卷**　（清）珠泉居士撰　民國上海大達圖書鉛印本　一冊

330000－1797－0003010　62/4/13　新學/議論/論政

不忍雜誌彙編初集六卷二集六卷　康有為撰　民國石印本　一冊　存一卷（二集四）

330000－1797－0003015　62/4/7　史部/傳記類/總傳之屬/姓名

繪圖百家姓一卷　民國石印本　一冊

330000－1797－0003024　61/1/9　集部/小說類/長篇之屬

東周列國志二十七卷一百八回　（明）馮夢龍撰　（清）蔡昇評點　民國錦章圖書局石印本　三冊

330000－1797－0003025　61/1/10　集部/小說類/長篇之屬

增像全圖東周列國志二十七卷一百八回　（明）馮夢龍撰　（清）蔡昇評點　民國上海元昌書局石印本　十冊　缺四卷（一、十三至十五）

330000－1797－0003028　61/1/12　集部/小說類/長篇之屬

東周列國志五卷一百零八回　（明）馮夢龍撰　（清）蔡昇評點　民國鉛印本　一冊　存一卷（四）

330000－1797－0003029　61/1/13　集部/小說類/長篇之屬

東周列國志二十七卷一百八回首一卷　（明）馮夢龍撰　（清）蔡昇評點　民國上海錦章圖書局石印本　一冊　存二卷（首、一）

330000－1797－0003030　61/1/15　集部/小說類/長篇之屬

增像全圖東周列國志二十七卷一百八回　（明）馮夢龍撰　（清）蔡昇評點　民國上海商務印書館石印本　一冊　存四卷（十五至十八）

330000－1797－0003031　61/1/14　集部/小說類/長篇之屬

東周列國全志八卷一百八回　（明）馮夢龍撰　（清）蔡昇評點　民國上海天寶書局石印本　一冊　存一卷（六）

330000－1797－0003034　61/1/18　集部/小說類/長篇之屬

東周列國志四卷一百八回　（明）馮夢龍撰　（清）蔡昇評點　民國鉛印本　一冊　存一卷（一）

330000－1797－0003036　65/1/63　集部/總集類/選集之屬/通代

唐宋八家文讀本三十卷　（清）沈德潛評點　民國上海著易堂鉛印本　一冊　存五卷（十六至二十）

330000－1797－0003037　65/1/62　類叢部/叢書類/彙編之屬

四部精華一百二十五種　陸翔選輯　民國上海世界書局石印本　一冊　存十三種

330000－1797－0003040　65/1/58　集部/總集類/選集之屬/通代

古文觀止十二卷　（清）吳乘權　（清）吳大職輯　民國上海商務書局鉛印本　四冊　存八

卷(一至二、七至十二)

330000－1797－0003044　65/1/48　集部/總集類/選集之屬/通代

古文觀止十二卷　(清)吳乘權　(清)吳大職輯　民國上海鴻寶齋石印本　一册　存二卷(九至十)

330000－1797－0003045　65/1/47　集部/總集類/選集之屬/通代

古文觀止十二卷　(清)吳乘權　(清)吳大職輯　民國上海天寶書局石印本　一册　存二卷(十一至十二)

330000－1797－0003046　65/1/47.1　集部/總集類/選集之屬/通代

古文觀止十二卷　(清)吳乘權　(清)吳大職輯　民國七年(1918)上海天寶書局石印本　三册　存六卷(一至二、五至八)

330000－1797－0003049　65/2/71　史部/雜史類/斷代之屬

言文對照國策評註讀本二卷　秦同培編輯　民國新時代文學大觀石印本　一册　存目次

330000－1797－0003050　65/2/70　集部/總集類/選集之屬/斷代

當代駢文類纂十卷　李定彝編　民國九年(1920)上海國華書局鉛印本　三册　存三卷(一、四至五)

330000－1797－0003051　65/2/69　集部/總集類/彙編之屬

歷代詩文評註讀本□□種　王文濡編　民國上海文明書局鉛印本　一册　存一種

330000－1797－0003052　65/2/68　集部/總集類/彙編之屬

歷代詩文評註讀本□□種　王文濡編　民國上海文明書局鉛印本　四册　存一種

330000－1797－0003053　65/2/67　集部/總集類/選集之屬/通代

新式標點古文白話註解六卷　杭永年註解　民國上海碧梧山莊石印本　六册

330000－1797－0003054　65/2/66　集部/總集類/選集之屬/通代

言文對照古文評註讀本十二卷　(清)過珙　(清)黄越選評　(清)曾潢　(清)龐雲燦訂　民國上海世界書局石印本　十二册

330000－1797－0003055　65/2/65　集部/總集類/選集之屬/斷代

唐文評註讀本二卷　王文濡評選　張廷華　沈鎔　郭希汾註釋　民國上海文明書局鉛印本　一册　存一卷(上)

330000－1797－0003064　64/2/30　集部/總集類/選集之屬/通代

古文筆法二十卷　(清)李扶九編集　民國三年(1914)上海鴻寶齋書局石印本　一册

330000－1797－0003068　64/2/31　集部/總集類/選集之屬/通代

古文四象四卷　(清)曾國藩輯　民國上海有正書局鉛印本　一册　存一卷(二)

330000－1797－0003070　66/5/145　集部/總集類/選集之屬/斷代

唐詩三百首註疏六卷　(清)孫洙編　(清)章燮註　民國上海鴻寶齋書局石印本　三册

330000－1797－0003073　66/5/144　集部/總集類/選集之屬/斷代

唐詩三百首註疏六卷　(清)孫洙編　(清)章燮註　民國上海鴻寶齋書局石印本　二册　存三卷(三、五至六)

330000－1797－0003074　66/5/143　集部/總集類/選集之屬/斷代

唐詩三百首註疏六卷　(清)孫洙編　(清)章燮註　民國四年(1915)上海萃英書局石印本　四册　存四卷(一至四)

330000－1797－0003075　66/5/142　集部/總集類/選集之屬/斷代

唐詩三百首註疏六卷　(清)孫洙編　(清)章燮註　民國二年(1913)上海掃葉山房石印本　一册　存一卷(三)

330000－1797－0003081　64/3/38　集部/總

集類/選集之屬/通代

經史百家簡編二卷 (清)曾國藩纂 民國上海商務印書館鉛印本 二冊

330000－1797－0003094 64/5/45 集部/總集類/選集之屬/通代

精選廣註姚氏古文辭類纂不分卷 (清)姚鼐輯 秦同培選 民國石印本 一冊 存一冊(一)

330000－1797－0003107 60/2/156 子部/雜著類/雜說之屬

濟世慈航一卷 閆華亭編輯 民國十四年(1925)有衆善齋石印本 一冊

330000－1797－0003108 60/2/157 子部/宗教類/佛教之屬

歷史感應統紀四卷首一卷 許止淨編纂 民國十八年(1929)鉛印本 四冊

330000－1797－0003109 60/2/158 子部/雜著類/雜纂之屬

通神意旨不分卷 民國抄本 一冊

330000－1797－0003115 64/1/22 集部/總集類/彙編之屬

漢魏六朝百三名家集一百十八卷 (明)張溥輯 民國十四年(1925)上海掃葉山房石印本 四十八冊

330000－1797－0003147 67/3/212 集部/總集類/選集之屬/通代

五七言今體詩鈔十八卷 (清)姚鼐輯 民國上海中華書局鉛印本 三冊

330000－1797－0003154 60/2/161 集部/別集類

圭窗集一卷 民國刻本 一冊

330000－1797－0003155 67/3/211 集部/總集類/彙編之屬

歷代詩文評註讀本□□種 王文濡編 民國上海文明書局鉛印本 一冊 存一種

330000－1797－0003159 67/3/208 集部/總集類/題詠之屬

詠物詩選八卷 (清)俞琰輯 民國進化書局石印本 二冊 存二卷(七至八)

330000－1797－0003162 60/2/162 子部/宗教類/佛教之屬

蓮池大師戒殺文一卷 民國中華書局鉛印本 一冊

330000－1797－0003163 66/4/118 集部/總集類/課藝之屬

全國學生成績新文庫甲編十九卷乙編初集二十卷二集二十卷 中央圖書局編輯部編 民國上海中央圖書公司石印本 三冊 存十卷(甲編四至十三)

330000－1797－0003165 66/4/117 集部/總集類/課藝之屬

全國學生成績新文庫甲編十九卷乙編初集二十卷二集二十卷 中央圖書局編輯部編 民國上海中央圖書公司石印本 一冊 存四卷(乙編二集十一至十四)

330000－1797－0003170 66/4/116 集部/總集類/課藝之屬

全國學生成績新文庫甲編十九卷乙編初集二十卷二集二十卷 中央圖書局編輯部編 民國上海中央圖書公司石印本 二冊 存六卷(乙編二集一至二、十一至十四)

330000－1797－0003171 66/4/115 集部/總集類/課藝之屬

全國學生成績新文庫甲編十九卷乙編初集二十卷二集二十卷 中央圖書局編輯部編 民國上海中央圖書公司石印本 六冊 存二十卷(乙編二集一至二十)

330000－1797－0003172 66/4/114 集部/總集類/課藝之屬

全國中學國文成績學生新文庫乙編二十卷 世界書局編輯所編 民國上海世界書局鉛印本 一冊 存五卷(一至五)

330000－1797－0003175 66/4/113 集部/詩文評類/制藝之屬

言文對照新時代學生文範不分卷 民國十二

年(1923)上海世界書局石印本　一册

330000－1797－0003177　66/4/112　集部/詩文評類/制藝之屬

新體廣註論說文自修讀本四卷首一卷　陸翔評選　鄒志鶴註釋　民國上海世界書局石印本　一册　存三卷(首、一至二)

330000－1797－0003179　66/4/111　集部/詩文評類/制藝之屬

廣註駢文自修讀本四卷首一卷　張廷華編輯　民國上海世界書局石印本　一册　存三卷(首、一至二)

330000－1797－0003181　66/4/110　集部/總集類/課藝之屬

全國學生成績新時代國文大觀甲編二集乙編二集　民國十一年(1922)上海世界書局石印本　四册

330000－1797－0003183　66/4/109　集部/總集類/課藝之屬

江蘇各校國文成績精華初集六卷　鄒登泰評選　民國上海掃葉山房、蘇州振新書社鉛印本　六册

330000－1797－0003188　66/4/108　集部/總集類/課藝之屬

江蘇各校國文成績精華二集六卷　鄒登泰評選　民國上海掃葉山房、蘇州振新書社鉛印本　四册　存四卷(二、四至六)

330000－1797－0003193　67/4/217　集部/總集類/題詠之屬

石門題詠録四卷　劉燿東輯　民國二十三年(1934)啓後亭鉛印本　一册

330000－1797－0003194　67/4/216　集部/總集類/酬唱之屬

丹山驪唱集一卷　趙璋輯　民國二十三年(1934)平湖浙江印刷所鉛印本　一册

330000－1797－0003195　61/2/24　集部/小説類/長篇之屬

繪圖封神演義十二卷一百回　(明)許仲琳撰　(明)鍾惺評　民國石印本　一册　存一卷(二)

330000－1797－0003196　67/4/214　集部/總集類/郡邑之屬

赤城韻事二卷　許欽明編　民國油印本　一册

330000－1797－0003197　61/2/24.1　集部/小説類/長篇之屬

繡像封神演義八卷一百回　(明)許仲琳撰　民國石印本　三册　存三卷(二、五、八)

330000－1797－0003198　67/4/213　集部/總集類/郡邑之屬

進社文録一卷詩録一卷詞録一卷題名録一卷　進社編輯　民國七年(1918)進社鉛印本　一册

330000－1797－0003199　61/2/24.2　集部/小説類/長篇之屬

繡像封神演義八卷一百回　(明)許仲琳撰　民國石印本　一册　存一卷(八)

330000－1797－0003200　61/2/25　集部/小説類/長篇之屬

繪圖後漢通俗演義十卷一百回　蔡東帆輯　民國上海會文堂書局石印本　一册　存一卷(四)

330000－1797－0003201　61/2/26　集部/小説類/長篇之屬

繡像東漢演義二卷一百二十六回　(明)謝詔撰　民國石印本　一册

330000－1797－0003205　68/1/21　集部/總集類/選集之屬/通代

簡鍊揣摩不分卷　民國抄本　一册

330000－1797－0003208　68/1/18　集部/總集類/選集之屬

小題文藪式編□□卷　民國石印本　三册

330000－1797－0003214　60/2/168　子部/宗教類/佛教之屬/總録

增補敬信録二卷　民國刻本　一册　存一卷(下)

330000－1797－0003221　60/2/163　子部/宗教類/佛教之屬

決定生西日課不分卷　□□撰　民國石印本　一冊

330000－1797－0003223　60/2/171　子部/宗教類/道教之屬

敬竈全書不分卷　民國上海宏大善書局石印本　一冊

330000－1797－0003243　67/1/191　集部/總集類/選集之屬/通代

十八家詩鈔二十八卷首一卷　(清)曾國藩輯　民國鉛印本　四冊　存五卷(十三至十四、二十、二十二至二十三)

330000－1797－0003269　67/1/177　集部/總集類/選集之屬/通代

古唐詩合解十二卷古詩四卷　(清)王堯衢注　(清)李模　(清)李桓校　民國石印本　八冊

330000－1797－0003270　67/1/178　集部/總集類/選集之屬/通代

古唐詩合解十二卷古詩四卷　(清)王堯衢注　(清)李模　(清)李桓校　民國上海錦章圖書局石印本　一冊　存二卷(合解三至四)

330000－1797－0003271　67/1/176　集部/總集類/選集之屬/通代

古唐詩合解十二卷古詩四卷　(清)王堯衢注　(清)李模　(清)李桓校　民國五年(1916)上海章福記書局石印本　三冊

330000－1797－0003275　60/4/3　子部/道家類

樂育堂語錄四卷　(清)黃元吉講　民國八年(1919)繼尼仙房刻本　四冊

330000－1797－0003280　60/4/5　子部/道家類

參同契闡幽二卷　(漢)魏伯陽撰　(清)朱元育闡幽　汪啟濩輯　民國八年(1919)合川會善堂刻本　二冊

330000－1797－0003282　60/4/6　子部/道家類

莊子十卷附校勘記一卷　(晉)郭象注　(唐)陸德明音義　民國九年(1920)浙江圖書館刻本　四冊

330000－1797－0003290　67/2/196　集部/總集類/選集之屬/通代

十八家詩鈔二十八卷首一卷　(清)曾國藩輯　民國四年(1915)鉛印本　十六冊　缺三卷(五至六、二十三)

330000－1797－0003293　61/2/28　集部/小說類/長篇之屬

唐宮歷史演義□□卷　民國大達圖書供應社鉛印本　一冊　存一卷(七)

330000－1797－0003294　61/2/29　集部/小說類/長篇之屬

四雪草堂重訂通俗隋唐演義八卷一百回　(清)褚人獲撰　民國石印本　一冊　存二卷(三至四)

330000－1797－0003295　61/2/30　集部/小說類/長篇之屬

繡像宋史奇書十二卷六十六回　民國三年(1914)上海簡青齋書局石印本　一冊

330000－1797－0003296　61/2/31、61/2/33　集部/小說類/長篇之屬

繪圖歷朝通俗演義十一種　蔡東帆輯　民國上海會文堂新記書局石印本　十七冊　存二種

330000－1797－0003297　61/2/32、61/2/34　集部/小說類/長篇之屬

繪圖歷朝通俗演義十一種　蔡東帆輯　民國上海會文堂新記書局石印本　二冊　存二種

330000－1797－0003304　61/3/41　集部/小說類/長篇之屬

繪圖紅樓夢十卷一百二十回　(清)曹霑　(清)高鶚撰　民國十三年(1924)上海世界書局石印本　一冊　存五卷(六至十)

330000－1797－0003305　61/3/42　集部/小說類/長篇之屬

新式標點續紅樓夢二卷三十回　(清)曹霑　(清)高鶚撰　王文英標點　民國二十三年(1934)大達圖書供應社鉛印本　一冊　存一卷(下)

330000－1797－0003306　61/3/44　集部/小說類/長篇之屬

燕山外史二卷　(清)陳球撰　(清)傅聲谷輯註　民國二十二年(1933)新文化書社鉛印本　一冊

330000－1797－0003333　60/4/8　子部/道家類

莊子詮詁一卷　民國鉛印本　一冊

330000－1797－0003337　60/4/15　子部/宗教類/佛教之屬

修道全指逐節天梯無上聖深微妙真經不分卷　蔣救愚撰　民國五年(1916)宏大善書局石印本　一冊

330000－1797－0003339　60/5/3　集部/小說類/長篇之屬

第一才子書六十卷一百二十回　(明)羅貫中撰　(清)毛宗崗　(清)金人瑞評　民國上海錦章書局石印本　十三冊　缺八卷(四十一至四十四、五十七至六十)

330000－1797－0003340　60/5/4　集部/小說類/長篇之屬

第一才子書六十卷一百二十回　(明)羅貫中撰　(清)毛宗崗　(清)金人瑞評　民國大上書局石印本　七冊　存七卷(五、十一至十六)

330000－1797－0003343　60/5/7　集部/小說類/長篇之屬

第一才子書六十卷一百二十回　(明)羅貫中撰　(清)毛宗崗　(清)金人瑞評　民國上海錦章書局石印本　四冊　存十三卷(十九至二十一、三十五至四十四)

330000－1797－0003346　61/3/45　集部/小說類/長篇之屬

燕山外史註釋八卷　(清)陳球撰　(清)傅聲谷輯註　民國五年(1916)上海會文堂石印本　一冊

330000－1797－0003351　61/3/48　集部/小說類/長篇之屬

老殘遊記二十章　(清)劉鶚撰　民國鉛印本　一冊　存十二章(一至十二)

330000－1797－0003366　58/4/89　新學/報章

知新報選編不分卷　民國石印本　一冊

330000－1797－0003369　58/5/1　子部/宗教類/道教之屬

太上感應篇直講一卷　民國石印本　一冊

330000－1797－0003371　58/5/2　子部/宗教類/道教之屬

太上感應篇直講一卷　民國石印本　一冊

330000－1797－0003372　58/5/3　子部/宗教類/道教之屬

太上感應篇直講一卷　民國石印本　一冊

330000－1797－0003376　58/5/6　子部/宗教類/道教之屬/靈圖

三聖經感應靈驗圖註不分卷　民國杭州朱華卿鉛印本　一冊

330000－1797－0003377　58/5/8　子部/宗教類/道教之屬/戒律

太上寶筏二卷　(清)黃正元撰　民國鉛印本　一冊　存一卷(下)

330000－1797－0003379　58/5/10　子部/宗教類/道教之屬/戒律

太上寶筏圖說八卷　(清)黃正元撰　民國七年(1918)上海宏大善書局石印本　八冊

330000－1797－0003380　58/5/11　子部/宗教類/道教之屬/戒律

太上寶筏圖說八卷　(清)黃正元撰　民國石印本　七冊　缺一卷(孝)

330000－1797－0003381　58/5/12　子部/宗教類/道教之屬/戒律

太上寶筏圖說八卷　(清)黃正元撰　民國石

印本　四冊　存四卷(悌、忠、信、廉)

330000－1797－0003382　58/5/13　子部/宗教類/道教之屬/戒律

太上寶筏圖說八卷　(清)黃正元撰　民國石印本　一冊　存一卷(恥)

330000－1797－0003400　58/4/86　新學/報章

新民叢報彙編不分卷　民國石印本　一冊

330000－1797－0003401　58/4/85　新學/報章

新民叢報彙編二集不分卷　民國石印本　一冊

330000－1797－0003409　58/4/81　子部/小說家類

新式標點學史不分卷　(清)王希廉撰　民國二十四年(1935)大達圖書供應社鉛印本　一冊

330000－1797－0003410　58/6/14　子部/宗教類/佛教之屬/大藏

藏要第一輯□□種　歐陽漸輯　民國十八年至十九年(1929－1930)南京支那內學院鉛印本　十五冊　存十種

330000－1797－0003416　58/6/15　子部/宗教類/道教之屬/雜著

暗室燈二卷　(清)深山居士輯　民國六年(1917)葉懷古齋刻本　一冊

330000－1797－0003420　58/6/23　子部/雜著類/雜編之屬

安士全書四種　(清)周夢顏撰　民國中華書局鉛印本　三冊　存二種

330000－1797－0003424　58/6/21　子部/宗教類/道教之屬/雜著

暗室燈二卷　(清)深山居士輯　民國石印本　一冊

330000－1797－0003425　58/6/22　子部/雜著類/雜編之屬

安士全書四種　(清)周夢顏撰　民國十四年(1925)中華書局鉛印本　四冊

330000－1797－0003426　58/6/24　子部/雜著類/雜編之屬

安士全書四種　(清)周夢顏撰　民國中華書局鉛印本　一冊　存一種

330000－1797－0003435　71/1/8　集部/詩文評類/文法之屬/雜著

日用文件大全不分卷　民國石印本　一冊

330000－1797－0003436　61/5/83　集部/小說類/長篇之屬

增像全圖加批西遊記八卷一百回　(明)吳承恩撰　(清)陳士斌詮解　民國八年(1919)上海書局石印本　八冊　存七卷(一至五、七至八)

330000－1797－0003437　61/5/83.1　集部/小說類/長篇之屬

新說西遊記十六卷一百回　(明)吳承恩撰　(清)張書紳注　民國上海中新書局石印本　一冊　存一卷(九)

330000－1797－0003440　61/5/81　集部/小說類/長篇之屬

古本三國演義四卷一百二十回　(明)羅貫中撰　民國鉛印本　三冊　存三卷(一至三)

330000－1797－0003441　61/5/80　集部/小說類/長篇之屬

增像全圖三國演義十六卷一百二十回　(明)羅貫中撰　(清)毛宗崗評　民國石印本　十四冊

330000－1797－0003445　61/5/80.1　集部/小說類/長篇之屬

第一才子書繡像三國志演義六十卷一百二十回首一卷　(明)羅貫中撰　(清)毛宗崗　(清)金人瑞評　民國商務印書館鉛印本　四冊　存十七卷(二十六至二十九、三十一至三十五、四十三至四十六、五十一至五十四)

330000－1797－0003446　61/5/80.2　集部/小說類/長篇之屬

繪圖三國志演義八卷一百四十八回　(明)羅

貫中撰　民國石印本　一冊　存一卷(三)

330000－1797－0003447　61/5/80.3　集部/小說類/長篇之屬

第一才子書六十卷一百二十回　(明)羅貫中撰　(清)毛宗崗　(清)金人瑞評　民國天寶書局石印本　二冊　存二卷(三至四)

330000－1797－0003448　61/5/79　集部/小說類/長篇之屬

增像全圖三國演義十六卷一百二十回　(明)羅貫中撰　(清)毛宗崗評　民國石印本　四冊

330000－1797－0003450　61/5/78　子部/小說家類/雜事之屬

三異筆談一集四卷　(清)許元仲撰　民國上海進步書局石印本　一冊

330000－1797－0003471　71/1/4　新學/雜著

日用萬事顧問二卷　李逸農編　民國二十六年(1937)上海文業書局鉛印本　一冊　存一卷(下)

330000－1797－0003472　71/1/3　類叢部/類書類/通類之屬

國民日用百科全書四十四卷　王文英編輯　民國二十六年(1937)廣益書局鉛印本　四冊

330000－1797－0003478　71/1/6　子部/雜著類/雜纂之屬

日用快覽不分卷　世界書局編　民國十三年(1924)上海世界書局石印本　一冊

330000－1797－0003483　71/1/7　子部/雜著類/雜纂之屬

日用快覽不分卷　世界書局編　民國二十五年(1936)世界書局石印本　一冊

330000－1797－0003487　71/2/9　子部/儒家類/儒學之屬/禮教/家訓

雙節堂庸訓四卷　(清)汪輝祖撰　民國十一年(1922)杭州彩華五彩石印局鉛印本　一冊

330000－1797－0003489　61/4/75　子部/雜著類/雜纂之屬

兩般秋雨盦隨筆八卷　(清)梁紹壬撰　民國十三年(1924)上海掃葉山房石印本　三冊　存六卷(一至二、五至八)

330000－1797－0003494　61/4/74　子部/小說家類/諧謔之屬

新齊諧五卷續新齊諧三卷　(清)袁枚撰　民國上海錦章圖書局石印本　四冊　存四卷(三、續一至三)

330000－1797－0003503　71/2/17　新學/雜著

家庭萬寶全書六卷　魯雲奇輯　民國上海中華圖書集成公司鉛印本　五冊　缺一卷(五)

330000－1797－0003505　71/2/18　新學/雜著

家庭萬寶全書六卷　魯雲奇輯　民國上海中華圖書集成公司鉛印本　一冊　存一卷(二)

330000－1797－0003506　71/2/19　新學/雜著

家庭萬寶全書六卷　魯雲奇輯　民國上海中華圖書集成公司鉛印本　一冊　存一卷(四)

330000－1797－0003508　71/2/20　新學/雜著

家事實習寶鑑不分卷　王言綸編纂　民國二十六年(1937)商務印書館鉛印本　一冊

330000－1797－0003516　71/2/23　集部/總集類/尺牘之屬

交際大全不分卷　廣文書局編輯所編輯　民國十四年(1925)上海世界書局石印本　一冊

330000－1797－0003517　61/6/84.1　集部/小說類/長篇之屬

評註圖像水滸傳十二卷七十回首一卷　(元)施耐庵撰　(清)金人瑞評　民國十八年(1929)上海共和書局石印本　二冊　存三卷(首,一、五)

330000－1797－0003518　71/2/24　集部/總集類/尺牘之屬

交際大全八章　廣文書局編輯所編　民國十

六年(1927)上海世界書局石印本　一册

330000－1797－0003519　61/6/84.2　集部/小説類/長篇之屬
繪圖增像第五才子書水滸全傳八卷七十回首一卷　(元)施耐庵撰　(清)金人瑞評釋　民國九年(1920)上海共和書局石印本　二册　存三卷(首,一、六)

330000－1797－0003520　61/6/84.3　集部/小説類/長篇之屬
新式水滸演義四卷　(清)江陰香編　民國石印本　一册　存一卷(二)

330000－1797－0003522　61/4/68　集部/小説類/長篇之屬
儒林外史二卷五十五回　(清)吳敬梓撰　民國鉛印本　二册

330000－1797－0003523　61/4/68.1　集部/小説類/長篇之屬
儒林外史二卷五十五回　(清)吳敬梓撰　民國鉛印本　二册

330000－1797－0003524　61/4/67　集部/小説類/長篇之屬
繡像繪圖花月痕十六卷五十二回　(清)魏秀仁編　(清)棲霞居士評　民國上海進步書局石印本　一册　存四卷(九至十二)

330000－1797－0003525　71/2/25　類叢部/類書類/專類之屬
應酬彙選新集四卷　蔣守誠編輯　民國瀛經堂刻本　三册　存三卷(一至三)

330000－1797－0003537　71/2/29　史部/金石類/錢幣之屬
洋錮書不分卷　趙文英撰　民國刻本　一册

330000－1797－0003538　61/4/62　集部/小説類/短篇之屬
詳註聊齋志異圖詠十六卷　(清)蒲松齡撰　(清)吕湛恩註　民國上海簡青齋書局石印本　一册　存二卷(一至二)

330000－1797－0003539　71/2/30　集部/詩文評類/文法之屬
增補應世雜文不分卷　市北工學校輯　民國上海廣益書局石印本　二册

330000－1797－0003540　71/2/31　集部/詩文評類/文法之屬
增補應世雜文不分卷　市北工學校輯　民國上海廣益書局石印本　二册

330000－1797－0003541　61/4/61　集部/小説類/短篇之屬
詳註聊齋志異圖詠十六卷　(清)蒲松齡撰　(清)吕湛恩註　民國石印本　一册　存一卷(十六)

330000－1797－0003542　61/4/53　集部/小説類/短篇之屬
詳註聊齋志異圖詠十六卷　(清)蒲松齡撰　(清)吕湛恩註　民國九年(1920)上海共和書局石印本　二册

330000－1797－0003543　71/2/32　類叢部/類書類/通類之屬
雲林別墅新輯酬世錦囊初集八卷二集七卷三集二卷四集二卷　(清)鄒景揚輯　民國鴻寶齋書局石印本　六册

330000－1797－0003544　61/4/60　集部/小説類/短篇之屬
詳註聊齋志異圖詠十六卷　(清)蒲松齡撰　(清)吕湛恩註　民國上海天寶書局石印本　一册　存四卷(五至八)

330000－1797－0003545　61/4/59　集部/小説類/短篇之屬
詳註聊齋志異圖詠十六卷　(清)蒲松齡撰　(清)吕湛恩註　民國上海天機書局石印本　一册　存四卷(十三至十六)

330000－1797－0003547　61/4/57　集部/小説類/短篇之屬
詳註聊齋志異圖詠十六卷　(清)蒲松齡撰　(清)吕湛恩註　民國上海天寶書局石印本　二册　存四卷(三至四、十五至十六)

330000－1797－0003548　71/2/33　類叢部/

類書類/通類之屬

雲林別墅新輯酬世錦囊初集八卷二集七卷三集二卷四集二卷 (清)鄒景揚輯 民國鍊石齋書局石印本 一冊 存四卷(初集一至四)

330000－1797－0003549 61/4/56 集部/小說類/短篇之屬

詳註聊齋志異圖詠十六卷 (清)蒲松齡撰 (清)呂湛恩註 民國二年(1913)上海天寶書局石印本 一冊 存四卷(一至四)

330000－1797－0003550 61/4/54 集部/小說類/短篇之屬

聊齋志異評註十六卷 (清)蒲松齡撰 (清)王士禛評 (清)呂湛恩註 (清)但明倫新評 民國上海商務印書館鉛印本 二冊 存四卷(三至四、九至十)

330000－1797－0003552 71/2/34 類叢部/類書類/通類之屬

雲林別墅新輯酬世錦囊採輯新聯初集八卷二集七卷三集二卷四集二卷 (清)鄒景揚輯 民國石印本 一冊 存二卷(四集一至二)

330000－1797－0003553 61/6/85.1 集部/小說類/長篇之屬

水滸傳四卷七十回 (元)施耐庵撰 民國錦章書局鉛印本 一冊 存一卷(四)

330000－1797－0003554 61/4/55 集部/小說類/短篇之屬

詳註聊齋志異圖詠十六卷 (清)蒲松齡撰 (清)呂湛恩註 民國石印本 二冊 存四卷(九至十二)

330000－1797－0003555 61/4/54.1 集部/小說類/短篇之屬

聊齋志異評註十六卷 (清)蒲松齡撰 (清)王士禛評 (清)呂湛恩註 (清)但明倫新評 民國上海商務印書館鉛印本 一冊 存二卷(九至十)

330000－1797－0003573 61/6/91 集部/小說類/長篇之屬

足本大字繡像征西全傳六卷九十回 民國石印本 一冊 存三卷(一至三)

330000－1797－0003574 61/6/92 集部/小說類/長篇之屬

增像玉茗堂批點按鑑參補北宋楊家將全傳四卷五十回 (明)研石山樵訂正 民國十七年(1928)上海沈鶴記書局石印本 一冊

330000－1797－0003575 61/6/92.1 集部/小說類/長篇之屬

增像玉茗堂批點按鑑參補北宋楊家將全傳四卷五十回 (明)研石山樵訂正 民國十七年(1928)上海沈鶴記書局石印本 一冊 存二卷(一至二)

330000－1797－0003578 61/6/93.1 子部/小說家類/異聞之屬

閱微草堂筆記二十四卷 (清)紀昀撰 民國石印本 一冊 存六卷(一至六)

330000－1797－0003579 61/6/93.2 子部/小說家類/異聞之屬

閱微草堂筆記二十四卷 (清)紀昀撰 民國石印本 一冊 存十二卷(一至十二)

330000－1797－0003580 71/3/40 集部/總集類/尺牘之屬

蘇黃尺牘合刊不分卷 黃始箋輯 民國二十二年(1933)上海新文化書社鉛印本 一冊

330000－1797－0003583 71/3/41 集部/總集類/尺牘之屬

蘇黃尺牘合刊不分卷 黃始箋輯 民國上海新文化書社鉛印本 一冊

330000－1797－0003586 71/3/42 集部/別集類/宋別集

王臨川尺牘一卷 (宋)王安石撰 **曾南豐尺牘一卷** (宋)曾鞏撰 民國二十四年(1935)中央書店鉛印本 一冊

330000－1797－0003588 71/3/44 集部/總集類/尺牘之屬

眉公才子尺牘四卷 (明)陳繼儒輯 (清)沈錫侯增訂 **聖嘆才子尺牘四卷** (清)金人瑞鑒定 (清)金雍撰 民國七年(1918)上海碧

梧山莊石印本　三冊　存六卷(眉公才子尺牘一至三、聖嘆才子尺牘一至三)

330000－1797－0003590　71/3/45　集部/總集類/尺牘之屬

眉公才子尺牘四卷　(明)陳繼儒輯　(清)沈錫侯增訂　**聖嘆才子尺牘四卷**　(清)金人瑞鑒定　(清)金雍撰　民國七年(1918)上海碧梧山莊石印本　四冊

330000－1797－0003591　71/3/46　集部/別集類/明別集

歸震川書牘一卷　(明)歸有光撰　民國上海商務印書館鉛印本　一冊

330000－1797－0003593　71/3/47　集部/別集類/清別集

惜抱軒尺牘四卷補編二卷　(清)姚鼐撰　民國上海中華圖書館石印本　二冊

330000－1797－0003600　71/3/48　集部/總集類/選集之屬/斷代

清朝十大名人家書　襟霞閣編　民國二十四年(1935)中央書店鉛印本　一冊　存一種

330000－1797－0003602　61/6/94.1　集部/小說類/短篇之屬

今古奇觀二卷四十回　(明)抱甕老人輯　民國鉛印本　一冊　存一卷(下)

330000－1797－0003608　61/6/96　集部/小說類/長篇之屬

繡像征東全傳四卷四十二回　民國上海大觀書局石印本　二冊　存一卷(三)

330000－1797－0003610　61/6/97　集部/小說類/長篇之屬

四雪草堂重訂通俗隋唐演義二十卷一百回　(清)褚人獲撰　民國石印本　六冊　存十六卷(五至二十)

330000－1797－0003611　61/6/97.1　集部/小說類/長篇之屬

四雪草堂重訂通俗隋唐演義十卷一百回　(清)褚人獲撰　民國上海中原書局石印本　二冊　存二卷(三、十)

330000－1797－0003612　61/6/97.2　集部/小說類/長篇之屬

四雪草堂重修通俗隋唐演義八卷一百回　(清)褚人獲撰　民國上海天寶書局石印本　一冊　存二卷(五至六)

330000－1797－0003613　61/6/97.3　集部/小說類/長篇之屬

四雪草堂重訂通俗隋唐演義八卷一百回　(清)褚人獲撰　民國石印本　一冊　存二卷(六至七)

330000－1797－0003614　61/6/97.4　集部/小說類/長篇之屬

繡像繪圖隋唐演義八卷一百回　民國上海進步書局石印本　一冊　存一卷(一)

330000－1797－0003615　61/6/98　集部/小說類/長篇之屬

說唐全傳□□卷□□回　民國鉛印本　一冊　存四十七回(八至五十四)

330000－1797－0003616　61/6/99　集部/小說類/長篇之屬

花月痕二卷五十二回　(清)魏秀仁撰　民國二十二年(1933)新文化書社鉛印本　一冊　存一卷(下)

330000－1797－0003617　61/6/99.1　集部/小說類/長篇之屬

花月痕二卷五十二回　(清)魏秀仁撰　民國二十二年(1933)新文化書社鉛印本　一冊　存一卷(下)

330000－1797－0003621　71/3/49　集部/別集類/清別集

小倉山房尺牘八卷　(清)袁枚撰　民國二十二年(1933)上海新文化書社鉛印本　一冊　存二卷(三至四)

330000－1797－0003627　71/3/54　史部/政書類/公牘檔冊之屬

黎副總統書牘二卷二集二卷三集二卷　黎元洪撰　民國鉛印本　一冊　存一卷(黎副總統書牘二)

330000－1797－0003628　71/3/59　集部/總集類/尺牘之屬

八賢書札不分卷　薛根生標點　民國二十二年(1933)上海新文化書社鉛印本　一冊

330000－1797－0003630　71/3/60　集部/總集類/尺牘之屬

八賢書札不分卷　薛根生標點　民國二十二年(1933)上海新文化書社鉛印本　一冊

330000－1797－0003632　71/3/61　集部/總集類/尺牘之屬

歷代名人小簡二卷續編二卷　吳曾祺輯　民國上海商務印書館鉛印本　三冊

330000－1797－0003633　71/3/55　集部/總集類/尺牘之屬

古今尺牘大觀上編不分卷　姚漢章　張相纂輯　民國六年(1917)上海中華書局鉛印本　三冊　存三冊(一、五、八)

330000－1797－0003636　71/3/56　集部/總集類/尺牘之屬

歷代名人小簡二卷　吳曾祺輯　民國六年(1917)商務印書館鉛印本　二冊　存一卷(下)

330000－1797－0003637　71/3/57　集部/總集類/尺牘之屬

歷代名人書札二卷　吳曾祺輯　民國上海商務印書館鉛印本　二冊

330000－1797－0003639　71/3/62　集部/總集類/尺牘之屬

歷代名人小簡二卷　吳曾祺輯　民國四年(1915)商務印書館鉛印本　一冊　存一卷(下)

330000－1797－0003641　72/2/22　集部/別集類/唐五代別集

元次山集十二卷　(唐)元結撰　(清)黃又訂　民國石印本　一冊　存二卷(一至二)

330000－1797－0003642　71/3/64　集部/詩文評類/文法之屬/函牘格式

新撰普通尺牘二卷詳解一卷　商務印書館編譯所編纂　民國上海商務印書館鉛印本　二冊　存二卷(一至二)

330000－1797－0003645　73/1/48　集部/別集類/清別集

音注侯朝宗文不分卷　(清)侯方域撰　曹繡君音注　民國十四年(1925)上海文明書局鉛印本　一冊

330000－1797－0003646　71/3/65　集部/詩文評類/文法之屬/函牘格式

最新詳註分類尺牘全書不分卷　袁韜壺編　民國石印本　一冊　存第三冊

330000－1797－0003647　71/3/66　集部/詩文評類/文法之屬/函牘格式

言文對照女子尺牘範本不分卷　民國石印本　一冊

330000－1797－0003648　71/3/67　集部/詩文評類/文法之屬/函牘格式

最新商學普通算術尺牘二卷　(清)范渭濱撰　民國五年(1916)上海萃英書局石印本　一冊　存一卷(上)

330000－1797－0003652　71/3/58　集部/總集類/尺牘之屬

歷代名人書札續編二卷　吳曾祺輯　民國三年(1914)上海商務印書館鉛印本　二冊

330000－1797－0003655　73/2/49　類叢部/叢書類/自著之屬

船山遺書六十六種附一種　(清)王夫之撰　民國二十二年(1933)上海太平洋書店鉛印本　三十冊　存十種

330000－1797－0003658　73/3/50　類叢部/叢書類/自著之屬

船山遺書六十六種附一種　(清)王夫之撰　民國二十二年(1933)上海太平洋書店鉛印本(永曆實錄卷十六原缺)　三十冊　存四十五種

330000－1797－0003659　71/3/70　集部/詩文評類/文法之屬/函牘格式

改良繪圖商學尺牘問答教科書二卷　民國石

印本　一冊

330000－1797－0003682　71/4/71　集部/詩文評類/文法之屬/函牘格式
新體學生尺牘大全不分卷　沈維鈞編輯　民國十八年(1929)上海世界書局石印本　一冊

330000－1797－0003684　71/4/72　集部/詩文評類/文法之屬/函牘格式
白話信大全二卷　嚴慎予　王平陵撰　民國新文化書局鉛印本　一冊

330000－1797－0003685　71/4/73　集部/詩文評類/文法之屬/函牘格式
詳註分類尺牘集成六卷　山陰道上人編　民國十一年(1922)上海會文堂書局石印本　四冊　存四卷(一至二、五至六)

330000－1797－0003687　71/4/74　集部/詩文評類/文法之屬/函牘格式
分類廣註交際尺牘大觀不分卷　劉再蘇編輯　民國二十年(1931)上海世界書局石印本　十二冊

330000－1797－0003690　71/4/75　集部/詩文評類/文法之屬/函牘格式
寫信必讀十卷　(清)唐芸洲撰　民國上海廣益書局石印本　二冊　存二卷(五、七)

330000－1797－0003692　71/4/77　集部/詩文評類/文法之屬/函牘格式
唐著寫信必讀不分卷　(清)唐芸洲撰　民國三十六年(1947)上海春明書店鉛印本　一冊

330000－1797－0003694　71/4/78　子部/藝術類/遊藝之屬/聯語
古今楹聯大觀八卷　王楚香編輯　民國九年(1920)中華書局鉛印本　一冊

330000－1797－0003696　73/4/57　子部/儒家類/儒學之屬/禮教/家訓
雙節堂庸訓四卷　(清)汪輝祖撰　民國六年(1917)彩華石印局石印本　一冊

330000－1797－0003698　71/4/79　子部/藝術類/遊藝之屬/聯語
普通楹聯大全二卷　姚文海輯　民國上海姚文海書局石印本　一冊　存一卷(下)

330000－1797－0003699　72/3/38　集部/別集類/明別集
王文成公全書三十八卷　(明)王守仁撰　民國二年(1913)上海中華圖書館影印本　十二冊

330000－1797－0003704　76/1/195　集部/別集類
綠陰山房詩稿四卷　臧槐撰　民國木活字印本　一冊　存一卷(三)

330000－1797－0003705　71/4/82　集部/詩文評類/文法之屬/雜著
詩聯辭源一卷　民國中西書局石印本　一冊

330000－1797－0003709　71/4/83　子部/藝術類/遊藝之屬/聯語
楹聯叢話十二卷續話四卷　(清)梁章鉅輯　民國四年(1915)上海會文堂書局石印本　一冊　存四卷(楹聯叢話一至四)

330000－1797－0003712　71/4/84　子部/藝術類/遊藝之屬/聯語
精選楹聯新編二卷　(清)俞樾撰　民國石印本　一冊　存一卷(下)

330000－1797－0003717　75/2/128　集部/別集類
畏廬文集一卷　林紓撰　民國三年(1914)上海商務印書館鉛印本　一冊

330000－1797－0003718　71/4/87　子部/藝術類/遊藝之屬/聯語
對草不分卷　民國抄本　一冊

330000－1797－0003720　75/2/127　類叢部/叢書類/自著之屬
長汀江先生箸書五種　江瀚撰　民國十三年(1924)太原鉛印本　七冊　存四種

330000－1797－0003722　75/2/129　集部/別集類
畏廬文集一卷　林紓撰　民國五年(1916)上

海商務印書館鉛印本　一册

330000－1797－0003730　71/4/91　集部/總集類/尺牘之屬

尺牘大全十卷　沈瓶庵編　民國五年(1916)中華書局鉛印本　一册

330000－1797－0003744　75/2/132　集部/别集類

靈峯先生集十一卷　夏震武撰　民國五年(1916)劉子民、何紹韓鉛印本　二册

330000－1797－0003746　75/2/133　集部/别集類

靈峯先生集十一卷　夏震武撰　民國五年(1916)劉子民、何紹韓鉛印本　二册

330000－1797－0003747　75/2/134　新學/報章

庸言報彙編十二卷　梁啓超撰　吴貫因編輯　民國二年(1913)石印本　八册

330000－1797－0003749　74/1/76　類叢部/叢書類/自著之屬

松龕先生全集五種　(清)徐繼畬撰　民國四年(1915)鉛印本　六册

330000－1797－0003755　76/1/199　集部/别集類/清别集

可山詩集四卷附集三卷　(清)錢鎔撰　民國十七年(1928)鉛印本　一册

330000－1797－0003765　76/1/197　集部/别集類

望虹樓遺箸三卷　陶熙孫撰　民國二十四年(1935)鉛印本　一册

330000－1797－0003770　74/2/81　集部/别集類/清别集

隨園文集二卷　(清)袁枚撰　民國三年(1914)上海古今圖書局石印本　二册

330000－1797－0003771　74/2/82　類叢部/叢書類/自著之屬

隨園全集□□種　(清)袁枚撰　民國石印本　六册　存三種

330000－1797－0003772　76/1/201　集部/别集類

適廬詩集一卷　劉春煦撰　民國二十四年(1935)漢口武漢印書館鉛印本　一册

330000－1797－0003773　73/5/66　集部/别集類/清别集

述學内篇三卷外篇一卷補遺一卷别録一卷附録一卷　(清)汪中撰　(清)汪喜孫編　民國上海千頃堂書局據清嘉慶二十年(1815)刻本影印本　二册

330000－1797－0003783　74/2/86　集部/别集類/清别集

小倉山房文集三十五卷　(清)袁枚撰　民國石印本　二册　存十一卷(十至十五、二十六至三十)

330000－1797－0003794　74/2/89　集部/總集類

模範日記一卷(民國□□年)　宋文景撰　民國抄本　一册

330000－1797－0003801　76/2/8　集部/詩文評類/詩評之屬

隨園詩話十六卷補遺十卷　(清)袁枚撰　謝璿箋註　民國十二年(1923)上海會文堂書局石印本　十册

330000－1797－0003804　76/2/5　子部/雜著類/雜考之屬

評點百二十子二十六卷補遺十三卷　(明)歸有光輯　(明)文震孟參訂　民國上海會文堂書局石印本　二十七册　存二十六卷(一至十八、二十至二十六,補遺一)

330000－1797－0003805　76/2/13　集部/詩文評類/詩評之屬

批本隨園詩話十六卷補遺十卷附録一卷　冒廣生撰　民國中國圖書公司和記鉛印本　一册　存十六卷(詩話一至十六)

330000－1797－0003809　76/2/11　集部/詩文評類/詩評之屬

隨園詩話十六卷補遺十卷　(清)袁枚撰　民

國鑄記書局石印本　一冊　存十一卷(十至十六、補遺一至四)

330000－1797－0003813　76/2/10　集部/詩文評類/詩評之屬

隨園詩話十六卷補遺十卷　(清)袁枚撰　民國三年(1914)上海鴻寶齋書局石印本　二冊　存十二卷(隨園詩話一至五、十至十六)

330000－1797－0003830　76/3/5　集部/詞類/總集之屬

絕妙好詞箋七卷　(宋)周密輯　(清)查為仁　(清)厲鶚箋　**續鈔二卷**　(清)余集輯　(清)徐楙補錄　民國石印本　一冊　存三卷(七、續鈔一至二)

330000－1797－0003831　76/3/4　集部/別集類/宋別集

姜白石全集十六卷　(宋)姜夔撰　民國七年(1918)上海掃葉山房石印本　三冊　存七種

330000－1797－0003836　75/5/185　集部/別集類/清別集

印雪軒詩鈔十六卷　(清)俞鴻漸撰　民國六年(1917)上海掃葉山房石印本　四冊

330000－1797－0003838　74/3/103　集部/別集類/清別集

曾文正公家書六種彙刊　(清)曾國藩撰　民國十三年(1924)上海掃葉山房石印本　八冊　存一種

330000－1797－0003841　75/5/183　集部/別集類/清別集

夢樓詩集二十四卷　(清)王文治撰　民國五年(1916)同文圖書館石印本　六冊

330000－1797－0003843　76/3/7　類叢部/叢書類/彙編之屬

四部備要　中華書局編　民國二十五年(1936)上海中華書局鉛印本　四冊　存一種

330000－1797－0003846　75/5/181　集部/別集類/清別集

小倉山房詩集三十七卷補遺二卷　(清)袁枚撰　民國石印本　九冊

330000－1797－0003848　75/5/180.1　集部/別集類/清別集

板橋詩鈔二卷詞鈔一卷　(清)鄭燮撰　民國十二年(1923)埽葉山房石印本　二冊　存二卷(詩鈔一至二)

330000－1797－0003851　75/5/179　集部/別集類/清別集

曝書亭集二十三卷詞七卷附錄一卷　(清)朱彝尊撰　民國中華圖書館石印本　八冊

330000－1797－0003853　76/3/16　集部/戲劇類/傳奇之屬

紅樓夢傳奇八卷　(清)陳鍾麟填詞　民國三年(1914)石印本　六冊　存六卷(一至六)

330000－1797－0003857　76/3/13　集部/曲類/曲評曲話曲目之屬

詞餘講義十二章　吳梅撰　民國十二年(1923)北京大學出版部鉛印本　一冊

330000－1797－0003860　69/4/177　集部/總集類/課藝之屬

新政三場備要□□卷　民國石印本　一冊　存一卷(一)

330000－1797－0003865　75/5/177　集部/別集類/清別集

訥生詩集六卷　(清)馮訥生撰　民國鉛印本　四冊

330000－1797－0003867　69/4/181　集部/總集類/課藝之屬

大題文府六卷　(清)退菴居士輯　民國石印本　一冊　存一卷(上孟)

330000－1797－0003868　69/4/182　集部/總集類/課藝之屬

兩論大題集成不分卷　民國鉛印本　一冊

330000－1797－0003874　74/5/109　類叢部/叢書類/自著之屬

曾文正公著述八種　(清)曾國藩撰　民國大連圖書供應社鉛印本　一冊　存三種

330000－1797－0003879　74/5/110　類叢

部/叢書類/自著之屬

曾文正公全集十六種 (清)曾國藩撰 民國鉛印本 十四册 存十一種

330000－1797－0003880 74/5/111 類叢部/叢書類/自著之屬

曾文正公全集十六種 (清)曾國藩撰 民國世界書局鉛印本 一册 存三種

330000－1797－0003881 76/3/17 集部/戲劇類/傳奇之屬

六十種曲一百二十卷 (明)毛晉編 民國鉛印本 一册 存五種

330000－1797－0003882 76/3/18 集部/曲類/曲選之屬

繪圖精選崑曲大全四集五十卷 怡庵主人(張芬)編輯 民國十四年(1925)上海世界書局石印本 七册 存十四種

330000－1797－0003884 74/5/112 類叢部/叢書書類/自著之屬

曾國藩六種 (清)王啟源編 民國鉛印本 一册 存一種

330000－1797－0003886 74/5/113 類叢部/叢書類/自著之屬

曾文正公治家全書六種 (清)曾國藩撰 民國大連圖書供應社鉛印本 一册 存二種

330000－1797－0003887 76/3/23 集部/戲劇類/雜劇之屬

桃花源傳奇一卷懶閒天籟一卷 劉龍賜撰 民國八年(1919)刻本 一册

330000－1797－0003888 74/5/114 類叢部/叢書書類/自著之屬

曾國藩六種 (清)曾國藩撰 民國上海中央書局鉛印本 一册 存一種

330000－1797－0003889 74/5/115 集部/別集類/清別集

曾文正公家書二卷 (清)曾國藩撰 民國新文化書局鉛印本 一册

330000－1797－0003890 74/5/116 類叢部/叢書類/自著之屬

曾文正公著述八種 (清)曾國藩撰 民國廣益書局鉛印本 二册 存三種(日記、大事記、榮哀録)

330000－1797－0003893 76/4/5 經部/小學類/文字之屬/字書/訓蒙

增補繪圖九千字文一卷 民國浙紹奎照樓石印本 一册

330000－1797－0003897 76/4/15 集部/詩文評類/文法之屬

初學論説文範四卷 邵伯棠撰 民國上海會文堂書局石印本 一册

330000－1797－0003898 76/4/14 集部/詩文評類/文法之屬

評註論説軌範二集三卷 林任編 民國上海商務印書館鉛印本 一册 存一卷(中)

330000－1797－0003899 76/4/13 集部/詩文評類/文法之屬

評註論説軌範初集二卷二集三卷 林任編 民國商務印書館石印本 五册

330000－1797－0003900 76/4/11 集部/詩文評類/文法之屬

女子初學新論説範本四卷 蔡東藩編 民國上海會文堂石印本 一册 存三卷(二至四)

330000－1797－0003905 76/4/18 集部/詩文評類/文法之屬

國文新範六卷 蔡郕輯 民國會文堂石印本 一册 存一卷(二)

330000－1797－0003906 76/4/17 集部/詩文評類/文法之屬

初學論説文範四卷 邵伯棠撰 民國上海會文堂書局石印本 一册 存一卷(四)

330000－1797－0003907 76/4/34 新學/農政/農務

農話一卷 (清)陳啓謙撰 民國元年(1912)上海商務印書館鉛印本 一册

330000－1797－0003908 76/4/38 新學/

工藝

汽車學教程不分卷　朱和生編纂　民國二十四年(1935)陸軍輜重兵學校鉛印本　一冊

330000－1797－0003910　75/5/176　集部/別集類/清別集

陳石間詩三十卷附錄一卷　(清)陳景元撰　民國十七年(1928)雪石齋刻本　四冊

330000－1797－0003915　76/5/40　集部/總集類

文論集要一卷　民國鉛印本　一冊

330000－1797－0003916　76/4/25　史部/雜史類/通代之屬

第一簡明歷史啟蒙前編不分卷　新學會社編　民國新學會社石印本　一冊

330000－1797－0003917　76/4/24　集部/詩文評類/文法之屬

增訂作文秘訣不分卷　民國石印本　一冊　存第一至四章

330000－1797－0003918　76/4/23　新學/地學/地理學

高等小學地理教科書不分卷　民國中華書局鉛印本　一冊

330000－1797－0003919　76/5/42　新學/雜著

七項運動大要不分卷　金錫林撰　民國鄞縣政府印鉛印本　一冊

330000－1797－0003920　76/5/43　子部/醫家類/養生之屬

延壽新法一卷　伍廷芳撰　民國七年(1918)上海商務印書館鉛印本　一冊

330000－1797－0003921　76/5/44　新學/醫學/衛生學

鄉村衛生不分卷　民國石印本　一冊

330000－1797－0003922　77/1/1－3、77/1/6－8、77/2/10－18、77/3/19－20、77/3/22、77/4/23－26、77/5/28－29、77/5/31－32、77/6/34－36、77/6/38　類叢部/叢書類/彙編之屬

四部備要　中華書局編　民國二十五年(1936)上海中華書局鉛印本　三百十冊　存五十一種

330000－1797－0003924　76/4/8　子部/雜著類/雜纂之屬

六言雜字一卷　民國抄本　一冊

330000－1797－0003926　76/4/9　經部/小學類/文字之屬/字書/訓蒙

新鐫六言雜字一卷　民國慎言堂刻本　一冊

330000－1797－0003931　76/4/21　新學/學校

共和國教科書新國文八冊不分卷　莊俞　沈頤編纂　民國上海商務印書館鉛印本　一冊　存一冊(六)

330000－1797－0003936　76/4/30　史部/史評類/史論之屬

國史概論四卷　葛陛綸輯　民國四年(1915)上海會文堂石印本　二冊　存二卷(三至四)

330000－1797－0003953　77/1/4－5、77/2/9、77/3/21、77/4/27、77/5/30、77/5/33、77/6/37、77/6/39、78/1/44、78/5/1、78/5/4、78/5/6、79/2/11　類叢部/叢書類/彙編之屬

四部備要　中華書局編　民國二十五年(1936)上海中華書局鉛印本　四百五冊　存四十三種

330000－1797－0003956　91/3/1－6　史部/雜史類/斷代之屬

國難叢書第一輯□□種　民國二十六年(1937)軍事新聞社出版部鉛印本　五冊　存六種

330000－1797－0003957　89/1/1－7、89/2/10－11、89/2/13－15、89/3/1－8、89/4/13－17、89/5/18、89/6/19－20、90/1/21、90/2/22－24、90/3/1－17　類叢部/叢書類/彙編之屬

四部叢刊　張元濟等編　民國上海商務印書館影印本　三百九十四冊　存六十七種

330000－1797－0003960　75/3/142　集部/別集類/明別集

遜志齋集三十卷拾遺十卷續拾遺一卷附錄一卷　(明)方孝孺撰　民國刻本　一册　存二卷(二十九至三十)

330000－1797－0003961　91/4/1－6　類叢部/叢書類/郡邑之屬
仙居叢書第一集十二種　李鏡渠編　民國二十三年(1934)鉛印本　十册　存六種

330000－1797－0003971　89/2/8　經部/群經總義類
經學通論五卷　(清)皮錫瑞撰　民國二十二年(1933)上海商務印書館影印本　三册　存三卷(一至三)

330000－1797－0003980　75/3/148　集部/别集類/宋别集
朱淑真斷腸詩集十卷後集七卷　(宋)朱淑真撰　(宋)鄭元佐注　民國二十三年(1934)上海新文化書社鉛印本　一册

330000－1797－0003984　91/4/1－15　類叢部/叢書類/郡邑之屬
四明叢書一百六十七種　張壽鏞編　民國四明張氏約園刻藍印本　二十四册　存二十六種

330000－1797－0003985　89/2/9　經部/小學類/文字之屬/説文
説文解字十五卷標目一卷　(漢)許慎撰　(宋)徐鉉等校定　民國影印本　一册　存四卷(四至七)

330000－1797－0003986　75/3/149　集部/别集類/宋别集
朱淑真斷腸詩集十卷後集七卷　(宋)朱淑真撰　(宋)鄭元佐注　民國二十三年(1934)啟智書局鉛印本　一册

330000－1797－0003987　75/3/150　集部/别集類/宋别集
朱淑真斷腸詩集十卷後集七卷　(宋)朱淑真撰　(宋)鄭元佐注　民國二十二年(1933)啟智書局鉛印本　一册

330000－1797－0003989　89/2/12　經部/小學類/訓詁之屬/爾雅
爾雅十一卷　(晉)郭璞注　(唐)陸德明音釋　民國上海中華書局鉛印本　三册

330000－1797－0003992　75/3/154　集部/别集類/唐五代别集
柳河東詩集二卷　(唐)柳宗元撰　民國八年(1919)掃葉山房石印本　四册

330000－1797－0003993　75/3/155　集部/總集類/彙編之屬
康南海梁任公文集合刻不分卷　朱振新編　民國三年(1914)上海共和編譯局石印本　六册

330000－1797－0003994　91/5/1　類叢部/叢書類/彙編之屬
百川學海一百一種　(宋)左圭編　民國十年(1921)上海博古齋據明弘治華氏刻本影印本　三十册　存三十種

330000－1797－0003995　75/3/156　新學/議論/論政
不忍雜誌彙編初集六卷二集六卷　康有為撰　民國三年(1914)上海書局石印本　一册　存六卷(二集一至六)

330000－1797－0003997　75/3/158　新學/報章
知新報選編不分卷　民國石印本　五册

330000－1797－0003998　89/3/9　史部/紀傳類/正史之屬
後漢書一百二十卷　(南朝宋)范曄撰　(唐)李賢注　民國十六年(1927)上海商務印書館影印本　一册　存六卷(一至六)

330000－1797－0003999　89/3/11　類叢部/叢書類/彙編之屬
四部叢刊　張元濟等編　民國上海商務印書館影印本　一册　存一種

330000－1797－0004000　89/3/10　類叢部/叢書類/彙編之屬
四部叢刊　張元濟等編　民國上海商務印書館影印本　一册　存一種

330000－1797－0004002　78/5/2－3、78/6/8、78/1/10、79/3/13、79/5/21、79/5/23、80/1/24、80/1/26、80/1/30、80/2/32－34、80/2/36－37　類叢部/叢書類/彙編之屬
四部備要　中華書局編　民國二十五年(1936)上海中華書局鉛印本　九百二十三冊　存六十九種

330000－1797－0004004　78/5/5、82/2/65、82/6/73、83/1/74、83/2/75－76、83/3/7785/3/45、85/3/54、85/4/64－69、85/5/71、85/6/1－3　類叢部/叢書類/彙編之屬
四部備要　中華書局編　民國二十五年(1936)上海中華書局鉛印本　六百九十九冊　存一百十種

330000－1797－0004007　75/4/159　類叢部/叢書類/自著之屬
章氏叢書十三種　章炳麟撰　民國十三年(1924)上海古書流通處據浙江圖書館刻本影印本　二十冊

330000－1797－0004008　75/4/160　類叢部/叢書類/自著之屬
散溪遺書八種　蔡克猷撰　民國十年(1921)劉邦元等鉛印本　一冊　存一種

330000－1797－0004011　6/2/340　史部/地理類/方志之屬/郡縣志
[民國]續修東陽縣縣志採訪冊不分卷　民國抄本　一冊

330000－1797－0004013　75/4/161　集部/別集類
宋星五遺著二卷　宋星五撰　民國鉛印本　一冊

330000－1797－0004014　6/1/325　史部/雜史類/通代之屬
中史四編首一編　民國油印本　一冊　存一編(三)

330000－1797－0004019　75/4/165　集部/別集類/清別集
濂亭文集八卷　(清)張裕釗撰　(清)查燕緒編次　民國上海掃葉山房石印本　一冊　存四卷(五至八)

330000－1797－0004021　75/4/167　集部/別集類
非儒非俠齋文集四卷外集一卷　顧燮光撰　民國石印本　一冊　缺二卷(一至二)

330000－1797－0004029　75/4/172　類叢部/類書類/專類之屬
潛龍讀書表十二卷　陳電飛編　民國二十二年(1933)中華書局石印本　三冊　缺二卷(六至七)

330000－1797－0004030　75/4/169　集部/別集類
栩園近稿六卷　陳栩撰　民國漢文書局鉛印本　一冊

330000－1797－0004032　75/4/170　史部/政書類/邦計之屬
魏頌唐偶存稿不分卷　魏頌唐撰　民國十六年(1927)鉛印本　一冊

330000－1797－0004033　75/4/171　集部/別集類/清別集
培遠堂偶存稿不分卷　(清)陳宏謀撰　民國二十年(1931)嵊縣魏頌唐鉛印本　一冊

330000－1797－0004035　75/4/174　集部/別集類/明別集
王次回疑雨集註四卷　(明)王彥泓撰　(□)句漏後裔釋　民國七年(1918)上海文明書局石印本　四冊

330000－1797－0004036　75/4/175　集部/別集類/清別集
天真閣外集六卷　(清)孫原湘撰　民國石印本　一冊　存三卷(四至六)

330000－1797－0004037　6/1/322　集部/別集類
師尊詩稿不分卷　民國抄本　一冊

330000－1797－0004039　40/5/15　新學/報章

文史季刊一卷四期 國立中正大學文史季刊編輯委員會編輯 民國三十年(1941)鉛印本 二册 存二期(一至二)

330000 - 1797 - 0004041 97/1/14 經部/小學類/文字之屬/字書/字典

康熙字典十二集三十六卷總目一卷檢字一卷辨似一卷等韻一卷補遺一卷備考一卷 (清)張玉書等纂修 民國石印本 七册

330000 - 1797 - 0004042 98/1/1 經部/小學類/文字之屬/字書/字典

新字典十二卷拾遺一卷檢字一卷附錄一卷勘誤一卷補編一卷 陸爾奎等編纂 民國三年(1914)上海商務印書館鉛印本 三册 存七卷(四至六、檢字、附錄、勘誤、補編)

330000 - 1797 - 0004043 97/1/13 經部/小學類/文字之屬/字書/字典

康熙字典十二集三十六卷總目一卷檢字一卷辨似一卷等韻一卷補遺一卷備考一卷 (清)張玉書等纂修 民國上海商務印書館石印本 四册 存三十卷(子集上中下、丑集上中下、寅集上中下、卯集上中下、辰集上中下、巳集上中下、午集上中下、未集上中下、申集上中下,檢字,辨似,等韻)

330000 - 1797 - 0004044 6/1/334.2 史部/傳記類/總傳之屬/家乘

[浙江東陽]吴寧托塘張氏宗譜不分卷 張經彬等纂修 民國十年(1921)木活字印本 二册

330000 - 1797 - 0004045 98/1/1.1 經部/小學類/文字之屬/字書/字典

新字典十二卷拾遺一卷檢字一卷附錄一卷勘誤一卷補編一卷 陸爾奎等編纂 民國十年(1921)上海商務印書館鉛印本 一册 存一卷(補編)

330000 - 1797 - 0004047 6/1/334.4 史部/傳記類/總傳之屬/家乘

[浙江東陽]安溪長堤盧氏宗譜□□卷 民國二十七年(1938)木活字印本 十七册 存十七卷(二至十四、十六、十八至二十)

330000 - 1797 - 0004048 98/1/2 經部/小學類/文字之屬/字書/字典

新字典十二卷拾遺一卷檢字一卷附錄一卷勘誤一卷補編一卷 陸爾奎等編纂 民國鉛印本 五册 存十一卷(三至十二、拾遺)

330000 - 1797 - 0004049 98/1/3 經部/小學類/文字之屬/字書/字典

新體學生大字典十二卷 秦同培編輯 民國十三年(1924)上海世界書局石印本 一册 存二卷(十一至十二)

330000 - 1797 - 0004050 98/1/4 經部/小學類/文字之屬/字書/字典

中華中字典十二卷 徐元誥等編 民國六年(1917)上海中華書局鉛印本 一册 存三卷(子集、丑集、寅集)

330000 - 1797 - 0004051 6/1/334.5 史部/傳記類/總傳之屬/家乘

[浙江東陽]前山胡氏家乘人集□□卷 胡大輔等纂修 民國二十六年(1937)木活字印本 一册 存一卷(二十八)

330000 - 1797 - 0004052 98/1/6 經部/小學類/文字之屬/字書/字典

辭源十二卷檢字一卷勘誤一卷附錄五卷 陸爾奎等編 民國鉛印本 一册 存二卷(一至二)

330000 - 1797 - 0004053 98/3/29 新學/議論

論説一卷 民國石印本 一册

330000 - 1797 - 0004055 6/1/334.7 史部/傳記類/總傳之屬/家乘

[浙江東陽]東陽許氏宗譜□□卷 民國二年(1913)木活字印本 一册 存一卷(九)

330000 - 1797 - 0004056 6/1/334.8 史部/傳記類/總傳之屬/家乘

[浙江義烏]義烏剡溪朱氏宗譜□□卷 民國四年(1915)木活字印本 一册 存一卷(十三)

330000 - 1797 - 0004058 6/1/334.10 史

部/傳記類/總傳之屬/家乘

[浙江東陽]婺東忠孝世家孫氏宗譜□□卷 孫兆蘭等纂修 民國三十六年(1947)木活字印本 十六冊 存十四卷(首、一至十三)

330000－1797－0004059 6/1/334.11 史部/傳記類/總傳之屬/家乘

[浙江東陽]東南湖胡氏宗譜二十卷首一卷續修十六卷 胡燦然等纂修 民國二十九年(1940)木活字印本 一冊 存一卷(首)

330000－1797－0004060 83/6/85、84/3/16－19、84/5/25、84/6/26－32、85/1/33－34、85/2/35－42、85/3/43－59、85/4/60－63、85/5/70、85/6/3 類叢部/叢書類/彙編之屬

四部備要 中華書局編 民國二十五年(1936)上海中華書局鉛印本 三百六十三冊 存六十一種

330000－1797－0004061 舊 1/1/1－1/3/21、1/3/23－4/1/107、4/2/110－5/3/147、5/3/149、5/3/151－5/4/169、5/4/171－5/4/172 類叢部/叢書類/彙編之屬

四部叢刊 張元濟等編 民國上海商務印書館影印本 八百六十九冊 存一百六十五種

330000－1797－0004065 舊 5/4/170 集部/總集類/選集之屬/斷代

太平天國文鈔一卷詩鈔一卷聯語鈔一卷附錄一卷 羅邕 沈祖基輯 民國二十年(1931)上海商務印書館鉛印本 二冊

330000－1797－0004066 舊 5/4/173 集部/別集類/清別集

越縵堂詩續集十卷 (清)李慈銘撰 由雲龍編 民國二十四年(1935)鉛印本 一冊

330000－1797－0004067 33/1/96 經部/小學類/音韻之屬/韻書

詩韻合璧五卷 (清)許時庚輯 **虛字韻藪一卷** (清)潘維城輯 民國鉛印本 二冊 缺三卷(一至二、四)

330000－1797－0004069 33/1/95 經部/小學類/音韻之屬/韻書

詩韻合璧五卷 (清)許時庚輯 **虛字韻藪一卷** (清)潘維城輯 民國八年(1919)上海錦章圖書局石印本 二冊 存三卷(一至二、四)

330000－1797－0004076 21/2/346－361、21/3/362－378、21/4/380－392 類叢部/叢書類/彙編之屬

津逮祕書十五集 (明)毛晉編 民國十一年(1922)上海博古齋據明汲古閣本影印本 六十九冊 存七十種

330000－1797－0004077 33/1/91 經部/小學類/音韻之屬/韻書

詩韻全璧五卷 (清)汪慕杜輯 (清)湯文潞續輯 (清)惜陰主人再續輯 民國四年(1915)上海錦章圖書局石印本 六冊

330000－1797－0004094 舊 1/3/22 類叢部/叢書類/彙編之屬

四部備要 中華書局編 民國二十五年(1936)上海中華書局鉛印本 一冊 存一種

330000－1797－0004099 50/4/181 子部/醫家類/綜合之屬/通論

增訂醫宗金鑑九十卷首一卷 (清)吳謙等撰 民國上海錦章圖書局石印本 四冊 存十一卷(外科三至十三)

330000－1797－0004103 59/4/91 集部/小說類/長篇之屬

洞冥記十卷三十八回 (清)呂惟一輯 民國十八年(1929)上海宏大善書局石印本 四冊 存八卷(一至八)

330000－1797－0004104 59/5/106 子部/宗教類/道教之屬

關聖帝君覺世經一卷附關聖帝君世系攷証一卷 民國上海宏大善書局石印本 一冊

330000－1797－0004105 59/5/105 子部/宗教類/佛教之屬

觀音心經真解一卷 (清)覺真子註解 民國上海宏大善書局石印本 一冊

330000－1797－0004108 59/5/104 子部/

宗教類/道教之屬

太上老君說常清靜經一卷附金剛經論語一卷 民國上海宏大善書局石印本　一冊

330000－1797－0004110　59/5/102　子部/宗教類/佛教之屬/經

阿彌陀經一卷　民國二十二年(1933)國光印書局鉛印本　一冊

330000－1797－0004112　59/5/101　子部/宗教類/佛教之屬/諸宗

阿彌陀經白話解釋二卷附修行方法一卷　黃智海演述　釋印光鑒定　民國十七年(1928)鉛印本　一冊

330000－1797－0004113　59/5/100　子部/宗教類/佛教之屬/經疏

佛說仁王護國般若波羅密經疏五卷　(後秦)釋鳩摩羅什譯　(隋)釋智顗說　(隋)釋灌頂記　民國十一年(1922)刻本　三冊

330000－1797－0004115　59/5/98　子部/宗教類/佛教之屬

金剛經傳燈真解一卷　(印度)無量度世古佛撰　**佛祖般若心印經一卷觀自在菩薩親著心經傳燈真解一卷文昌帝君戒淫寶訓一卷**　民國十二年(1923)上海宏大善書局石印本　一冊

330000－1797－0004120　59/5/111　子部/宗教類/道教之屬

重鐫清靜經圖註一卷　太上老君著　水精子註解　混然子付圖　民國杭城弼教坊瑪瑙經房刻本　一冊

330000－1797－0004124　59/5/107　子部/宗教類/道教之屬/靈圖

三聖經靈驗圖註不分卷　民國上海宏大善書局石印本　二冊

330000－1797－0004127　59/5/128　集部/別集類/宋別集

擬寒山詩一卷　(宋)釋懷深撰　民國十九年(1930)竹里祝廷錫刻本　一冊

330000－1797－0004128　59/5/127　子部/宗教類/佛教之屬/諸宗

印光法師文鈔七卷附錄一卷　釋聖量撰　民國上海商務印書館鉛印本　一冊

330000－1797－0004131　59/5/124　子部/宗教類/道教之屬/經文

關帝明聖真經一卷　民國上海天寶書局石印本　一冊

330000－1797－0004133　59/5/122　子部/宗教類/道教之屬/經文

關帝明聖經一卷　民國十三年(1924)上海宏大善書局石印本　一冊

330000－1797－0004134　59/5/121　子部/宗教類/道教之屬/經文

天圖經一卷　民國刻本　一冊

330000－1797－0004135　59/5/119　子部/宗教類/道教之屬/經文

周曉定大仙師清和明道聖經一卷　周曉定著　郭孝慈註　民國十九年(1930)暨陽普救總壇鉛印本　一冊

330000－1797－0004136　58/4/98　類叢部/類書類/通類之屬

欽定古今圖書集成一萬卷目錄四十卷　(清)蔣廷錫　(清)陳夢雷等輯　民國二十三年(1934)中華書局影印本　八百冊

330000－1797－0004137　87/6/72　類叢部/叢書類/彙編之屬

四部備要　中華書局編　民國二十五年(1936)上海中華書局鉛印本　一冊　存一種

330000－1797－0004138　59/5/118　子部/宗教類/佛教之屬/諸宗

六祖壇經箋注一卷　民國上海醫學書局鉛印本　一冊

330000－1797－0004140　59/5/116　子部/宗教類/佛教之屬/經

佛說阿彌陀經一卷　(後秦)釋鳩摩羅什譯　民國上海慶記書局石印本　一冊

330000－1797－0004141　59/5/115　子部/

宗教類/道教之屬/經文

地母真經一卷附灶司經一卷金剛神咒一卷 民國東陽鴻文印刷社石印本　一冊

330000－1797－0004142　59/5/114　子部/宗教類/佛教之屬

佛學叢書□□種　丁福保輯　民國上海醫學書局鉛印本暨影印本　一冊　存一種

330000－1797－0004145　58/4/99　類叢部/類書類/通類之屬

古今圖書集成考證二十四卷　（清）蔣廷錫　（清）陳夢雷等輯　民國二十三年（1934）中華書局影印本　八冊

330000－1797－0004148　59/4/92　集部/小說類/長篇之屬

洞冥記十卷三十八回　（清）呂惟一輯　民國十八年（1929）上海宏大善書局石印本　三冊

330000－1797－0004149　20/1/327　集部/總集類/彙編之屬

宋詩鈔初集八十四種　（清）呂留良　（清）吳之振　（清）吳爾堯輯　民國三年（1914）上海商務印書館據清康熙吳氏刻本影印本（十六卷原缺）　二十九冊　存七十三種

330000－1797－0004150　舊4/2/108、舊4/2/109　類叢部/叢書類/彙編之屬

四部叢刊　張元濟等編　民國八年（1919）上海商務印書館影印本　十一冊　存二種

330000－1797－0004151　76/4/12　集部/詩文評類/文法之屬

評註論說軌範初集二卷二集三卷　林任編　民國商務印書館石印本　五冊

330000－1797－0004152　76/4/16　集部/詩文評類/文法之屬

初學論說文範四卷　邵伯棠撰　民國上海會文堂書局石印本　四冊

330000－1797－0004153　99/2/55　新學/理學/文學

希臘名士伊索寓言不分卷　（希臘）伊索撰　林紓　嚴培南　嚴璩編纂　民國五年（1916）上海商務印書館鉛印本　一張

330000－1797－0004154　舊5/3/148　集部/詞類/別集之屬

歐陽文忠公近體樂府三卷　（宋）歐陽修撰

歐陽文忠近體樂府校記一卷　林大椿撰　民國二十二年（1933）上海商務印書館鉛印本　一冊

浙江省永康市第一中學民國時期傳統裝幀書籍普查登記目錄

浙江省民國時期傳統裝幀書籍普查登記目錄・金華

國家圖書館出版社
National Library of China Publishing House

330000－4741－0000005　005　子部/道家類
老子道德經二卷　(晉)王弼注　王詒壽總校　**老子道經音義一卷**　(唐)陸德明撰　民國九年(1920)浙江圖書館刻本　一冊

330000－4741－0000018　018　子部/道家類
莊子十卷　(晉)郭象注　(晉)陸德明音義　民國九年(1920)浙江圖書館刻本　六冊　存八卷(一至六、九至十)

武義縣圖書館民國時期傳統裝幀書籍普查登記目録

浙江省民國時期傳統裝幀書籍普查登記目録·金華

國家圖書館出版社
National Library of China Publishing House

《武義縣圖書館民國時期傳統裝幀書籍普查登記目録》

編委會

主　編：潘菊妃

副主編：沈嫦娟

編　委：舒　璟

《武義縣圖書館民國時期傳統裝幀書籍普查登記目録》

前　言

古籍是中華民族在數千年歷史發展過程中創造的重要文明成果，蘊含着中華民族特有的精神價值。本館民國傳統裝幀書籍大部分來自於武義民衆教育館圖書館（武義縣圖書館前身），一部分通過社會購買，還有少部分來自個人捐贈。2014 年 1 月開始，我館工作人員對本館的民國傳統裝幀書籍進行分類、整理，登録古籍普查登記平臺，對每套裝幀書籍進行建檔，根據破損情况予以定級。2015 年 7 月底完成普查工作。本次普查收録 109 條數據，共 516 册。

摸清本館民國傳統裝幀書籍情况後，我館單獨成立了古籍書庫，增設了除濕機、消防聯動報警、視頻監控等設備，改善了存藏環境。

由於經驗和水平有限，書中難免有不妥之處，在此殷切期望廣大讀者能提出寶貴意見。

武義縣圖書館

2018 年 6 月

330000－4714－0000007　0007　類叢部/叢書類/彙編之屬

學津討原二十集一百七十三種　(清)張海鵬編　民國十一年(1922)上海商務印書館據清嘉慶十年(1805)虞山張氏照曠閣刻本影印本　一百十九册　存一百種

330000－4714－0000010　0010　類叢部/叢書類/輯佚之屬

續古逸叢書四十七種　張元濟等編　民國十一年(1922)至一九五七年上海商務印書館影印本　一册　存一種

330000－4714－0000034　0034　史部/政書類/通制之屬

皇朝文獻通考三百卷　(清)嵇璜　(清)曹仁虎等纂修　民國石印本　十一册　存一百六十七卷(五十七至一百二十、一百三十六至二百一、二百六十四至三百)

330000－4714－0000037　0037　集部/總集類/尺牘之屬

歷代名人家書不分卷　四願齋主編輯　民國二十七年(1938)長沙商務印書館鉛印本　一册

330000－4714－0000050　0050　子部/醫家類/本草之屬/歷代綜合本草

本草從新十八卷　(清)吳儀洛輯　民國二年(1913)上海廣益書局石印本　一册　存六卷(四至九)

330000－4714－0000065　0065　史部/雜史類/斷代之屬

明季稗史續編六種六卷　民國元年(1912)上海商務印書館鉛印本　三册　存三卷(一至三)

330000－4714－0000066　0066　史部/雜史類/斷代之屬

明季稗史初編十六種二十七卷　(清)留雲居士輯　民國元年(1912)上海商務印書館鉛印本　六册

330000－4714－0000090　0090　子部/儒家類/儒學之屬/蒙學

讀經範本精義五卷附大學明德親民解一卷　楊覲東撰　民國雲南國學專修館刻本　一册　存三卷(貞集四至五、附)

330000－4714－0000091　0091　集部/詩文評類/文法之屬

高等小學論說文範四卷　邵伯棠撰　民國上海會文堂書局石印本　三册　存三卷(二至四)

330000－4714－0000092　0092　集部/詩文評類/文法之屬

中等新論說文範四卷　蔡郕撰　邵希雍評校　民國上海會文堂書局石印本　二册　存一卷(一)

330000－4714－0000104　0104　經部/小學類/音韻之屬/韻書

增廣詩韻全璧五卷　(清)湯祥瑟輯　民國石印本　一册　存一卷(三)

330000－4714－0000120　0120　經部/詩類/傳說之屬

詩經原始十八卷首二卷　(清)方玉潤撰　民國十三年(1924)上海泰東圖書局石印本　七册　存十七卷(首一至二、四至十八)

330000－4714－0000128　0128　類叢部/叢書類/自著之屬

舜水遺書四種附錄一卷　(明)朱之瑜撰　民國二年(1913)山陰湯壽潛鉛印本　七册　存三種

330000－4714－0000138　0138　史部/雜史類/斷代之屬

唐語林八卷附校勘記一卷　(宋)王讜撰　民國九年(1920)上海商務印書館鉛印本　四册

330000－4714－0000142　0142　類叢部/叢書類/彙編之屬

四庫全書珍本初集二百三十種　中央圖書館籌備處輯　民國二十三年至二十四年(1934－1935)上海商務印書館據文淵閣本影印本　一百二十五册　存三十七種

330000－4714－0000153　0153　史部/史評類/史論之屬

二百大家評註國史成績論斷大全十二卷　(明)張位纂　(明)李廷機纂註　(明)葉向高纂評　民國十二年(1923)求古齋石印本　三冊　存三卷(八、十一至十二)

330000－4714－0000159　0159　集部/別集類

水部居詩續稿一卷　何葆仁撰　民國油印本　一冊

330000－4714－0000163　0163　集部/總集類/選集之屬

浙江第八中學國文選讀講義不分卷　王之覺輯　民國十九年(1930)衢縣衢州印刷局鉛印本　一冊　存一集(二)

330000－4714－0000167　0167　新學/地學/地理學

本國地理不分卷　民國油印本　一冊

330000－4714－0000169　0169　子部/藝術類/書畫之屬/畫法畫品

畫學綱要不分卷　張世忠述　民國油印本　一冊

330000－4714－0000170　0170　子部/宗教類/道教之屬

玉定金科例誅輯要十卷首一卷末一卷特宥輯要十卷首一卷末一卷例賞輯要十卷首一卷末一卷　南天都劫司　桂宮武昌侯輯　民國十三年(1924)北京金科流通處鉛印本　六冊　存十三卷(例誅輯要首、三至六,特宥輯要首、一至二,例賞輯要七至十、末)

330000－4714－0000171　0171　新學/學校

教育史不分卷　民國油印本　一冊

330000－4714－0000173　0173　經部/小學類/文字之屬

中國文字學概要不分卷　民國油印本　一冊

330000－4714－0000174　0174　新學/理學/理學

倫理學不分卷　民國油印本　一冊

330000－4714－0000175　0175　新學/理學/文學

文學概論不分卷　曹謙述　民國油印本　一冊

330000－4714－0000176　0176　新學/史志

世界文化史一卷　王省之編　民國油印本　一冊

330000－4714－0000177　0177　子部/宗教類/道教之屬

玉定金科例誅輯要十卷首一卷末一卷特宥輯要十卷首一卷末一卷例賞輯要十卷首一卷末一卷　南天都劫司　桂宮武昌侯輯　民國十五年(1926)北京金科流通處鉛印本　四冊　存九卷(例誅輯要首,一至二、六;例賞輯要七至十、末)

330000－4714－0000178　0178　集部/詩文評類/詩評之屬

古今詩學大全六卷　世界書局編輯所編輯　民國十五年(1926)上海世界書局石印本　六冊

330000－4714－0000179　0179　子部/術數類/相宅相墓之屬

地理辨正疏五卷首一卷末一卷　(清)張心言撰　民國上海錦章圖書局石印本　一冊

330000－4714－0000185　0185　集部/別集類

人境廬吟草三卷　何葆仁撰　民國油印本　一冊

330000－4714－0000188　0188　集部/別集類/清別集

南山集十四卷補遺三卷　(清)戴名世撰　**南山先生年譜一卷**　民國刻本　四冊　存六卷(南山集四、九至十一、十四,補遺上)

330000－4714－0000189　0189　經部/易類/傳說之屬

周易四卷　(清)王純撰　民國上海商務印書館鉛印本　二冊

330000－4714－0000192　0192　經部/詩類/

傳說之屬

詩經集傳八卷 （宋）朱熹撰 民國七年（1918）上海天寶書局石印本 二冊 存三卷（一至三）

330000－4714－0000195 0195 史部/政書類/通制之屬

通志二百卷 （宋）鄭樵撰 民國鉛印本 四冊 存十七卷（五十一至五十七、一百五十三至一百五十六、一百八十四至一百八十七、一百九十五至一百九十六）

330000－4714－0000196 0196 史部/政書類/通制之屬

通志二百卷 （宋）鄭樵撰 民國石印本 二冊 存五卷（二十一至二十五）

330000－4714－0000197 0197 集部/別集類/清別集

戴東原集十二卷 （清）戴震撰 民國影印本 二冊 存八卷（四至十一）

330000－4714－0000204 0204 史部/史抄類

史記菁華錄六卷 （清）姚祖恩輯評 民國上海商務印書館鉛印本 一冊 存二卷（一至二）

330000－4714－0000207 0207 經部/詩類/三家詩之屬

韓詩外傳十卷 （漢）韓嬰撰 （清）周廷寀校注 **校注拾遺一卷** （清）周宗杬撰 **補逸一卷** （清）趙懷玉輯 民國六年（1917）上海商務印書館鉛印本 一冊 存二卷（一至二）

330000－4714－0000208 0208 類叢部/叢書類/自著之屬

崇雅堂叢書十四種 楊晨撰 民國二十五年（1936）黃巖楊紹翰鉛印本 一冊 存一種

330000－4714－0000212 0212 經部/小學類/音韻之屬/韻書

詩韻合璧五卷 （清）許時庚輯 **虛字韻藪一卷** （清）潘維城輯 民國鉛印本 五冊

330000－4714－0000213 0213 經部/小學類/文字之屬/字書/字典

康熙字典十二集三十六卷總目一卷檢字一卷辨似一卷等韻一卷補遺一卷備考一卷 （清）張玉書等纂修 民國石印本 一冊 存六卷（未集上中下、申集上中下）

330000－4714－0000217 0217 經部/四書類/總義之屬/傳說

四書集註十九卷 （宋）朱熹撰 民國上海廣益書局石印本 一冊 存三卷（孟子一至三）

330000－4714－0000218 0218 經部/春秋左傳類/傳說之屬

春秋左傳五十卷 （晉）杜預 （宋）林堯叟註釋 （唐）陸德明音義 民國上海商務印書館石印本 二冊 存十卷（五至十、三十八至四十一）

330000－4714－0000219 0219 經部/四書類/孟子之屬/傳說

孟子集註七卷 （宋）朱熹撰 民國鉛印本 七冊

330000－4714－0000220 0220 經部/四書類/孟子之屬/傳說

增補蘇批孟子二卷 （宋）蘇洵撰 （清）趙大浣增補 **孟子年譜一卷** 民國石印本 一冊 存一卷（下孟）

330000－4714－0000223 0223 史部/紀傳類/正史之屬

史記一百三十卷 （漢）司馬遷撰 （南朝宋）裴駰集解 （唐）司馬貞索隱 （唐）張守節正義 **補史記一卷** （唐）司馬貞撰并注 民國中華圖書館影印本 八冊 存四十五卷（一至三、七至十二、十五至十六、二十二至二十五、三十一至三十六、四十二至四十六、九十三至一百四、一百二十四至一百三十）

330000－4714－0000228 0228 史部/地理類/總志之屬/斷代

大清一統志五百六十卷 （清）穆彰阿等纂 民國影印本 二冊 存四卷（八十至八十一、四百七十至四百七十一）

330000－4714－0000240　0240　子部/雜著類/雜説之屬

仇池筆記二卷　(宋)蘇軾撰　民國上海商務印書館鉛印本　一册

330000－4714－0000244　0244　史部/傳記類/總傳之屬/忠孝

浙江孝節録初集二卷　張大庚　王昌杰編　民國二十四年(1935)上海明善書局鉛印本　二册　存一卷(一)

330000－4714－0000249　0249　類叢部/叢書類/彙編之屬

四部叢刊三百八種　張元濟等編　民國上海商務印書館影印本　十六册　存六種

330000－4714－0000250　0250　子部/宗教類/佛教之屬/經疏

圓覺親聞記二卷　釋諦閑講演　釋妙煦　釋顯琛　釋顯覺手録　民國九年(1920)鉛印本　一册　存一卷(下)

330000－4714－0000251　0251　子部/道家類

樂育堂語録二卷　(清)黄元吉講　民國鉛印本　一册

330000－4714－0000253　0253　子部/雜著類/雜纂之屬

諸子文粹六十二卷續編十卷　李寶洤纂　民國六年(1917)鉛印本　四册　存十三卷(一至三、十八至二十一、二十九至三十二,續編四至五)

330000－4714－0000255　0255　類叢部/叢書類/自著之屬

趣園八種附趣園十六趣　(清)蔡丕撰　民國上海明善書局鉛印本暨石印本　二册　存二種

330000－4714－0000256　0256　子部/藝術類/書畫之屬/法帖

御刻三希堂石渠寶笈法帖不分卷　(清)梁詩正等輯　民國上海中華圖書館影印本　一册　存一册(四)

330000－4714－0000264　0264　子部/儒家類/儒學之屬/經濟

明夷待訪録一卷　(清)黄宗羲撰　民國上海鴻章書局石印本　一册

330000－4714－0000266　0266　子部/道家類

沖虚至德真經八卷　(晋)張湛注　(唐)殷敬順釋文　民國三年(1914)影印本　二册

330000－4714－0000269　0269　類叢部/叢書類/彙編之屬

四部備要三百一種　中華書局編　民國二十五年(1936)上海中華書局鉛印本　二册　存一種

330000－4714－0000271　0271　子部/醫家類/内科之屬/中風

卒中厥證輯要不分卷　姚濟蒼輯　民國北京天華館鉛印本　一册

330000－4714－0000274　0274　子部/醫家類/類編之屬

徐靈胎醫書三十二種　(清)徐大椿撰　民國石印本　七册　存十一種

330000－4714－0000277　0277　子部/醫家類/方書之屬/歷代方書

千金翼方三十卷　(唐)孫思邈撰　民國石印本　一册　存六卷(五至十)

330000－4714－0000278　0278　集部/總集類/選集之屬/通代

詳註分類咏物詩選八卷　(清)俞琰輯　(清)易開緒　(清)孫洊鳴註　民國石印本　一册　存一卷(八)

330000－4714－0000281　0281　子部/儒家類/儒學之屬/禮教/鑑戒

人道實行録十卷　金灒撰　民國八年(1919)鉛印本　一册　存五卷(六至十)

330000－4714－0000283　0283　子部/藝術類/書畫之屬/法帖

鍾繇道德經一卷　(三國魏)鍾繇書　民國二十五年(1936)廣倉學宭影印本　一册

330000－4714－0000288　0288　子部/醫家類/方書之屬/單方驗方

重校舊本湯頭歌訣一卷　(清)汪昂編輯　民國石印本　一册

330000－4714－0000290　0290　子部/醫家類/溫病之屬

溫病條辨六卷首一卷　(清)吳瑭撰　民國石印本　一册　存一卷(二)

330000－4714－0000305　0305　子部/儒家類/儒學之屬/蒙學

新增繪圖幼學故事瓊林四卷　(清)程登吉撰　(清)鄒聖脈增補　民國上海鴻寶齋石印本　一册

330000－4714－0000310　0310　史部/編年類/斷代之屬

東華錄順治朝三十六卷康熙朝一百十卷雍正朝二十六卷東華續錄乾隆朝一百二十卷　王先謙編　民國鉛印本　十九册　存一百十五卷(康熙朝一至十四、二十至三十一、三十八至一百十,雍正朝一至三、七至十九)

330000－4714－0000313　0313　集部/總集類/選集之屬/通代

古文辭類纂評註七十四卷　(清)姚鼐纂輯　沈伯經等評註　民國上海文明書局鉛印本　二册　存十卷(十一至十五、五十一至五十五)

330000－4714－0000317　0317　集部/總集類/彙編之屬

名家選定詩文讀本□□種　文明書局編　民國十五年(1926)上海文明書局鉛印本　一册　存一種

330000－4714－0000318　0318　集部/總集類/選集之屬/通代

新體廣註古文觀止十二卷　(清)吳乘權　(清)吳大職輯　黃築巖　劉再蘇註釋　民國二十年(1931)上海世界書局石印本　五册　存十卷(一至二、五至十二)

330000－4714－0000319　0319　集部/總集類/選集之屬/通代

增批古文觀止十二卷　(清)吳乘權　(清)吳大職輯　民國石印本　二册　存八卷(五至十二)

330000－4714－0000320　0320　集部/總集類/氏族之屬

三蘇文集四十四卷　(清)邵希雍輯　民國元年(1912)上海會文堂書局石印本　一册　存八卷(欒城文集一至八)

330000－4714－0000322　0322　集部/總集類/選集之屬/斷代

策論選要十二卷　(宋)蘇洵　(宋)蘇軾　(宋)蘇轍撰　民國石印本　一册　存一卷(五)

330000－4714－0000323　0323　集部/總集類/選集之屬/通代

評選古詩源四卷　(清)沈德潛輯　民國上海會文堂書局石印本　二册　存二卷(三至四)

330000－4714－0000324　0324　集部/總集類/尺牘之屬

歷代名人小簡二卷　吳曾祺輯　民國十七年(1928)上海商務印書館鉛印本　一册　存一卷(下)

330000－4714－0000325　0325　集部/楚辭類

楚辭集註八卷後語六卷辯證二卷　(宋)朱熹撰　民國四年(1915)掃葉山房石印本　二册　存八卷(楚辭集註一至四、後語一至四)

330000－4714－0000326　0326　集部/詞類/總集之屬

絕妙好詞箋七卷　(宋)周密輯　(清)查為仁　(清)厲鶚箋　**續鈔一卷**　(清)余集輯　**又續鈔一卷**　(清)徐楙補錄　民國十二年(1923)上海啟新圖書局石印本　一册　存二卷(一至二)

330000－4714－0000330　0330　集部/別集類/唐五代別集

杜詩鏡銓二十卷附諸家論杜一卷杜工部年譜

一卷　(清)楊倫輯　**讀書堂杜工部文集註解二卷**　(清)張溍撰　民國上海著易堂書局石印本　三冊　存九卷(九至十一、十五至二十)

330000－4714－0000334　0334　史部/雜史類/斷代之屬

戰國策補註三十三卷　吳曾祺撰　民國上海商務印書館鉛印本　一冊　存七卷(一至七)

330000－4714－0000335　0335　集部/總集類/選集之屬/通代

十八家詩鈔二十八卷首一卷　(清)曾國藩輯　民國上海商務印書館鉛印本　五冊　存十卷(三至六、十五至十六、十八至十九、二十一至二十二)

330000－4714－0000336　0336　集部/別集類

靈峯先生集十一卷　夏震武撰　民國五年(1916)劉子民、何紹韓鉛印本　一冊　存八卷(四至十一)

330000－4714－0000337　0337　集部/總集類/酬唱之屬

湖墅倡和詩一卷生辰倡和詩一卷　楊晨編　民國黃嚴友成局石印本　一冊

330000－4714－0000338　0338　集部/別集類

警榍盦詩集一卷文集一卷　許元穎撰　民國二十六年(1937)黃巖友成局鉛印本　一冊

330000－4714－0000339　0339　集部/別集類/清別集

存悔堂詩草一卷　(清)陳德調撰　民國二十二年(1933)鉛印本　一冊

330000－4714－0000340　0340　類叢部/叢書類/郡邑之屬

義烏先哲遺書六種九卷　黃侗編　民國二十二年至二十四年(1933－1935)義烏黃侗鉛印本　一冊

330000－4714－0000341　0341　集部/別集類/清別集

粲花館詩鈔一卷　(清)樓杏春撰　民國二十二年(1933)黃侗鉛印本　一冊

330000－4714－0000342　0342　集部/別集類

水部居詩鈔二卷　何葆仁撰　民國二十三年(1934)麗水啓明印刷局鉛印本　一冊　存一卷(下)

330000－4714－0000343　0343　集部/別集類

待焚詩稿十卷　陳杜撰　民國十八年(1929)無錫中國學術討論社鉛印本　二冊

330000－4714－0000344　0344　集部/別集類

榛輿遺稿一卷　張釗紘撰　民國二十三年(1934)鉛印本　一冊

330000－4714－0000347　0347　類叢部/類書類/專類之屬

潛龍讀書表十二卷　陳電飛編　民國十六年(1927)中華書局石印本　一冊　存六卷(七至十二)

330000－4714－0000349　0349　子部/藝術類/遊藝之屬/聯語

楹聯叢話十二卷續話四卷　(清)梁章鉅輯　民國上海會文堂書局石印本　一冊　存四卷(楹聯叢話一至四)

330000－4714－0000351　0351　子部/小說家類

古今說部叢書二百七十二種　國學扶輪社輯　民國二年(1913)上海國學扶輪社鉛印本　四冊　存七種

330000－4714－0000353　0353　集部/別集類/清別集

曾文正公家書十二卷　(清)曾國藩撰　民國上海廣益書局石印本　一冊　存二卷(七至八)

330000－4714－0000354　0354　集部/別集類/唐五代別集

評註陸宣公奏議十五卷首一卷　(唐)陸贄撰

（宋）郎曄註　馬傳庚評點　劉鐵冷補正　民國鉛印本　一册　存三卷（十至十二）

330000－4714－0000355　0355　集部/别集類

章太炎文鈔五卷　章炳麟撰　民國鉛印本　一册　存一卷（三）

330000－4714－0000356　0356　類叢部/叢書類/彙編之屬

四部備要三百一種　中華書局編　民國二十五年（1936）上海中華書局鉛印本　一册　存一種

330000－4714－0000357　0357　集部/别集類/清别集

小倉山房文集三十五卷　（清）袁枚撰　民國上海文明書局石印本　二册　存九卷（四至七、二十六至三十）

330000－4714－0000359　0359　子部/儒家類/儒學之屬/禮教/家訓

了凡四訓一卷　（明）袁黄撰　民國十二年（1923）補過齋主人鉛印本　一册

330000－4714－0000361　0361　集部/别集類/清别集

篤素堂文集四卷集抄三卷　（清）張英撰　民國掃葉山房石印本　一册　存三卷（文集一至三）

330000－4714－0000379　0379　集部/戲劇類/總集之屬/傳奇

十二家評點李笠翁十種曲　（清）李漁編　民國七年（1918）上海朝記書莊石印本　十册

330000－4714－0000380　0380　史部/雜史類/斷代之屬

痛史二十一種附九種　樂天居士輯　民國上海商務印書館鉛印本　四册　存八種

330000－4714－0000383　0383　子部/術數類/相宅相墓之屬

入地眼全書十卷　（宋）釋靜道撰　（清）萬樹華編次　民國校經山房石印本　一册　存三卷（三至五）

330000－4714－0000384　0384　子部/術數類/相宅相墓之屬

新鎸碎玉剖秘地理不求人五卷　（清）吳以炌等撰　民國石印本　一册　存一卷（五）

330000－4714－0000386　0386　子部/術數類/相宅相墓之屬

地理五訣八卷　（清）趙廷棟撰　民國石印本　一册　存二卷（七至八）

330000－4714－0000388　0388　經部/小學類/文字之屬/字書/字典

新字典十二卷拾遺一卷檢字一卷附錄一卷勘誤一卷補編一卷　陸爾奎等編纂　民國元年（1912）上海商務印書館鉛印本　四册　缺四卷（檢字、附錄、勘誤、補編）

330000－4714－0000389　0389　新學/史志

歐洲列國變法史□□卷　民國鉛印本　二册　存五卷（九至十、十六至十八）

330000－4714－0000391　0391　類叢部/叢書類/彙編之屬

四部叢刊續編七十七種　張元濟等編　民國二十三年（1934）上海商務印書館影印本（儀禮疏卷三十二至三十七、周易要義卷三至六、禮記要義卷一至二、麟臺故事卷四至五原缺）　三册　存二種

330000－4714－0000392　0392　集部/别集類

水部居詩續稿一卷　何葆仁撰　民國油印本　四册

浦江縣圖書館
民國時期傳統裝幀書籍普查登記目錄

浙江省民國時期傳統裝幀書籍普查登記目錄·金華

國家圖書館出版社
National Library of China Publishing House

《浦江縣圖書館民國時期傳統裝幀書籍普查登記目録》

編委會

主　編：項紅陽

編　委：項紅陽　陳　蓉　王夏旋　張曉鋒　鄭爽静

《浦江縣圖書館民國時期傳統裝幀書籍普查登記目録》

前　言

浦江縣圖書館民國傳統裝幀書籍主要來自民國時期縣學藏書，其次是中華人民共和國成立後邑人樓静玄、石西民等個人贈書。我館2014年4月啓動普查，7月份完成。

本次共普查館藏民國傳統裝幀書籍191部1344册，其中含多種本地鄉賢著述，尤爲珍貴。近些年，我館已建設了特藏書庫，2017年又爲部分民國傳統裝幀書籍配置了夾板，進一步加强了保護。

普查期間，我館項紅陽、陳蓉、王夏妮、張曉鋒、鄭爽静5位同志在十分簡陋的條件下，戰勝高温、加班加點，提前完成了任務。之後，項紅陽同志按省古籍保護中心的要求，完成多輪的數據修改，在此表示衷心的感謝！

因編者水平有限，錯漏難免，歡迎方家指正。

浦江縣圖書館

2018年6月

330000－4715－0000001　樓靜玄贈書/經 31　經部/小學類/音韻之屬
音韻學叢書二十種　嚴式誨輯　民國渭南嚴氏成都刻本　一冊　存一種

330000－4715－0000005　樓靜玄贈書/經 17　經部/群經總義類/授受源流之屬
經學歷史一卷　（清）皮錫瑞撰　民國十三年（1924）涵芬樓影印本　一冊

330000－4715－0000010　樓靜玄贈書/經 25　經部/小學類/文字之屬/說文/專著
新定說文古籀考三卷　周名煇撰　民國三十七年（1948）上海開明書店石印本　一冊

330000－4715－0000012　樓靜玄贈書/經 28　經部/小學類/文字之屬/說文/專著
說文古籀補十四卷補遺一卷附錄一卷　（清）吳大澂撰　民國蘇州振新書社石印本　四冊

330000－4715－0000014　樓靜玄贈書/經 27　經部/群經總義類/文字音義之屬
經傳釋詞十卷　（清）王引之撰　王時潤點勘　民國上海古書流通處影印本　四冊

330000－4715－0000015　樓靜玄贈書/經 29　經部/小學類/音韻之屬/韻書
中華新韻一卷　教育部國語推行委員會編　民國鉛印本　一冊

330000－4715－0000016　樓靜玄贈書/史 3　史部/紀傳類/正史之屬
漢書補注一百卷首一卷　王先謙撰　**姚惜抱先生前漢書評點一卷**　（清）姚鼐撰　（清）吳汝綸輯　民國上海鴻章書局石印本　四十冊

330000－4715－0000017　樓靜玄贈書/經 30　經部/小學類/文字之屬/說文/傳說
說文解字段注攷正十五卷　（清）馮桂芬撰　民國十六年（1927）據稿本影印本　八冊

330000－4715－0000020　樓靜玄贈書/經 34　經部/小學類/音韻之屬/韻書
廣韻五卷　（宋）陳彭年等修　**宋本廣韻校札一卷**　（清）黎庶昌撰　民國上海涵芬樓影印本　五冊

330000－4715－0000022　樓靜玄贈書/史 1、史 2、史 4、史 7　史部/紀傳類/正史之屬
二十四史附考證　民國上海涵芬樓據清乾隆武英殿刻本影印本　四十八冊　存四種

330000－4715－0000024　樓靜玄贈書/史 5　類叢部/叢書類/彙編之屬
四部叢刊　張元濟等編　民國上海商務印書館影印本　六冊　存一種

330000－4715－0000027　樓靜玄贈書/史 11　類叢部/叢書類/彙編之屬
四部備要　中華書局編　民國二十五年（1936）上海中華書局鉛印本　十冊　存一種

330000－4715－0000030　樓靜玄贈書/史 15　史部/雜史類/斷代之屬
戰國策精華三卷　中華書局編　民國四年（1915）中華書局鉛印本　一冊　存一卷（上）

330000－4715－0000031　樓靜玄贈書/史 16　史部/雜史類/斷代之屬
戰國策詳註三十三卷　郭希汾輯註　民國八年（1919）上海文明書局鉛印本　六冊

330000－4715－0000040　樓靜玄贈書/史/31　史部/目録類/總録之屬/私撰
抱經堂廉價書目一卷　杭州抱經堂書局編　民國十九年（1930）石印本　一冊

330000－4715－0000041　樓靜玄贈書/史 34　史部/目録類/總録之屬/私撰
四存學會出版部書目一卷　四存學會出版部編　民國十六年（1927）鉛印本　一冊

330000－4715－0000045　樓靜玄贈書/史 38、史 47、子 3－4、子 7、集 21、集 23、集 34、集 47、集 48、集 56－2、集 84、集 94　類叢部/叢書類/彙編之屬
四部備要　中華書局編　民國二十五年（1936）上海中華書局鉛印本　七十四冊　存十三種

330000－4715－0000046　樓靜玄贈書/史 39、史 44、史 43、子 5、子 10、子 14、子 15、子 17、子 18、子 19、集 18、集 24、集 26、集 31、集 32、集

35、集 37、集 39、集 40、集 41、集 44、集 45、集 46　類叢部/叢書類/彙編之屬

四部叢刊　張元濟等編　民國上海商務印書館影印本　一百十冊　存三十三種

330000－4715－0000049　樓靜玄贈書/史 45
類叢部/叢書類/彙編之屬

中國書店影印書　中國書店輯　民國上海中國書店影印本　二冊　存一種

330000－4715－0000055　樓靜玄贈書/子 2
子部/儒家類/儒家之屬

荀子二十卷首一卷　（唐）楊倞注　王先謙集解　民國上海商務印書館影印本　六冊

330000－4715－0000057　樓靜玄贈書/子 1
子部/儒家類/儒家之屬

孔氏家語十卷　（三國魏）王肅注　民國上海會文堂書局石印本　二冊

330000－4715－0000063　樓靜玄贈書/子 9
子部/墨家類

墨子閒詁十五卷目錄一卷附錄一卷後語二卷　（清）孫詒讓撰　民國上海商務印書館影印本　八冊

330000－4715－0000067　樓靜玄贈書/子 21
類叢部/類書類/通類之屬

子史精華一百六十卷　（清）吳士玉　（清）吳襄等輯　民國上海朝記書莊石印本　八冊

330000－4715－0000068　樓靜玄贈書/子 16
類叢部/叢書類/彙編之屬

四部叢刊三編七十一種　張元濟等編　民國二十四年至二十五年（1935－1936）上海商務印書館影印本　一冊　存一種

330000－4715－0000069　樓靜玄贈書/子 22
類叢部/叢書類/自著之屬

章氏叢書十三種　章炳麟撰　民國十三年（1924）上海古書流通處據浙江圖書館刻本影印本　十九冊　缺二卷（二十四至二十五）

330000－4715－0000073　樓靜玄贈書/子 24
史部/目録類/通論之屬/掌故瑣記

書林清話十卷　葉德輝撰　民國上海掃葉山房石印本　五冊

330000－4715－0000075　樓靜玄贈書/子 25
子部/藝術類/篆刻之屬/印論

篆刻鍼度八卷　（清）陳克恕撰　民國上海朝記書莊石印本　二冊

330000－4715－0000077　樓靜玄贈書/子 32
子部/道家類

老子道德經二卷　（三國魏）王弼注　**音義一卷**　（唐）陸德明撰　**附識一卷老子校勘記一卷**　民國九年（1920）浙江圖書館刻本　一冊

330000－4715－0000081　樓靜玄贈書/子 36
子部/雜著類/雜說之屬

古夫于亭雜錄六卷　（清）王士禛撰　民國六年（1917）上海交通圖書館石印本　二冊

330000－4715－0000086　樓靜玄贈書/子 41
子部/儒家類/儒學之屬/禮教/家訓

顏氏家訓七卷附錄一卷補遺一卷　（北齊）顏之推撰　**補正一卷**　（清）錢大昕撰　民國十二年（1923）北京直隸書局影印本　六冊

330000－4715－0000087　樓靜玄贈書/子 42
子部/小說家類

顧氏文房小說四十種五十八卷　（明）顧元慶輯　民國十四年（1925）上海商務印書館據明刻本影印本　十冊

330000－4715－0000088　樓靜玄贈書/子 44－3、44－2、47、48、49、50、51、52、53、54、55、56、57，集 13　子部/小說家類

宋人小說二十八種　涵芬樓編　民國上海商務印書館鉛印本　二十二冊　存十四種

330000－4715－0000089　樓靜玄贈書/子 43
類叢部/類書類/通類之屬

初學記三十卷　（唐）徐堅等撰　民國七年（1918）江左書林石印本　八冊

330000－4715－0000091　樓靜玄贈書/子 44－3　子部/小說家類

宋人小說二十八種　涵芬樓編　民國上海商務印書館鉛印本　二冊　存一種

330000－4715－0000092　樓靜玄贈書/子47
子部/小說家類
宋人小說二十八種　涵芬樓編　民國上海商務印書館鉛印本　一冊　存一種

330000－4715－0000093　樓靜玄贈書/子77
子部/宗教類/佛教之屬
佛學叢書□□種　丁福保輯　民國上海醫學書局鉛印本暨影印本　一冊　存一種

330000－4715－0000094　樓靜玄贈書/子78
類叢部/叢書類/彙編之屬
郋園先生全書一百二十九種　葉啟倬編　民國二十四年(1935)長沙中國古書刻印社彙印本　二冊　存一種

330000－4715－0000099　樓靜玄贈書/集4
集部/總集類/選集之屬/通代
古文辭類纂七十五卷　(清)姚鼐纂輯　**續古文辭類纂三十四卷**　王先謙輯　民國上海會文堂書局石印本　二十冊

330000－4715－0000102　樓靜玄贈書/集11
集部/別集類
種竹山房詩鈔七卷　鄭祖蔭撰　民國七年(1918)鉛印本　二冊

330000－4715－0000106　樓靜玄贈書/集15
集部/別集類/清別集
龔定庵全集二十三卷　(清)龔自珍撰　**定盦先生年譜一卷**　吳昌綬編　民國四年(1915)國學扶輪社鉛印本　五冊　存十七卷(文集一至三、續集一至四、補編一至四、續錄、古今題詩一至二、乙亥雜事、文拾遺、年譜)

330000－4715－0000107　樓靜玄贈書/集16
集部/別集類/唐五代別集
昌黎先生集四十卷外集十卷遺文一卷　(唐)韓愈撰　**朱子校昌黎先生集傳一卷**　(宋)朱熹撰　民國九年(1920)上海商務印書館鉛印本　十冊

330000－4715－0000108　樓靜玄贈書/集17
子部/雜著類/雜說之屬
淮南鴻烈集解二十一卷　(漢)劉安撰　(漢)高誘注　劉文典集解　**淮南天文訓補注一卷**　(清)錢塘撰　民國十五年(1926)上海商務印書館鉛印本　六冊

330000－4715－0000110　樓靜玄贈言/集19
集部/別集類
種竹山房詩鈔七卷　鄭祖蔭撰　民國七年(1918)鉛印本　二冊

330000－4715－0000113　樓靜玄贈書/集25
類叢部/叢書類/彙編之屬
四部叢刊續編七十七種　張元濟等編　民國二十三年(1934)上海商務印書館影印本　一冊　存一種

330000－4715－0000118　子225、子226、子227、子228、子229、子230　類叢部/叢書類/彙編之屬
涵芬樓祕笈五十一種　孫毓修等輯　民國五年至十五年(1916－1926)上海商務印書館影印本暨鉛印本　十一冊　存六種

330000－4715－0000120　樓靜玄贈書/集33－1
類叢部/叢書類/彙編之屬
層冰草堂叢書九種附一種　古直撰　民國中華書局鉛印本　二冊　存一種

330000－4715－0000123　集57　類叢部/叢書類/彙編之屬
四部叢刊　張元濟等編　民國上海商務印書館影印本　十六冊　存一種

330000－4715－0000125　樓靜玄贈書/集38
集部/別集類/清別集
述學內篇三卷外篇一卷補遺一卷別錄一卷附錄一卷　(清)汪中撰　(清)汪喜孫編　民國上海千頃堂書局據清嘉慶二十年(1815)刻本影印本　二冊

330000－4715－0000127　樓靜玄贈書/集42
類叢部/叢書類/彙編之屬
四部叢刊　張元濟等編　民國上海商務印書館影印本　五冊　存一種

330000－4715－0000128　樓靜玄贈書/集43
集部/詩文評類/文評之屬

文心雕龍注十卷 （南朝梁）劉勰撰 范文瀾注 民國三十六年（1947）上海開明書店鉛印本 七冊

330000－4715－0000129 樓靜玄贈書/集 49
集部/總集類/選集之屬/斷代
宋詩鈔補八十六卷 （清）管庭芬 （清）蔣光煦編 民國四年（1915）上海商務印書館鉛印本 二冊 存十六種

330000－4715－0000131 樓靜玄贈書/集 50
集部/總集類/選集之屬/通代
古文觀止十二卷 （清）吳乘權 （清）吳大職輯 民國上海錦章圖書局石印本 四冊 存八卷（三至十）

330000－4715－0000132 樓靜玄贈書/集 51
集部/別集類
種竹山房詩鈔七卷 鄭祖蔭撰 民國鉛印本 二冊

330000－4715－0000139 樓靜玄贈書/集 53－3 集部/總集類/選集之屬/通代
玉臺新詠十卷 （南朝陳）徐陵編 **玉札一卷** 徐乃昌撰 民國十一年（1922）南陵徐乃昌據明小宛堂本影刻本 二冊

330000－4715－0000140 樓靜玄贈書/集 54
類叢部/叢書類/郡邑之屬
續金華叢書六十種 胡宗楙編 民國十三年（1924）永康胡氏夢選樓刻本 四冊 存一種

330000－4715－0000142 樓靜玄贈書/集 61
類叢部/叢書類/自著之屬
隅樓叢書四種 古直撰 民國十五年至十七年（1926－1928）上海聚珍倣宋印書局鉛印本 一冊 存一種

330000－4715－0000145 樓靜玄贈書/集 62
集部/別集類/清別集
人境廬詩草十一卷 （清）黃遵憲撰 民國二十年（1931）黃能立鉛印本 二冊

330000－4715－0000150 樓靜玄贈書/集 72、集 73 集部/別集類/唐五代別集
杜工部草堂詩箋四十卷外集一卷 （宋）蔡夢弼會箋 **草堂詩箋傳序碑銘一卷目錄一卷** （宋）魯訔編 （宋）蔡夢弼會箋 **杜工部草堂詩話二卷** （宋）蔡夢弼輯 **杜工部草堂詩年譜二卷** （宋）趙子櫟 （宋）魯訔撰 民國八年（1919）上海文瑞樓據宋麻沙本影印本 十二冊

330000－4715－0000151 樓靜玄贈書/集 78
集部/別集類
種竹山房詩鈔七卷 鄭祖蔭撰 民國鉛印本 二冊

330000－4715－0000153 樓靜玄贈書/集 75
集部/總集類/選集之屬/通代
古詩源十四卷 （清）沈德潛輯 民國上海商務印書館鉛印本 四冊

330000－4715－0000156 樓靜玄贈書/集 79
集部/別集類/唐五代別集
李長吉歌詩四卷外集一卷首一卷 （唐）李賀撰 （清）王琦彙解 民國崇新書局據清乾隆王氏寶笏樓刻本影印本 六冊

330000－4715－0000158 樓靜玄贈書/集 85
集部/別集類/宋別集
王荆文公詩五十卷補遺一卷 （宋）王安石撰 （宋）李壁箋註 民國上海受古書店影印本 十六冊

330000－4715－0000161 樓靜玄贈書/集 88
集部/詞類/總集之屬
絕妙好詞箋七卷 （宋）周密輯 （清）查為仁 （清）厲鶚箋 民國三年（1914）上海有正書局石印本 三冊

330000－4715－0000163 樓靜玄贈書/集 87
集部/詞類/總集之屬
唐宋諸賢絕妙詞選三卷 （宋）黃昇輯 民國十一年（1922）羅振常據羅莊影宋抄本影印本 三冊

330000－4715－0000166 樓靜玄贈書/集 92
集部/詞類/類編之屬
四印齋所刻詞二十種 （清）王鵬運輯 民國中國書店據清臨桂王氏四印齋刻本影印本

一册

330000－4715－0000168　樓靜玄贈書/集 95 集部/詞類/别集之屬

歐陽文忠公近體樂府三卷　(宋)歐陽修撰　**歐陽文忠近體樂府校記一卷**　林大椿撰　民國二十四年(1935)上海商務印書館鉛印本　一册

330000－4715－0000169　樓靜玄贈書/集 98 集部/别集類/明别集

王次回疑雨集註四卷　(明)王彦泓撰　(□)句漏後裔釋　民國九年(1920)上海文明書局再版石印本　四册

330000－4715－0000170　樓靜玄贈書/集 96 集部/詞類/詞話之屬

樂府指迷箋釋一卷附録一卷　(宋)沈義父撰　蔡嵩雲箋釋　民國三十七年(1948)上海中華書局鉛印本　一册

330000－4715－0000172　樓靜玄贈書/集 104 集部/曲類/曲選之屬

北曲拾遺一卷　(明)□□撰　民國二十四年(1935)商務印書館鉛印本　一册

330000－4715－0000173　樓靜玄贈書/集 100 集部/詩文評類/詩評之屬

靜志居詩話二十四卷　(清)朱彝尊撰　(清)姚祖恩輯　民國二年(1913)上海文瑞樓石印本　十册

330000－4715－0000174　樓靜玄贈書/集 105 類叢部/叢書類/彙編之屬

四部叢刊　張元濟等編　民國上海商務印書館影印本　一册　存一種

330000－4715－0000178　樓靜玄贈書/集 109 集部/戲劇類/雜劇之屬

西廂記五本附元人增對奕一卷五本解證一卷五劇箋疑一卷　(元)王實甫　(元)關漢卿撰　民國十六年(1927)日本文求堂書局影印本　樓靜玄題記　四册

330000－4715－0000179　樓靜玄贈書/集 111 集部/總集類/選集之屬/斷代

漢短簫鐃歌注一卷　夏敬觀編注　民國二十年(1931)鉛印本　一册

330000－4715－0000180　樓靜玄贈書/集 112 集部/曲類

曲苑十四種三十一卷　陳乃乾輯　民國十年(1921)海寧陳氏影印本　十册

330000－4715－0000182　樓靜玄贈書/集 113 集部/戲劇類/總集之屬/雜劇

盛明雜劇三十種　(明)沈泰輯　民國十四年(1925)上海中國書店據董氏刻本影印本　十册

330000－4715－0000183　經 3　經部/易類/傳説之屬

周易四卷　民國商務印書館鉛印本　二册

330000－4715－0000186　經 11　經部/書類/傳説之屬

尚書駢枝一卷　(清)孫詒讓撰　民國鉛印本　一册

330000－4715－0000199　經 29－3　經部/春秋左傳類/傳説之屬

春秋左傳五十卷　(晉)杜預　(宋)林堯叟註釋　(唐)陸德明音義　**春秋列國圖説一卷**　(宋)蘇軾撰　民國商務印書館石印本　十二册

330000－4715－0000204　經 36　經部/春秋公羊傳類/專著之屬

公羊家哲學不分卷　陳柱撰　民國十八年(1929)上海中華書局鉛印本　二册

330000－4715－0000205　經 35、經 39　類叢部/叢書類/彙編之屬

四部備要　中華書局編　民國二十五年(1936)上海中華書局鉛印本　十七册　存二種

330000－4715－0000211　經 53－2　經部/四書類/總義之屬/傳説

銅版四書集註　(宋)朱熹集註　民國石印本　三册　存一種

330000－4715－0000214　經57－1　經部/四書類/總義之屬/文字音義

注音字母四書白話句解七卷孝經白話句解一卷　周覲光　吳穀民話解　民國二十五年(1936)上海求古齋書局鉛印本　七冊

330000－4715－0000215　經57－2　經部/四書類/總義之屬/文字音義

注音字母四書白話句解七卷孝經白話句解一卷　周覲光　吳穀民話解　民國二十五年(1936)上海求古齋書局鉛印本　七冊

330000－4715－0000224　經73　經部/小學類/文字之屬/說文/專著

說文通訓定聲十八卷　(清)朱駿聲撰　民國石印本　二冊　存五卷(十至十四)

330000－4715－0000228　經83　史部/金石類/金之屬/文字

積古齋鐘鼎彝器款識十卷　(清)阮元撰　民國石印本　四冊　缺二卷(六至七)

330000－4715－0000229　經89　經部/小學類/文字之屬/字書/字典

康熙字典十二集三十六卷總目一卷檢字一卷辨似一卷等韻一卷備考一卷補遺一卷　(清)張玉書等纂修　民國澤記書局刻本　四十冊

330000－4715－0000232　經90－3　經部/小學類/文字之屬/字書/字典

康熙字典十二集三十六卷等韻一卷檢字一卷辨似一卷備考一卷補遺一卷　(清)張玉書等纂修　民國九年(1920)上海昌文書局石印本　六冊

330000－4715－0000236　經91　經部/小學類/文字之屬/字書/字典

康熙字典十二集三十六卷總目一卷檢字一卷辨似一卷等韻一卷備考一卷補遺一卷　(清)張玉書等纂修　民國六年(1917)上海鴻寶齋書局石印本　六冊

330000－4715－0000241　經93B　經部/小學類/音韻之屬/韻書

中華新韻一卷　教育部國語推行委員會編　民國三十年(1941)刻朱印本　一冊

330000－4715－0000256　集50　集部/別集類/明別集

寒香館遺稿十卷　(明)辛陞撰　民國五年(1916)鉛印本　四冊

330000－4715－0000270　史51B　史部/地理類

浙江圖書館叢書三十種七十九卷　(清)丁謙撰　民國四年(1915)浙江圖書館刻本　十六冊

330000－4715－0000278　史64　史部/編年類/通代之屬

歷代通鑑輯覽一百二十卷　(清)傅恆等撰　民國上海錦章圖書局石印本　二十八冊

330000－4715－0000290　史90　史部/雜史類/斷代之屬

滿清稗史十六種附二種　陸保璿輯　民國二年(1913)新中國圖書局鉛印本　一冊　存一種

330000－4715－0000291　史89　史部/雜史類/斷代之屬

滿清稗史十六種附二種　陸保璿輯　民國二年(1913)新中國圖書局鉛印本　一冊　存一種

330000－4715－0000296　史95　集部/總集類/選集之屬/通代

漢魏六朝百三名家集一百十八卷　(明)張溥輯　民國六年(1917)上海掃葉山房石印本　四十五冊　存九十九種

330000－4715－0000297　史99　史部/地理類/專志之屬/園林

竹垞小志五卷　(清)阮元訂　(清)楊蟠等輯　民國十三年(1924)鉛印本　一冊

330000－4715－0000303　史111　史部/地理類/總志之屬/通代

讀史與地韻編十二卷　張鴻漸編　民國二年(1913)石印本　六冊

330000－4715－0000327　史177　史部/編年類/通代之屬

鼎鍥趙田了凡袁先生編纂古本歷史大方綱鑑補三十九卷首一卷　(明)袁黃纂　**御撰資治通鑑綱目三編二十卷**　(清)張廷玉等編　民國三年(1914)上海共和書局石印本　十五冊　存十二卷(綱鑑補首,一至八、十三;御撰資治通鑑綱目三編一至二)

330000－4715－0000329　史178　史部/雜史類/斷代之屬

痛史二十一種附九種　樂天居士輯　民國二年(1913)上海商務印書館鉛印本　三十一冊

330000－4715－0000332　史183　史部/地理類/方志之屬/郡縣志

[民國]壽昌縣志十卷首一卷　陳煥　潘紹雋修　陳舉愷纂　方仰賢繪圖　民國十九年(1930)金華大同印務局鉛印本　八冊

330000－4715－0000334　史182　史部/地理類/方志之屬/郡縣志

光緒浦江縣志十五卷首一卷附咸同殉難錄二卷　(清)善廣修　(清)張景青等纂　民國五年(1916)鉛印本　十冊　缺七卷(首,一、五至六、十一至十二、十五)

330000－4715－0000339　182－1　史部/地理類/方志之屬/郡縣志

光緒浦江縣志十五卷首一卷附咸同殉難錄二卷　(清)善廣修　(清)張景青等纂　民國五年(1916)鉛印本　六冊　缺十一卷(首,一、三、五至九、十一至十二、十五)

330000－4715－0000341　182－2　史部/地理類/方志之屬/郡縣志

光緒浦江縣志十五卷首一卷附咸同殉難錄二卷　(清)善廣修　(清)張景青等纂　民國五年(1916)鉛印本　一冊　存一卷(七)

330000－4715－0000342　182－3　史部/地理類/方志之屬/郡縣志

光緒浦江縣志十五卷首一卷附咸同殉難錄二卷　(清)善廣修　(清)張景青等纂　民國五年(1916)鉛印本　一冊　存一卷(七)

330000－4715－0000345　子15－2　子部/醫家類/本草之屬/歷代綜合本草

本草從新十八卷　(清)吳儀洛輯　(清)戎文彬補圖　民國石印本　一冊

330000－4715－0000346　子17　子部/醫家類/本草之屬/本草藥性

藥用植物圖考六卷　王適聲編　民國十九年(1930)石印本　六冊

330000－4715－0000350　子22　子部/醫家類/兒科之屬/通論

鼎鍥幼幼集成六卷　(清)陳復正輯　民國十四年(1925)上海鴻文書局石印本　二冊

330000－4715－0000351　史180　史部/地理類/雜志之屬

中吴紀聞六卷　(宋)龔明之撰　民國交通圖書館石印本　二冊

330000－4715－0000357　子27　子部/醫家類/溫病之屬/瘟疫

加評溫病條辨六卷首一卷　(清)吳瑭撰　陸士諤評　民國上海世界書局石印本　一冊　缺二卷(三至四)

330000－4715－0000364　子35　子部/醫家類/婦科之屬/產科

胎產秘書三卷　陳敬之撰　民國上海大成書局石印本　一冊

330000－4715－0000365　子40　子部/醫家類/綜合之屬/合刻、合抄

景岳全書六十四卷　(明)張介賓撰　民國二年(1913)上海育文書局石印本　七冊　缺九卷(十一至十九)

330000－4715－0000369　子42－1　子部/醫家類/外科之屬/癰疽、疔瘡

重刊刺疔捷法一卷　(清)張鏡撰　民國二十三年(1934)石印本　一冊

330000－4715－0000371　子42－2　子部/醫家類/外科之屬/癰疽、疔瘡

重刊刺疔捷法一卷　(清)張鏡撰　民國二十三年(1934)石印本　一冊

330000－4715－0000375　子 50　子部/醫家類/方書之屬/成方藥目

秘本丹方大全一卷　世界書局編　民國石印本　一冊

330000－4715－0000388　子 83　子部/藝術類/書畫之屬/法帖

宋拓顏平原東方畫贊二卷　（唐）顏真卿書　民國上海有正書局石印本　二冊

330000－4715－0000389　子 66　子部/藝術類/書畫之屬/畫譜

改七薌百美畫譜二卷　（清）改琦繪　民國十五年（1926）上海世界書局影印本　一冊

330000－4715－0000392　子 91　集部/總集類/尺牘之屬

清代名人手蹟第一集一卷　民國五年（1916）上海有正書局石印本　一冊

330000－4715－0000393　子 84　子部/藝術類/書畫之屬/法帖

影印吳紫庭先生墨蹟一卷　（清）吳鳳來撰並書　民國十九年（1930）義烏黃侗影印本　一冊

330000－4715－0000395　子 84－1　子部/藝術類/書畫之屬/法帖

影印吳紫庭先生墨蹟一卷　（清）吳鳳來撰並書　民國十九年（1930）義烏黃侗影印本　一冊

330000－4715－0000398　子 100　子部/宗教類/佛教之屬

華嚴集聯三百不分卷　李叔同書　民國影印本　一冊

330000－4715－0000399　子 97－2　史部/金石類/石之屬/文字

北魏鄭文公碑不分卷　民國影印本　四冊

330000－4715－0000402　子 102　子部/藝術類/書畫之屬/法帖

趙孟頫道教碑不分卷　（元）趙孟頫書　民國影印本　一冊

330000－4715－0000403　子 103　子部/藝術類/書畫之屬/法帖

歐陽詢小楷千字文不分卷　（唐）歐陽詢書　民國影印本　一冊

330000－4715－0000405　子 107　子部/藝術類/書畫之屬/法帖

懷素草書四十二章經真蹟一卷　（唐）釋懷素書　民國二十四年（1935）上海中華書局影印本　一冊

330000－4715－0000406　子 104　子部/藝術類/書畫之屬/法帖

宋拓顏魯公爭坐位帖一卷　（唐）顏真卿書　民國四年（1915）上海有正書局影印本　一冊

330000－4715－0000407　子 106　子部/藝術類/書畫之屬/法帖

懷素草書千文一卷　（唐）釋懷素書　民國有正書局影印本　一冊

330000－4715－0000408　子 115　子部/藝術類/書畫之屬/畫譜

石濤上人寫景山水精品一卷　（清）釋道濟繪　民國十八年（1929）天繪閣影印本　一冊

330000－4715－0000409　子 109　子部/藝術類/書畫之屬/法帖

碑聯集搨□□種　秦文錦編　民國七年（1918）上海藝苑真賞社影印本　五冊　存五種

330000－4715－0000411　子 111－1　子部/藝術類/書畫之屬/法帖

舊拓爨寶子碑一卷　民國十一年（1922）上海有正書局影印本　一冊

330000－4715－0000413　子 112　子部/藝術類/書畫之屬

任渭長姚梅伯詩畫合璧二集　（清）任熊繪　（清）姚燮題詩　錢雲鶴臨摹　民國十五年（1926）上海世界書局影印本　一冊

330000－4715－0000414　子 114　子部/藝術類

美哉中華一卷　懷氏兄弟攝　民國影印本

一册

330000－4715－0000415　子117　子部/藝術類/書畫之屬/畫譜

奚岡畫册一卷　(清)奚岡繪　民國有正書局影印本　一册

330000－4715－0000416　子116　子部/藝術類/書畫之屬/畫譜

八大山人石濤上人畫合册二卷　(清)朱耷　(清)石濤繪　民國上海有正書局影印本　一册

330000－4715－0000417　子118　子部/藝術類/書畫之屬/畫譜

中國名畫□□集　有正書局編　民國上海有正書局影印本　四册　存四集(二至五)

330000－4715－0000419　子120　子部/藝術類/書畫之屬/畫譜

王煙客山水册一卷　(清)王時敏繪　民國十一年(1922)上海有正書局影印本　一册

330000－4715－0000420　子122　子部/藝術類/書畫之屬

八大山人書畫真蹟一卷　(清)朱耷書並繪　民國十五年(1926)上海西泠印社影印本　一册

330000－4715－0000421　子121　子部/藝術類/書畫之屬

悲盦賸墨十集　(清)趙之謙書並繪　丁仁　吴隱編　民國影印本　三册　存三集(一、四至五)

330000－4715－0000422　子126　子部/藝術類/篆刻之屬/印譜

醉愛居印賞二卷又一卷　(清)王睿章篆刻　(清)徐逵照考訂　民國紫芳閣影印本　一册　存一卷(上)

330000－4715－0000423　子129　子部/藝術類/遊藝之屬/棋弈

奕萃官子不分卷　(清)卞文恒撰　民國二年(1913)上海千頃堂石印本　一册

330000－4715－0000425　子137　子部/墨家類

定本墨子閒詁校補二卷附編一卷　李笠撰　民國上海商務印書館鉛印本　二册

330000－4715－0000431　子154－1　類叢部/叢書類/自著之屬

章氏叢書十三種　章炳麟撰　民國十三年(1924)上海古書流通處據浙江圖書館刻本影印本　十一册　存九種

330000－4715－0000435　子160　子部/雜著類/雜考之屬

讀書小記二卷　馬敍倫撰　民國二十年(1931)上海商務印書館鉛印本　一册

330000－4715－0000439　子171　子部/雜著類/雜説之屬

老學庵筆記十卷　(宋)陸游撰　民國十四年(1925)上海商務印書館鉛印本　一册　存五卷(一至五)

330000－4715－0000440　子181　集部/總集類/尺牘之屬

歷代名人書札二卷　吴曾祺輯　民國上海商務印書館鉛印本　一册　存一卷(一)

330000－4715－0000448　子217　類叢部/叢書類/自著之屬

國學別錄三種　方光撰　民國十七年(1928)惠陽方氏方山山館鉛印本　一册

330000－4715－0000449　子206　子部/雜著類/雜纂之屬

中國學術論著集要不分卷　國立北京大學中國文學系教授會編　民國鉛印本　四册

330000－4715－0000450　子210　子部/宗教類/佛教之屬/經疏

佛説阿彌陀經要解一卷　(後秦)釋鳩摩羅什譯　(明)釋智旭撰　民國二十五年(1936)影印本　一册

330000－4715－0000452　子222、子223、子224　類叢部/叢書類/彙編之屬

涵芬樓祕笈五十一種　孫毓修等輯　民國五

年至十五年(1916－1926)上海商務印書館影印本暨鉛印本　四册　存三種

330000－4715－0000454　子231　子部/儒家類/儒學之屬/性理

畜德録二十卷　(清)席啟圖輯　民國上海掃葉山房石印本　六册

330000－4715－0000455　子233　子部/雜著類/雜説之屬

讀子巵言二卷　江瑔撰　民國六年(1917)上海商務印書館鉛印本　二册

330000－4715－0000456　子232　新學/報章

庸言報彙編十二卷　梁啓超撰　吴貫因編輯　民國二年(1913)石印本　八册

330000－4715－0000457　子234　類叢部/類書類/通類之屬

淵鑑類函四百五十卷目録四卷　(清)張英　(清)王士禛等輯　民國六年(1917)同文圖書館影印本　四十二册　存三百九十四卷(目録一至四、一至三百九十)

330000－4715－0000460　子237　子部/小説家類/異聞之屬

太平廣記五百卷　(宋)李昉等撰　民國十三年(1924)上海掃葉山房石印本　三十册　缺一百二十四卷(二百五十七至三百八十)

330000－4715－0000462　集9　集部/别集類/唐五代别集

山曉閣選唐大家柳柳州全集四卷　(唐)柳宗元撰　(清)孫琮評　民國十四年(1925)上海廣益書局石印本　四册

330000－4715－0000464　集14　集部/詞類/别集之屬

南唐二主詞彙箋一卷　(五代)李璟　(五代)李煜撰　唐圭璋輯　民國三十七年(1948)正中書局鉛印本　一册

330000－4715－0000465　集16－1　類叢部/叢書類/郡邑之屬

續金華叢書六十種　胡宗楙編　民國十三年(1924)永康胡氏夢選樓刻本　四册　存一種

330000－4715－0000466　集30　集部/别集類/宋别集

宋詹元善先生遺集二卷首一卷　(宋)詹體仁撰　民國十九年(1930)鉛印本　一册

330000－4715－0000467　集47－1　集部/别集類/明别集

白石山房逸稿五卷首一卷　(明)張丁撰　(清)張朝煌輯　民國三年(1914)浦江張尚絅木活字印本　四册

330000－4715－0000468　集47－2　集部/别集類/明别集

白石山房逸稿五卷首一卷　(明)張丁撰　(清)張朝煌輯　民國三年(1914)浦江張尚絅木活字印本　四册

330000－4715－0000471　集76　集部/别集類/清别集

人境廬詩草箋注十一卷補遺一卷　(清)黄遵憲撰　錢萼孫箋注　**嘉應黄先生墓誌銘一卷**　梁啓超撰　**黄公度先生年譜一卷**　錢萼孫撰　**詩話二卷**　錢萼孫輯　民國二十五年(1936)上海商務印書館鉛印本　三册

330000－4715－0000475　集81　集部/别集類

散原精舍詩二卷續集三卷　陳三立撰　民國十五年(1926)上海商務印書館鉛印本　四册

330000－4715－0000476　集83A　集部/别集類

觀山文稿十卷首一卷　章乃羹撰　民國二十四年(1935)鉛印本　二册

330000－4715－0000483　集90　集部/總集類/選集之屬/通代

東萊先生古文關鍵四卷　(宋)吕祖謙評　(宋)蔡子文註　(清)徐樹屏考異　民國七年(1918)上海會文堂書局碧梧山莊書局影印本　四册

330000－4715－0000485　集91－B　集部/總集類/選集之屬/斷代

宋文鑑簡編六卷　(宋)吕祖謙編　張相　周

邦英選評　民國七年(1918)上海中華書局鉛印本　六冊

330000－4715－0000486　集 101－1　集部/總集類/選集之屬/通代
古文觀止十二卷　(清)吳乘權　(清)吳大職輯　民國上海商務印書館鉛印本　六冊

330000－4715－0000488　集 101－2　集部/總集類/選集之屬/通代
古文觀止十二卷　(清)吳乘權　(清)吳大職輯　民國七年(1918)掃葉山房刻本　六冊

330000－4715－0000504　集 147－2　集部/戲劇類/總集之屬/雜劇
元曲選一百種一百卷　(明)臧懋循編　**論曲一卷**　(元)陶宗儀等撰　民國七年(1918)上海商務印書館據明博古堂本影印本　二十三冊　缺五十四種

330000－4715－0000505　集 139　集部/別集類
雙照樓詩詞藁三卷　汪兆銘撰　曾仲鳴編　民國三十年(1941)中華日報社鉛印本　一冊

330000－4715－0000506　集 143　集部/戲劇類/傳奇之屬
陳眉公批評琵琶記四卷　(元)高明撰　(明)陳繼儒評　民國十年(1921)上海掃葉山房石印本　二冊

330000－4715－0000511　集 157　集部/別集類/清別集
義門先生集十二卷　(清)吳雲　(清)韓崇　(清)翁大年輯　**附錄一卷**　(清)沈彤撰　民國元年(1912)中華圖書館影印本　四冊

330000－4715－0000514　集 156　集部/別集類/清別集
曝書亭集二十三卷詞七卷附錄一卷　(清)朱彝尊撰　民國中華圖書館影印本　七冊　存二十卷(四至二十三)

330000－4715－0000518　集 159　集部/別集類/清別集
有正味齋駢體文二十四卷首一卷　(清)吳錫麒撰　(清)王廣業箋　(清)葉聯芬注　民國石印本　四冊

330000－4715－0000519　集 160　集部/別集類
飲冰室全集四十八卷　梁啓超撰　民國五年(1916)上海中華書局鉛印本　四十八冊

330000－4715－0000526　雜 07　集部/詩文評類/文法之屬/文法
作文秘訣不分卷　曹載春撰　民國十五年(1926)上海普文學會石印本　二冊

330000－4715－0000528　雜 06　經部/春秋左傳類/傳說之屬
左傳擷華二卷　林紓評選　民國二十四年(1935)上海商務印書館鉛印本　一冊　存一卷(上)

330000－4715－0000529　雜 09　子部/醫家類/方書之屬/單方驗方
增評童氏醫方集解二十三卷　(清)汪昂撰　(清)李保常批點　(清)費伯雄加評　民國石印本　二冊

330000－4715－0000530　雜 08　集部/詩文評類/文法之屬/公文程式
書契程式全編不分卷　周蓮第撰　民國石印本　一冊

330000－4715－0000533　雜 20　子部/法家類
管子二十四卷　(唐)房玄齡注　民國石印本　一冊　缺十八卷(一至十八)

330000－4715－0000537　雜 14　集部/詩文評類/文法之屬
高等小學論說文範四卷　邵伯棠撰　民國三年(1914)上海會文堂書局石印本　二冊　存二卷(一、四)

330000－4715－0000541　石西民 02　集部/小說類/長篇之屬
紅樓夢一百二十卷　(清)曹霑　(清)高鶚撰　民國鉛印本　二十四冊　存九十六卷(二十五至一百二十)

330000－4715－0000542　雜21　子部/醫家類/方書之屬/成方藥目

葉種德堂丸散膏丹説明書不分卷　葉鴻年編　民國四年(1915)葉種德堂鉛印本　一册

330000－4715－0000546　石西民01　子部/小説家類/異聞之屬

閲微草堂筆記二十四卷　(清)紀昀撰　狄葆賢加批　民國有正書局鉛印本　六册

330000－4715－0000552　石西民08　子部/儒家類/儒學之屬/蒙學

繪圖幼學白話句解四卷　施錫軒撰　民國十年(1921)上海廣雅書局石印本　一册

330000－4715－0000554　石西民11　史部/目録類/總録之屬/彙刻

聚珍仿宋版印四部備要一集至五集總目不分卷　中華書局編　民國上海中華書局鉛印本　一册

330000－4715－0000555　石西民12、石西民13、石西民14　類叢部/叢書類/彙編之屬

袖珍古書讀本三十種　中華書局編　民國十九年(1930)上海中華書局鉛印本　十四册　存三種

330000－4715－0000556　石西民15　子部/藝術類/書畫之屬/書法書品

古今書法二種　民國二十八年(1939)石印本　四册

330000－4715－0000559　石西民16、石西民17－1、石西民17－2、石西民17－3、石西民18、石西民19、石西民20　類叢部/叢書類/彙編之屬

四部備要　中華書局編　民國二十五年(1936)上海中華書局鉛印本　三十八册　存五種

330000－4715－0000560　樓靜玄贈書/集119　集部/詩文評類

藝槩六卷　(清)劉熙載撰　民國十六年(1927)北京富晉書社鉛印本　一册

330000－4715－0000561　子92　史部/金石類/金之屬/文字

精拓散氏盤銘放大本一卷　民國十五年(1926)上海有正書局影印本　一册

330000－4715－0000563　雜23　史部/傳記類/總傳之屬/家乘

[浙江浦江]浦陽趙氏宗譜二十二卷　民國七年(1918)木活字印本　十册　存九卷(一至二、五、八、十二至十四、十六至十七)

330000－4715－0000564　子174、子172、子173、子238、子239、子240　子部/小説家類

宋人小説二十八種　涵芬樓輯　民國上海商務印書館鉛印本　十一册　存六種

《金華市博物館民國時期傳統裝幀書籍普查登記目録》
書名筆畫字頭索引

一畫

二畫

三畫

四畫

五畫

六畫

七畫

八畫

九畫

十畫

十一畫

十二畫

十三畫

十四畫

十五畫

十六畫

十七畫

十八畫

十九畫

二十畫

二十一畫

二十二畫

二十三畫

二十四畫

《金華市博物館民國時期傳統裝幀書籍普查登記目録》
書名筆畫索引

一畫

二畫

三畫

四畫

五畫

六畫

七畫

八畫

九畫

十畫

十一畫

十二畫

十三畫

十四畫

十五畫

十六畫

十七畫

十八畫

十九畫

二十畫

二十一畫

二十二畫

二十三畫

二十四畫

《蘭溪市博物館民國時期傳統裝幀書籍普查登記目録》
書名筆畫字頭索引

二畫

三畫

四畫

五畫

六畫

七畫

八畫

九畫

十畫

十一畫

十二畫

十三畫

十四畫

十五畫

十六畫

十七畫

十八畫

十九畫

二十畫

二十一畫

二十四畫

《蘭溪市博物館民國時期傳統裝幀書籍普查登記目録》
書名筆畫索引

二畫

三畫

四畫

五畫

六畫

七畫

八畫

九畫

十畫

十一畫

十二畫

十三畫

十四畫

十五畫

十六畫

十七畫

十八畫

十九畫

二十畫

二十一畫

二十四畫

《浙江省蘭溪市第一中學民國時期傳統裝幀書籍普查登記目録》

書名筆畫字頭索引

二畫

四畫

五畫

六畫

七畫

八畫

九畫

十畫

十一畫

十二畫

十三畫

十四畫

《浙江省蘭溪市第一中學民國時期傳統裝幀書籍普查登記目録》
書名筆畫索引

二畫

四畫

五畫

六畫

七畫

八畫

九畫

十畫

十一畫

十二畫

十三畫

十四畫

十五畫

十六畫

十九畫

二十三畫

《義烏市圖書館民國時期傳統裝幀書籍普查登記目録》
書名筆畫字頭索引

一畫

二畫

三畫

四畫

五畫

六畫

七畫

八畫

九畫

十畫

十一畫

十二畫

十三畫

十四畫

十五畫

十六畫

十七畫

十八畫

十九畫

二十一畫

二十二畫

二十三畫

二十四畫

二十八畫

《義烏市圖書館民國時期傳統裝幀書籍普查登記目録》

書名筆畫索引

一畫

二畫

三畫

四畫

五畫

六畫

七畫

八畫

九畫

十畫

十一畫

十二畫

十三畫

十四畫

十五畫

十六畫

十七畫

十八畫

十九畫

二十一畫

二十二畫

二十三畫

二十四畫

二十八畫

《東陽市圖書館民國時期傳統裝幀書籍普查登記目録》
書名筆畫字頭索引

十三畫

十八畫

《東陽市圖書館民國時期傳統裝幀書籍普查登記目録》
書名筆畫索引

十三畫

十八畫

《東陽市博物館民國時期傳統裝幀書籍普查登記目録》

書名筆畫字頭索引

一畫

二畫

三畫

四畫

五畫

六畫

七畫

八畫

九畫

十畫

十一畫

十二畫

十三畫

十四畫

十五畫

十六畫

十七畫

十八畫

十九畫

二十畫

二十二畫

二十三畫

二十四畫

《東陽市博物館民國時期傳統裝幀書籍普查登記目録》
書名筆畫索引

一畫

二畫

三畫

四畫

五畫

六畫

七畫

八畫

九畫

十畫

十一畫

十二畫

十三畫

十四畫

十五畫

十六畫

十七畫

十八畫

十九畫

二十畫

二十二畫

二十三畫

二十四畫

《浙江省永康市第一中学民国时期传统装帧书籍普查登记目録》
書名筆畫字頭索引

六畫

十畫

《浙江省永康市第一中学民国时期传统装帧书籍普查登记目録》

書名筆畫索引

六畫

十畫

《武義縣圖書館民國時期傳統裝幀書籍普查登記目録》
書名筆畫字頭索引

二畫

三畫

四畫

五畫

六畫

七畫

八畫

九畫

十畫

十一畫

十二畫

十三畫

十四畫

十五畫

十六畫

十七畫

十九畫

二十一畫

二十二畫

二十四畫

《武義縣圖書館民國時期傳統裝幀書籍普查登記目録》
書名筆畫索引

二畫

三畫

四畫

五畫

六畫

七畫

八畫

九畫

十畫

十一畫

十二畫

十三畫

十四畫

十五畫

十六畫

十七畫

十九畫

二十一畫

二十二畫

二十四畫

《浦江縣圖書館民國時期傳統裝幀書籍普查登記目録》

書名筆畫字頭索引

二畫

三畫

四畫

五畫

六畫

七畫

八畫

九畫

十畫

十一畫

十二畫

十三畫

十四畫

十五畫

十六畫

十七畫

十八畫

十九畫

二十一畫

二十二畫

二十三畫

二十四畫

《浦江縣圖書館民國時期傳統裝幀書籍普查登記目録》
書名筆畫索引

二畫

三畫

四畫

五畫

六畫

七畫

八畫

九畫

十畫

十一畫

十二畫

十三畫

十四畫

十五畫

十六畫

十七畫

十八畫

十九畫

二十一畫

二十二畫

二十三畫

二十四畫